लर्निंग
इंटरनेट और ई-मेल

लर्निंग इंटरनेट और ई-मेल

रमेश बांगिया
B.Sc., Dip. Comp. Sc.
Formerly : Managing Editor, Software Today
Formerly : Incharge Computer Centre, Hindustan Copper Ltd., New Delhi

KHANNA BOOK PUBLISHING CO. (P) LTD.
DELHI

लर्निंग इंटरनेट और ई-मेल
रमेश बांगिया

Published by:
Khanna Book Publishing Co. (P) Ltd.
4C/4344, Ansari Road, Darya Ganj, New Delhi-110 002
Phone: 011-23244448 Telefax: 011-23244447
E-mail: **contact@khannabooks.com**
Website: www.khannabooks.com

Regd. Off: 1694-95, 1st Floor, Nai Sarak, Delhi-110006 (India)
Phone: 011-23283211 Telefax: 011-23256658

भूमिका

किसी सॉफ्टवेयर के बारे में जानना आसान भी है और मुश्किल भी। यह इस बात पर निर्भर करता है कि इसको सीखने के लिए आप किस स्तर की तैयारी कर रहे हैं। यदि आप सिर्फ कार्य करने के लिए सीख रहे हैं तब यह बहुत आसान है। लेकिन जब आप इस सॉफ्टवेयर का गहन अध्ययन करना चाहते हैं तब आप महसूस करोगे कि इसमें मास्टर होना कितना कठिन है।

इंटरनेट और इ-मेल, ये इतने विशाल स्तर के विषय है कि इनको पूरी तरह से जानने में बहुत समय लग जायेगा। सॉफ्टवेयर में उपलब्ध ऑप्शन्स से अवगत कराने और यह किस तरह से प्रयोग होते हैं, इन बातों को ध्यान में रखकर यह पुस्तक लिखी गई है। यह एक बच्चे को सीढ़ी दर सीढ़ी बताने की तरह है। तुम उनमें से एक हो, जो सीढ़ी पर चढ़ना चाहते हैं। यह पुस्तक आपको गाइड करेगी कि किस तरह से सीढ़ी पर कदम रखना है।

मैं, अपने पब्लिशर खन्ना बुक पब्लिशिंग कम्पनी प्राइवेट लिमिटेड, का बहुत आभारी हूँ, क्योंकि उन्होंने मुझे यह पुस्तक लिखने को उत्साहित किया और अपने सुझाव भी दिये।

मैं, अपने परिवार विशेष रूप से अपनी पत्नी साधना, बच्चे मयंक और समर्थ का आभारी हूँ, क्योंकि उनके आलोचना के बिना यह पुस्तक यहाँ ना होती। सुधार के लिए सुझावों का स्वागत है।

रमेश बांगिया

विषय सूची

3. वर्ल्ड वाइड वेब का परिचय (Introduction to World Wide Web) 23–52

इंटरनेट का परिचय
(Introduction to Internet)

> वास्तव में, इंटरनेट के द्वारा हमारी जिन्दगी में एक क्रान्ति आ गई है, विशेषतया कम्यूनिकेशन (एक-दूसरे से सम्पर्क का माध्यम) के क्षेत्र में।

इंटरनेट का एक छोटा इतिहास

यहाँ उन लोगों के लिए इंटरनेट का एक छोटा सा इतिहास दिया जा रहा है जो सूक्ष्म रूप में यह जानना चाहते हैं कि कैसे इंटरनेट से जहाँ जाना चाहते हैं वहाँ पहुँच जाते हैं। दूसरी पुस्तकों में इस टॉपिक पर विशाल वर्णन होता है और हम यहाँ पर कुछ और जानकारी देते हैं।

अरपानेट (Arpanet)

जब विज्ञान और तकनीक के क्षेत्र में लोगों का रूझान बढ़ा तब स्नुटनीक सैटेलाइट (sputnik satellite) के द्वारा, नेटवर्किंग की दृष्टि से एक कम्पीटिशन की शुरूआत हुई। यह सब कुछ Arpanet और उन कम्प्यूटर वैज्ञानिकों के साथ शुरू किया गया जो उन लोगों के बीच में अपनी फाइलों को बांटना (share) चाहते थे, जो लोग एक से प्रोजेक्ट पर काम कर रहे होते थे।

ARPA की फुल फार्म एडवांस रिसर्च प्रोजेक्ट एजेन्सी (advanced research project agency) है, जो यूनाईटेड स्टेट्स के डिफेंस विभाग की एजेन्सी है। अपनी इन्फॉरमेानको बांटने के लिए, परिणाम पर विचार-विमर्श के लिए और कागजों पर साथ-साथ काम करने के लिए नेट का इस्तेमाल किया गया। शुरूआती दिनों में कुछ मुख्य रिसर्च यूनीवर्सिटीयों में और रिसर्च लैबोरेट्रियों में ही, वैज्ञानिक सहयोगी कार्यकर्त्ता और वे लोग जो उनके इस प्रयास में इन्हें सहयचोग कर रहे थे, अपने कम्प्यूटरों को एक दूसरे से जोड़ पाते थे।

कुछ ही कनेक्टेड (जुड़े हुए) संस्थानों के साथ-साथ काम करना आसान हो गया और कुछ समय बाद, ज्यादा से ज्यादा लोगों ने अपने रिसर्च संस्थानों को एक दूसरे से जोड़ लिया। फिर उन्होंने अपने रिसर्च मिशन को सहयोग करने वाले सॉफ्टवेयरों, कम्प्यूटरों और उपकरणों को बनाने वाले को भी जोड़ लिया। और साल दर साल यह कम्यूनिटी बढ़ती चली गई, जैसे ज्यादातर लोग बड़े संस्थानों से छोटे संस्थानों में आ गये क्योंकि ये सब आपस में जुड़े हुए थे।

तकनीकी के क्षेत्र में आम जनता ने भी ट्रेंड का का अनुसरण किया। लगातार इस क्षेत्र में आगे बढ़ते हुए और ARPANET के विस्तार के लिए TCP/IP प्रोटोकॉल्स ने पुराने कम शक्तिशाली प्रोटोकॉल्स की जगह ले ली। TCP/IP प्रयोग करने के पीछे यह विचार था कि सभी असमान चीजें एक साथ जुड़ जायें जाकि उपकरणों का प्रयोग ज्यादा पारदर्शी हो जाये। और नेट प्रयोग करने वाले सभी व्यक्ति अपने कम्प्यूटर के ऑपरेटिंग सिस्टम को और हर कम्प्यूटर के अन्दर की कार्य-प्रणाली को ना समझ सकें। TCP/IP का ऑफिशियल बदलाव 1983 में हुआ। उसी साल में ARPANET दो भागों में विभाजित हुआ ARPANET और MILNET (millitary network के लिए)। MILNET डिफेंस कम्यूनिटी के लिए और ARPANET रिसर्च (अन्वेषण) और एजूकेशन (पढ़ाई) की कम्यूनिटी के लिए।

भारत में केवल एक ही सुपर-कम्प्यूटर है, जो भारतीय मीट्रोलोजिकल सेंटर, नई दिल्ली में है।

सुपर-कम्प्यूटिंग सेंटर (Super-Computing Ceners)

1980s के बीच में, राष्ट्रीय विज्ञान फाउंडेशन ने देखा, कि बहुत सारे संस्थानों में, रिसर्च करने वाले व्यक्ति एक ही सुपर-कम्प्यूटिंग सेंटर से फाइलें शेयर (बांट) कर रहे हैं। क्योंकि उस समय, एक सुपर-कम्प्यूटर ही बहुत खर्चीला था। हर संस्थान उसे नहीं खरीद सकता था, यहाँ तक कि रिसर्च यूनीवर्सिटियाँ भी इसके खर्च को सहन करने में असमर्थ थी। क्योंकि एक सुपर-कम्प्यूटर सेंटर को चलाने में योग्य स्टॉफ और उचित वातावरण भी जरूरी था। जबकि बहुत से संस्थानों और रिसर्च वैज्ञानिकों को सुपर-कम्प्यूटर की शक्ति की जरूरत थी। यूनाईटेड स्टेट्स की फेडरल सरकार की एजेन्सी राष्ट्रीय विज्ञान फाउंडेशन (National Science Foundation (NSF)) ने इस जरूरत को समझा और पूरी कुशलता से यूनाईटेड स्टेट्स में कुछ जगों पर सुपर-कम्प्यूटर सेंटर स्थापित किये, जो बहुत सारे रिसर्च करने वालों के द्वारा प्रयोग किये जाते हैं।

सुपर-कम्प्यूटर सेंटर्स का विस्तार कैलीफोर्निया के सेन-डिगो (San-Diego) में सेन-डिगो सुपर-कम्प्यूटर सेंटर (SDSC) से लेकर न्यूयॉर्क के इथाका (Ithaca) में कॉर्नल यूनीवर्सिटी के कॉर्नल थ्योरी सेंटर तक है। और हर कम्प्यूटर सेंटर अपनी कम्प्यूटिंग पॉवर और स्टॉफ और अपनी हर जरूरत के सामान से सुसज्जित है।

वैज्ञानिकों के लिए वास्तविक योजना यह थी कि वे अपनी कम्प्यूटिंग समस्याओं को अपनी घरेलू कम्प्यूटर पर समाधान करें। उसके बाद वह सुपर कम्प्यूटर सेंटर तक जायें। रिसर्च स्टॉफ के लिए यह ज्यादा उपयुक्त सुझाव था।

इसलिए NSF ने सोचा कि सुपर-कम्प्यूटर सेंटर्स और घरेलु कम्प्यूटरों के संस्थानों के बीच तेज-गति वाले कनेक्शन दिये जायें। 1987 में 56 Kbps (56,000 bits per second) वाले तेज गति के कनेक्शन दिये गये। लेकिन जल्दी ही ये कनेक्शन साधारण हो गये क्योंकि यह गति मांग के अनुसार उपयुक्त नहीं थी।

NSFNET

NSFNET पहला कदम था जो कि मांग को बढ़ाने वालाथा। इससे ज्यादा से ज्यादा रिसर्च करने वाले सुपर कम्प्यूटर सेंटर से डाटा प्रयोग करके साथ-साथ काम करते हैं, व ज्यादा से ज्यादा लोग इसमें जुड़ना चाहते थे।

जल्दी ही लोग इस नेटवर्क के द्वारा बहुत सी उपयोगी बातों पर विचार करने लगे। इस नेटवर्क की मांग बहुत तेजी बढ़ने लगी। NSFNET की रीढ़ को और तेज गति से बदलने की आवश्यकता पड़ी। 1990-1991 में NSFNET की रीढ़ को बहुत तेज T-1 NSFNET से बदला गया।

बीच की क्षेत्रीय नेटवर्क (Midlevel Regional Networks)

NSF ने बीच के क्षेत्रीय नेटवर्क विकसित किये। वह वह नेटवर्क थे जो NSFNET की रीढ़ से और एक-दूसरे के संस्थानों से जुड़कर क्षेत्र की सेवा करते थे। अब फोर्ट कोलिन्स (Fort Collins) में कोलरेडो स्टेट यूनीवर्सिटी (Colorado State University) में एक रिसर्च करने वाले वैज्ञानिक की जगह एक मोडेम (modem) की आवश्यकता है जिससे वैज्ञानिक फोर्ट कोलिन्स से अपने क्षेत्रीय नेटवर्क (westnet) से जुड़ सकें। कुछ वास्तविक बीच के क्षेत्रीय नेटवर्क थे–

CERFNet	(Southern California)
North WestNet	(Pacific Northwest)

NYSEFNet	(New York State)
NEARNet	(New England)
SURANet	(Southern Seaboard)
MICHNet	(Michigan)
BARRNet	(Northern California)
SesquiNet	(Texas)

बहुत से जो वास्तविक कनेक्शन है वे सब मिलकर कम्यूनिकेशन प्रोसेसर बनाते हैं जो कि एक कॉलिज कैम्पस का पढ़ाई का (एकेडमिक) कम्प्यूटिंग सिस्टम होता है। बहुत से कैम्पस ग्लोबल नेटवर्किंग के बारे में नहीं सोचते, जब वे अपने कैम्पस के कम्प्यूटिंग क्षेत्र को डिजाइन कर रहे होते हैं। ज्यादातर मेनफ्रेम एकेडमिक कम्प्यूटिंग सिस्टर पर आधार होते हैं। नेटवर्क कम्यूनिकेशन की अचानक बढ़ती हुई जनसंख्या ने बहुत सी यूनिवर्सिटियों को पकड़ा है जो इसके लिए तैयार नहीं है।

एकेडमिक कम्प्यूटिंग सिस्टम का मुख्य आधार, बहुत से कॉलिजों और यूनिवर्सिटियों में, कुछ प्रकार की इलैक्ट्रॉनिक मेल (mail) सिस्टम को और कम्प्यूटिंग सिस्टम के डिपार्टमेंट की फाइलों को इधर से उधर (move) करना है। इस प्रकार से सिस्टम मौजूद है। कभी-कभी वैज्ञानिक कम्यूनिटी के डिपार्टमेन्टल सिस्टम नेटवर्किंग के भार को रिसर्च कम्यूनिटी के लिए ले जाते हैं क्योंकि जो बड़े एकेडमिक सिस्टम है वे नेटवर्क को कनेक्ट (जोड़) नहीं पाते हैं। फिजिक्स, इलैक्ट्रिकल इंजीनियरिंग और कम्प्यूटर साइंस के डिपार्टमेन्ट (विभाग) अपने कैम्पस पर इंटरनेट कनैक्टिविटी (जोड़ने) के लिए रास्ता तैयार करते हैं।

लोकल/कैम्पस/एंटरप्राइज नेट (Local/Campus/Enterprise Net)

इंटरनेट कनैक्शनों को बढ़ती हुई मांग ने, ज्यादा गति वाले डेस्कटॉप कम्प्यूटरों की उपलब्धता ने, और नेटवर्किंग टेक्नोलोजी के नयेपन ने, लोकल और कैम्पस के नेटवर्क को और अपने नेटवर्क के साथ वाली कंपनियों को बढ़ावा दिया है। ये तीसरे प्रकार (third-level) के नेटवर्क है जो इंटरनेट से जुड़े हैं। अब नेटवर्क वास्तव में आपस में जुड़ा हुआ है। कैम्पस के रिसर्च करने वाले और सहयोगी प्रशासन पहले प्रकार के नेटवर्क है (first level networks) जो कंपनियों में या यूनीवर्सिटियों में या क्षेत्रफल के दायरे में या बड़ी-बड़ी संस्थाओं में विभिन्न विभागों पर आधारित है।

वास्तव में, एक व्यक्ति के जीवन का लक्ष्य घर पर बैठे हुए ही सीधे बड़ी संस्थाओं से कनेक्ट होना और अपने कम्प्यूटर से दूसरों से प्रतिस्पर्धा करना है। बहुत से कार्य-क्षेत्रों में यह साधारण बात है। क्योंकि नेटवर्किंग टेक्नोलॉजी के विस्तार से, एक कार्यकर्त्ता पूरे विश्व में कहीं पर रह कर भी, अपने कम्प्यूटर से अपने ऑफिस में सीधे कार्य कर सकता है। इसे ऑनलाइन वर्किंग कहते हैं। उसका लोकल नेटवर्क उसकी संस्था से या उसके कैम्पस से जुड़ा हुआ है, जो कि बीच के नेटवर्क से (midlevel network) या व्यवसायिक सेवा देने वाले (commercial service provider) नेटवर्क से जुड़ा हुआ है। ये बीच के नेटवर्क (intermediate network) इन पैकेट्स को दूसरे नेटवर्क से जोड़ते हैं या इन पैकेट्स को रीढ़ के नेटवर्क (backbone level network) जैसे NSFNET आदि पर पहुँचा (transfer) कर देते हैं।

व्यवसायिक सेवा देने वाले (Commercial Service Provider)

इंटरनेट के इतिहास में सबसे अच्छा और ताजा विकास जो तुम्हे पिक्चर में लाता है वह व्यवसायिक सेवा देने वाले (commercial service provider) है।

यूनाइटेड स्टेट्स फेडरल गवर्नमेंट नेटवर्किंग कम्यूनिटी ने बहुत से लोगों की प्रेरणा शक्ति से और इच्छुक लोगों के मानवीय नेटवर्क से साधारण जनता के लिए भी नेटवर्किंग इन्फॉरमेशन की महत्ता बहुत बढ़ गई है। लोग जो ऊँची शिक्षा वाले संस्थानों से जुड़े हुए संस्थानों में काम करते हैं। वे उन लोगों तक अपने मैसेजेस् पहुँचाना चाहते हैं जो नेटवर्क से जुड़े हुए नहीं हैं।

NSF ने और सरकार के दूसरे ऑपरेटरों ने इस नेटवर्क की रीढ़ को जारी रखने के लिए पूरी तरह सहयोग दिया है ताकि व्यवसायिकता की दृष्टि से इसकी उपयोगिता बनी रहे। बस, इसके लिए कम पाबंदी की जरूरत थी।

कुछ कंपनियाँ जो US की सरकार से जुड़ी हुई (affiliated) नही थी उन्होंने भी नये इच्छुक उपभोक्ताओं को इंटरनेट एक्सेस करने की सुविधा देनी शुरू की। इस तरह से व्यवसायिक सेवा देने वाली कंपनियों ने नई संस्थाएँ विकसित की जो रिसर्च एजुकेशन कम्युनिटी के लिए कुशल थी। इौर इस तरह से इन कंपनियों के द्वारा नये व अन्य प्रकार के नेटवर्क भी शुरू हो गये है। ये सभी कंपनियाँ एक साथ काम करके व्यवसायिक इंटरनेट बदलाव (commercial internet exchange) (CIX) बनाती है।

भारत में इंटरनेट

भारत में एजुकेशनल रिसर्च नेटवर्क (ERNET) के द्वारा 1970 में इंटरनेट का परिचय दिया गया। यह यूनाइटेड नेशन डेवलपमेंट प्रोग्राम (UNDP) और इलैक्ट्रॉनिक विभाग (Department of Electronics (DoE)) ने मिलकर शुरू किया था। यह एजुकेशनल संस्थाऐं और रिसर्च संस्थाओं के द्वारा आज भी ऑपरेटिव है।

बाद में, 15 अगस्त 1995 में विदेश संचार निगम लिमिटेड (VSNL) ने पहली प्राइवेट इंटरनेट एक्सेस करने वाली सेवा लॉन्च (Launch) की जिसे GIAS, Gateway Internet Access Service कहा गया। यह शुरूआती तौर पर दिल्ली, मुंबई, कलकत्ता, मद्रास, बैंगलोर और पुणे में उपलब्ध थी लेकिन अब यह देश के बहुत से मुख्य शहरों में भी उपलब्ध है।

हाल ही में, प्राइवेट सेवा देने वालों को, साधारण जनता को इंटरनेट एक्सेस की सुविधा उपलब्ध कराने की आज्ञा दी गई। इन्हें ISPs (Internet Service Providers) कहा गया। इनमें से मुख्य है–सत्यम ऑनलाइन (Satyam online), भारती टेलीकॉम (Bharti telecom) आदि। इस लाइन में अभी और भी है जबकि बहुत से लोगों को प्रदेश के आधार पर इंटरनेट की सुविधा देने का लाइसेन्स दिया जा चुका है। इसी वजह से इंटरनेट एक्सेस करने का मूल्य दिन प्रतिदिन कम पे कम होता जा रहा है।

इंटरनेट का स्वामी कौन है? (Who Owns Internet)

कोई भी इंटरनेट का स्वामी नहीं है मतलब इंटरनेट किसी का निजी नहीं है। यह किसी एक अकेले व्यक्ति, सेवा में सहयोग करने वाले या यूनिवर्सिटी या सरकार का फन्ट नहीं है। हर व्यक्ति जो कनेक्शन लेता है, हर ग्रुप जिसका Local Area Network (LAN) जुड़ता है, वह इंटरनेट के किसी एक छोटे से भाग का अधिकारी है।

क्योंकि हम को-ऑपरेटिंग उपयोगिताओं को प्रयोग करते हुए बड़े हुए हैं, जैसे कि फोन कंपनियां और इलैक्ट्रिक कंपनियां, तो हम इंटरनेट को सुविधाजनक रूप से उपयोगिता के रूप में समानता कर सकते हैं। उदाहरण के तौर पर, यूनाइटेड स्टेट्स के लगभग हर भाग में फोन सेवा उपलब्ध है। हर व्यक्ति जो फोन से किसी से सम्पर्क साधना चाहता है वह फोन कंपनी के लोकल क्षेत्र में सेवा देने वाले से कॉन्टेक्ट करता है। सेवा देने वाला (service provider) घर से (residence) या बिजनेस से सर्विस नेटवर्क को एक "hook-up" देता है। जो व्यक्ति सर्विस चाहता है उसे एक टेलीफोन उपकरण दिया जाता है और एक कनेक्शन लाइन भी दी जाती है।

आप तब लोकल क्षेत्र में किसी दूसरे टेलीफोन पर कॉल (बात) कर सकते हैं और किसी भी चीज की आवश्यकता नहीं पड़ती है। हाँ, यदि आप किसी दूसरे क्षेत्र में किसी से बात करना चाहते हैं, तब आपको लम्बी दूरी वाली सेवा देने वाले (long distance service provider) की सेवा लेनी पड़ेगी।

लोकल क्षेत्र की सेवा देने वाला है। लोकल नेटवर्क से लम्बी दूरी के नेटवर्क का कनेक्शन देता है। इस प्रबन्धा से आप संसार में लगभग सभी जगह पर कनेक्ट (जुड़) हो सकते हैं। कम्प्यूटर के नेटवर्क पर काम करते हुए आप सभी जगह पर घूम सकते हैं। (इस में चौंकने वाली बात नहीं है–कम्प्यूटरों को जोड़ने के लिए तारों (cables) का सहारा लिया जाता है।)

इंटरनेट किसी का निजी नहीं है

लेकिन बहुत से लोग इसकी देखभाल करते हैं। जितने भी लोग इसे प्रयोग करते हैं जो किसी को भी किसी दूसरे नेटवर्क पर नोट भेज सकते हैं। हर कम्प्यूटर जो किसी व्यक्ति या किसी संस्था द्वारा कनेक्ट है वह उसका निजी है।

नेटवर्क क्या है?

नेटवर्क की चिर-परिचित परिभाषा यह है–"यह एक डाटा कम्यूनिकेशन सिस्टम है जो विभिन्न साइट्स (Sites) पर कम्प्यूटर को जोड़ता है। एक नेटवर्क LANs (Local Area Networks) या MANs (Municipal Area Network) या WANs (Wide Area Network) के जुड़ाव (combination) से बना है।" लेकिन इसका यूजर (प्रयोग करने वाले) के लिए क्या मतबल होता है।

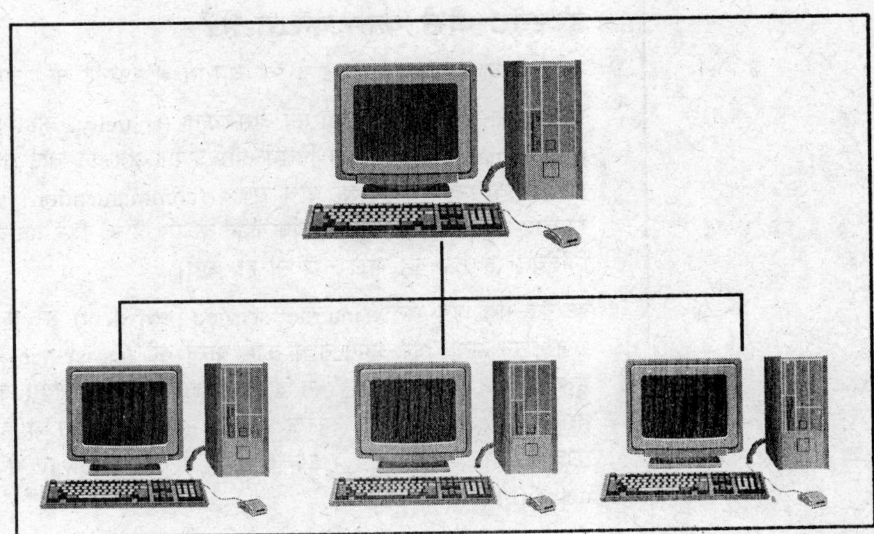

नेटवर्किंग सभी इंटरनेट गतिविधियों का आधार है। नेटवर्किंग के बिना इंटरनेट संभव नहीं है।

साधारण तरीके से कहा जाये तो, एक नेटवर्क दो या अधिाक कम्प्यूटर या उपकरणों का संग्रह है जिनके बीच में संवाद (कम्यूनिकेट) करने के लिए तारों (length of wire) की सहायता ली जाती है।

इंटरनेट की भषा में कहा जाये तो, नेटवर्क एक दुनिया (globe) है जो विभन्न प्रकार की तकनीकियों और ऑपरेटिंग सिस्टमों के जाल को बुनता है। नेटवर्किंग का एक रूप चित्र में दिखाया गया है।

इंटरनेट बहुत से नेटवर्कों का नेटवर्क है

इंटरनेट ज्यादातर कम्प्यूटरों के नेटवर्क को जोड़ता है। एक संस्था के फैले हुए नेटवर्क (corporate-wide network) के हर विभाग में LAN होता है जो प्रिन्टर और फाइलों को बांटता (share) है। अलग-अलग प्रकार के विभाग इंटरनेट पर नेटवर्क के द्वारा ही एक साथ काम करते हैं ताकि सभी विभागों में सूचना (information) आसानी से पहुँच जाये। ये "क्षेत्रीय (regional)" नेटवर्क भौगोलिक स्थिति के आधार पर आपस में जुड़े होते हैं जैसे एक से शहर में, एक से प्रदेश में और प्रदेश के एक से ग्रुप में या कार्य के आधार पर जुड़े हुए होते हैं जैसे एकाउन्टेंट नेटवर्क आदि।

तब ये क्षेत्रीय नेटवर्क (regional networks), कॉर्पोरेट नेटवर्क पर एक साथ जुड़े होते हैं। जिसे कभी-कभी रीढ़ की हड्डी (backbone) कहा जाता है। इसलिए एक यूजर जो लोकल क्षेत्र में जुड़ा है; उसका लोकल नेट क्षेत्रीय नेटवर्क (regional network) से जुड़ा है, और क्षेत्रीय नेटवर्क Backbone से जुड़ा है। वास्तव में यही वह तरीका है जिसके माध्यम से आज का इंटरनेट विस्तारित हो रहा है। विभिन्न प्रकार की संस्थाओं का समूह backbone से जुड़ा हुआ है जो एक दूसरे से gateways से जुड़े है, इसे ही ग्लोबल इंटरनेट कहा जाता है। मैंने इसे "ग्लोबल" इसलिए कहा क्योंकि बहुत से देशों से नेटवर्क कुछ प्रकार की टेलीफोन सेवा के माध्यम से जुड़े हैं। व्यवहारिक रूप से, इसका मलबत है कि लोग लोकल नेटवर्क पर अपने कम्प्यूटर को मैसेज या फाइल भेजने के लिए प्रयोग करते हैं, उन लोगों के साथ जो किसी दूसरे देश में या कहीं पर भी नेट से जुड़े हैं।

इंटरनेट कैसे काम करता है?

बहुत से लोग आश्चर्यचकित हैं कि वास्तव में इंटरनेट के लिए कोई सेंट्रल प्रशासन नहीं है।

इंटरनेट को सहयोगी संस्थाओं की अराजकता (anarchy) कहा जा सकता है क्योंकि हर अकेले (individual) नेटवर्क अपने नियम और अपना प्रबन्धन चार्ट (organization chart) होता है। लेकिन विभिन्न नेटवर्कों के बीच संवाद (communication) सहयोग के बिना संभव नहीं है इसलिए कमेटियाँ और कुछ कार्यकर्त्ताओं के ग्रुप है जो दिन रात कठिन परिश्रम करते हैं ताकि वे निश्चिंत रहे कि यह फेल नहीं ना हो जायें।

इंटरनेट सेवा देने वाले (internet service providers) हर नये नेटवर्क को जोड़ने के लिए रजिस्ट्रेशन सेवा और अपने नीचे काम करने की (assistance) सेवा देते हैं। हर अकेला जुड़ा हुआ नेटवर्क (individual) की अपनी यूजर पॉलिसी (नियम व शर्ते) है और कार्य करने का तरीका (procedure) भी अलक है। हर नेटवर्क सहयोग से ही ट्रैफिक को उसके जुड़े हुए नेटवर्क से गेटवे (gateway) तक ले जाता है और gateway से जुड़े हुए नेटवर्क (connected network) तक लाता है।

तकनीकी नियम (protocols) भी नेटवर्किंग कम्यूनिटि से विचार-विमर्श के बाद इस बात से सहमत है। कोई एक व्यक्ति भी कम्यूनिटि (community) के नियम को नही तोड़ सकता क्योंकि इसमें कोई एक व्यक्ति नहीं है और ना ही कोई कानून।

कैसे काम किया जाता है?

साधारण रूप से, एक यूजर (user) नेटवर्क पर एक कम्प्यूटर के सामने बैठता है। यह मानते हैं कि यह व्यक्ति भारत के दिल्ली शहर में है। और यह व्यक्ति किसी दूसरे व्यक्ति से, जो वाशिंगठन में है उससे कोई जानकारनी चाहता है। ये दोनों व्यक्ति एक ही कम्पनी में काम करते हैं और कॉर्पोरेट-साइड (corporate-side) के ई-मेल सिस्टम का प्रयोग कर रहे हैं। हर व्यक्ति का अपना यूजन-नेम (user name) होता है जैसे भारत के व्यक्ति का नाम राम है और वाशिंगटन के व्यक्ति का नाम लकी है। कम्पनी के ई-मेल सिस्टम पर भी उसका नाम राम और दूसरे का यूजर नेम लकी होगा। चूँकि राम को जानकारी चाहिए इसलिए वह कॉर्पोरेट ई-मेल सिस्टम पर लकी के नाम से प्रवेश (enter) करेगा। और मैसेज टाइम करके send (भेज) कर देगा। ऐसे ही लकी भी उत्तर दे देगा।

चलो, अब इसकी टेलीफोन सिस्टम से समानता करते हैं। एक ही लोकल कम्पनी से जुड़े हुए दो व्यक्तियों को आपस में बात करने के लिए कुछ टेलीफोन सिस्टम एक या दो नम्बर डॉयल करने को कहते हैं। यदि दोनों व्यक्ति एक एम्सचेंज (exchange) में नही है, माना कि वह यूनाइटेड स्टेट में है तो तुम्हें पूरे सात डिजीट वाला नम्बर और शायद तीन डिजीट (digit) वाला क्षेत्र का कोड (area code) भी डायल करना पड़ेगा। यदि दोनो व्यक्ति एक से ई-मेल सिस्टम पर नहीं हैं या फिर एक से कॉर्पोरेट सिस्टम पर भी नहीं हैं तो, मैसेज को किसी extension की आवश्यकता होगी, जिससे पहले जैसा काम करना होगा यानि area code के साथ सात डिजिट वाला पूरा नम्बर डॉयल करना होगा। और यह address extension इंटरनेट ई-मेल address में @ (at the rate) के चिन्ह के बाद होता है। उदाहरण के लिए ram@npr.org, किसी भी राष्ट्र के, किसी भी कम्पनी के स्टॉफ के व्यक्ति से संवाद के लिए यह पूरा इंटरनेट का पता (internet address) है। यह पूरा इंटरनेट address इसलिए कहा जाता है क्योंकि किसी भी नेटवर्क पर कहीं से भी इस व्यक्ति को मैसेज दिया जा सकता है।

एक बार मैसेज को address देने के बाद send करने पर, ई-मेल को मैसेज करने वाला सिस्टम (e-mail handling system) भेजने वाले के कम्प्यूटर से मैसेज को पैक करके "shipping" मानें एक जग से दूसरे जगह जाने के लिए तैयार करता है। यह मैसेज छोटे-छोटे टुकड़ों में बँट जाता है जिसे "पैकेट्स (packets)" कहते हैं। इन सभी पैकेट्स को जहाँ जाना होताहै वहाँ का address दे दिया जाता है। क्योंकि भारत से वाशिंगटन के बीच बहुत सारे नेटवर्क हैं। वास्तव में, ये पैकेट्स भी, जिससे मैसेज होता है, एक रास्ते पर नहीं चल सकते।

ये सम्भव रास्ते विशेष उद्देश्य वाले कम्प्यूटर होते हैं जिन्हें routers (राउटर्स) कहते हैं। ये कम्प्यूटर कुछ नहीं करते बस नेटवर्क के address को देखते हैं और यह पता लगाते हैं कि destination पर पहुँचने के लिए कौन-सा सबसे अच्छा रास्ता (route) है। एक बार जब ये पैकेट्स destination (जहाँ पहुँचना होता है) पर पहुँच जाते हैं तब ये original मैसेज में दोबारा से जुड़ (reassembled) जाते हैं।

Routers पूरे नेट पर ध्यान रखते हैं कि कौन-सा route खाली है, कौन-सा route busy है, कौन-सा route धीमे है व कौन-सा route देर तक मैसेज को स्वीकार नहीं कर सकता है। फिर

जो route सही लगता है उस पर पैकेट्स को भेज देते हैं। और यह सब काम पलक झपकते ही हो जाता है। इस चित्र से पता चलता है कि मैसेज कैसे भेजा जाता है।

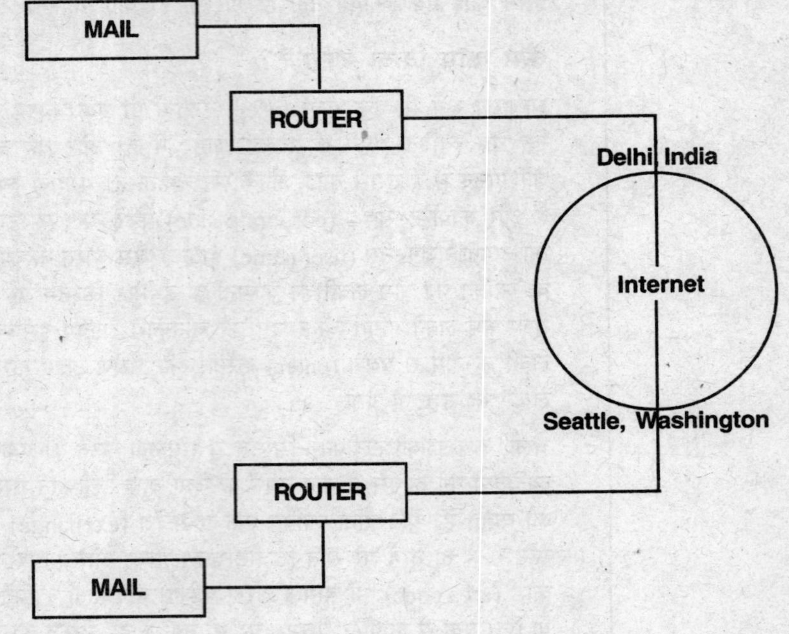

इंटरनेट सूचना देने वाले के रूप में (Internet As Information Provider)

इंटरनेट के सहयोगी स्वभाव का मुख्य भाग सूचना को देना है जो नेटवर्क पर फ्री (free) है। फ्री सूचना (free information) का अर्थ यह है कि आप सूचना को बिना पैसे दिये ही प्रयोग कर सकते हैं। जबकि इंटरनेट अपने आप में फ्री नहीं है। अपने प्रयोग के आधार पर कहीं ना कहीं हर व्यक्ति खर्च कर ही रहा है।

कभी-कभी तो यह फीस सीधे ही होती है और हमें इसके बारे में जानकारी होती है। जैसे कि वह मूल्य जो इंटरनेट प्राप्त करने की सुविधा देने वाले जैसे Netcom आदि लेते हैं। कहीं-कहीं पर इसकी सेवा प्राप्त करने के लिए महीने के महीने भी फीस देनी पड़ती है।

कभी-कभी यह फीस उस संस्था के द्वारा दी जाती है, जिसके लिए आप काम कर रहे होते हैं।

कभी-कभी यह फीस बिना बताये ही ली जाती है जैसे कि आप सरकार के द्वारा दी गई सुविधा का प्रयोग करते हैं। सरकार टैक्स के रूप में यह धन हमसे प्राप्त करती है।

अन्य इंटरनेट से जुड़ी हुई सेवाएं

जैसे ही आप नेट पर जाओगे आपको अन्य बहुत सी प्रकार की सेवाएं मिल जायेंगी। तुम दूसरे स्थान से भी ई-मेल addresses देख सकते हो और पढ़ सकते हो, जहाँ पर लोग अन्य प्रकार की सेवाओं के बारे में बात करते हैं। ये सेवाएं इंटरनेट का भाग नहीं हैं, फिर भी ये इससे जुड़ी हुई है क्योंकि ये नेट के जैसे प्रोटोकॉल (protocol) से नहीं चलती है। बहुत बार तो उनकी सेवाओं और

महान इंटरनेट के बीच में केवल एक gateway ही होता है। शायद हम इंटरनेट सुविधा के लिए इन सेवाओं का ज्यादा प्रयोग करते हैं क्योंकि उपभोक्ता (customer) इंटरनेट के लिए अच्छी सुविधा की मांग करते हैं। कुछ सेवाएं इस प्रकार हैं–

(a) Fidonet और BBSs

BBSs (Bulletin Board Systems) छोटी और लोकल confrencing का जोड़ने के लिए और ई-मेल सिस्टम के लिए "store and forward" तकनीक का प्रयोग करते हैं। जैसा कि इसके नाम से ही पता चलता है कि store and forward सिस्टम के द्वारा तुम कभी भी कोई भी मैसेज भेजन सकते हो, बिना इस बात की चिन किए हुए कि recipient (प्राप्त करने वाला) ठीक उसी समय मैसेज प्राप्त करने के लिए तैयार है या नहीं। इस सिस्टम के द्वारा वह अपनी सुविधा के अनुसार मैसेज को कभी भी पढ़ सकता है। आपको सीधे कनेक्ट (जुड़ने) की आवश्यकता नहीं होती है। इसके विपरित, client/server नेटवर्किंग में, तुम्हे "real-time" कनेक्शन (आपस में कनेक्ट होना) की जरूरत पड़ती है। इस प्रकार के नेटवर्क या तो बहुत छोटे स्केल पर या बहुत बड़े स्केल पर कार्य करते हैं। इस प्रकार के सिस्टम volunteer systems operators (sysops) के द्वारा चलाये जाते हैं। Fidonet बुलेटिन बोर्ड सिस्टम (BBSs) का नेटवर्क है।

(b) Usenet और Netnews

Usenet बुलेटिन बोर्ड सिस्टम की एक कम्यूनिटी (समुदाय) है जो एक पृथक (separate) सिस्टम है, यद्यपि यह इंटरनेट कम्यूनिटि से करीब से जुड़ी है। यह Unix साइट्स के नेटवर्क पर फैली हुई है, जहाँ इसे चलाने के लिए "Usenet News" सॉफ्टवेयर विकसित किया गया।

जानने वाली मुख्य बात यह है कि एक बुलेटिन बोर्ड सेदूसरे में फाइलों को कॉपी करने के द्वारा, हजारों की संख्या में लोग अपने विचार Usenet News फोरम में दे सकते हैं। विचार व्यक्त करने का कोई एक विशेष तरीका नहीं है। ये विचार सारे संसार में फैली हुई लाखों Usenet साइट्स पर स्वीकार किये जाते हैं। और अन्य साइट्स पर भी भेजे जाते हैं। Usenet साइट से जुड़ी हुई प्रत्येक साइट का यह एक सहयोगात्मक प्रयास है।

(c) BITNET and CSNET

ARPANET के लिए BITNET और CSNET समान (parallel) और पूरक (complimentry) प्रयास है। BITNET माने Because It's Time Network है, और यह नेटवर्क सारे संसार में, यूनीवर्सिटियों के बीच पढ़ाई और प्रशासनिक कम्प्यूटिंग (academic and administrative computing) के लिए जुड़ा हुआ है। BITNET वास्तव में, IBM मेनफ्रेम के बीच में कार्यान्वित है। BITNET तकनीक में सॉफ्टवेयर में बदलाव का कार्य होता है।

BITNET वास्तव में, पंच-कार्ड (punched cards) के रूप में सूचना (information) को भेजती है। पंच-कार्ड की इमेजेस् (images) रिमोट पर दोबारा से जुड़ती (reassemble) होती है और फाइलों में बदल जाती है।

CSNet का मतलब Computer + Science Network है। 1980 के अन्त तक यह नेटवर्किंग समुदाय का मुख्य भाग रहा है, जब नेटवर्क भी अपने आप में पूर्ण नहीं था। BITNET के शासन में इस संस्था को CRAEN (Corporation for Research and Educational Networking) बनाने के लिए जोड़ा गया।

(d) MCI Mail, AT & T Mail

MCI Mail and AT & T Mail भी ई-मेल और संवाद सम्मेलन (conferencing) सेवाएं प्रदान करती हैं। ये सेवाएं यह लम्बी दूरी वाले टेलीफोन सेवाओं के द्वारा देती हैं। इलैक्ट्रॉनिक मेल देने वाले बाजार में MCI Mail और AT & T Mail का प्रवेश शुरूआती समय का है। और इसके addresses भी रूचिपूर्ण तरीके से टेलीफोन नम्बरों का इस्तेमाल करके बनाए गये हैं। ये अपने-आप में सम्पूर्ण नेटवर्क नहीं है लेकिन सूचना सेवाएँ जो टेलीफोन कैरियर कम्पनियों के प्रयासों से उभर कर आयी है, उनसे इन MCI Mail और AT & T Mail का महत्व बढ़ जाता है और ये एक अलग प्रकार के उपभोक्ता (client) को आकर्षित करती है।

(e) Compuserve, AOL, Prodigy and Genie

ये उपभोक्ता को सूचना सेवाएं देने वाली (information services providers) फीस वाली व्यवसायिक सेवाएं हैं। वाद-विवाद फोरम, एयरलाइन रिजर्वेशन सिस्टम और एनसाइक्लोपीडिया (encyclopedia (जानकारियों का भण्डार)) आदि इनकी विशेषता है। ये सेवाएं, अकेले व्यक्ति (individual consumers) को सेवा देने के लिए पूरे यू एस (US) और कनाडा में प्राईवेट नेटवर्क या जाल बुनती है।

दिन-प्रतिदिन इंटरनेट सेवाओं में ज्यादा से ज्यादा विकास होने के कारण, किसी भी सेवा का वर्णन अपने आप में पूर्ण नहीं है।

इंटरनेट की उभरती हुई प्रसिद्धि ने, बहुत से नये कनेक्शनों को जन्म दिया है। इंटरनेट पर इन तीनों सेवाओं में से किसी से भी ई-मेल को भेजा व प्राप्त किया जा सकता है। इंटरनेट पर ई-मेल को भेजने या प्राप्त करने के लिए ग्राहक (subscriber) को इन सेवाओं के लिए फीस देनी पड़ती है। कम्प्यूटर और टेलीकम्यूनीकेशन के उपकरणों को बेचने वालों के लिए, वाद-विवाद फोरम का CompuServe बढ़िया उपाय है। व्यवसायी लोगों के लिए अपने डाटाबेस को इकट्ठा करने का यह सबसे उत्तम माध्यम है।

AOL (America Online) ने हाल ही में, ताजा खबरों पर वाद-विवाद फोकस करने में और अखबारों में, विशेषता हासिल की है। CompuServe के व्यवसाय की पूर्वदेशीयता के (business orientation) और prodigy के घरेलु पूर्व-देशीयता (home orientation) के बीच में यह मध्यस्थ (middle ground) की भूमिका में है। Prodigy के पास अपने कुछ फोरम के लिए और अपने ही कुछ क्षेत्रों में योगदान देने के लिए प्रोफेशनल मेजबान है ताकि इससे वाद-विवाद की महत्ता बढ़ जाये। एक-एक सेवा को, विशेष तौर पर, सूचना के बाजार को बनाए रखने के लिए, तैयार किया गया है। सेवाओं के ऑफर समयानुसार बाजार की मांग पर बदलते रहते हैं। ये सभी सेवाएं, इंटरनेट प्राप्त करने की सुविधा ई-मेल, गोफर (Gopher) और newsgroup के द्वारा देती है।

Genie एक पृथम user interface है जो छोटे कम्प्यूटरों के क्षेत्र जैसे Atari (अटारी) के साथ काम करता है। साधारण रूप से, इन सभी व्यवसायिक सेवाओं के बीच में अन्तर कुछ नहीं है। ये सभी अनुरूप वातावरण प्रदान करती है। अनुरूप वातावरण में ही जानकारियों को चुनकर सूचना (information) का रूप दिया जाता है। भाग्य से, उपभोक्ताओं के लिए इंटरनेट पर information प्राप्त करने की सुविधाओं में निरन्तर सुधार हो रहा है। इस किताब के माध्यम से information को खोजना और भी आसान हो जायेगा, बल्कि इसमें बहुत मजा आयेगा।

(f) Dialog and Dow Jones News/Retrieval

Dialog and Dow Jones News/Retrieval दो information देने वाली सेवाएं हैं जिनका डाटाबेस इंटरनेट doorways के द्वारा उपलब्ध है। इन केसो में, इंटरनेट वास्तव में सूचना अधिकारी की तरह काम करता है। लेकिन यह आपको इन सेवाओं के सामने वाले दरवाजे तक पहुँचा देता है।

Dialog and Dow Jones दोनों ही बहुत खर्चीली और फीस देने वाली सेवाएं हैं। तुम्हे पहले से ही अपने एकाउन्ट को मैनेज कर लेना चाहिए, यदि तुम खाली समय भी व्यतीत करते हो या इन्फॉरमेशन को प्राप्त करते हो, दोनों ही रूप में तुम्हे फीस देनी होगी। यदि तुम ठीक तरीके से जानकारी को नहीं खोज पाते हो तब भी तुम्हे फीस देनी पड़ेगी।

Dialog को प्रयोग करने वालो की फ़ीस, प्राप्त किया हुआ डाटा और नेट से जुड़े हुए समय, दोनों को मिलाकर ली जाती है। अनुभवी प्रोफेशनल खोज करने वालों के लिए Dialog बड़ी संख्या में डाटाबेस और उसकी Indexes देता है। सामान्य रूप से, Dialog की सेवा प्रशिक्षक खोज करने वालों के लिए सबसे उत्तम है।

जबकि Dialog के द्वारा index किया हुआ मैटीरियल Dow Jones News/Retrieval सिस्टम में भी मौजूद है। बिजनेस के लिए जानकारी जुटाने में, प्रेस के लिए article बनाने में और स्टॉक की जानकारी में Dow Jones को महत्ता हासिल है। Dialog की तरह ही, यह सेवा भी प्राईवेट नेटवर्क के द्वारा ही उपलब्ध है।

(g) Lexus और Nexus

Lexus और Nexus दोनों ही कानूनी और पत्रिका प्रकाश सम्बन्धी सेवाएं हैं जो Mead Data Central के द्वारा चलाये जाते हैं। Dialog और Dow Jones की तरह ही Lexus और Nexus के इंटरनेट से gateways है। और ये दोनों ही फीस देने वाली सेवाएं हैं।

इंटरनेट की कुछ परिभाषाऐं

कुछ परिभाषाऐं इस प्रकार की जा सकती हैं–

- ⇨ यह कुछ कम्प्यूटरों का सेट (group) है जो फाइबर ऑप्टिक्स, फोन लाइनों, सैटेलाइट के माध्यम और दूसरी मीडिया के द्वारा बात करते हैं।
- ⇨ यह वह स्थान है जहाँ पर आप पूरे संसार में कहीं पर भी अपने मित्रों व परिवारों से बात कर सकते हैं।
- ⇨ यह वह स्थान है जो खेल (games) के demo देता है।
- ⇨ यह जानकारियों का भण्डार (ocean of resources) है जो खोजने वालों का इन्तजार कर रहा है।
- ⇨ यह सीमारहित व्यवसायिक अवसर प्रदान करता है।
- ⇨ यह किसी भी समस्या या जरूरत के लिए सम्पूर्ण संसार का सहारा (world-wide support) पेश करता है।
- ⇨ सभी प्रोफेशनालों के लिए, जो अपने काम के सभी क्षेत्रों की इन्फॉरमेशन को बांटना चाहते हैं, सोने की खान है।

- ⇨ यहाँ सैकड़ो पुस्तकालय और समान संग्रह करने का स्थान है, जो अँगुलियों के सिरे के छूने मात्र से ही खुल जाते हैं।
- ⇨ यह समय व्यतीत करने का उत्तम साधन है।
- ⇨ यह उस भविष्य की तस्वीर है, जो हमारे जीवन को सुधारने में और हमारे बच्चों के भविष्य को चमकाने में सहायता करता है।

ये सभी उत्तर सही हैं; इनमें से कोई भी पूर्ण नहीं है। आज का इंटरनेट, 1980 के जमाने से बहुत ज्यादा है। व आने वाले सालों में यह जानकारी व सूचना का मुख्य स्रोत होगा। जिसे आप अस्वीकार नहीं कर सकते।

इंटरनेट के लिए अपने कम्प्यूटर को तैयार करना (Setting up Your Computer for Internet)

किसी भी कम्प्यूटर पर से इंटरनेट access करने के लिए, सबसे पहले कम्प्यूटर को configure करना पड़ता है।

नेट के लिए तैयार करना (Setting up fo the Net)

लेकिन setting (तैयारी) से पले हमें यह देख लेना चउहिए कि नेट के कनेक्शन के लिए क्या-क्या चीजों की आवश्यकता होती है। सबसे पहले, नेट का प्रयोग करने के लिए कम्प्यूटर सिस्टम की क्या-क्या जरूरतें हैं, यह देख लेते हैं।

मूल जरूरतें (Sources Requirements)

इंटरनेट access (प्राप्त) करने के लिए, सबसे मुख्य चीज जिसकी आवश्यकता होती है, वह है कम्प्यूटर। निकट भविष्य में इसकी भी संभावना है कि तुम इंटरनेट को, अपने मोबाईल फोन और अपने घर के टी.वी. पर भी, access कर सकते हो। लेकिन आज की तारीख में, कम्प्यूटर जरूयरी है। कम्प्यूटर के अतिरिक्त, तुम्हें और चीजों की भी आवश्यकता होंगी, जिनका यहाँ वर्णन करते हैं–

(a) कम्प्यूटर (Computer)—इंटरनेट access करने के लिए कोई-सा भी कम्प्यूटर प्रयोग कर सकते हैं लेकिन PC ज्यादा प्रचलित है। यदि आप केवल ई-मेल के उद्देश्य से प्रयोग कर रहे हैं, तो PC AT-386 भी पर्याप्त हो सकता है लेकिन सबसे नया PC (Pentium Computer) जिसकी गति क्षमता 400 MHz (मेगा हर्टज्) है वा उचित है।

(b) मोडेम (Modem)—यह मुख्य उपकरण (device) है जो तुम्हारे कम्प्यूटर के सिग्नलों (signals) को बदलता है, जो स्वभाव में ऑडियो (audio) होते हैं और टेलीफोन लाइनों के द्वारा ले जाये जाते हैं। एक बार मैसेज ट्रॉन्समिट होने के बाद यह audio मैसेज में बदल देता है और मैसेज प्राप्त करने के लिए audio मैसेल को कम्प्यूटर से पढ़ने वाले मैसेज (computer read signal) में बदल देता है। आजकल के प्रसिद्ध मॉडल 56 K की गति में होते हैं।

(c) ISP (Internet Service Provider Account)—इंटरनेट की सुविधा प्राप्त करने के लिए एकाउन्ट बनाया जाता है। इन दिनों बहुत से ISPs हैं जैसे–VSNL, MTNL, सत्यम् ऑनलाइन आदि। जिसके साथ काम करना आसान हो, उस ISP को चुन लो। इंटरनेट कनेक्शन में एक कॉल करने के लिए भी फीस देनी होती है, चाहे आप USA में आधारित किसी भी वेबसाइट को access करने की कोशिश ही क्यों ना कर रहे हो।

(d) टेलीफोन—हमेशा यहि सुझाव दिया जाता है कि इंटरनेट प्रयोग करने के लिए एक समर्पित टेलीफोन लाइन की जरूरत होती है, विशेषतया जब आप इंटरनेट को विस्तृत रूप से (extensively) प्रयोग करने की योजना बना रहे होते हैं। दूसरी कॉल्स (calls) करने के लिए एक अलग से टेलीफोन लाइन ले लेनी चाहिए। हालांकि, जब आप इंटरनेट का प्रयोग नहीं करते हों, तब यह लाइन खाली रहती है।

(e) सॉफ्टवेयर—इंटरनेट access करने के लिए और ई-मेल करने के लिए, यहाँ दर्जनों से ज्यादा सॉफ्टवेयर मौजूद है। सबसे ज्यादा प्रसिद्ध सॉफ्टवेयर आउटलुक एक्सप्रेस (outlook express) है। तुम इनमें से भी कोई-सा सॉफ्टवेयर ले सकते हो–

- ⇨ TCP/IP सॉफ्टवेयर प्रोटोकॉल को डॉयल करने के लिए
- ⇨ web browser (वेब ब्राउजर) इंटरनेट की साइटों को खोलने के लिए
- ⇨ ई-मेल सॉफ्टवेयर, ई-मेल को भेजने व प्राप्त करने के लिए

डॉयल-अप नेटवर्किंग के लिए Setting करना

यह वास्तव में तीन चरणों में होती है–

- ⇨ डॉयल-अप नेटवर्किंग सॉफ्टवेयर इन्सटॉल करना (installing)
- ⇨ नेटवर्किंग सॉफ्टवेयर इन्सटॉल करना
- ⇨ नेटवर्किंग सॉफ्टवेयर की setting करना

हम डॉयल-अप नेटवर्किंग से शुरू करेंगे, जहाँ तुम अपने PC पर कनेक्शन को शुरू करने के लिए, ISP को कनेक्ट (जोड़ते) हो। हमें यह मानकर चल रहे हैं कि तुम्हारे कम्प्यूटर में मोडेम (modem) पहले से ही configure है।

डॉयल-इप नेटवर्किंग इन्सटॉल करना

स्टार्ट (start) बटन पर क्लि करके, प्रोग्राम (programs) को चुनें। फिर accessories फोल्डर में जाकर डॉयल-अप नेटवर्किंग को चुनें। कनेक्शन को इन्सटॉल करने के लिए CD-ROM की ड्राइव में CD डालें।

ये पिक्चर विंडो के वर्सन (version) के आधार पर बदली हुई हो सकती है।

1. डॉयल-अप कनेक्शन के लिए make new connection पर क्लिक करें।

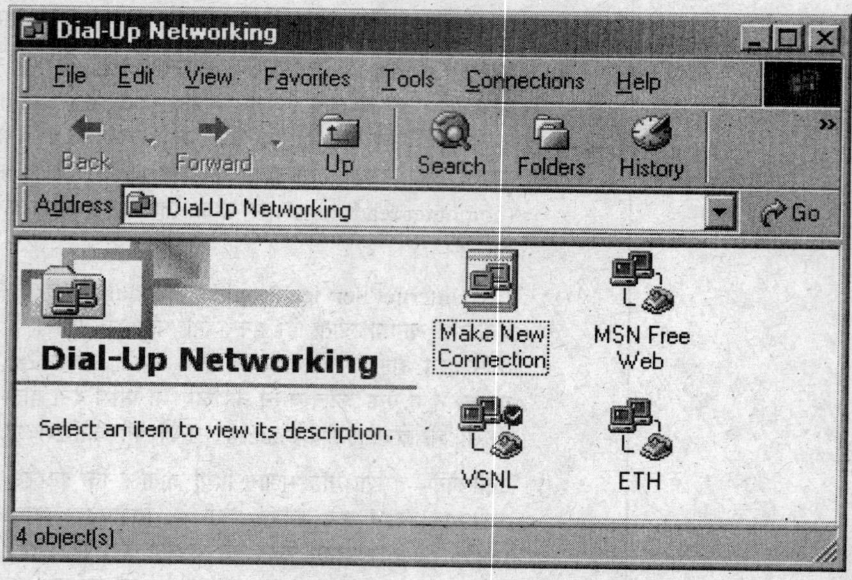

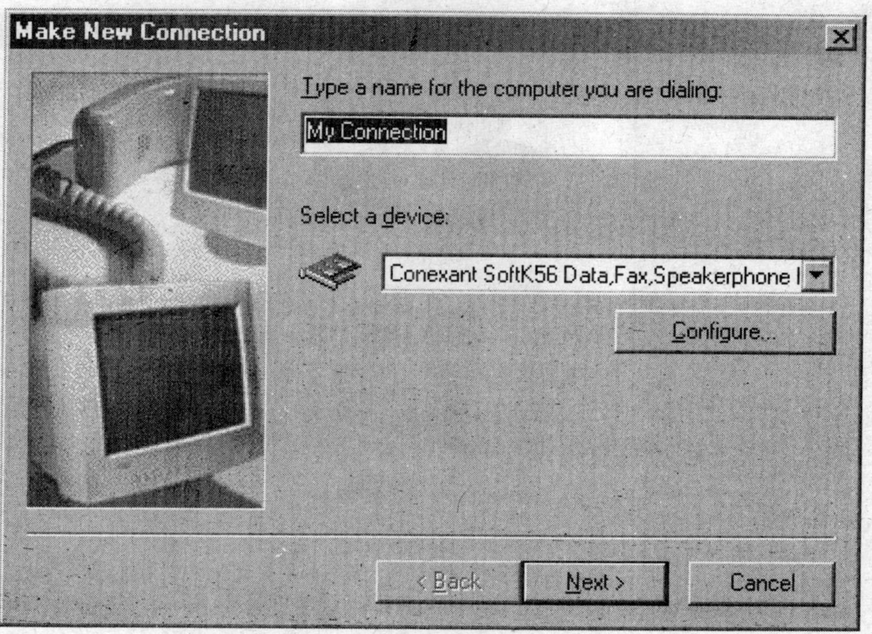

2. नये कनेक्शन को बनाने के लिए नाम टाइप करें। (डॉयल-अप नेटवर्किंग पैनल पर कनेक्शन के लिए जो ऑइकन (icon) बना होगा, यह नाम उसके साथ दिखाई देगा)।?

3. यदि तुम्हारे पास एक से ज्यादा मोडेम है तो select a device ऑप्शन में, इस कनेक्शन के लिए जो मोडेम प्रयोग करना है वह चुनें।

4. पैनल के नीचे लिखें next बटन पर क्लिक करें। नया डॉलोग बॉक्स खुलेगा, उस सिस्टम का एरिया कोड (area code) और टेलीफोन नम्बर भरें जिससे आपको कनेक्ट करना होगा। और फिर next बटन पर क्लिक करें।

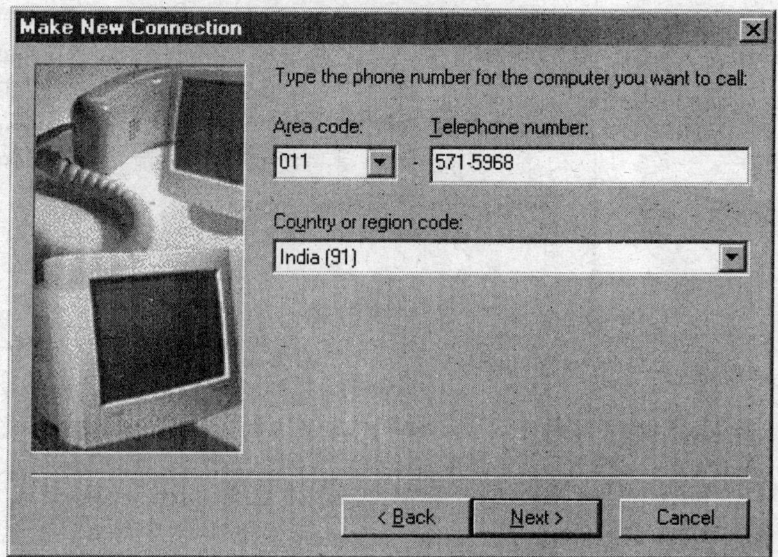

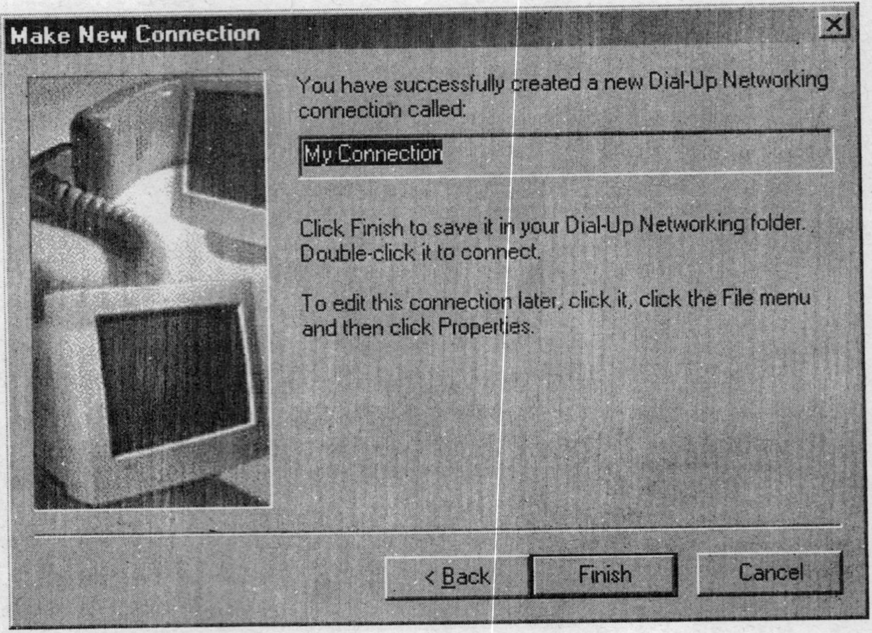

5. अगला डॉयलोग बॉक्स जो खुलेगा, वह यह बतायेगा कि तुमने नये कनेक्शन की प्रक्रिया को पूरा कर लिया है।
6. कनेक्शन को स्वीकार करने के लिए finish बटन पर क्लिक करें।
7. डॉयल-अप नेटवर्किंग पैनल पर नम ऑइकन (icon) दिखाई देगा।

इंटरनेट कनेक्शन विजार्ड का प्रयोग करना

इस विजार्ड को खोलने के लिए start में, accessories में, कम्यूनीकेशन (communication) में internet connection wizard पर क्लिक करें। इस विजार्ड में लगभग 10 डॉयलोग बॉक्स है जो स्क्रीन पर एक के बाद एक आयेंगे, और जो सूचना (information) तुम देना चाहते हो, वह इन डॉयलोग बॉक्सों में भरें। एक बार इस विजार्ड के पूरा होने पर तुम्हें इंटरनेट का कनेक्शन मिल जायेगा। ये डॉयलोग बॉक्स तुम्हें सारी information तुम्हें स्वयं दे देंगे क्योंकि ये self-explanatory है, इसलिए किसी और वर्णन की आवश्यकता नहीं है। अगले पेजों पर आपको ये बॉक्स दिखाई देंगे।

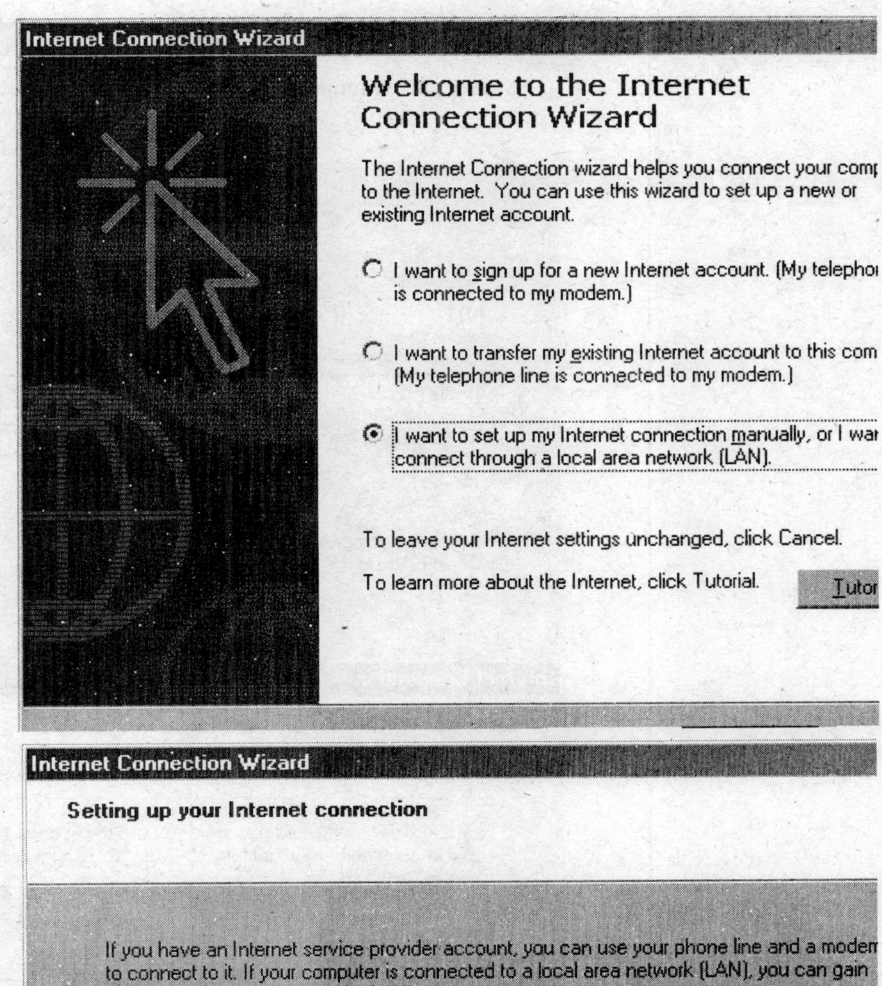
Internet Connection Wizard
Welcome to the Internet Connection Wizard
The Internet Connection wizard helps you connect your comp to the Internet. You can use this wizard to set up a new or existing Internet account.
I want to sign up for a new Internet account. (My telepho is connected to my modem.)
I want to transfer my existing Internet account to this com (My telephone line is connected to my modem.)
I want to set up my Internet connection manually, or I wa connect through a local area network (LAN).
To leave your Internet settings unchanged, click Cancel.
To learn more about the Internet, click Tutorial.
Tutor
Internet Connection Wizard
Setting up your Internet connection
If you have an Internet service provider account, you can use your phone line and a moder to connect to it. If your computer is connected to a local area network (LAN), you can gain access to the Internet over the LAN.
How do you connect to the Internet?
I connect through a phone line and a modem
I connect through a local area network (LAN)
< Back
Next >

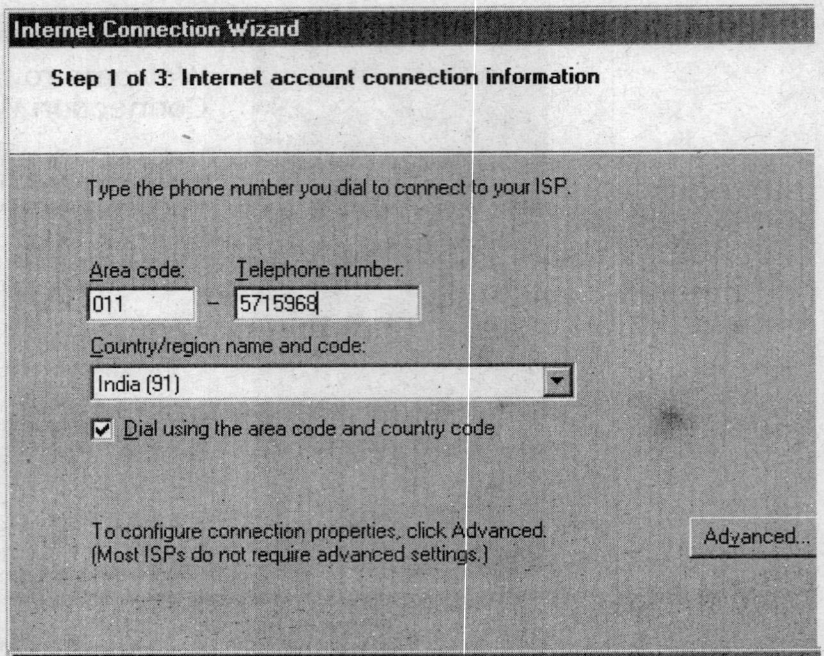

Internet Connection Wizard

Step 1 of 3: Internet account connection information

Type the phone number you dial to connect to your ISP.

Area code: 011 – Telephone number: 5715968

Country/region name and code:

India (91)

☑ Dial using the area code and country code

To configure connection properties, click Advanced.
(Most ISPs do not require advanced settings.)

Advanced...

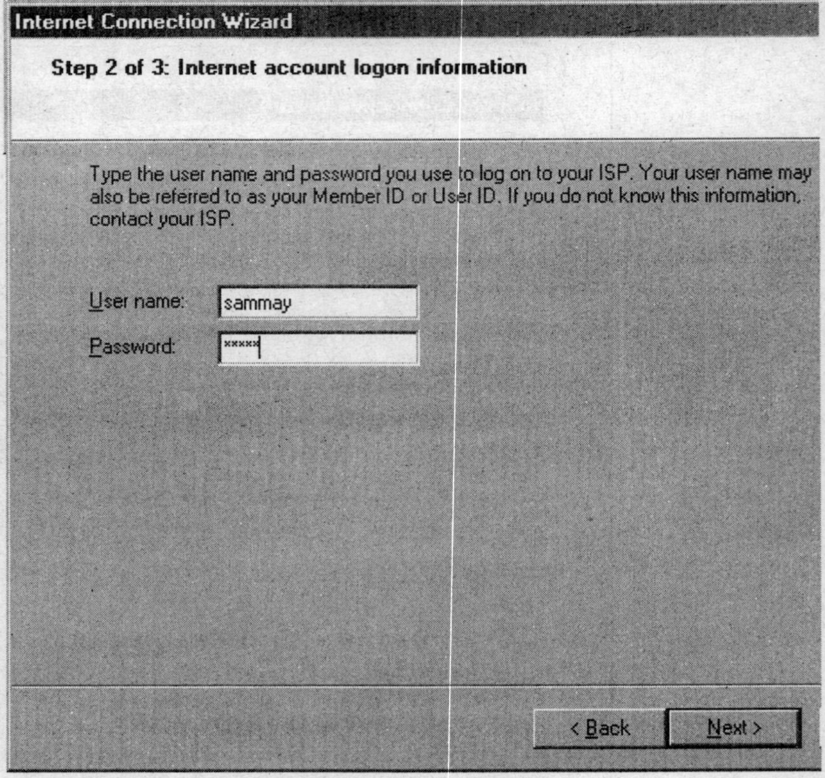

Internet Connection Wizard

Step 2 of 3: Internet account logon information

Type the user name and password you use to log on to your ISP. Your user name may also be referred to as your Member ID or User ID. If you do not know this information, contact your ISP.

User name: sammay

Password: *****

< Back   Next >

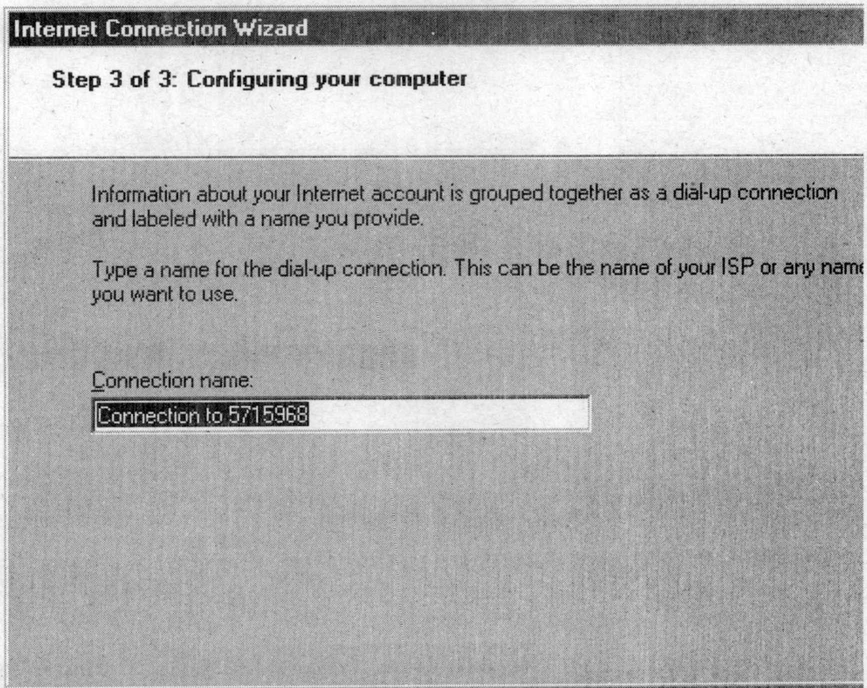

Internet Connection Wizard

Step 3 of 3: Configuring your computer

Information about your Internet account is grouped together as a dial-up connection and labeled with a name you provide.

Type a name for the dial-up connection. This can be the name of your ISP or any name you want to use.

Connection name:

Connection to 5715968

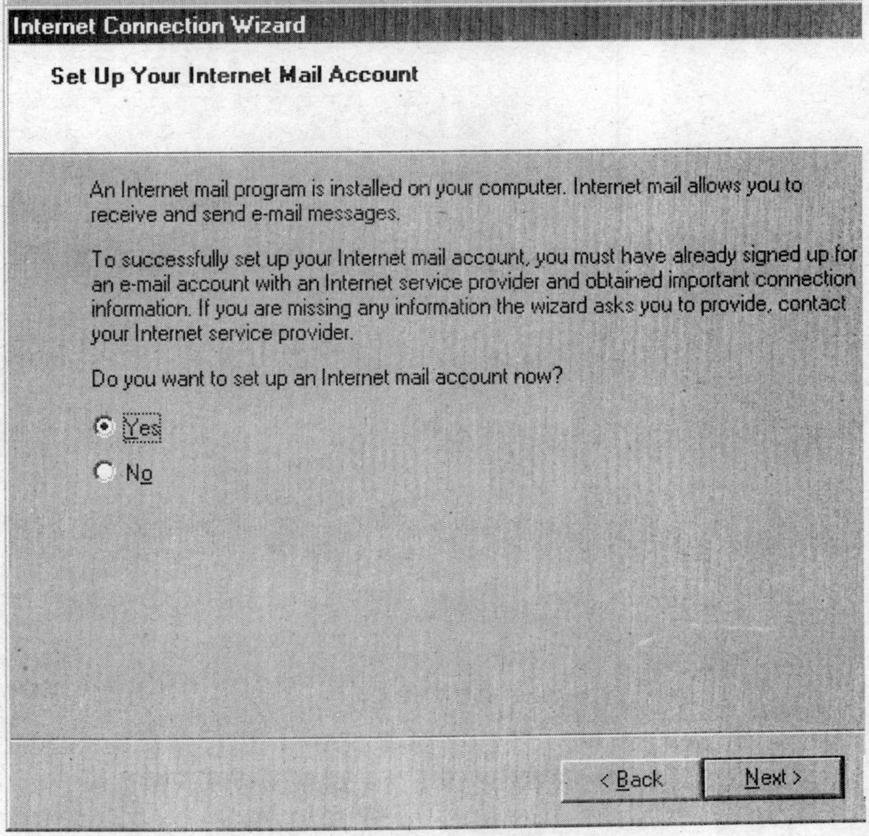

Internet Connection Wizard

Set Up Your Internet Mail Account

An Internet mail program is installed on your computer. Internet mail allows you to receive and send e-mail messages.

To successfully set up your Internet mail account, you must have already signed up for an e-mail account with an Internet service provider and obtained important connection information. If you are missing any information the wizard asks you to provide, contact your Internet service provider.

Do you want to set up an Internet mail account now?

- (•) Yes
- ( ) No

< Back | Next >

Internet Connection Wizard

Setting up Internet Mail

The Internet Connection Wizard has detected previously installed e-mail software. You can have your Internet mail account settings imported, so you can continue to use the with your new mail program.

Create a new Internet mail account

Use an existing Internet mail account

Microsoft Windows Messaging or Exchange or Outlook

Internet Connection Wizard

Confirm Settings

The Internet Connection Wizard detected the following settings:

Your name:	Mayank Bangia
E-mail address:	sammay@nda.vsnl.net.in
Outgoing mail server:	smtp.vsnl.net.in
Incoming mail server:	pop3.vsnl.net.in
Account name:	sammay
Connection:	Dial-Up: MSN Free Web

Do you wish to change these settings?

Change settings

Accept settings

< Back Next >

विंडोज 98 को डॉयल–अप सर्वर के रूप में सेट करना (Setting up Windows 98 as a Dial-up Server)

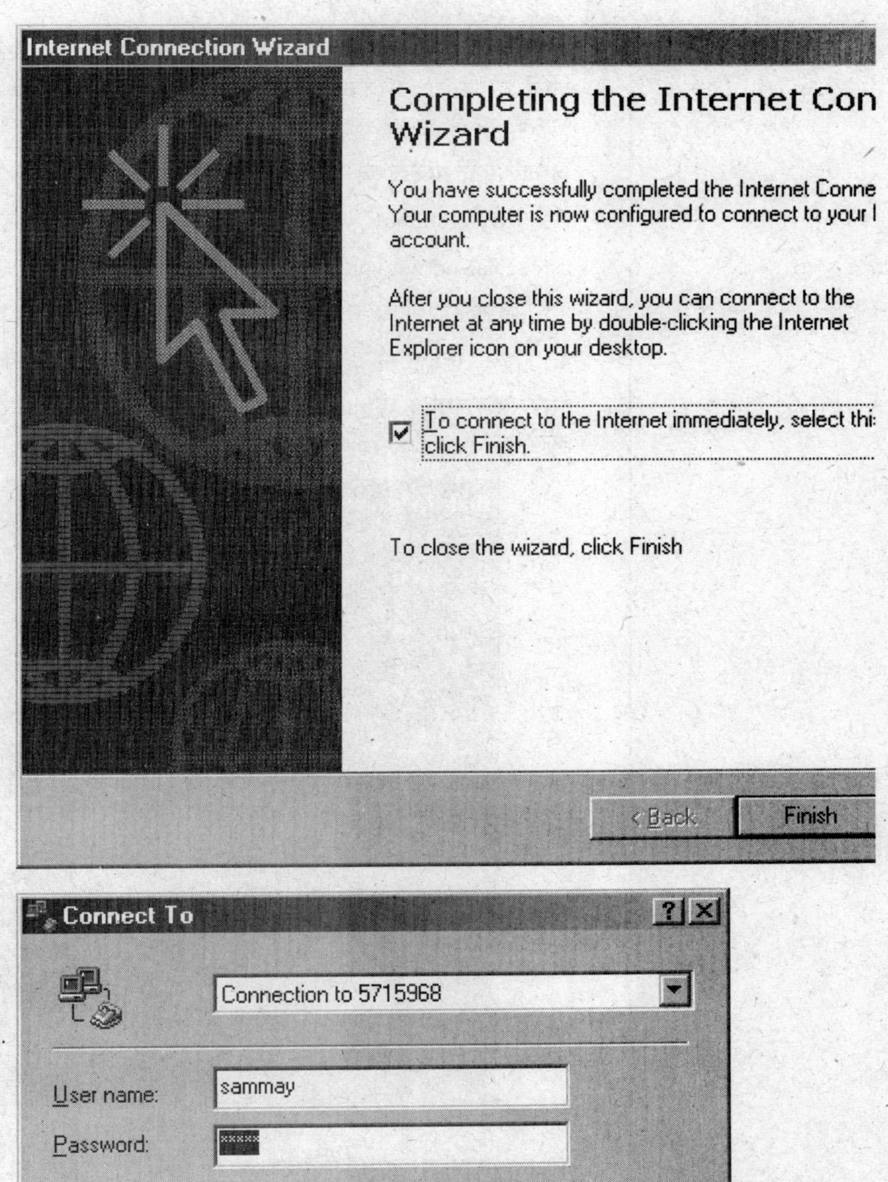
Internet Connection Wizard
Completing the Internet Con
Wizard
You have successfully completed the Internet Conne
Your computer is now configured to connect to your I
account.
After you close this wizard, you can connect to the
Internet at any time by double-clicking the Internet
Explorer icon on your desktop.
To connect to the Internet immediately, select thi
click Finish.
To close the wizard, click Finish
< Back
Finish
Connect To
Connection to 5715968
User name:
sammay
Password:
Save password
Connect automatically
Phone number:
5715968
Dialing from:
Home2
Dial Properties...
Connect
Properties
Work Offline

अपने ऑफिस के कम्प्यूटर को configure करके dial-up server इन्सटॉल करने के बाद, तुम अपने घर के या नोटबुक कम्प्यूटर को access कर सकते हो। यदि तुम्हारा ऑफिस कम्प्यूटर नेटवर्क पर है तो यह नेटवर्क के लिए gateway की तरह से काम कर सकता है।

निम्नलिखित प्रक्रिया के द्वारा अपने कम्प्यूटर को डॉयल-अप सर्व के रूप में set करें–

1. My computer ऑइकन पर क्लिक करें।
2. Dial-up networking फोल्डर पर क्लिक करें।
3. डॉयलोग बॉक्स में से connection menu (मेन्यू) को चुनें।
4. इस मेन्यू में से dial-up server ऑप्शन पर क्लिक करें।

इसके बाद तुम्हारा Windows 98 का कम्प्यूटर सही रूप से configure हो जायेगा। तुम दूसरे अन्य यूजरों (users) को access करने के लिए कह सकते हो, जैसे कि तुम दूसरों का सिस्टम

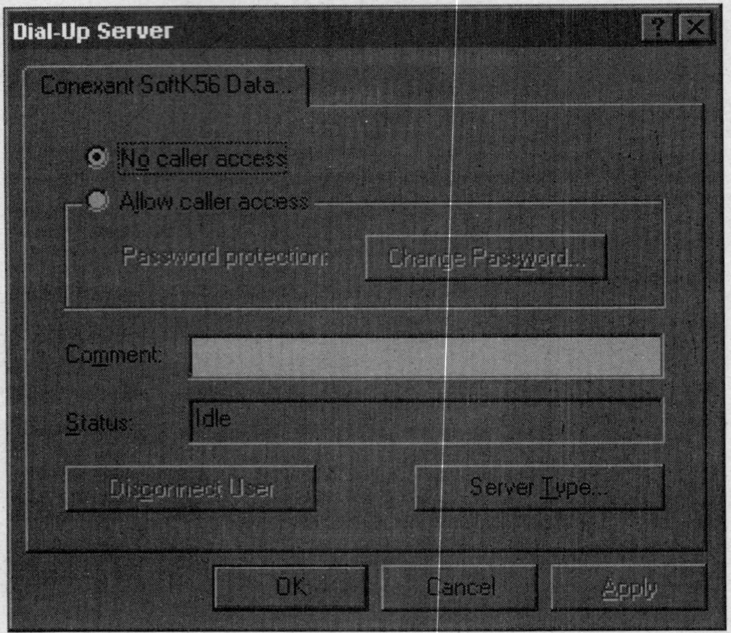

access करते हो। जो चीज तुम्हारा PC access कर सकता है, वह तुम दूसरों को भी अपने PC से access करने के लिए आज्ञा दे सकते हो, जैसे फाइल या प्रिन्टर बांटना (share)। यदि तुम्हारा PC विंडो से आधारित नेटवर्क से (window based network) जुड़ा हुआ है तो दूसरा user तुम्हारे PC को डॉयल-अप कनेक्शन से भी access कर सकता है और नेटवर्क के लिए gateway की तरह भी प्रयोग कर सकता है।

वर्ल्ड वाइड वेब का परिचय
(Introduction to World Wide Web)

वेब का इतिहास और विकास

वर्ल्ड वाइड वेब WWW के नाम से प्रसिद्ध है। इसका मतलब विभिन्न वेब साइट्स को देखना है।

वर्ल्ड वाइड वेब कम्प्यूटर का प्रयोग करने वालों को, लगभग किसी भी विषय पर, जैसे टेक्स्ट, ग्राफिक्स, एनिमेशन, ऑडियो या वीडियो आदि के मल्टीमीडिया पर आधारित डॉक्यूमेन्टों को देखने और खोजने के लिए आज्ञा देता है। यद्यपि इंटरनेट का विकास दशकों पहले हुआ था, लेकिन वर्ल्ड वाइड वेब (WWW) की खोज ज्यादा पुरानी नहीं है।

भौतिक विज्ञान के लिए 1989 में एक यूरोपियन लेबोरेट्री बनी, जो स्वीटजरलैण्ड में रिसर्च संस्था (research institute) के नाम से है। इसके लिए वेब ने Hyper Text Transport Protocol (HTTP) पर भरोसा किया। यह एक इंटरनेट स्टैण्डर्ड है जो यह बताता है कि कैसे कोई application को खोजा जा सकता है और जरूरत की चीजें जैसे डॉक्यूमेंट, आवाज (sound) या ग्राफिक्स आदि को इंटरनेट पर ही किसी दूसरे कम्प्यूटर पर कैसे डाला जा सकता है। HTTP वेब डॉक्यूमेन्ट्स को access करने के लिए एक आसान और पारदर्शी रास्ता प्रदान करता है। वेब नेवीगेशन (web navigation) सॉफ्टवेयर ही, वेब ब्राउजर्स कहलाते हैं। HTTP, इच्छित डॉक्यूमेंट्स को डाउनलोड करने में व सर्च (ढूंढने में) सहायता करता है। ज्यादातर वेब डॉक्यूमेंट्स हाइपर टेक्स्ट मार्कअप लैंग्वेज (Hyper Text Markup Language [HTML]) का प्रयाग करके बनाये जाते हैं। यह मार्क-अप भाषा पढ़ने में बहुत आसान है और जल्दी ही यह स्वचालित टूल्स (automated tools) के रूप में जानी जायेगी। हाइपर मीडिया अर्थात् ग्राफिक्स, विभिन्न तरह की आवाजें, एनीमेशन और वीडियो आदि से संलग्न (संयुक्त), यह वेब इंटरनेट पर प्रकाशन की सूचनाओं के लिए आदर्श माध्यम बन चुका है। एक ग्लोबल हाइपरन टेक्स्ट सिस्टम जो इंटरनेट को इधर से उधर करने वाली मशीन (transport mechanism) की तरह प्रयोग करता है, उसे ही वर्ल्ड वाइड वेब (WWW) कहते हैं। हाइपर टेक्स्ट सिस्टम में, तुम एक-दूसरे से जुड़े हुए (hyperlinks) पर क्लिक करके कुछ भी खोज सकते हो। इस हाइपरलिंक पर क्लिक करने पर दूसरा डॉक्यूमेंट खुल जाता है, जो स्वयं भी हाइपरलिंक रखता है। यह बहुत ही उत्सुकता से भरा हुआ लाभदायक माध्यम है जिसके द्वारा कम्प्यूटर पर ही सारी दुनिया सिमटी हुई सी लगती है। वेब ने इंटरनेट का प्रयोग करना आसान बना दिया है।

प्रोटोकॉल्स (protocols) की सुरक्षा (security) पर 1995 में जो प्रस्ताव (agreement) पारित हुआ है, उससे यह विश्वास मिलता है कि वेब तेजी से एक मुख्य व्यवसायिक माध्यम बन जायेगा, जिसके द्वारा उपभोक्ता ऑन-लाइन सूची (catalog) देखकर कुछ भी ऑर्डर कर सकते हैं, बिना इस बात की चिन्ता करते हुए कि कोई उसमें दखल-अन्दाजी करेगा या उसे कहीं जाकर अपना समय खराब करना पड़ेगा और यह सब कार्य क्रेडिट कार्ड (credit card) के माध्यम से हो जायेगा।

प्रोटोकॉल्स (Protocols)

प्रोटोकॉल्स वे नियम हैं जिनको नेटवर्क एक-दूसरे को समझने के लिए प्रयोग करते हैं। विभिन्न प्रकार के प्रोटोकॉल्स विस्तृत रूप से तकनीकी व्याख्या करने वाले होते हैं जिससे हम एक-दूसरे कम्प्यूटर से सुचनाओं को बदलते हैं। व इस बात से कोई वास्ता नहीं है कि वह किस प्रकार का कम्प्यूटर है या किसी अन्य प्रकार की तकनीक से वे आपस में जुड़े हैं।

सॉफ्टवेयर और हार्डवेयर को बेचने वाले यह चाहते हैं कि उनके उत्पाद (product) इंटरनेट पर लाभदायक हो जाये, ताकि उनके उत्पादों (products) से इंटरनेट प्रोटोकॉल्स को समझने में और ऑपरेट करने में आसानी हो जाये। क्योंकि विभिन्न प्रकार के हार्डवेयर और सॉफ्टवेयर की योग्यता भी अलग-अलग होती है। वह इन योग्यताओं के वर्णन को जानकर ही सामान्य नियमों के अन्दर रहकर कार्य किया जा सकता है।

किसी भी सूचना के वर्णन को देखकर ही कुछ लोग कहते हैं कि 'यह तो इंटरनेट पर है'। इस सम्बन्धा में इंटरनेट शब्द का प्रयोग, उस सेवा का वर्णन करने में प्रयोग होता है, जिस पर आपस में जुड़े हुए नेटवर्कों का प्रयोग करके पहुँचा जा सकता है। इनमें से कुछ सेवाएँ हैं–

- ⇨ लाइब्रेरी की सूची
- ⇨ यूजनेट न्यूज ग्रुप्स (usenet news groups) और इलैक्ट्रॉनिक मेल की लिस्टों का फोरम, जिसमें हजारों टॉपिक्स (विषयों) पर चर्चा कर सकते हैं, उन लोगों के साथ जो तुम्हारे शौक (interests) को बांटना (share) करना चाहते हैं।
- ⇨ फ्री सॉफ्टवेयरों का संग्रह
- ⇨ व्यवसायिक कम्पनियों के लिए उपभोक्ता सेवा सूचना (customer service information)
- ⇨ राजनीतिक और बिना लाभ वाली संस्थाओं पर फ्री जानकारी
- ⇨ किताबों, कागजों और ऐतिहासिक डॉक्यूमेन्ट्स और इससे कहीं ज्यादा पर जानकारी

इंटरनेट उन लोगों का समुदाय भी है जो नेटवर्क का प्रयोग करने के लिए एक साथ काम करते हैं। इंटरनेट बहुत से लोगों और संस्थाओं का सहयोगात्मक प्रयास है, जो अपने सहयोग से नेट के कार्यों को बढ़ाना चाहते हैं। यह महसूस करना अति आवश्यक है कि लोग नेटवर्क का प्रयोग केवल जानकारी के लिए ही नहीं करते बल्कि इलैक्ट्रॉनिक मेल की सूचियाँ बनाकर, सूचना सेवाएँ (information services) बनाकर, विभिन्न प्रकार का संग्रह रखकर इंटरनेट को प्रयोग करने वाले सभी लोग (users) इन्फॉरमेशन (सूचना) देने वाले (provider) है।

सामान्य रूप से प्रयोग किये जाने वाले प्रोटोकॉस निम्नलिखित हैं–

प्रोटोकॉल सूट (Protocol Suite)

विभिन्न प्रकार के प्रोटोकॉल्स लगाये और डिजायन किये गये ताकि हर किसी पर अलग-अलग जिम्मेदारी हो, बजाय इसके, कि एक अकेला प्रोटोकॉल, हर तरीके के तालमेल (communication) को संभालने के लिए जिम्मेदार हो। इस प्रकार के प्रोटोकॉल्स को प्रोटोकॉल सूट (suite) कहते हैं जो कम्यूनीकेशन की सभी जरूरतों को देखते हैं।

PPP (Point-to-Point Protocol)

यह एक communication (आपसी बातचीत) का प्रोटोकॉल है, जो इंटरनेट का जोड़ रखने के लिए, एक के बाद एक लाइन (serial line) में प्रयोग किया जाता है। यह प्रोटोकॉल एक ही समय में एक साथ काम करने वाले (synchronous) और एक साथ काम नहीं करने वाले (asynchronous) सिस्टम को घेर लेता है अर्थात् दो नेटवर्कों के बीच कवर (cover) करता है कनेक्शनों को मोडेम और टेलीफोन लाइनों के माध्यम से आपके कम्प्यूटर (PC) को इंटरनेट से जोड़ने के लिए प्रयोग किया जाता है। यह built-in security mechanism भी देता है।

FTP (File Transfer Protocol)

यह एक कम्प्यूटर से दूसरे कम्प्यूटर पर फाइलों को ट्रॉन्सफर (इधर से उधर) करने के लिए प्रयोग होता है। यह इंटरनेट पर फाइलों को डाउनलोड करने और अपलोड करने की आमतौर पर प्रयोग की जाने वाली प्रक्रिया है। FTP के द्वारा, तुम किसी दूसरे इंटरनेट का साइट पर भी login कर सकते हो और फाइलों को इधर-से-उधर भेज सकते हो। कुछ साइट्स (sites) पर जनता की फाइलों का संग्रह होता है, जिन्हें तुम 'anonymous' एकाउन्ट के नाम (account name) के साथ और पासवर्ड के रूप में अपने ई-मेल के पते के साथ, FTP का प्रयोग करके access कर सकते हो। इस प्रकार की इंटरनेट सुविधा को 'anonymous FTP' कहते हैं।

टेलनेट (Telnet : Terminal Emulation Protocol)

यह प्रोटोकॉल TCP कनेक्शनों पर प्रयोग किये जाते हैं। यह प्रोटोकॉल यूजर्स को होस्ट नेटवर्क पर login करने में, login हटाने में और उनके साधनों को प्रयोग करने के योग्य बनाता है जैसे कि ये साधन उनके अपने कम्प्यूटर पर उपलब्ध हो।

HTTP (Hyper Text Transfer Protocol)

यह, प्रोटोकॉल इंटरनेट पर हाइपर टेक्स्ट के पेजों को (hyper text documents) भेजने के लिए (transport) कम्यूनीकेशन प्रोटोकॉल की तरह प्रयोग होता है। यह सर्व को बताता है कि क्लाइंट (client) को क्या भेजना है ताकि क्लाइंट वेब पेजों को देख सकें और नेट पर FTP की साइट्स को और दूसरे क्षेत्रों को भी देख सकें।

TCP (Transmission Control Protocol)

ट्रांसमिशन कंट्रोल प्रोटोकॉल विस्तृत रूप से प्रयोग किये जाने वाला प्रोटोकॉल है जो एक कम्प्यूटर को रिमोड कम्प्यूटर पर डाटा भेजने के योग्य बनाता है। TCP एक विश्वस्त प्रोटोकॉल है, जो यह देखता है कि मैसेज के पैकेट्स (जैसा कि पहले अध्याय में बताया गया है) सही क्रम से सुरक्षित रूप से अपने गन्तव्य पर पहुँचे हैं या नहीं (मतलब, हर मैसेज अपने address) पर पहुँचा है या नहीं।

इंटरनेट प्रोटोकॉल (IP)

इंटरनेट पर हर मशीन का अपना अलग IP address होता है, जिससे हर मशीन को अलग-अलग पहचाना जा सकता है और IP address को पहचान कर ही डाटा ट्रान्समिट होता है। वास्तव में, हर IP address अलग ही (unique) नम्बरों के सेट से बना होता है।

ARP (Address Resolution Protocol)

अपने इंटरनेट एड्रेस (address) से होस्ट के हार्डवेयर के एड्रेस को खोजने के लिए ARP एक तरीका है। एक मैसेज को आगे भेजने के लिए अपने हार्डवेयर एड्रेस से दूसरे का IP एड्रेस

खोजकर भेजने वाला (sender) ARP का प्रयोग करता है। हर होस्ट कम्प्यूटर लोडिंग और समय को कम करने के लिए एड्रेसेस (addresses) की एक कॉपी संभालकर अपने पास रखता है। ARP हार्डवेयर के इंटरनेट एड्रेस को स्वतंत्र रहने की आज्ञा देता है लेकिन यह तभी काम करता है जब सभी होस्ट इसे सहारा (support) दें।

NNTP (Network News Transport Protocol)

न्यूज ग्रुप के द्वारा संसार भर में बुलेटिन बोर्ड सेवा को चलाने के लिए मुख्यत: यह प्रोटोकॉल प्रयोग किया जाता है।

TCP/IP प्रोटोकॉल

पूरे प्रोटोकॉल का यह छोटा रूप है। यह किसी भी हार्डवेयर और ऑपरेटिंग सिस्टम पर कार्य कर सकता है। यह नेटवर्क पर डाटा डालने (transmit) का रास्ता (तरीका) बताता है। बहुत से मेम्बर्स और उनके फंक्शन (कार्य) के रूप में डाटा transmit करता है।

BGP/EGP (Border Gateway Protocol/Exterior Gateway Protocol)

विभिन्न नेटवर्कों के बीच में डाटा किस तरह से गुजरना चाहिए, यह प्रोटोकॉल इसका प्रबन्धा करता है।

ICMP (Internet Control Message Protocol)

यह प्रोटोकॉल TCP/IP के लिए गल्तियों (errors) का प्रबन्धा करता है और गल्ती के लिए मैसेज भेजता है।

OSPF (Open Shortest Path First)

यह RIP को कम करता है जिससे इसकी गति और विश्वसनीयता बढ़ती है।

POP3/IMAP4 (Post Office Protocol Version 3/Internet Message Advertising Protocol Version 4)

दोनों ही clients यदि नेटवर्क से जुड़े हुए कम्प्यूटरों के लिए रास्ता तैयार करते हैं (set up ways) ताकि वे सर्वर (server) से जुड़ सकें और ई-मेल को भी इकट्ठा करते हैं।

RIP (Routing Information Protocol)

यह प्रोटोकॉल दो कम्प्यूटरों के बीच में सबसे तेज गति वाले रास्ते (route) को खोजता है।

SMTP (Simple Mail Transport Protocol)

यह प्रोटोकॉल यह पता लगाता है कि TCP/IP नेटवर्क पर विभिन्न सर्वरों के बीच ई-मेल कैसे गुजरता है।

SNMP (Simple Network Management Protocol)

यह प्रोटोकॉल नेटवर्क का प्रशासनिक कार्य करने वाले को (administrators) नेटवर्क के उपकरणों को जोड़े रखने के लिए और ठीक तरीके से प्रबन्धित करने की आज्ञा देता है।

TCP (Transmission Control Protocol)

यह विश्वास दिलाता है कि कनेक्शन जुड़े हुए हैं और कम्प्यूटरों के बीच में बने हुए (maintained) हैं।

SLIP (Serial Line Internet Protocol)

इस प्रोटोकॉल का संक्षिप्त रूप (SLIP), डॉयल-अप इंटरनेट सुविधा के लिए बहुत प्रचलित है। जो इंटरनेट से तुम्हारे कम्प्यूटर को जोड़े रखता है। यह बहुत पुराना serial line प्रोटोकॉल है जो नेटवर्क के आंकड़ों (configuration) को स्वत: ही नहीं समझता है। बाद में यह Point to Point Protocol (PPP) से बदल दिया गया।

PPP (Point-to-Point Protocol)

डॉयल-अप कनेक्शनों के द्वारा इंटरनेट से कम्प्यूटरों के सीधे कनेक्शन के लिए कम्यूनीकेट करता है। SLIP की तरह ही, PPP भी अच्छे से अच्छा डाटा व्यवसाय में देने में और गल्तियों को ठीक करने में सहयोग करता है। यह प्रोटोकॉल हवाई डाटा (one the fly data) के ट्रॉन्समिशन को बनाये रखता है।

वेब का शासन (Governing the Web)

अक्टूबर, 1994 में, टिम बर्नर्स ली (Tim Berners Lee) ने एक संस्था बनाई जिसे world wide web consortium (W3C) केहा गया। वर्ल्ड वाइड वेब के लिए आपस में ऑपरेट होने वाली तकनीक को विकसित किया। W3C को जो भाषाएं (computer languages) access कर सकती थी उसमें है–XHTML (Extensivable Hyper Text Markup Language), CSS (Cascading Style Sheets), HTML (Hyper Text Markup Language) इसे अब "Legacy" तकनीक माना जाता है; और XML (Extensible Markup Language) W3C को access करने की जो योग्यता बतलाते हैं (recommendation), वे वास्तव में कोई सॉफ्टवेयर product नहीं हैं बल्कि एक डॉक्यूमेंट है जो तकनीक की भूमिका को, कोडिंग के नियमों (syntax rule) आदि को बताता है।

दिन प्रतिदिन की व्यापक खोजों के आधार पर बहुत से नये-नये products भी आ रहे हैं।

W3C के मुख्यत: तीन प्राइमरी मेजबात है–MIT, ERCIM, KUJ

MIT (Massachusetts Institute of Technology)

ERCIM (European Research Consortium for Informatics and Mathematics)

KUJ (Keio University in Japan)

और सैकड़ों की संख्या में इसके मेम्बर्स (members)। मेम्बर्स W3C के लिए प्राइमरी आर्थिक व्यवस्था (financing) उपलब्ध कराते हैं और consortium की tric वाली दिशा (strategic direction) के लिए सहायता प्रदान करते हैं।

W3C का शुरूआती पेज (home page) (www.w3.org) इंटरनेट और वेब तकनीकियों पर विस्तृत साधन (स्रोत) प्रदान करता है। हर इंटरनेट टेक्नॉलॉजी के लिए, जिसके साथ W3C जुड़ी हुई है, इसके लिए यह site W3C का वर्णन व उसके लाभ, W3C का इतिहास व W3C की भविष्य की योजनाऐं, इस टेक्नॉलॉजी को विकसित करने के लिए प्रदान करती हैं। यह site W3C की कार्य-गतिविधियाँ निम्नलिखित क्षेत्रों में व्यवस्थित करती हैं–architecture, interaction, technology and society और web accessibility initiative आदि।

वेब-साइट्स पर मार्केटिंग

वेब के प्रयोग से सम्बन्धित मार्केटिंग में, ब्रांड के नाम की व्यवस्था, विस्तृत रूप में फैले हुए उत्पादों की सूची और उत्पादों के बिकने की सूचना और उत्पादों की घोषणा होती है। वेब को

प्रयोग करने की जो स्पष्टता है या आसानी है, वह मार्केटिंग के विभागों पर भी खत्म नहीं होती है। बहुत से लोग जो यह विश्वास करते हैं कि वेब का व्यवहार मित्रतापूर्ण है, वे आपसी तालमेल बनाये रखने के लिए और उपभोक्ता को सीधे ही उत्पाद बेचने के लिए नये चैनल खोलेंगे। जबकि वेब के द्वारा बेचने से सीधे कम्पनी का आय मिलती है। व्यवसाय के द्वारा वेब का प्रयोग करने वाले लोगों की संख्या उन गतिविधियों के चारों ओर घूमती रहती है जो धन के सीधे ट्रॉन्सफर को चाहते हैं। विज्ञापन बनाने वाली कम्पनियां नवीन परिवर्तन करने वाले और उच्च गुणवत्ता की संतुष्टि देने वाले साधनों को खोज रही है ताकि उपभोक्ता का ध्यान आकर्षित कर सके। विज्ञापन बनाने वाले, साधनों की पुस्तकों (brochures) को हटाकर, उन्हें ऑनलाइन करके, प्रलोभन को बनाये रखना चाहते हैं। वे इंटरनेट की अलग (unique) प्रथा को बनाये रखने के लिए नये-नये ऑफर देना चाहते हैं जैसे, हर व्यक्ति नेट access करे ताकि उनकी यूजरों की सीमा बढ़ जायें; कम कीमत पर ज्यादा से ज्यादा सूचनाऐं देने की योग्यता; उपभोक्ताओं से पूरे वर्णन के साथ मिलना (interact करना); विभिन्न प्रकार के मार्केट की जानकारी देने की योग्यता; और किसी एक यूजर (user) के लिए भी पर्सनल सेवा देने की योग्यता रखते हैं। इंटरनेट तकनीक जो मार्केटिंग और विज्ञापनों को सम्भव बनाती है; वह वेब बुलेटिन-बोर्ड, वेब बिल-बोर्ड व प्वाइंट-कास्टिंग के जरिये सूचनाओं को सभी जगह फैलाने (broadcast) करने की योग्यता भी रखती हैं।

उपभोक्ता की सेवा व सहारा (Customer Service and Support)

वेब विशेष रूप से, उपभोक्ता सेवा प्रतिनिधि के द्वारा सूचनाओं पर उठे सवालों को सम्भालने में भी लाभदायक है। वेब उपभोक्ता के विभिन्न प्रकार के कार्यों को भी पूर्ण रूप से कर सकता है जैसे–

⇨ सॉफ्टवेयर के लिए चैनल वितरण करने वाला, सॉफ्टवेयर को ठीक करने वाला और सॉफ्टवेयर का ई-वितरक कोई नयी योजना नहीं है। वर्षों पहले, IBM में सेटेलाइट के द्वारा सॉफ्टवेयरन को वितरण (distribution) करने का परिक्षण शुरू किया था। हाल ही में, seattle पर आधारित Online Interactive (OLI) ने इंटरनेट के द्वारा सॉफ्टवेयर बनाने वालों के उत्पादों (products) को वितरित करने के लिए माइक्रोसॉफ्ट के साथ, समझौता किया था। फिर भी, तकनीकी बाधाओं के कारण डिलीवरी प्रभावित होती है। जबकि bandwidth सीधे यूजर के डेस्क-टॉप कम्प्यूटर पर, सॉफ्टवेयर को डिलीवर (पहुँचाती) है।

⇨ उपभोक्ता से सम्बन्धित कार्य और जानकारी लेने की योग्यता है। उदाहरण के लिए, वेब का प्रयोग करके, फेडरल एक्सप्रेस और यूनाइटेड पार्सल सेवा के उपभोक्ता, विशेष रूप से पूरी रात (overnight) के पैकेज की दिशा (location) और अवस्था (status) को check कर सकते हैं। उपभोक्ता फेडरल एक्सप्रेस के वेब पेज पर लॉग ऑन (log on) करके अपने पैकेज की अवस्था को देख सकते हैं। वेब फॉर्मस् के द्वारा उपभोक्ता की सेवा करने वाले कार्य साध्य बन गये हैं। और डाटाबेस के अन्त तक वेब सर्वर से जुड़े रहने की योग्यता होती है जिसमें सूचनाओं का ढेर भण्डार होता है।

⇨ उपभोक्ता से सम्बन्ध के लिए नया द्वार है। ऊँचे contact वाले क्षेत्रों में जैसे बैकिंग आदि में उपभोक्ता से सम्बन्ध बहुत ही मुख्य है और अपने उपभोक्ताओं से सीधे सम्बन्ध बनाने के लिए वेब बैंकों की सहायता कर रहा है। उदाहरण के लिए wells fargo bank अपने उपभोक्ताओं को, व्यक्तिगत बैंक एकाउन्ट की बैलेंस आदि की जानकारी और ताजा

लेन-देन (recent transaction) की जानकारी लेने के लिए, सेवा प्रदान करता है। इस प्रकार की सेवाऐं अपने उपभोक्ताओं को सभी जानकारी दे देती है ताकि वे अच्छे आर्थिक निर्णय ले सके और बैंक अपने उपभोक्ताओं से अच्छी तरह से वार्तालाप (कम्यूनीकेट) कर सकें।

⇨ सरकारी सूचनाओं की जानकारी प्राप्त करना। वेब सरकारी एजेन्सियों का रास्ता बदल रहा है ताकि वे जनता से सम्बन्धित कार्य कर सकें और उन्हें सूचनाएं प्रदान कर सकें। उदाहरण के लिए securities and exchange commission (SEC) अपने वेब सर्वर पर जनता को पैसा लगाने (invest) के लिए, निर्णय लेने के लिए अमूल्य जानकारी प्रदान करता है। इसी प्रकार, internal revenue service (IRS) अपने सर्वर पर टैक्स की जानकारी प्रदान करती है। सरकारी एजेन्सी जैसे वन-विभाग आदि में, रोजगार के अवसर खोजने में भी वेब का प्रयोग किया जा सकता है।

नये मार्केट का विकास और चैनल वितरण

नये मार्केट का विकास और चैनल वितरण करने के लिए वेब को निम्न बातों पर अपनी पकड़ मजबूत करनी होगी जैसे-ब्रांड के नाम की पहचान कराना, कुछ नया ऑपरेट करने के लिए खांचा तैयार करना, सूचनाऐं तेजी से वितरित करना और उपभोक्ताओं से अच्छे सम्बन्ध बनाना। पब्लिशिंग इंडस्ट्री बड़ी संख्या में उदाहरण देकर यह बताती है कि किस तरह से नये मार्केट बनाने में वेब सहायता करता है। उदाहरण के लिए time warner ने एक प्रसिद्ध वेब साइट बनाई है जिसका नाम pathfinder है, जिसमें से प्रसिद्ध मैगजीनों जैसे, time, money और sports illustated के कुछ पार्ट (segments) छापते हैं। pathfinder उस आय को उत्पन्न (generate) करता है, जो किसी भी ऑनलाइन साधन को access करने के लिए उपभोक्ता से चार्ज (वसूल) करने के द्वारा और विज्ञापन बेचकर होती है।

छापने वाले (पब्लिशर्स) वेब का प्रयोग यह जानने के लिए कर रहे हैं कि किस तरह ऑनलाइन सूचना सेवा के प्रभूत्व को बदल जा सकता है जिससे कि हर पेज को पैसा देकर (pay-per page) खोजा जा सके; प्रिन्ट पर आधारित पब्लिकेशन की भाषा को बदला (translate) जा सके, और दी गई ब्याज की दरों पर मार्केट कुशलता से फोकस कर सकें। और कॉपीराइट पब्लिकेशन की सहयोगात्मक, व्यावसायिक और पर्सनल कॉपियों के लिए payment प्राप्त करने के लिए योग्य पब्लिशर्स अपनी सेवाऐं दे सकें। उत्पादों के वितरण के लिए इंटरनेट प्रयोग करने में, सॉफ्टवेयर इंडस्ट्री अग्रणी बन चुकी है।

कम्प्यूटर सॉफ्टवेयर कंपनी जैसे netscape आदि, अपने सॉफ्टवेयरों को ईलैक्ट्रानिकली बेचने और वितरित करने के लिए इन वेब वितरण चैनल का लाभ उठाते हैं। वेब के मार्केट की यह खासियत भी है कि वह बड़े और छोटे खिलाड़ियों में अन्तर नहीं करता। उदाहरण के लिए, doom बनाने वाले ID सॉफ्टवेयर (doom एक प्रकार का खेल है जिसमें एक खिलाड़ी विभिन्न लेवल के कमरों और दुर्गम स्थानों की यात्रा करता है, जिसमें मानतव के द्योतक लोगों से (homocidal mutants) मानवता की सुरक्षा करता है।) विशाल सफलता पाने के लिए वेब का प्रयोग करते हैं। दिसम्बर 1993 में, doom को इंटरनेट पर shareware की तरह रिलीज किया गया। doom lose के अनुसार, कुछ कार्य करने वाली साइट्स पर doom को बैन (ban) कर दिया गया, जब कंपनियों ने यह रिपोर्ट किया किस उनकी उत्पादन क्षमता कम हो रही है क्योंकि कार्यकर्त्ता doom खोलते रहते थे। ID सॉफ्टवेयर, अपने नये उत्पाद quake और doom की सफलता को दोहराना चाहते हैं, जिसका इंटरनेट पर वितरण भी शुरू किया जा रहा है। ID की

सफलता यह स्पष्ट करती है कि किस तरह छोटे सॉफ्टवेयर के पब्लिशर जिनका मार्केटिंग के लिए बजट भी नहीं है वे भी अपने नये उत्पादों को नेट पर वितरित कर इंटरनेट का लाभ ले सकते हैं। वेब पर उपभोक्ताओं के लिए विभिन्न वैरायटी उपलब्ध है और कम से कम कीमत पर अपने सॉफ्टवेयर के लिए विशाल मार्केट बनाने का ऑफर उपलब्ध है।

नयी ऑनलाइन सेवाऐं/उत्पादों को विकसित करना

वेब पर आधारित नई रीति चलाने वाले उत्पादों में से एक उदाहरण स्विचबोर्ड है, यह एक पता खोजने वाला सिस्टम है जो राष्ट्र भर में 90 मिलियन से ज्यादा नाम पता खोजने की क्षमता रखता है। स्विचबोर्ड का प्रयोग करके एक यूजर किसी एक व्यक्ति को या व्यवसायों को सिर्फ वेबपेज पर नाम टाइप करके खोज सकता है। कुछ ही सेकेण्डों में वह नाम कम्प्यूटर स्क्रीन पर पते और टेलीफोन नम्बर के साथ दिखाई देता है। स्विचबोर्ड पर सारी सूचनाऐं डाटाबेस अमेरिका के द्वारा दी जाती है। यह एक जनसंख्या का अध्ययन करने वाली कंपनी है जो यह डाटा टेलीफोन की किताबों और अन्य पब्लिक डॉक्यूमेन्टों से लेती है।

कुछ-कुछ टेलीफोन डायरेक्टरी सेवा की तरह ही, स्विचबोर्ड पूरे देश के लिए डायरेक्टरी प्रदान करती है। यह CD-ROM के प्रोग्राम की तरह ही है जो कि $50 और $170 के बीच में बिकते हैं जबकि स्विचबोर्ड का वेब वर्जन (version) मुफ्त है। इसकी सेवा में कुछ कमियाँ तो हैं लेकिन यह सस्ती है, प्रयोग करने में आसान है और महत्वपूर्ण बात तो यह है कि यह नये गुणों को जोड़ने के लिए आज्ञा (allow) भी देती है। उदाहरण के लिए, स्विचबोर्ड के पास एक "knock-knock" फंक्शन है जो किसी एक व्यक्ति को ई-मेल एड्रेस को प्राप्त करने की स्थिति को कंट्रोल करता है। इस गुण (feature) का प्रयोग करके एक व्यक्ति जो किसी से कॉन्टेक्ट करना चाहता है, बिना उसके वास्तविक ई-मेल के पते को प्राप्त किये, मध्यस्थ सिस्टम के द्वारा पहले मैसेज भेज सकता है। जब लक्षित यूजर (target user) वह नोट पढ़ता है तब वह यह निर्णय ले सकता है कि भेजने वाले को उत्तर देना है या नहीं।

शिक्षा व मनोरंजन दो क्षेत्र है जहाँ नये ऑनलाइन उत्पाद अच्छा करने की सम्भावना रखते हैं क्योंकि वेब के द्वारा इन दोनों क्षेत्रों में मध्यस्था होती है। शिक्षा के क्षेत्र में, विद्यार्थी अन्वेषण करते हैं। और नेट पर कहीं से भी, किसी एकेडमिक संस्था या विशेष शहर में जाये बिना ही, आदेशात्मक मैटेरियल प्राप्त करते हैं।

नये उत्पादों के निर्माण में वेब पर शिक्षा की लम्बे समय तक की सम्भावना पड़ी होती है, जो ज्ञान के ट्रॉन्सफर को केवल कंपनियों में ही नहीं बल्कि बड़ी-बड़ी एकेडमिक और रिसर्च संस्थाओं में भी, बढ़ाता है। यूजर की दृष्टि से इसका लाभ जोरदार है कि शिक्षा या ट्रेनिंग कहीं पर भी और कभी भी, बिना एक आदेश देने वाले (instructor's) के शेड्यूल या दिशा के बन्धन देने वाले के लिए भी कोई जबरदस्ती नहीं है कि उसे कक्षा के कमरे बनाने के लिए पूँजी लगानी होगी। मनोरंजन के क्षेत्र में, खिलाड़ी उन अन्य जगहों के खिलाड़ियों के साथ भी खेल सकते हैं जो सम्पूर्ण संसार में फैले हुए हैं। कंपनियों जैसे MPATH interactive आदि ने पहले से ही कुछ खेल बना रखे हैं जो वेब पर खेले जाते हैं। यूजर्स सॉफ्टवेयर को डाउनलोड भी कर सकते हैं और अन्यों के साथ ऑनलाइन भी खेल सकते हैं बिना वास्तव में सामने बैठे खिलाड़ी के। यद्यपि ग्रॉफिक्स को भरे हुए खेलों को डाउनलोड करना आज के समय में थोड़ा मुश्किल है, परन्तु यह सब समय का खेल है कि कुछ समय बाद में डाउनलोड्स सम्भव हो जायेंगे। ये अवसर सभी खेल देने वालों के लिए बड़ी आय का अवसर है और ग्राहक के लिए एक नये प्रकार का मनोरंजन भी है।

External Web Interface

संस्थायें चाहती हैं कि उपभोक्ताऐं उनकी साइट् पर आये क्योंकि यहाँ पर वो सब कुछ है जो वे चाहते हैं। बहुत-सी संस्थायें और उत्पाद बेचने वाले आकर्षकता पर फोकस अर्थात् ध्यान केन्द्रित कर रहे हैं जिन्हें वे ऑनलाइन प्रदान कर रहे हैं। वे यह समझने में असमर्थ है कि जो वे प्रदान कर रहे हैं जैसे फ्लैशी ग्रॉफिक्स, डिजीटल विडियो या 3-D ग्रॉफिक्स आदि ये आकर्षक चीजें नहीं हैं। लेकिन ऐसा क्यों है? बहुत-सी संस्थाओं में सॉफ्टवेयर प्रोग्रामरों के लिए शौक की तरह (hobby) बाहरी वेब साइट शुरू की है। यद्यपि इनमें से बहुत-सी साइट्स आज मनोरंजन की क्षमता ज्यादा रखती है। बहुत-सी साइट्स adhoc तरीके से व्यवस्थित है और बिजनेस की मुख्य धारा से अलग रखी गई है। परम्परागत सूची की कॉपी (brochures) को वेब फॉरमेट में ट्रान्सलेट यानि बदल दिया गया है। आकर्षक बात तो यह है कि समय पर सारी सूचनाऐं उपलब्ध हो और उचित मूल्य सामान को डिलीवर (पहुँचाने) की क्षमता हो।

आज की तारीख में वैल्यू की मांग रखने वाले उपभोक्ता स्थिरता से स्थापित ब्रांडों को छोड़कर नये की ओर रूख कर रहे हैं क्योंकि वे ऊँची वैल्यू ऑफर कर रहे हैं। लाभ के लिए उपभोक्ता का एक ब्रांड से दूसरे ब्रांड पर जाते हैं। साधारण तौर पर कहा जा सकता है कि बिजनेस इन्फ्रॉस्ट्रक्चर और रोजमर्रा के कार्यों में वेब तकनीक उपयुक्त तरीके से साथ नहीं है। रोज के कार्यों में वेब के सहयोग के लिए, फर्म को रजिस्ट्रेशन के द्वारा उपभोक्ता के बारे में जानने की आवश्यकता होती है, उपभोक्ताओं को अन्य उपभोक्ताओं से बात करने की योग्यता देना, उपभोक्ताओं को जो सूचनाऐं चाहिए वो उन्हें सप्लाई करना, ट्रॉन्सेक्शन (transaction) की योग्यता देना और उपभोक्ता की मांग पर अपने contents और layout में सुधार करने की आवश्यकता होती है। फर्म को ऐसे कुशल हाथों में इन्वेस्ट करने की आवश्यकता है जो इन योग्यताओं को व्यवस्थित करने और स्थापित करने में आसान बना देगा।

एक बार वेब टेक्नोलॉजी फर्म के अंदरूनी अर्थात् इंटरनल कार्यों में प्रभावपूर्ण तरीके से अपनी पकड़ बना लें, बाहरी कार्यों के लिए इसका प्रभावपूर्ण प्रयोग साधारण और आसान बन जायेगा। एक उपयुक्त अंदरूनी (internal) इन्फ्रास्ट्रक्चर के बिना, बाहरी कार्य हमेशा कम और दबाव में ही रहेंगे।

तकनीक पर सम्पूर्ण दृष्टि (Overview) : वेबसाइट की तैयारी

पूरी तैयारी के साथ आयी एक वेब साइट्, उसमें डाले गये प्रयासों को दिखाती है और दर्शकों को आकर्षित करती है।

हम उस संसार में रह रहे हैं जहाँ प्रतियोगिता एक चाबी की तरह है। तुम किसी उत्पाद (product) को नाम देते हों और उसके बहुत से उत्पादन करने वाले (manufactures) बन जाते हैं। इसलिए, स्वाभाविक रूप से उपभोक्ता कोई एक उत्पाद खरीदेगा, जो आर्थिक दृष्टि से और कार्यक्षमता की दृष्टि से अच्छा होता है। इन दिनों बहुत-बहुत ज्यादा वेब-साइट्स उपलब्ध है, उनमें से कुछ अच्छी है और कुछ ज्यादा अच्छी नहीं है। सामान्य रूप से तुम चाहोगे कि तुम्हारी वेबसाइट ऐसी हो कि उसमें इतना आकर्षण हो कि उपभोक्ता बार-बार वापिस आयें। इसके लिए तुम्हारे वेब प्रोजेक्ट में निम्नलिखित बातों का ध्यान होना ही है–

⇨ देखने में प्रोफेशनल हो

⇨ लोड होने में ज्यादा समय ना लें

⇨ अच्छी क्वालिटी के डिजायन और लेआउट हो (layout)

⇨ ग्रॉफिक्स देखने में अच्छे हो

⇨ टेक्स्ट पढ़ने में आसान हो

⇨ खोजने में आसान हो

⇨ उपभोक्ता के द्वारा पूछी जाने वाली सारी सुविधाएं लोड हो।

ये सब बातें उपभोक्ता के दिमाग में एक विश्वास पैदा करती है कि वह एक प्रोफेशनल कम्पनी के साथ डील (deal) कर रहा है और उसके धन के साथ धोखेबाजी नहीं होगी। वह सारी सूचनाओं के लिए भी निश्चित होगा और वह बार-बार आपसे उन सूचनाओं को भरने के लिए भी नहीं पूछेगा। यदि आप अपने उत्पादों (products) के लिए ऑनलाइन ऑर्डर लेंगे, तो आपको आसानी से समझ आने वाला फार्म ऑफर करना है और उपभोक्ता को यह स्पष्ट करना होगा कि जब भी वह आपकी साइट देखें, तो वह यह महसूस करें, कि वह एक सुरक्षित ऑनलाइन आर्थिक ट्रॉन्सेक्शन (transaction) में भागीदार बन रहा है। इसके द्वारा उपभोक्ता को ऑर्डर देने के लिए अपना क्रेडिट कार्ड प्रयोग करना ज्यादा सुविधाजनक लगेगा।

आपकी साट को उपभोक्ता के द्वारा पूछे जानेवाले प्रश्नों के उत्तर भी देने चाहिए। अपने उत्पाद को दिखाने के लिए, कम्पनी का logo दिखाने के लिए, पता, ई-मेल का पता और टेलीफोन नम्बर आदि जानकारी दिखाने के लिए visual का पूरा प्रयोग करना है। दर्शक अपने प्रश्नों और कमेन्ट्स के जरिये आपसे कॉन्टेक्ट में समर्थ होने चाहिए या ऑनलाइन प्रक्रिया का कोई दूसरा तरीका अपनाकर अपने ऑर्डर देने के लिए भी समर्थ होने चाहिए।

अपनी वेब साइट डिजायन करना

एक बार जब तुमने साइट बनाने का विचार बना लिया, तो किसी वेब डिजायनर को बुलाये और अपना प्लान उससे वर्णित (discuss) करें। जब तक कुछ लोगों से बात ना कर लें तब तक किसी एक से वादा ना करें। प्रतियोगात्मक दरों पर यह ऑप्शन अलग-अलग विचार एकत्रित करने में आपकी सहायता करेगा। किसी जानकार को ही यह काम देने का निश्चय करना, लेकिन इस क्षेत्र के विभिन्न प्रोफेशनलों से बात करना ही अच्छा सुझाव है। क्योंकि कभी-कभी वे कुछ अच्छे विचार दे सके हैं जिन्हें तुम अपनी साइट में डाल सकते हो।

फिर भी, यदि यह कार्य तुम स्वयं ही करना चाहते हो, तो आपके पांस बढ़ते हुए ई-कॉमर्स के सभी सुझाव उपलब्ध होने चाहिए, जैसे–yahoo! store (store.yahoo.com) अर्थात् सुझावों का भण्डार। कम्प्यूटर उपकरणों के साथ इंटरनेट सुविधा और वेब ब्राउजर का प्रयोग करके, कोई भी ऑनलाइन स्टोर तेजी से विकसित कर सकता है। अब इच्छा तुम्हारी है कि साइट का निर्माण करने के लिए तुम कौन-सा रास्ता चुनना चाहोगे। इस बात का विश्वास बनायें कि साइट में सबसे अच्छे गुण (contents), देखने में सुन्दर और पढ़ने योग्य हो। रचनात्मकता सबसे मुख्य गुण है, यदि तुम अपनी साइट को, नेट पर उपलब्ध अन्य साइटों के बीच में अनोखी, मजेदार और सबसे अच्छी सूचना देने वाली बनाना चाहते हो तो बन जाइऐ रचनात्मक और बनाये एक सबसे बढ़िया साइट।

यदि आप अपनी साइट विकसित कर रहे हैं, तो यह ध्यान रखें कि यह मुख्य ब्राउजर सॉफ्टवेयर (माइक्रोसॉफ्ट इंटरनेट एक्सप्लोरर या नेटस्कोप नेवीगेटर) पैकेजों के साथ काम करने में सक्षम हो। तुम्हारी साइट ऐसी होनी चाहिए कि अलग-अलग ब्राउजर के साथ देखने में (रंग, लेआउट आदि) बिल्कुल अलग दिखें। तुम्हारी साइट के दर्शक जो ग्रॉफिक रिजोल्यूशन व्यवस्थित करें उसमें वह प्रभावित करने वाली होनी चाहिए। PC कम्प्यूटरों पर ग्रॉफिक रिजोल्यूशन के बिए सबसे प्रचलित सेटिंग 640 × 480, 800 × 600, 1024 × 768, 1152 × 800, 1280 × 1024 और 1600 × 1200 है। (सभी में 256 रंग, high color {16-bit} या blue color {24-bit})।

यदि तुम्हारा ऑनलाइन व्यवसाय वेब पर बहुत बड़ी संख्या में मार्केट के उपभोक्ताओं को लक्ष्य बना रहा होग, तो अपनी साइट को डिजाइन करने के लिए तुम्हारी सबसे अच्छी शर्त यही होगी, कि देखने वाले रिजोल्यूशन को एडजस्ट किए बिना या अपने ब्राउजर सॉफ्टवेयर के लिए अलग से plug-ins डाउनलोड किए बिना, वेब प्रयोग करने वालों के द्वारा यह आसारी से देखी जा सकें।

अपनी साइट विकसित करने के लिए चरण (Steps)

अहपनी साइट का डिजायन शुरू करने से पहले, सावधानी से मूल्यांकन करें और अपनी साइट का उचित उद्देश्य निश्चित कर लें। अपने आप से ये प्रश्न पूछें कि मैने निम्नलिखित निर्णय ले लिए हैं या नहीं–

- ⇨ अपने उपभोक्ताओं को वह सूचना देने का निर्णय जिसकी तुम तैयारी (planning) कर रहे हो।
- ⇨ इस बात का निर्णय कि यह साइट आपके व्यवसाय को बढ़ाने में मदद करेगी या यह साथ काम करने के लिए नई दिशा है।
- ⇨ यह निर्णय लें कि यह साइट लोगों को ताजी कार्य–गतिविधियों को बढ़ाने में सहायता करेगी और यह मार्केटिंग में, लोगों से सम्बन्ध बढ़ाने में, बेचने में, कुछ नया बनाने में, या यह सभी प्रकार के उद्देश्य पूर्ण करने वाली इलैक्ट्रॉनिक कॉमर्स साइट होगी।
- ⇨ यह निर्णय लें कि तुम्हारने सभी उत्पादों की सूची या उत्पादों से जान पहचान कराने वाली सारणी होगी।
- ⇨ यह निर्णय लें कि अपनी साइट पर सभी दर्शकों को तुम क्या सही निर्देशन देने जा रहे हो।
- ⇨ निर्णय लें कि साइट को रखने में तुम्हारा क्या लक्ष्य है।
- ⇨ यह निर्णय लें कि ऑनलाइन ऑर्डैर को स्वीकार करने के लिए तुम्हारे पास सम्पूर्ण सामग्री है।
- ⇨ यह निर्णय लें कि साइट पर सबसे पहले उत्पादों/सूचनाओं को दिखाना है।
- ⇨ निर्णय लें कि साइट का ले-आउट (दिखाने में कैसी) कैसा होगा और हर पेज पर क्या-क्या मैटर होगा? जबकि बहुत-सी साइट्स अलग-अलग प्रकार के वेब पेजों को रखती है।

साइट का बेसिक ले-आउट

तुमने लोगों को टी.वी. के सामने रिमोट हाथ में लेकर बैठे हुए देखा होगा। वे बस चैनल पलटते रहते हैं जैसे कि उनके पास करने के लिए कुछ ही नहीं है और वे कुछ खोज रहे हैं। कोई एक चैनल जो उन्हें बहुत अच्छा लगता है वे कुछ देर उस पर रुक जायें। यह खेज का चैनल या FTV या MTV, कुछ भी हो सकता है। मतलब, उन्हें पकड़ने के लिए चैनल में कुछ आकर्षण होना चाहिए। यही बात वेब सर्फ करने वालों पर लागू होती है। वे बहुत धैर्य रखने वाले नही होते हैं। यह इसलिए क्योंकि जब एक बार नेट कनेक्ट हो गया तो वे किसी एक साइट पर नहीं रुकते बल्कि विभिन्न साइटों पर कुछ ना कुछ खोजते रहते हैं। यदि उन्हें कुछ खरीदना होता है तो भी वे यह सब ही करते हैं जैसा टी.वी. के केस में बताया गया है। वे विभिन्न साइटों को देखते हैं और तब कुछ खरीदने का निर्णय लेते हैं। इसलिए, साइट का डिजायनर होने के रूप में, तुम्हें भी कुछ

ऐसा बनाना है जो वेब सर्फ करने वाले को तुम्हारी साइट पर रोक दें। साइट का लुक कुछ ऐसा होना चाहिए कि वह इस पर रुकरने के लिए मजबूर हो जायें। क्योंकि यदि वह तुम्हारी साइट पर रुकता है तभी तुम उसे किसी भी बात के लिए सूचित कर पाओगे, वरना कुछ भी हाथ नहीं लगेगा।

ग्रॉफिक्स और टेक्स्ट का फॉरमेट साइट का मुख्य भाग होता है। कुछ ग्रॉफिक्स, फोटोग्राफ के रूप में हो सकते हैं, जबकि कुछ लोगो (logo), लाइन की कला, कुछ कम्प्यूटर के द्वारा बनाए गये ग्रॉफिक जैसे (बुलेट, तीर के चिन्ह, लाइनें) या एनिमेटेड ग्रॉफिके के रूप में हो सकते हैं। एक ई-कॉकर्स साइट पर या व्यवसाय बढ़ाने के लिए डिजायन की गई साइट पर, ऊँची गुणवत्ता वाली इमेजों का होना जरूरी है। जैसे तुम इमेज की फाइल के आकार को और साथ ही साथ रंगों की स्कीम को ध्यान में रखते हुए, इपने व्यवसाय के लिए सहयोग करने वाली इमेज को चुनते हो। उदाहरण के लिए, तुम्हारे उत्पाद को दिखाने के लिए बैकग्राउंड का रंग या तुम्हारे लोगों का रंग, तुम्हारी साइट की पूरी रंगों की स्कीम के साथ मिलता-जुलता होना चाहिए। अपनी साइट के प्रोफेशनल लुक के साथ छेड़-छाड़ करने वाले रंग का प्रयोग ना करें।

Contents को चुनना

तुम्हारे द्वारा किये जाने वाले तुम्हारे उत्पाद के टेक्स्ट का मैटर सबसे बढ़िया हो सकता है। चाहे सूचना देने वाले अपनी साइट का विकास करने वाले तुम ही क्यों ना हो। जैसा कि तुम जानते हो कि तुम्हारी कम्पनी के उत्पादों और सेवाओं का लक्ष्य जनता (audience) है। वेब का एक लाभ यह है कि लगभग पलभर में ही वस्तुओं को बदला जा सकता है, यदि कोई काम नहीं कर पा रहा है या कुछ समय बाद तुमने अपनी साइट के बारे में कुछ सुधार करने का सोचा, वह तेजी से और आसानी से अपलोड किया जा सकता है। कुछ जरूरी सूचना जो तुम्हारी साइट में होनी चाहिए–

होम पेज (Home Page)–यह एक किताब के content की तरह ही है जिसे तुम पढ़ने जा रहे हो। इसलिए निश्चित कर लो कि जो तुम देना चाहते हो वह सारी मुख्य सूचना इस पेज पर हो। क्योंकि जब कोई अपने नेट ब्राउजर में किसी भी URL (Uniform Resource Locator) और www.yourcompany.com के द्वारा तुम्हारे कम्पनी के नाम में प्रवेश करेगा तो वह सीधे ही तुम्हारे होम पेज पर पहुँचेगा।

कम्पनी की जानकारी–सामान का ऑर्डर देने से पहले, लोग शायद तुम्हारी कम्पनी के बारे में भी जानना चाहेंगे। विशेष रूप से, वे लोग जिन्होंने पहले तुम्हारे साथ कभी व्यवसाय नहीं किया है। अपनी साइट के इस पेज को, लोगों के अपनी कम्पनी के बैकग्राउन्ड को बानें के लिए प्रयोग करो और अपनी कम्पनी के उत्पादों के बारे में लोगों का विश्वास बढ़ायें।

उत्पाद (Product) का वर्णन–इन पेजों पर आपके सभी उत्पादों का सम्पूर्ण वर्णन हो। सम्पूर्ण वर्णन ऑफर करने के लिए, उत्पाद का मूल्य, ऑर्डर लेने व देने की सूचना, सबसे जरूरी तो उत्पाद का एक चित्र और तकनीकी सूचना आदि के बारे में बताना चाहिए।

प्रोमोशन–इस पेज पर नये और आने वाले उत्पाद की खबर होती है, विशेष सेल के बारे में सूचना होती है या अन्य सूचनाऐं जिसमें कि तुम्हारे दर्शक रूचि ले सकें। लोगों को अपनी साइट के बारे में उत्तेजित करने का अन्य रास्ता है कि छोटे-छोटे कॉन्टेस्ट रखे जायें या विशेष प्रोमोशन हो, जिसमें लोगों को खिताब (prize) जीतने का अवसर प्राप्त हो।

तकनीकी सहारा (Technical Support)–जब भी उपभोक्ता रिटेल स्टोर में या ऑनलाइन शॉपिंग करते हैं, तो हमेशा उनके पास तुम्हारे उत्पादों के बारे में प्रश्न होंगे चाहे आपने कितना ही

वर्णन क्यों ना कर रखा हो। साइबर जगहों में उपभोक्ता को टोल-फ्री फोन नम्बर पर बात करने की सुविधा होनी चाहिए, ई-मेल मैसेज भेजने की या कम्पनी को एक पत्र फैक्स या मेल से भेजने की व्यवस्था होनी चाहिए। तुम्हे अपनी साइट के लिए तेजी से पूछे जाने वाले प्रश्नों (FAQ) के लिए पेज भी बनाने चाहिए।

उपभोक्ताओं के प्रमाण–जो उपभोक्ता आपके उत्पादों से खुश हैं उसे प्रमाण-पत्र (testimonial) देना चाहिए। क्योंकि एक सम्भावित उपभोक्ता विश्वास बनाने के लिए ऐसा कुछ जरूर खोजेगा। विशेष रूप से तब, जब वह हमारे किसी उत्पाद के बारे में जानना चाहता हो। और यदि आप एक विशेष व्यक्ति (celebrity) हो और किसी एक उत्पाद को समर्थन देकर दृढ़ बना रहे हों तो, आपका यह कदम सम्भावित उपभोक्ता के विश्वास को बढ़ाता ही है।

ऑनलाइन ऑर्डर करना–सबसे बड़ी चुनौती तो यह है कि तुम्हे एक ऑर्डर फॉर्म डिजायन करना होगा जो विस्तृत रूप में हो, सभी कंडीशनों को बताने वाला, आसानी से समझ में आने वाला और भरने वाला हो। ऑनलाइन और फार्म डिजायन करने से पहले पूर्ण रूप से यह निश्चिय कर लें, कि उपभोक्ता से तुम्हें क्या जानकारी प्राप्त करने की आवश्यकता है। इस सूचना फॉर्म में उपभोक्ता का नाम, टाइटल, कम्पनी का नाम, बिलिंग और शिपिंग का पता, फोन नम्बर, फैक्स नम्बर, ई-मेल का पता, उन उत्पादों के नाम जो वे ऑर्डर करना चाहते हैं, उत्पाद का नम्बर, मात्रा, आकार (size) और अन्य जानकारियाँ आदि होनी चाहिए। तुम्हारी साइट में स्वतः गणना होने वाले गुण भी होनी चाहिए जैसे जोड़ना, गुणा करना, यदि सेल्स टैक्स है तो उसे निकालना और यदि शिपिंग चॉर्ज भी हो तो उसे भी निकालने की क्षमता होनी चाहिए। अन्त में तुम्हारे फार्म में यह बात भी साफ होना कि पेमेंट किस रूप में स्वीकार करोगे जैसे कि चेक (यह भी बताना यदि चेक के अलग से चॉर्ज है तो), कैश, मनी-ऑर्डर, और क्रेडिट कार्ड।

तुरन्त उत्तर देना–किसी के ऑर्डर देने के बाद, उसे एक acknowledgement तुरन्त मिलना चाहिए। उसकी स्क्रीन पर ही, कि उसका ऑर्डर ले लिया गया है, उसका क्या ऑर्डर है और यह कम डिलीवर होने जा रहा है और कब तक सवह उसके पास पहुँच जाना चाहिए।

जब तुम किसी डिपार्टमेंटल स्टोर में जाते हो, तुम लाइन से रखे हुए सभी उत्पादों (Products) को ध्यान से देखते हो और ज्यादातर उत्पाद जो एक जैसे स्वभाव वाले हैं एक साथ रखें होते हैं। यह एक ही स्लेप पर रखे हुए सभी उत्पादों के रेट जानने के लिए और देखने में, उपभोक्ता की सहायता करता है। इसी तरह से, ई-कॉमर्स की साइट पर, तुम साफ-सुथरे रखे हुए उत्पादों और उनके बारे में जानकारी देकर उपभोक्ता में विश्वास पैदा कर के ही उत्पाद को लक्ष्य बना सकते हों।

डिपार्टमेंटल स्टोर भी नई-नई वैरायटी के साथ नियमित रूप से डिस्प्ले (display) बदलते हैं ताकि शॉपिंग करने वाले बार-बार वापिस आयें। इसी तरह साइट का डिजाइन भी समय-समय पर बदलते रहना चाहिए ताकि ताजगी बनी रहे और लोगों का शौक (interest) भी बना रहे।

ग्रॉफिक्स तभी प्रयोग करने चाहिए जब उनकी जरूरत हो। ज्यादा अधिक मात्रा में ग्रॉफिक्स का प्रयोग तुम्हारी साइट को भद्दा बना देगा। पिक्चर्स और ग्रॉफिक्स को केवल मतलब समझाने के लिए प्रयोग करें। फोन्ट, टाइप स्टाइल और रंगों की स्कीम का प्रयोग करें ताकि साइट आकर्षक बनी रहें। इस बात की कोई परवाह नहीं कि कोई व्यक्ति कौन-सा ब्राउजर सॉफ्टवेयर इस्तेमाल कर रहा है। फोन्ट और टाइप स्टाइल ऐसे होने चाहिए जो आपकी टेक्स्ट पर आधारित सूचना को आसानी से समझा सकें। प्रचलित वेब ब्राउजर प्रोग्राम इसे स्वीकार कर सकें।

रंग और कला

आजकल ज्यादातर कम्प्यूटर 256 रंग दिखा सकते हैं। रंग शब्दों की तरह है, जैसे एक पैराग्रॉफ किसी शब्द या फ्रेस (phrase) का अर्थ बदल सकता है, ऐसे ही मिले-जुले रंग भी मनुष्य की दृष्टि में किसी एक रंग को अलग बना सकते हैं।

फोन्ट्स

तुम्हारी साइट के सम्पूर्ण लुक को बनाने में फोन्ट और टाईप स्टाइल एक महत्त्वपूर्ण भूमिका अदा करते हैं। जो फोन्ट तुम प्रयोग करते हो वे तुम्हारी साइट के स्वभाव को बताने में सहायता करते हैं। यह बात ध्यान रख्ना कि एक ही पेज पर बहुत सारे फोन्ट्स का प्रयोग, किसी भी प्रकार के टेक्स्ट को भ्रम में डाल सकते हैं। तुम्हारी साइट में, स्क्रीन पर कैसा टेक्स्ट दिखना चाहिए यह निश्चय करने में, किसी ग्रॉफिक डिजाइन के नियमों को अनुसरण करना सुरक्षित रहता है। तुम किसी भी प्रकार का परम्परागत प्रिन्टिड मीडिया का प्रयोग कर सकते हों।

हजारो की संख्या में फोन्ट्स उपलब्ध है जिन्हें तुम चुन सकते हो, लेकिन बड़ी मात्रा के टेक्स्ट के लिए आसानी से पढ़ने में आने वाला फोन्ट और जो स्क्रीन पर अच्छा दिखाई दें, वही उपयुक्त रहता है। वेब साइट पर, टेक्स्ट भी एनीमेट किया जा सकता है। तुम शब्दों को फ्लैश ऑन और ऑफ कर सकते हो, घुमा सकते हो, हिला सकते हो या पढ़ाने वाले के ध्यान को आकर्षित करने के लिए कुछ भी एनीमेशन डाल सकते हो। टेक्स्ट का अच्छा दिखना ज्यादा महत्त्वर्णू है, टेक्स्ट क्या कहता है यह ज्यादा महत्त्वपूर्ण नहीं है।

ग्रॉफिक फाइलें

या तो एक कम्पनी या प्रोडक्ट का लोगो (logo), प्रोडक्ट की फोटो, वेब साइट का बैकग्राउन्ड, थोड़ा बहुत एनीमेशन, वेब बटन या बार या कुछ भी जो प्रसिद्ध और अच्छी तरह से सपोर्ट करने वाला फॉरमेट हो, वेब पेज पर प्रयोग करने के लिए कुछ भी किया जा सकता है यही ग्रॉफिक फाइल है। फिर भी GIF इमेजेस् छोटी ग्रॉफिक फाइलों को दिखाने के लिए सबसे अच्छी है जैसे लोगो (logo), फाइन आर्ट के किसी पीस को दिखाना। जबकि JPEG इमेजेस् फोटोग्रॉफ को दिखाने के लिए और अन्य प्रकार की इमेजेस् को दिखाने के लिए अच्छा ऑप्शन है।

अपनी वेबसाइट की होस्टिंग करना

एक बार जब तुम्हारी साइट अन्तिम चरण में पहुँच जाएगी, तो तुम्हे इसके लिए होस्ट की भी आवश्यकता होगी, जो तुम्हारी साइट को ऑनलाइन बनाता है।

तुम्हारी वेब साइट् पूरे संसार में सभी यूजर्स के द्वारा उनकी पहुँच में होनी चाहिए।

ऑनलाइन करने की कीमत

एक वेबसाइट को स्थापित करने और इसे ऑनलाइन करने के लिए अलग-अलग प्रकार से फीस निश्चित की गई है। अपना डोमेन नेम (domain name) लेने के लिए तुम पहले ही $35 खर्च कर चुके हों। वेबसाइट को बनाने और डिजायन करने में जो कुछ भी खर्चा या फीस आयेगी, उस सब के लिए तुम्हारी कम्पनी ही उत्तरदायी होगी। इसका मतलब सॉफ्टवेयरन बनाने के लिए वेब पेज खरीदना है। अपनी वास्तविक वेब साइट बनाने के लिए तुम्हे प्रोग्रामर्स, ग्रॉफिक आर्टिस्ट, राइटर्स, फोटोग्रॉफर और अन्य प्रोफेशनलिस्ट को या तो पूरे समय के लिए या थोड़े कम समय के लिए या फ्री में hire (किराये पर) करने पड़ेंगे। इन सबकी कीमत बहुत ज्यादा होती है। तुम थोड़ा सा समय, थोड़ा-सा धन खर्च करके, अपनी कलात्मक योग्यता से, वेब पेज बनाने वाले प्रोग्राम या

सेवा से एक अपनी बेसिक वेब साइट बना सकते हैं। किसी मे तुम्हारी वेबसाइट में एक प्रोफेशनल लुक की कमी होगी। तुम्हारी कलात्मक योग्यता का लेवल और समय जो तुमने अपनी वेबसाइट बनाने में खर्च किया है, वह तुम्हारी साइट के लुक में प्रभाव डालेगा।

ISP के साथ जुड़ना

अपनी साइट को ऑनलाइन करने के लिए, यह आवश्यक है कि तुम्हारी साइट ISP (Internet Service Provider) के साथ जुड़नी चाहिए। यदि तुम्हारे पास वेब सर्वर के उपकरण है तो तुम अपनी साइट को स्वयं ही होस्ट कर सकते हो, तब तुम ISP की आवश्यकता नहीं होगी। व्यवसाय की दृष्टि से इसका अर्थ यह है कि एक बार पैसा दो और महीने भर फ्री सुविधा लो, यह ऑप्शन तुम्हारी जरूरतों पर आधारित है। कुछ ISP महीने भर की फीस लेती है। कम से कम $20 ही महीने, लेकिन अतिरिक्त सुविधाओं के लिए अलग से चॉर्च करती है। जैसे–तकनीकी सहारा, सही रूप से व्यवस्थित रखने के लिए (maintenance) या अपडेटिंग आदि। यदि तुम्हारा ऑनलाइन व्यवसाय Credit कार्ड की ट्रॉन्सेक्शन (transaction) को मैनेज करता है तो ISP की सुविधा सुरक्षित ट्रॉन्जेक्शन (secure transaction) का प्रयोग करना आवश्यक है। यह थोड़ी महँगी प्रक्रियाप है। कुछ केसों में, यदि तुम ई-कॉमर्स वेब पेज का डिजायन सॉफ्टवेयर पैकेज प्रयोग करते हो, तो तुम्हे एक अन्य ISP की आवश्यकता पड़ेगी, जो तुम्हारे सॉफ्टवेयर पैकेज को सहारा दें। यह आवश्यकता ऑर्डर लेने जैसे सुरक्षित फाइनेंशियल ट्रॉन्जेक्शन को मैनेज करने के लिए है। हर ट्रॉन्जेक्शन के लिए अलग से चॉर्ज देना होगा।

ISP/वेब-होस्टिंग व्यवसाय बहुत ज्यादा प्रतियोगात्मक है, इसलिए निश्‍िचत होकर सही दरों पर कार्य करें, सबसे ऊँचे लेवल पर सेवाऐं व तकनीकी सहारा प्रदान करें। एक विश्‍वसनीय ISP खोजने के लिए यह करें–

- ⇨ जिसे तुम जानते हो उसके बताये हुए (reference) ISP पर जायें।
- ⇨ नेट सर्फ करते हुए, सर्च इंजन का प्रयोग करें और "ISP" या "वेब होस्टिंग" की वर्ड को सर्च करें।
- ⇨ Yellow pages (पीले पेजों) को चेक करें अर्थात् उन पर देखें।
- ⇨ अपने क्षेत्र के ISP को कॉन करें।

यह ध्यान रखें कि कुछ ISPs राष्ट्रीय कम्पनियाँ होती हैं, जिसका मतलब यह है कि वे राष्ट्र भर के शहरों द्वारा डॉयल-अप सुविधा ऑफर करती हैं। और कम्पनियों को जगह की व्यवस्था कराती हैं जैसे तुम्हारी कम्प्नी देश में कहीं पर भी स्थित हो। ये राष्ट्रभर में सुविधा देने वाले, कम व्यक्तित्व भाव वाली सेवा ऑफर करती है क्योंकि ये बहुत बड़ी होती है, लेकिन बहुत ऊँचे प्रतियोगात्मक दरों पर होती है। यदि तुम अपने आप को एक राष्ट्रीय ISP से जुड़ने (affiliate) का मन बना लेते हो, तो तुम रिस्क (खतरा) लेकर ही दौड़ते हो क्योंकि तुमने जो ISP चुनी है वह अचानक ही बिजनेस से बाहर हो जाएगी (अपने प्रतियोगात्मक स्वभाव के कारण)। वह ISP चुनें, जो वे सेवाऐं दे जिनकी तुम्हें जरूरत हो, जैसे कि सर्वर एक्सटेंशन। इस बात के लिए भी निश्‍िचत हो जाये कि तुम अपनी साइट के एक ऑफसाइट बैकअप की व्यवस्था करते हो जिससे तुम 24 घण्टे एक्सेस (access) करते हो। यहाँ तक कि यदि ISP एक बैकअप प्रदान करती है तो यह एक बहुत अच्छी रणनीति (excellent strategy) है, इससे तुम्हारी साइट किसी दूसरी जगह पर भी स्टोर हो जाएगी। क्या यह आवश्यक होना चाहिए। हाँ, यह बहुत अच्छा उपाय है इससे यह तुम्हारे पास भी रहेगी और तुम्हारी जानकारी में भी रहेगी।

एक लोकल ISP वह है जो कम्पनियों के लिए अकेले शहर में या क्षेत्र में व्यवस्था कराती है। यह सेवाऐं थोड़ी-सी महँगी तो होती हैं, फिर भी, तुम कुछ ज्यादा व्यक्तित्व भाव वाली सेवा (personalized service) प्राप्त करोगे। यदि ISP/वेब होस्टिंग सेवा जो तुम चुनते हो, वह डॉयल-अप इंटरनेट एक्सेस ऑफर नहीं करती है या वेब पर तुम्हारी साइट को व्यवस्थित करने की योग्यता नहीं रखती है, तब तुम्हे अपनी वेबसाइट को व्यवस्थित या अपडेट करने के लिए लम्बी दूरी वाले फोन नम्बर को डॉयल करने की आवश्यकता पड़ेगी।

ISP से जरूरत वाली सेवाएं

ISP को चुनना, एक लम्बी-दूरी वाली फोन कम्पनीको चुनने जैसा ही हैं। लम्बी दूरी वाली सभी कम्पनियाँ जैसे-AT&T, Sprint और MCI/Worldcom (दुर्भाग्य से भारत में केवल एक ही है) उन्हीं मुख्य गुणों के साथ लम्बी दूरी वाली सेवाऐं ऑफर करती हैं, लेकिन हर कम्पनी के अपनी दरों के अलग प्लान है, उपभोक्ता सेवा के विभिन्न स्तर है और अपने साथ signup करने के लिए तुम्हे अलग-अलग सुविधा देती है। लम्बी दूरी वाली फोन सेवा से थोड़ी जानकारी के साथ sign-up करने से तुम धन भी बचा सकते हो। ज्यादातर सभी एक जैसी आधारभूत सेवाऐं ऑफर करती हैं लेकिन इनके मूल्यों में थोड़ा बहुत अन्तर होता है। यहि कारण है कि पूर्ण रूप से यह निर्णय लेना महत्त्वपूर्ण है कि तुम्हारी क्या आवश्यकता है और तब अच्छे रेट और अच्छी सेवाओं वाली ISP ही खोजें।

जब आप किसी सम्भव ISP/Web होस्टिंग सेवा को खोज रहे हैं तब तुम्हे कुछ बातों के बारे में पूछताछ कर लेनी चाहिए। वे निम्न प्रकार से हैं-

- ⇨ दर (Rates) — इसमें सेट-अप फीस, महीने के रेट और फालतू खर्चा आता है।
- ⇨ फोन लाइनें — क्या ISP राष्ट्रभर में डॉयल-अप एक्सेस या सिर्फ लोकल में या क्षेत्र में एक्सेस करना ऑफर करता है? क्या यह सेवा तुम्हारी मोडेम की गति का स्वीकार करती है? यदि तुम 56 K का मोडेम प्रयोग कर रहे हो, तो यह आवश्यक है कि तुम्हारा ISP इस गति पर कनेक्शन को व्यवस्थित करें। 56 K का कनेक्शन एक इंडस्ट्री स्टैण्डर्ड बना गया है, फिर भी, यदि तुम ISDN का कनेक्शन प्रयोग कर रहे हो या कोई अन्य तेज गति का इंटरनेट कनेक्शन प्रयोग कर रहे हो, तब जो ISP तुमने चुन रखी है वह इस योग्य नहीं है।
- ⇨ एकाउन्ट्स — वेब होस्टिंग के लिए, तुम्हें शायद SLIP/PPP एकाउन्ट की आवश्यकता पड़ेगी। यह बहुत ही प्रचलित डॉयल-अप एकाउन्ट है।
- ⇨ भण्डार की जगह — अपनी वेबसाइट को होस्ट करने के लिए जब आप ISP के साथ sign-up करते हो, तो तुम्हें उनके सर्वर पर फाइलों को स्टोर (भण्डार) करने के लिए लिमिटेड जगह मिलती है। मुश्किल से 10 MB या 20 MB, जो कुछ साइटों के लिए तो शायद ज्यादा जगह होनी चाहिए।

⇨ पासवर्ड — ISP के उपभोक्ता होने के रूप में, क्या तुम अपने log-on पासवर्ड को चुनने में कंट्रोल कर सकते हो?

⇨ रजिस्ट्रेशन सेवाऐं — क्या तुम्हारा ISP यह ऑफर करता है? यदि ऐसा है तो निश्चित कर लें कि तुम्हारा डोमेन नेम कम्पनी के नाम के साथ रजिस्टर है और तुम डोमेन नेम के स्वामी के रूप में सूची में हो।

⇨ ई-मेल — क्या तुम्हारे ISP की वेब-होस्टिंग सेवा में ई-मेल बॉक्स है ताकि तुम अपने कस्टमर, क्लाइंट और अन्य लोगों के ई-मेल मैसेज आसानी से स्वीकार कर सको। कितने ई-मेल बॉक्स तुम प्राप्त कर सकते हो? क्या फालतू ई-मेल बॉक्स के लिए अलग से फीस देनी होगी।

⇨ विशेष सॉफ्टवेयर — तुम्हारी साइट पर ट्रैफिक को देखने के लिए या वेब साइट को व्यवस्थित करने के लिए तुम्हारा ISP कोई विशेष सॉफ्टवेयर प्रदान करता है या नहीं? यदि है तो कोई कीमत उसके लिए देनी है? क्या तुम अपना सॉफ्टवेयर प्रयोग करने के योग्य हो अर्थात् अपना सॉफ्टवेयर प्रयोग कर सकते हो या नहीं?

⇨ योग्यता — क्या आपके द्वारा प्रयोग किया जा रहा वेब साइट बनाने वाला सॉफ्टवेयर तुम्हारे ISP के साथ सम्पर्क करने में योग्य है?

⇨ बैक-अप सेवाऐं — तुम्हारा ISP किस प्रकार की बैक-अप सेवाऐं ऑफर करता है। कितनी बार उसका सर्वर डाउन होता है? जब यह डाउन होता है, तो कितने लम्बे समय में यह ठीक होता है।

⇨ सुरक्षा सेवाऐं — क्या आपका ISP ऑनलाइन ट्रॉन्सेक्शन के लिए नेटस्केप कॉमर्स सर्वर जैसी सुरक्षा सेवाऐं प्रदान करता है या नहीं?

⇨ बैंडविडथ (Bandwidth) — तुम्हारी वेबसाइट का जो ट्रैफिक लेवल है उसके साथ क्या तुम्हारा ISP सहयोग बनाने में सक्षम है? या तुम्हारी साइट के लिए दर्शकों का क्या अनुभव होगा?

⇨ टर्म (Terms) — ISP के साथ जुड़ने के लिए किन कॉन्ट्रेक्ट टर्म की आवश्यकता होती है? इस सेवा की कम से कम अवधि क्या है? (तीन महीने? छः? बारह? या चौबीस महीने?) यदि तुम इस सेवा को एग्रीमेंट से पहले ही खत्म (भंग) कर देते हो, तो क्या पैनल्टी होगी?

⇨ अतिरिक्त सेवाऐं — ISP क्या अतिरिक्त सेवाऐं ऑफर कर रहा है और किस कीमत पर?

⇨ फालतू मोडेम — क्या तुम्हारा ISP मोडेम की short gunning को स्वीकार करता है जिससे तुम इंटरनेट कनेक्शन की तेज गति प्राप्त कर सकते हो? Shotgunning का अर्थ, इंटरनेट कनेक्शन को तेज गति से चलाने के लिए दो अलग-अलग मोडेम का प्रयोग करना है।

⇨ ट्रेकिंग (Tracking) — क्या तुम्हारा ISP ट्रेफिक रिपोर्ट या अन्य जानकारी ऑफर करता है, जो तुम यह देखने के लिए प्रयोग करते हो, किस कौन तुम्हारी साइट देख रहा है, कब देख रहा है, वह किस साइट से जुड़ा हुआ है, और वह तुम्हारी साइट के कितने पेज देख चुका है?

⇨ अन्य सहायता — क्या ISP अतिरिक्त फीस के लिए वेब साइट डिजायन और निर्माण सम्बन्धाी सेवाऐं ऑफर करता है?

⇨ डाटा ट्रॉन्सफर — तुम्हारी एकाउन्ट पर कितना डाटा ट्रॉन्सफर/ट्रेफिक हो सकता है और अतिरिक्त डाटा ट्रॉन्सफर के लिए क्या कीमत है।

Turnkey Solutions (चुटकी में हल)

वेबसाइट निर्माण के टूल्स (सॉफ्टवेयर) में पैसा लगाने (invest) के बजाय एक ISP को किराये पर ले (hire करें), और ऑर्डर के लेन-देन व क्रेडिट कार्ड की प्रक्रिया को व्यवस्थित करने के लिए सुरक्षित इंटरनेट कनेक्शनों के आंकड़ों की गणना करें। कि कौन-सा कनेक्शन अच्छा और सुरक्षित है। Yahoo! Store (store.yahoo.com) जैसी सुविधाऐं बिना रुके और कम खर्चीले हल ऑफर करती है। महीने की फीस $100 के लगभग शुरु है, Yahoo! Store एक ई-कॉमर्स वेब साइट बनाने में भी सहायता करेगा, तुम्हारी साइट को होस्ट करेगा और सभी सुरक्षित लेन-देन को भी मैनेज करेगा। इस प्रकार की सेवाऐं तुम्हारे व्यवसाय को आसान बनाती है और विस्तार भी करती हैं।

Yahoo! Site (site.yahoo.com) एक अन्य वेब पेज बनाने वाली और होस्ट करने वाली सेवा है। यह व्यवसाय में ऑनलाइन उपस्थिति बनाने के लिए भी प्रयोग की जा सकती है। Yahoo! site का मूल्य हर महीने $30 के लगभग है। इस फीस में यह भी जुड़ा हुआ है–

1. site.builder को प्रयोग करने में आसानी
2. जितने तुम चाहते हो उतने एड्रेसेस
3. Yahoo! सर्वर पर होस्टिंग करना
4. 25 मेगाबाइट्स की डिस्क में जगह
5. असीमित बैंडविड्थ (Bandwidth)
6. सर्च इंजन सबमिशन है। याहू मेजर सर्च इंजनों के लिए तुम्हारी साइट् को भेजेगा।
7. रोजाना के अपडेट का वर्णन

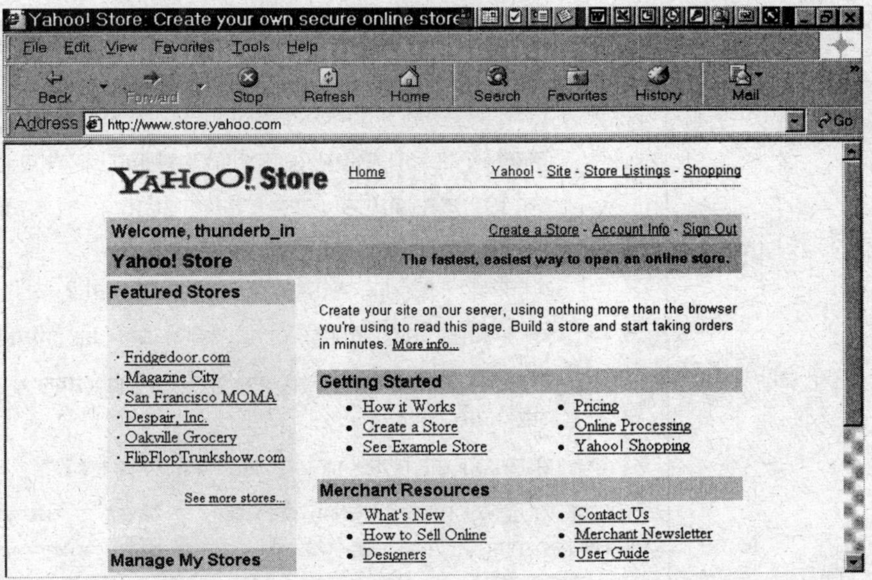

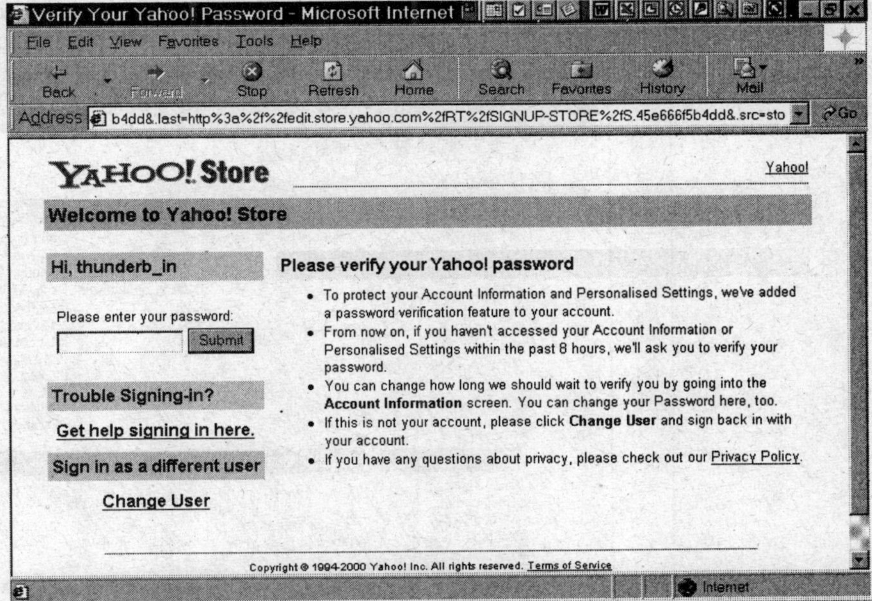

ISP से तकनीकी सहारा

चलो, अब यह देखते हैं कि जब तुम्हारा ऑनलाइन व्यवसाय चल रहा होता है, तब तुम्हारे पास बहुत सारे प्रश्न होते हैं। अपने प्रश्नों के उत्तर तेजी से, आसानी से और जहाँ तक संभव हो सके पूर्ण सही रूप से प्राप्त करने के योग्य बनें जिससे समय व धन दोनों की बचत भी हो सके। तुम्हें कितने तकनीकी सहारे की आवश्यकता होगी यह इस बात पर निर्भर करता है कि तुम अपनी वेब-साइट को बनाने, पब्लिश करने और व्यवस्थित करने के बारे में किना जानते हो। जब आप

ISP ढूंढ रहे हो तो तुम तकनीकी सहारे की उपलब्धता के बारे में जरूर पूछ लें। विशेष रूप से तुम्हे यह पूछना चाहिए–

⇨ किस प्रकार का तकनीकी सहारा (support) उपलब्ध है?

⇨ कितने समय की अवधि में तुम व्यक्ति से बात कर सकते हो?

⇨ क्या ISP टोल-फ्री नम्बर वाला तकनीकी सहारा ऑफर करता है या हर बार जब फोन करें तो जबरदस्ती बहुत देर तक बैठना पड़े।

⇨ तकनीकी सहारे की टेलीफोन पर क्या कीमत होगी?

⇨ जो तकनीकी सहरा तुम ले रहे हो उसकी क्या कोई सीमा है?

⇨ तकनीकी सहारे की ओर क्या-क्या फॉर्म (तरीका) उपलब्ध है (जैसे–ऑनलाइन, ई-मेल और फैक्स आदि)।

⇨ समस्याओं को रिपोर्ट करने के लिए क्या प्रक्रिया है?

आकार (size), उपलब्ध सेवाओं और कीमत के आधार पर वेब होस्टिंग कंपनियों की बहार है। बहुत से प्रश्नों को पूछकर ही तुम्हें कंपनी चुननी चाहिए कि कौन-सी कंपनी तुम्हें बढ़िया ऑफर दे सकती है।

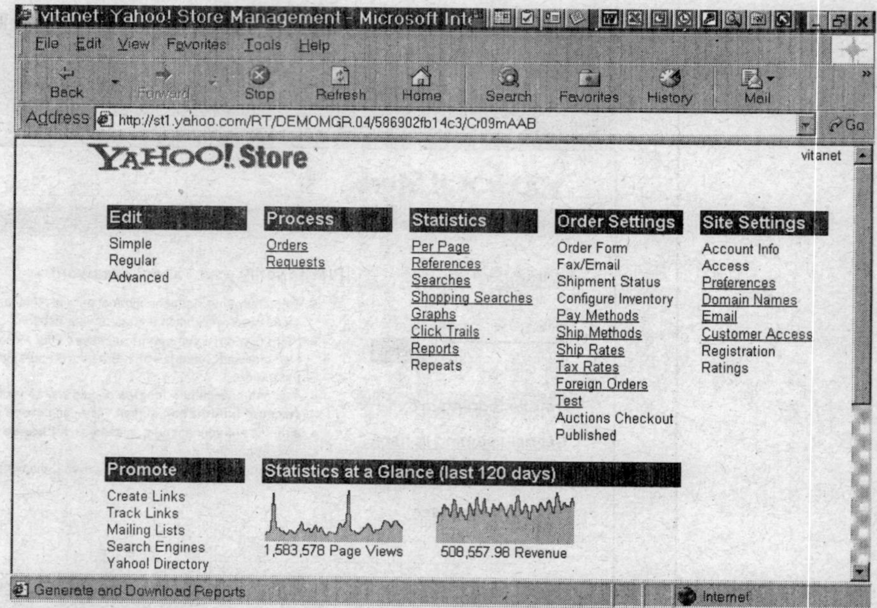

ISP खोजना

यहाँ पर देश की बड़ी-बड़ी वेब होस्टिंग सेवाओं की क्रमानुसार सूची है–

अमेरिका ऑनलाइन	www.aol.com
AT & T वर्ल्ड नेट	www.att.net
बेल्ट एटलांटिक इंटरनेट सोल्यूशन	www.bellatlantic.net

कम्प्यूसर्व (compuserve)	www.compuserve.com
अर्थलिंक	www.earthlink.net
गेलेक्सी इंटरनेट सेवाऐं	www.gis.net
GTE	www.gte.net
IBM इंटरनेट कनेक्शन सेवाऐं	www.ibm.net
MCI/worldcom	www.internetmci.com
माइक्रोसॉफ्ट नेटवर्क	www.msn.com
माइंड स्प्रिंग	www.mindspring.com
Netcom	www.netcom.com
प्रोडिजी इंटरनेट	www.prodigy.com
याहू!	site.yahoo.com

निम्नलिखित फ्री ऑनलाइन सेवाऐं हैं जो उन लोगों की सहायता करने के लिए डिजायन की गई है, वे जो अपनी जरूरतों के आधार पर विश्वस्त ISP ढूंढते हैं। ये सेवाऐं रेट, रीव्यू (review) और सैकड़ों ISP की सूची दिखाते हैं; वे स्पान्सर्स (sponsers) के सहारे चलती है और उनमें बहुत से स्पान्ससर्व ISP ही है।

Find-A-Host.com	(www.findahost.com/hosts/default.com)
Host.index	(www.hostindex.com)
HostReview.com	(www.hostreview.com)
HostSearch.com	(www.hostsearch.com)
InternetList.com	(webhostlist.internetlist.com)
The List : ISP Buyer's Guide	(thelist.internet.com)

घर के उपकरण

यह निर्भर करता है या तो आप वेब पेज बनाने वाला सॉफ्टवेयर प्रयोग कर रहे हैं या कोई ऑनलाइन सोल्यूशन का प्रयोग कर रहे हैं जैसे–Yahoo! store तुम्हारी वेबसाइट को बनाने और व्यवस्थित करने के लिए core system (कोर सिस्टम) की आवश्यकताऐं थोड़ी सी अलग होती हैं। यदि तुम अपनी वेबसाइट को होस्ट करने की तैयारी कर रहे हो, तो जो उपकरण तुम्हे चाहिए होंगे वे बहुत ही फैले हुए और कीमती होंगे। तुम्हारी वेबसाइट को बनाने और मैनेज करने के लिए कोर सिस्टम की जरूरतें भी, एक प्रकार से वेबसाइट बनाने वाले सॉफ्टवेयर और ग्रॉफिक्स डेवलेप करने वाले सॉफ्टवेयर के ही भाग हैं। PC पर आधारित सिस्टम के लिए, इसका अर्थ, कम से कम Pentium 200 कम्प्यूटर का प्रयोग करना है जिसमें मल्टीमीडिया के साधन भरे हुए हों और अच्छे साइज की हार्ड-डिस्क हो (कम से कम 5 गीगाबाइट्स)।

वह सिस्टम चुनें जो तुम्हारी applications को मैनेज करने के योग्य हो, लेकिन जरूरत पड़ने पर वह सिस्टम में कुछ बदलाव करने में सक्षम हो। उन PC पर आधारित सिस्टम से दूर रहो जो "closed artitecture" ऑफर करते हैं। ये सिस्टम ज्यादातर सस्ते होते हैं लेकिन अपने अप में बदलाव (upgrade) नहीं कर सकते। इसलिए प्लॉन बनाने से पले नये उपकरण खरीद लेने

चाहिए। जब आप कम्प्यूटर खरीदने के लिए जायें तो यह ध्यान रखें कि टेक्नोलॉजी तेजी से बदल रही है। साल भर में या 18 महीने में तुम्हें अपने PC को नयी और तेज तकनीक में बदलने की आवश्यकता पड़ेगी। जैसे कि अच्छा वीडियो कार्ड, तेज सी.डी. रोम ड्राइव, ज्यादा मेमोरी या ज्यादा अच्छा माइक्रोप्रोसेसर। और हो सकता है कि दो साल में नया PC ही लेना पड़े जो कि ताजा टेक्नोलॉजी को अपने में निहित कर सकें। शॉपिंग करने से पहले अपनी जरूरतों को ध्यान में जरूर रखें। सबसे पहले तो अपने आप से पूछें कि तुम्हारे किस प्रयोग के लिए है। तुम्हें चलाने जा रहे हो, उसके लिए किस प्रकार की एसेसरीज चाहिए। अपनी वेबसाइट को निर्माण करने में और व्यवस्थित करने कम्प्यूटर का प्रयोग करते हुए तुम्हें ऐसे पक्षों का भी ध्यान रखना चाहिए जो ऑनलाइन व्यवसाय जैसे–एकाउन्टिंग, सूची रखना, ऑर्डर की प्रक्रिया, सम्पर्क मैनेजमेंट, इन्वेन्ट्री कंट्रोल, क्रेडिट कार्ड प्रक्रिया, और शिपिंग प्रक्रिया को मैनेज कर सकें।

गति

तुम्हें निश्चित रूप से, वेबसाइट को व्यवस्थित करने के लिए, ई-मेल भेजने और प्राप्त करने के लिए व वेब पर कुछ सर्च करने के लिए, इंटरनेट की आवश्यकता होगी और जितना संभव हो सके उतना तेज गति वाला इंटरनेट कनेक्शन पाना चाहोगे।

इंटरनेट सुविधा प्राप्त करने के लिए कुछ ऑप्शन 28.8 K या 56 K boud rates पर स्टैण्डर्ड डॉयल-अप कनेक्शन रखते हैं। एक विशेष प्रकार का तुम मोडेम भी खरीद सकते हो और (कुछ शहरों में) ISDN या TI कनेक्शन के द्वारा इंटरनेट की सुविधा प्राप्त कर सकते हो। केवल टी.वी. कंपनियों की बढ़ती हुई संख्या, जैसे मीडिया वन (www.mediaone.net) भी केवल मोडेम के प्रयोग के द्वारा ऊँची गति पर इंटरनेट की सुविधा ऑफर करती है।

सैटेलाइट के द्वारा वायरलैस कनेक्शन का प्रयोग करते हुए भी ऊँची गति पर इंटरनेट सुविधा प्राप्त करना संभव है (यह सेवा DirectPC से (www.direcpc.com) उपलब्ध है)। क्षितिज पर बहुत सी कंपनियां इंटरनेट सुविधा को तेज बनायेंगी जो सस्ती दरों पर और एकदम उपलब्ध होगा। जैसे तुम कम्प्यूटर के लिए शॉपिंग कर रहे हो, तो तुम्हें अपने कम्प्यूटर के लिए कोर सिस्टम configuration की आवश्यकता होगी। ऐसा करने के लिए, जिस सॉफ्टवेयर को प्रयोग करने की तैयारी कर रहे हो उस सिस्टम की जरूरतों को देखो। उदाहरण के लिए, तुम्हें ecBuilder Pro के मल्टी-एक्टिव सिस्टम के लिए कम से कम, पेंटियम 90 प्रोसेसर (या ज्यादा), 16 MB रैम, कम से कम 50 MB की हार्ड-डिस्क की जगह, एक CD-ROM ड्राइव, VGA मॉनीटर, इंटरनेट सुविधा और वेब ब्राउजर सॉफ्टवेयर (इंटरनेट एक्सप्लोरर या नेटस्कोप नेवीगेटर), वेबसाइट बनाने वाला और व्यवस्थित करने वाला सॉफ्टवेयर की आवश्यकता होगी।

पब्लिशिंग टूल्स

विभिन्न संस्थाओं के द्वारा विभिन्न प्रकार के पब्लिशिंग टूल्स विकसित किये गये हैं। उनमें से कुछ प्रसिद्ध है–

⇨ नेटस्केप नेवीगेटर गोल्ड

⇨ मैक्रोमीडिया का बैकस्टेज डेस्कटॉप स्टूडियो

⇨ अन्य वेब पब्लिशिंग टूल्स जैसे हॉट-डॉग, हॉट-मेटल और वेब-एडिट

चलिये इनके बारे में कुछ जान लेते हैं।

नेटस्केप नेवीगेटर गोल्ड

नेटस्केप गोल्ड विजुअल एडिटिंग का वातावरण ऑफर करता है जो बहुत से निकटता से वेबपेज, डॉक्यूमेंट पब्लिशिंग टूल्स और वर्ड प्रोसेसर के द्वारा प्रयोग किये गये बहुत से कॉन्सेप्टों का आंकलन करता है। नेटस्केप गोल्ड बिल्कुल सही HTML कोड को उत्पन्न करता है, लेकिन एडिटिंग के दौरान, यह कोड यूजर के लिए छिपे हुए (hidden) फॉर्म में होता है। जब जटिल वेब-पेज बन रहे हों, तब तुम्हें HTML भाषा के पीछे के सिद्धान्तों को समझने की आवश्यकता होगी। टेम्प्लेट्स और पेज विजार्ड के प्रयोग के द्वारा, वेब पेज को डिजाइन करने के काम की मात्रा कम हो जाती है।

मैक्रोमीडिया का बैकस्टेज डेस्कऑप स्टूडियो

एक वेबसाइट को अन्त तक एकत्रित और व्यवस्थित करने के लिए इसमें टूल्स होते हैं। मैक्रोमीडिया का मुख्य लाभ यह है कि इसे मल्टीमीडिया वेब संकलन में महारत हासिल है। मैक्रोमीडिया वेब-पेज डिजायन करने के लिए सबसे अच्छा टूल है जिसमें point-and-click, drag-and-drop, WYSIWYG की कुशलता और imaginary में अनुभव है। मैक्रोमीडिया का बैकस्टेज डेस्कटॉप स्टूडियो टूल्स की नयी जेनेरेशन का है जिसमें वेब-साइट मैनेजमेंट गुणों के साथ डायनेमिक वेब-पेज संकलन की सुविधा है।

अन्य वेब पब्लिशिंग टूल्स

यहाँ अन्य वेब पब्लिशिंग टूल्स का विस्तृत भण्डार है। इनमें से बहुत से टूल्स बहुत कम कीमत पर उपलब्ध है और यहाँ तक कि कुछ तो डाउनलोड के लिए फ्री भी है। उनमें से कुछ इस प्रकार हैं–

Golive 4.0

Adobe Golive 4.0 के पास drag-and-drop संकलन का गुण है जिससे तुम अपनी साइट बिना किसी समय के बना सकते हो। यद्यपि Adobe सबसे पहला बड़ा सॉफ्टवेयर विकसित करने वाला है जिसने PageMill के आकार में वेब संकलन पैकेज दिया है। GoLive, Cutting edge गुण को सहयोग करता है।

Hot Dog and Hot Dot Pro

Hot Dog, HTML को सपोर्ट करता है, Netscape और इंटरनेट एक्सप्लोरर HTML को विस्तारित करते हैं। जब आप एडिटर में एक से ज्यादा डाक्यूमेंटों को खोल लेते हैं, तो तुम उनके बीच में, एडिटर विंडो के नीचे दिये गये टैब का प्रयोग करते हुए तेजी से स्विच (switch) करते सकते हो। Hot Dog बहुत मित्रतापूर्वक व्यवहार काता है। Hot Dog तुम्हांरे पेजों को save किए बिना ही तुम्हें (preview) प्रीव्यू दिखाता है। कुछ अन्य गुण भी हैं जिसमें एडवांस में गलती ठीक करने वाला सिस्टम है जो स्वत: ही कोई गलती वाले टेक्स्ट को और फाइल के path को बदल देता है, जब तुम अपने पेजों को पब्लिश करते हो।

Hot Dog Pro इस तरह से डिजायन किया गया है कि एक कुशल व्यक्ति और एक शुरूआत करने वाला व्यक्ति, दोनों ही इसे ऑपरेट कर सकते हैं। जब तुम Hot Dot शुरू करोगो तो तुम इसे तुरन्त ही जान जाओगे। टूलबार से, कुछ प्रचलित tags को सीधे ही पेज पर डालने के लिए, Hot Dot डॉयलोग बॉक्स दिखा देता है। Hot Dot से फॉर्म बनाना बहुत आसान है, बस टूलबार से फॉर्म ऑइकन पर क्लिकर करो और Hot Dot एक फॉर्म बनाने वाला (formbuilder)

दिखाता है। फॉर्म बिल्डर बहुत ही मित्रतापूर्वक व्यवहार करने वाला है। अर्थात् जो कोई भी आइटम या element हम फॉर्म में डालना चाहते हैं वह बहुत ही आसानी से डल जाता है। Hot Dot के पास फ्रेम बनाने के लिए, टेबल्स बनाने के लिए, और लिंक को व्यवस्थित करने के लिए मित्रतापूर्ण टूल्स भी है। Hot Dot Pro में तुम ना केवल अपना टूल बार स्वयं बना सकते हो बल्कि ऑइकन और लेबल्स को टूल बार के लिए चुन भी सकते हो। दूसरा बढ़िया गुण Hot Dot Pro का यह है कि इसमें अपने टैग भी बनाने की योग्यता है या मेन्यू के द्वारा प्राप्त किये जा सकने वाले टैग भी तुम सेट कर सकते हो।

Hot Metal and Hot Metal Pro

SoftQuad से सहयोग प्राप्त करता हुआ Hot Metal एक एडिटर है (www.sq.com)। Hot Metal के दो एडिशन है। HotMetal फ्री में उपलब्ध है। इससे ज्यादा अच्छा क्या होगा कि SoftQuad ने एक गंभीर प्रस्ताव दिया है कि इस फ्रीवेयर एडिटर को सुधारने और विकसित करने का कार्य जारी रखेगा। Hot Metal Pro उन गुणों को भी सपोर्ट करता है जो माइक्रोसॉफ्ट फ्रंट पेज और मैक्रोमीडिया बैकस्टेज में भी होते हैं।

SoftQuad अभी भी ठोस सहारे के साथ अपग्रेड को जारी रखे हुए है। इस एडिटर के वर्ज़न विंडोज, मैकिनटोश (Machintosh), और UNIX के लिए भी उपलब्ध है। Hot Metal Pro3 एक एडवांस संकलन सिस्टम है जो सबसे अधिक प्रचलित HTML की विशेषताओं और विस्तार को सहारा देता है। Hot Metal Pro HTML, जावा, Actiovex, Objects, Scripts और Shockware को सहारा (support) देता है। Hot Metal Pro, टैक मार्कर और WYSIWYG का अनुसरण करता है।

Hot Metal Pro

तुम एक मल्टीपल ब्राउजर प्रीव्यू चाहते होंगे, जिसके द्वारा तुम एक बटन के छूने मात्र से ही किसी भी ब्राउजर में, अपने पेज का प्रीव्यू देख सकते हो। यदि तुम किसी भी ब्राउजर में अपने पेज को परिक्षा के लिए देखना चाहते हो तो यह गुण महान है। दूसरे गुण, HTML के लिए अन्य डॉक्यूमेंट फॉरमेट को स्वत: ही बदल (convert) देते हैं। तुम सभी MS-Word, WordPerfect या AmiPro के डॉक्यूमेंट को Hot Metal Pro में खोल सकते हो। Hot Metal Pro का सबसे अच्छा गुण टेम्प्लेट सिस्टम है।

Hot Metal Pro के टेम्प्लेट अति आधुनिक है। तुम सैकड़ों टेम्प्लेट्स को यहाँ पाओगे जिसके द्वारा तुम तुरन्त ही अपने पेजों को बना सकते हो, तैयार टेबल्स, फ्रेम, Java Applets, स्क्रिप्ट और Shockware भी पा सकते हो। Hot Metal Pro का एक अन्य गुण फ्रेम एडिटर है, जो कहीं ओर से भी ज्यादा आधुनिक है। फ्रेम से भरा हुआ पेज भी, आसानी से प्रयोग होने वाले ग्रॉफिकल टूल्स को सहायता से, पूरा तैयार हो जायेगा।

Hot Metal Pro में built-in ग्रॉफिक एडिटर आता है जिसे मेटलवर्क (Metal Works) कहते हैं। यदि तुम किसी इमेज को वर्णन करना चाहते हो, तो तुम्हें ईमेज पर बस दांया क्लिक करना होगा, जिससे एक मेन्यू दिखाई देगा, जिसके द्वारा तुम ईमेज का विशेषण बता सकते हो, पारदर्शी ईमेज भी बना सकते हो और ईमेज का मैप भी बना सकते हो। Hot Metal Pro दोनों ही सर्वर-साइड और क्लाइंट-साइड मैप को सपोर्ट करता है। उपस्थित ईमेज से ईमेज मैप बनाने का कार्य एक डॉयलोग बॉक्स के द्वारा होता है जिसे मेटल-वर्क मैप (Metal Works Maps) कहते हैं। इस डॉयलोग बॉक्स का प्रयोग करके, तुम अपनी जरूरत के अनुसार बड़ा या छोटा

(सिकोड़कर) करके एक यथार्थ ईमेज मैप बना सकते हो। मैप पर मुख्य जगहों को बताने से पहले, तुम्हें एक आकार मुख्य जगहों के लिए चुन लेना चाहिए। वह किसी भी आकार जैसे–गोलाकार, आयताकार या पंचभुजाकार में हो सकता है।

Dreamweaver

दो वर्षों से कम समय में ही मैक्रोमीडिया ड्रीमवीवर, रचनात्मक डिजायनरों के लिए एक स्टैण्डर्ड वेब संकलन टूल बना गया है। अब अपने चौथे वर्जन में, वेब पर भविष्य में होने वचाले विकास कार्यों से लाभ लेने के उद्देश्य से यह पैकेज एक स्थिर स्थिति (position) में है। इंडस्ट्री में ई-बिजनेस और ई-कॉमर्स buzzwords बने गये हैं और ड्रीमवीवर ने इसे, घुमाफिराकर कोड किये गये डाटा को आयात करने के साथ (roundtrip coded data import) स्वीकार कर लिया है। विशेष प्रोजेक्ट्स के लिए प्रोग्राम को इस तरह से बनाया गया है ताकि टीम मेंबर्स और क्लाइंट्स विकास कार्य में इस पैकेज को एक जैसे तरीके ही प्रयोग कर सकें। ड्रीमवीवर वेब विकास की नई धारा की तरफ हमें इस तरह से तैयार करता है कि विस्तृत स्क्रिप्टिंग लैंग्वेज भी मुख्यधारा की ओर जाने की इच्छा करें जैसेन ऑनलाइन कार्य करने में ब्राउजर सहारा देता है। ड्रीमवीवर तुम्हें भविष्य पर एक नजर रखने के लिए कहता है बिना यह भूलें कि अब क्या महत्वपूर्ण है।

www Servers

एक वेब साइट को अपलोड करने के लिए एक होस्ट कम्प्यूटर और सर्वर की आवश्यकता होती है। इंटरनेट पर वेबसाइट को बनाने के लिए आवश्यक सॉफ्टवेयर और कम्यूनिकेशन प्रोटोकॉल यह सब व्यवस्थित करता है। होस्ट मशीन ज्यादातर Unix का प्रयोग करती है। विभिन्न प्रकार के सर्वर यहाँ उपलब्ध हैं। एक वेब सर्वर निम्नलिखित प्रकार के कार्यों को अन्जाम देता है–

1. एक सर्वर सॉफ्टवेयर, वेबसाइट को विभिन्न तरीकों से व्यवस्थित सुरक्षित करने के लिए फाइलों को खांचा (configuration) और उनकी उपयोगिताओं को अपने में समाहित रखता है।

2. CGI (Common Gateway Interface) डॉक्यूमेंटों (applications) के लिए, CGI स्क्रिप्ट को चलाने के लिए यह निवेदन पहुँचाता है। ये स्क्रिप्ट बाहरी छोटे-प्रोग्राम चलाती है जैसे डाटाबेस की देखभाल करने वाले प्रोग्राम।

HTTP और URL's

वर्ल्ड वाइड वेब की टर्मिनोलॉजी को समझने के लिए, तुम्हें यह निम्नलिखित टर्म भी समझनी चाहिए–

HTTP (Hyper Text Transfer Protocol)

यह प्रोटोकॉल इंटरनेट पर हाइपर टेक्स्ट पेजों को इधर से उधर भेजने के लिए कम्यूनिकेशन प्रोटोकॉल की तरह प्रयोग होता है। यह सर्वर को बताता है कि क्लाइंट को क्या भेजना है ताकि क्लाइंट वेब पेजों को देख सकें और नेट पर FTP की साइट्स को और अन्य क्षेत्रों को भी देख सकें। यह वह मैकेनिजम है, जब हम हाइपर लिंक को चुनते हैं तो उससे सम्बन्धित पेजों को खोलता है, इस बात की कोई चिंता या परवाह नहीं होती कि वेब पर वे डॉक्यूमेंट्स कहाँ पड़े हैं। यह एक स्वतंत्र प्लेटफॉर्म वाला, खुले ढांचे (structure) वाला डॉक्यूमेंट है जो बुत से कम्पयूटरों पर काम करता है।

URL (Uniform Resource Locator)

एक URL, जगह या दिशा बताता है और इंटरनेट पर किसी चीज को खोजने का तरीका है। आसान शब्दों में हम यह कह सकते हैं कि URL का अर्थ पता (address) है। उदाहरण के लिए, एक URL, http://www.adobe.com, में Adobe कॉरपोरेशन नाम की कम्पनी की साइट का पता है। वेब पर किसी भी address सिस्टम को वर्णन करने के लिए URL टर्म का प्रयोग होता है।

हर URL अपने में अलग होता है, इंटरनेट पर किसी भी प्वाइंट को पहचानने के लिए। इसमें कुछ अक्षरों का समूह होता है जिसमें प्रोटोकॉल के साथ www और किसी कम्पनी का नाम होता है जिससे हम उस तक पहुँच जाते हैं। सबसे ज्यादा प्रचलित URL 'http' है जो वर्ल्ड वाइड वेब पेज का इंटरनेट एड्रेस देता है। कुछ अन्य प्रकार का URL 'gopher' है जो एक गोफर डायरेक्टरी का इंटरनेट एड्रेस देता है और 'ftp' जो FTP के स्रोतों का इंटरनेट एड्रेस देता है। सभी वेबसाइट्स का URL होता है। घर का क्या पता है? क्या टेलीफोन नम्बर है कोई इसे URL कह सकता है।

वेबसाइट को कैसे रजिस्टर करें

हर किसी का अपना नाम होता है। यहाँ तक कि कुत्ते और बिल्ली का भी नाम होता है। कम्प्यूटर की हार्ड-डिस्क में भी हर फाइल का अपना नाम होता है। इसी तरह हर वेबसाइट का भी नाम होता है। यह नाम तुम्हारी इच्छा पर ही निर्धारित होगा। जब तुम्हारे ऑनलाइन बिजनेस के लिए डोमेन नेम चुनने की बारी आये, तो इसे बिल्कुल साधारण सा नाम रखना। जो डोमेन नेम तुम चुनते हो वह इंटरनेट के वर्ल्ड वाइड वेब पर तुम्हारी पहचान बनाता है। आदर्श के रूप में वह नाम चाहिए जो याद रखने में आसान हो, बोलने में आसान हो, लिखने में आसान हो, और ऐसा हो जिससे लोग तुम्हारी कम्पनी, उत्पाद या सेवाओं के साथ तुरन्त ही जुड़ जायें। यहाँ तक कि यदि ऑनलाइन बिकने वाले तुम्हारे उत्पाद भी परफेक्ट होंगे तो तुम एक बढ़िया वेबसाइट् बनाने में सफल हो जाओगे। जो डोमेन नेम तुमने चुना है यदि वह याद रखने में आसान नहीं है और यूजर्स तुम्हारी कम्पनी के कार्यों या सेवाओं से भी प्रभावित नहीं है, तब तुम्हारा ऑनलाइन बिजनेस कष्टदायी (suffer) होगा।

अपना डोमेन नेम चुनना

तीन मुख्य बाते हैं जिनको ध्यान में रखकर तुम अपनी कम्पनी के लिए डोमेन नेम निश्चित कर सकते हो। जब कोई विशेष कम्पनी की वेबसाइट् देख रहा होता है तो वह स्वाभाविक रूप से उस वेब एड्रेस को खोजने की कोशिश करता है, जिसमें कम्प्नी का नाम शामिल हो। व्यवसाय के लिए कुशल या परफेक्ट नाम की तरफ चले तो वह ऐसा होना चाहिए कि नाम से बहुत ज्यादा विचार या रचनात्मकता हो। जैसे ही तुम्हारे दिमाग में आइडिया आते हैं तो इस नाम के बारे में अपने मित्रों की, सम्बन्धियों की और अन्य लोग जो तुम्हारी इज्जत करते हैं उनसे सलाह जरूर करें। जो नाम तुम चुन रहे हो उस पर गम्भीरता से विचार जरूर करें।

नाम की उपलब्धता को भी जाँच लें

किन्हीं दो वेबसाइटों का एक जैसा नाम नहीं हो सकता।

तुमने अपने व्यवसाय के लिए एक कुशल (perfect) नाम चुन लिया है। इस डोमेन नेम को किसी ने पहले से रजिस्टर किया हुआ है या नहीं, यह जानने के लिए अब क्या करना है, यह निश्चय करें। पहले इंटरनेट कनेक्ट करें और जो डोमेन नेम तुमने चुना है वह एक्सेस करने की

कोशिश करें। यदि तुम्हारा वेब ब्राउजर सॉफ्टवेयर वेबसाइट से जुड़ जाता है तो यह नाम अपने आप ले लेगा। यदि तुम्हारा डोमेन नेम currently active नहीं है अर्थात् नहीं चल रहा है तो इसका अर्थ यह नहीं है कि किसी ने इसे पहले से रजिस्टर नहीं किया है। यह जानने के लिए InterNIC साइट को देखें। (www.internic.net) यह आपको सीधे ही नेटवर्क सोल्यूशन रजिस्ट्रेशन सर्विस साइट पर ले जायेगा।

नाम देखना

InterNIC साइट को देखने के लिए और रजिस्टर्ड डोमेन नेम को खोजने के लिए WHOIS का प्रयोग करें और जो नाम तुम्हें खोजना है वह टाइप करें। तुम्हें केवल "domain-name-com" टाइप करना है ना कि "http://www" वाला भाग। अब "search" ऑइकन पर क्लिक करो, जहाँ तुमने डोमेन नेम टाइप किया है वहीं पर यह बटन भी होगा। WHOIS डाटाबेस इसे खोज लेगा। इस प्रक्रिया में मुश्किल से एक मिनट लगेगा।

तुम्हें यह मैसेज दिखाई देगा कि "तुम्हारे डोमेन नेम.com के लिए कोई मैच नहीं है"। इसका मतलब यह है कि किसी ने भी इस डोमेन नेम के लिए रजिस्टर नहीं किया है। और तुम तुरन्त ही इसे रजिस्टर करने के लिए फ्री हो। InterNIC साइट के नेटवर्क सोल्यूशन के मेन पेज पर से "Register a domain name" ऑप्शन को चुनें। यदि वह डोमेन नेम पहले से रजिस्टर होगा तो जिसने रजिस्टर किया हुआ है उसके बारे में सारी जानकारी, यहाँ तक कि उस कम्पनी का नाम, पता, फोन नम्बर, ई-मेल का पता, डोमेन नेम, प्रशासनिक सम्पर्क, बिलिंग की जानकारी और डोमेन सर्वर की सूची सामने आ जायेगी। यदि WHOIS डाटाबेस से तुम्हें यह रिस्पांस मिले, जो यह दर्शाता हो कि जो डोमेन नेम तुमने प्रविष्ट किया है वह "ON-HOLD" है इसका अर्थ नेटवर्क सोल्यूशन/InterNIC के अनुसार निम्नलिखित में से एक बात है–

⇨ डोमेन के लिए पेमेंट चालू (current) नहीं है।

⇨ यह डोमेन नेम एक ट्रेडमार्क स्वामी के साथ झगड़े में उलझा हुआ है।

⇨ इस नाम का सर्वर प्रशासनिक या तकनीकी मामला रुका हुआ है।

InterNIC के साथ रजिस्टर करना

बधाई हो! तुम्हारा चुना हुआ डोमेन नेम अब प्रयोग के लिए खुला है। अब तुम्हें आगे बढ़ने के लिए इसे रजिस्टर करना है। यदि नया डोमेन नेम किसी के द्वारा प्रयोग किया गया नहीं है तो इसे रजिस्टर करना बहुत आसान और तेज प्रक्रिया है। जो ISP (Internet Service Provider) तुम्हारी साइट को होस्ट कर रहा है उससे सम्पर्क करिये। ISP से, उनके सर्वर का एड्रेस और होस्ट का नाम प्राप्त होगा। तुम्हें भी अपने आप के लिए या अपनी संस्था के लिए एक उपयुक्त ई-मेल एड्रेस की आवश्यकता होगी। डोमेन नेम के रजिस्ट्रेशन की ऑनलाइन प्रक्रिया को जारी रखने के लिए तुम्हें इन सब सूचनाओं की आवश्यकता होगी। इंटरनिक के मेन वेब पेज पर "Register a domain name" लिंक पर क्लिक करो। जब डोमेन नेम रजिस्ट्रेशन की स्क्रीन दिखाई देगी, तब तुम्हें यह सब सामान्य सूचनाऐं प्रविष्ट करनी होगी। "your e-mail address" फील्ड में, अपना पूरा ई-मेल का पता टाइप करें। डोमेन नेम भी domain-name.com एक्सटेंशन के साथ करना चाहिए। इसमें www या http की कोई आवश्यकता नहीं है। अन्त में तुम्हें बस पहली स्क्रीन पर से तुम्हें तीन में से किसी एक ऑप्शन को चुनना है–

⇨ "New Registration" (नया रजिस्ट्रेशन)

⇨ "Modifying Existing Domain" (उपस्थित डोमेन में कुछ बदलना)

⇨ "Delete Domain" (डोमेन को हटाना)

तुम तो नया रजिस्ट्रेशन करा रहे हो तो, पहले वाले ऑप्शन को चुनो और स्क्रीन के नीचे की ओर दिये हुए "process" आइकन पर क्लिक करो।

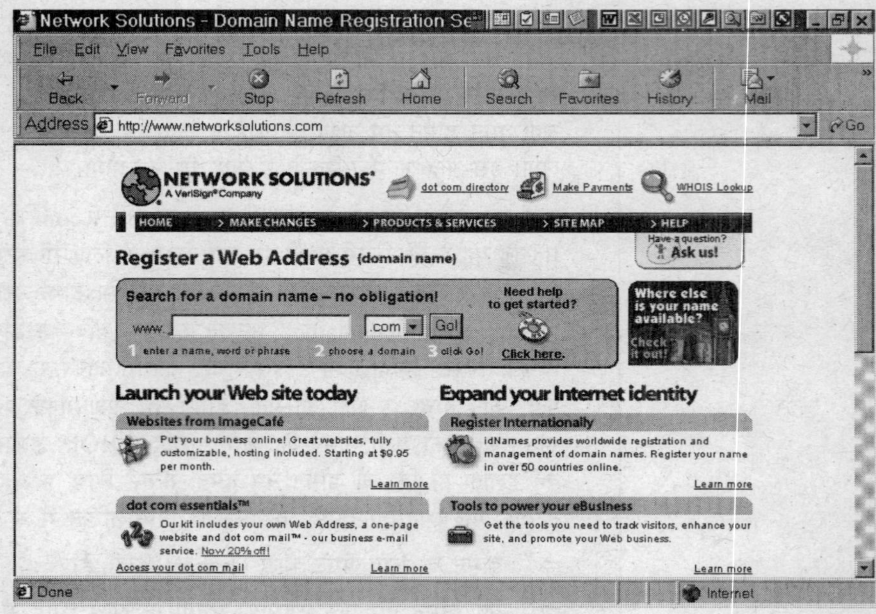

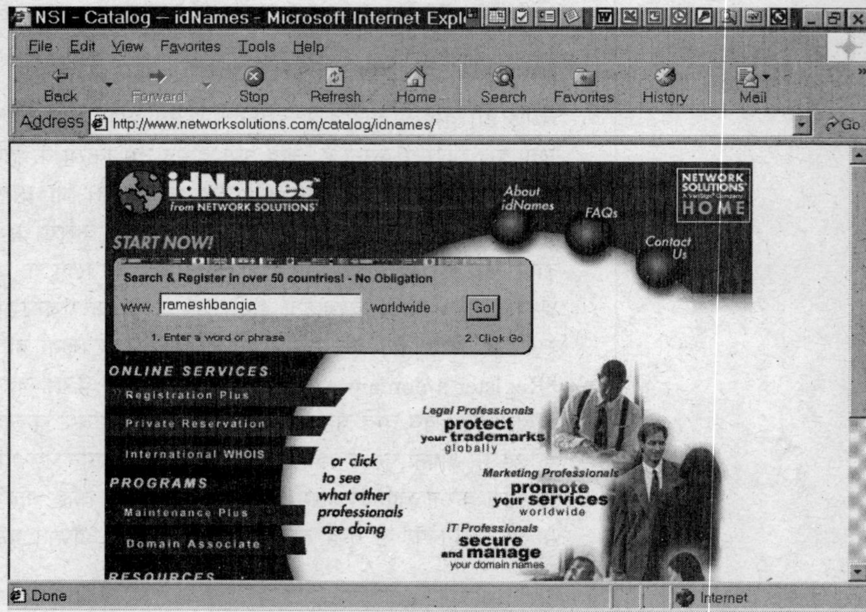

डोमेन नेम रजिस्ट्रेशन प्रक्रिया की दूसरी स्क्रीन निम्नलिखित जानकारी के लिए निवेदन करती है–

New domain registration for	जिस डोमेन नेम को रजिस्टर करने की कोशिश कर रहे हैं वह यहाँ दिखाई देना चाहिए।
Organization name	उस संस्था का नाम जिसे डोमेन नेम देना है।
Organization address	डोमेन नेम वाली संस्था का पूरा पता
City, state, zip country	कम्पनी की आवश्यकतानुसार जानकारी
Technical contact	टेक्नीकल सम्पर्क वाले व्यक्ति के बारे में पूरी जानकारी भरने के लिए यह ऑप्शन है।
Biling contact	जो व्यक्ति आपसे सम्पर्क कर रहा है, उसकी बिलिंग जानकारी भरने के लिए यह ऑप्शन है। या यह बिलिंग कॉन्टेक्ट को पहचानने के लिए है।

डोमेन नेम रजिस्ट्रेशन फॉर्म के द्वारा प्राप्त सारी जानकारी एक बार प्रविष्ट हो जाने पर फॉर्म के नीचे दिये गये "**submit this form for processing**" बटर पर क्लि करें। कुछ ही मिनट में InterNIC के **डोमेन नेम रजिस्ट्रेशन एग्रीमेंट** से तुम एक ई-मेल प्राप्त करोगे। यह एक कानूनी डॉक्यूमेंट है इसलिए इसे ध्यान से पढ़ें। यदि तुम इन टर्मों से सहमत हो, तो इस ई-मेल को एक नये ई-मेल मैसेज में कट (cut) और पेस्ट (paste) करें। व यह मैसेज hostmaster@internic .net साइट एड्रेस का प्रयोग करते हुए इंटरनिक पर वापिस भेज दें।

एक बार जब डोमेन नेम रजिस्ट्रेशन एगीमेंट वापिस भेज दिया तो InterNIC से दोबारा एक ई-मेल मैसेज आयेगा। इस मैसेज में तुम्हारे रजिस्ट्रेशन के लिए एक ट्रेकिंग (tracking) नम्बर होगा। भविष्य में कभी भी इंटरनिक से कोई भी पत्र व्यवहार करना हो तो यह ट्रेकिंग नम्बर ई-मेल मैसेज के "subject" बॉक्स में आयेगा। यदि तुम 48 घण्टे के अन्दर कोई अन्य प्रमाण पत्र (confirmation) नहीं मिलता है तो, 001-703-742-477 इस नम्बर पर कॉल करके इंटरनिक की हेल्पडेस्क पर सम्पर्क करें या hostmaster@internic.net पर ई-मेल मैसेज भेजकर सहायता लें।

डोमेन नेम रजिस्टर कराने की कीमत

इंटरनिक के द्वारा हर नये डोमेन नेम को रजिस्ट्रेशन कराने की कीमत $70 है। यह फीस शुरूआती रजिस्ट्रेशन और दो साल के लिए डामेन के डाटाबेस रिकॉर्ड को कवर करती है। पहले दो साल के बाद से, $35 सालाना फीस है जो डोमेन नेम के रिकार्ड को एक साल के लिए व्यवस्थित करती है। पहले रजिस्ट्रेशन की सालगिराह वाले दिन ही हर साल की सालाना फीस तय हो जाती है।

कुछ अन्य कम्पनियां हैं जो डोमेन नेम के रजिस्ट्रेशन के लिए उपलब्ध है–

www.worldnic.com	वर्ल्डनिक
www.domainnameregistration.com	यह डोमेन नेम के रजिस्ट्रेशन के लिए सीधी लाइन है।
www.aplus-domain.com	A + डोमेन नेम रजिस्ट्रेशन सेंटर

www.instant-domain.com	तुरन्त होने वाले डोमेन नेम रजिस्ट्रेशन सेंटर
name.space.xs2.net	Name.space
www.domainnameregistry.com	डोमेन नेम रजिस्ट्री
www.domainbank.net	डोमेन बैंक
www.ibnet.com.idb-home.shtml	इंटरनेट डोमेन ब्यूरो
www.domainagency.com	डोमेन एजेन्सी।

इलैक्ट्रॉनिक मेल (ई-मेल)
Electronic Mail (E-mail)

ई-मेल

इंटरनेट का सबसे मुख्य प्रयोग ई-मेल है। यह एक तरह की डाक सेवा ही नहीं बल्कि बहुत तेजी और जल्दी से कम्यूनीकेशन बनाता है।

जबसे ई-मेल के द्वारा इंटरनेट की सुविधा दी गई है, तबसे लोगों ने डाक का ज्यादा या कम प्रयोग करना बन्द कर दिया है। वास्तव में डाक सेवा को लोगों ने घोंघा (snail) मेल कहना शुरु कर दिया था या वह मेल जो घोंघे की तरह धीमी गति से चलती है। जबकि इलैक्ट्रॉनिक मेल बहुत तेज है और एक कम्प्यूटर से दूसरे कम्प्यूटर पर बिजली की गति से घूमती है। ज्यादातर इंटरनेट के यूजर्स (users) इस सुविधा से बहुत खुश हैं। बल्कि आप केवल टेक्स्ट ही नहीं, पिक्चर्स और ग्रॉफिक्स भी भेज सकते हो।

ज्यादातर ऑफिसों में कम्प्यूटर के द्वारा ही उनकी मेल (पत्र-व्यवहार) भेजी जाती है। अब पेपर (कागज) और कार्बन का आडम्बर ज्यादा नहीं। बल्कि फाइल को संग्रह करने की भी कोई आवश्यकता नहीं है। सब कुछ कम्प्यूटर में सुरक्षित रखा है और आवश्यकता पड़ने पर कभी भी प्राप्त किया जा सकता है। तुम सबको केवल अपना ई-मेल एकाउन्ट खोलने की आवश्यकता है और अपने पत्रों की मेल शुरू कर सकते हो। यदि तुम्हारे पास अपना कम्प्यूटर नहीं भी है तो भी किसी भी साइबर कैफे (cyber cafe) में जाकर अपने एकाउन्ट नम्बर के द्वारा मेल भेज सकते हो।

इसलिए ई-मैल का कार्य करने के लिए तुम्हारा अपना एकाउन्ट नम्बर होना जरूरी है। इसके लिए, जैसा कि इसमें पहले अध्याय में बताया गया है कि हर प्रसिद्ध सर्च इंजन तुम्हे अपना एकाउन्ट बनाने का ऑप्शन (परमीशन) देता है। यहाँ इस केस में, मैं hotmail.com की प्रक्रिया के द्वारा एकाउन्ट का प्रयोग कर रहा हूँ।

ई-मेल एकाउन्ट को खोलना

निम्नलिखित कुछ प्रसिद्ध साइट्स है जो तुम्हें ई-मेल एकाउन्ट खोलने की आज्ञा देती है–

Yahoo	http://www.mail.yahoo.com
Hotmail	http://www.hotmail.com
Rediff	http://www.rediff.com
Mailcity	http://www.mailcity.com

इनके अतिरिक्त बहुत सी ISPs भी तुम्हें ई-मेल एकाउन्ट खोलने की आज्ञा देती है। कृप्या यह याद रखें कि ये सभी ई-मेल सेवाएं एकदम फ्री हैं और साइट्स भी ई-मेल प्रयोग करने के लिए कोई पैसा नहीं लेती हैं।

निम्नलिखित डॉयलोग बॉक्स यह दिखाता है कि Hot-mail से अपना ई-मेल एकाउन्ट कैसे बनाया जाता है।

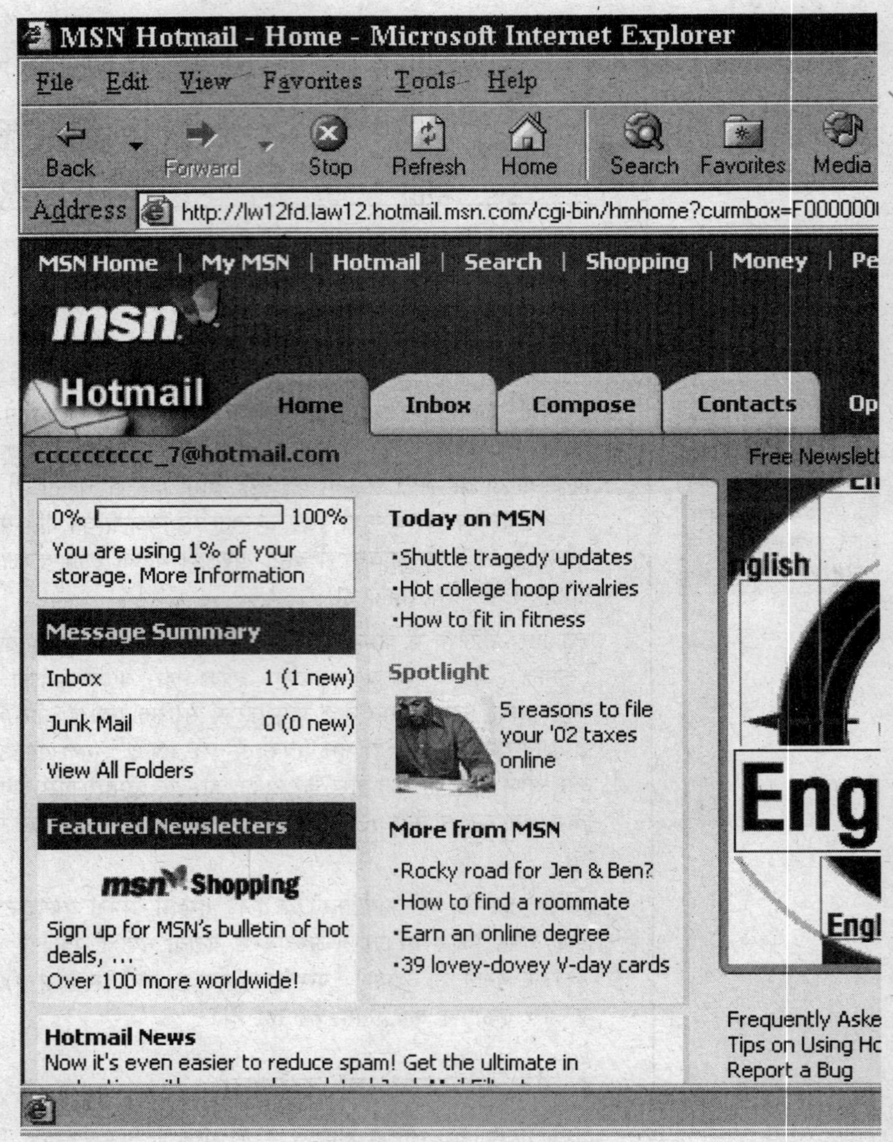

ई–मेल का प्रबन्धन

ई-मेल प्रोग्राम, जिसका नाम आउटलुक एक्सप्रेस है, से सॉफ्टवेयर ये मैसेजेस् निम्नलिखित फोल्डरों में प्रबन्धित होते हैं–

Inbox	सभी आने वाले मैसेजेस् के लिए
Outbox	भेजे जाने वाले मैसेजेस् के लिए
Sent Items	पहले भेजे गये मैसेजेस् के लिए
Deleted Items	उन सभी मैसेजेस् के लिए जो हटाने के लिए मार्क किये गये हैं।

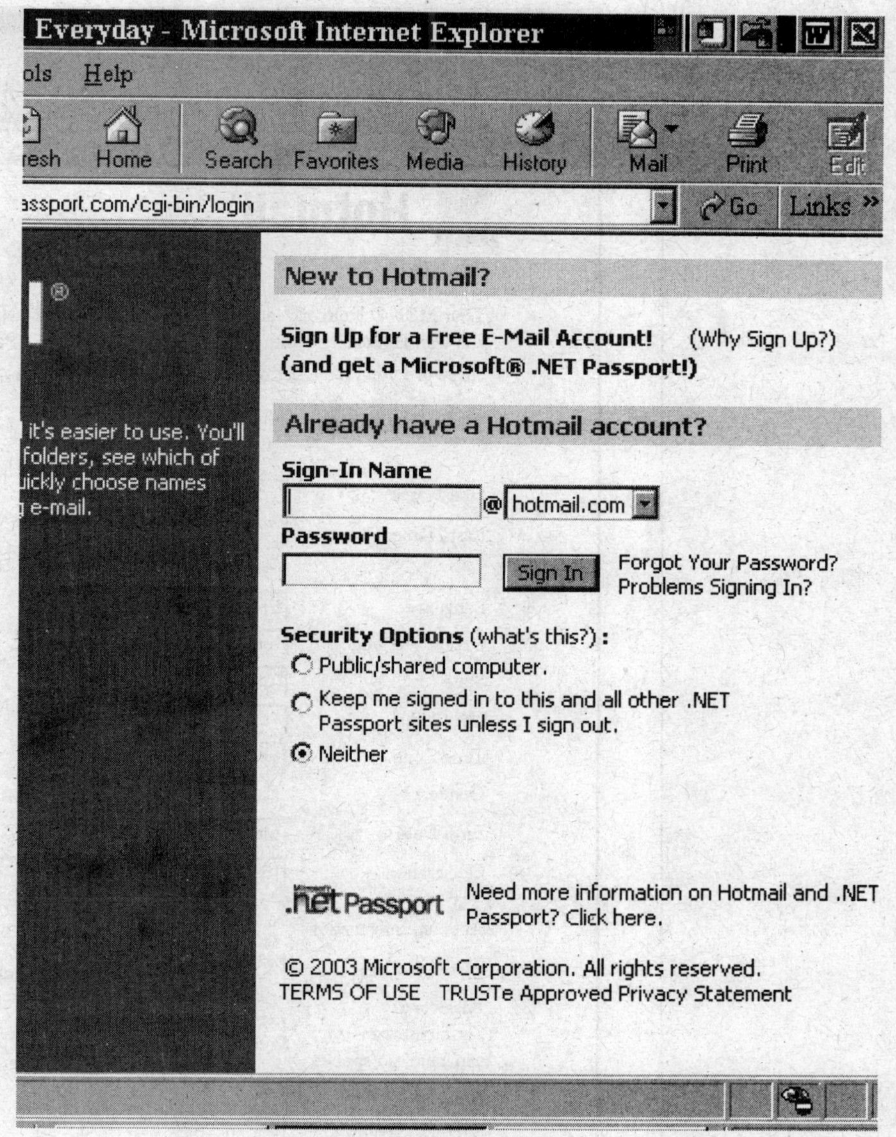

Drafts	उन सभी मैसेजेस् के लिए जो पूरे होने के लिए पड़े हैं (Pending message)

ये सभी ऑप्शन अगले फोटो में देखे जा सकते हैं। ई-मेल पढ़ने और भेजने से पहले, हमे कुछ ई-मेल की टर्म को (Terms) समझ लेना चाहिए, जो कि मैसेज पढ़ने और भेजने में सहायक हो सकती है।

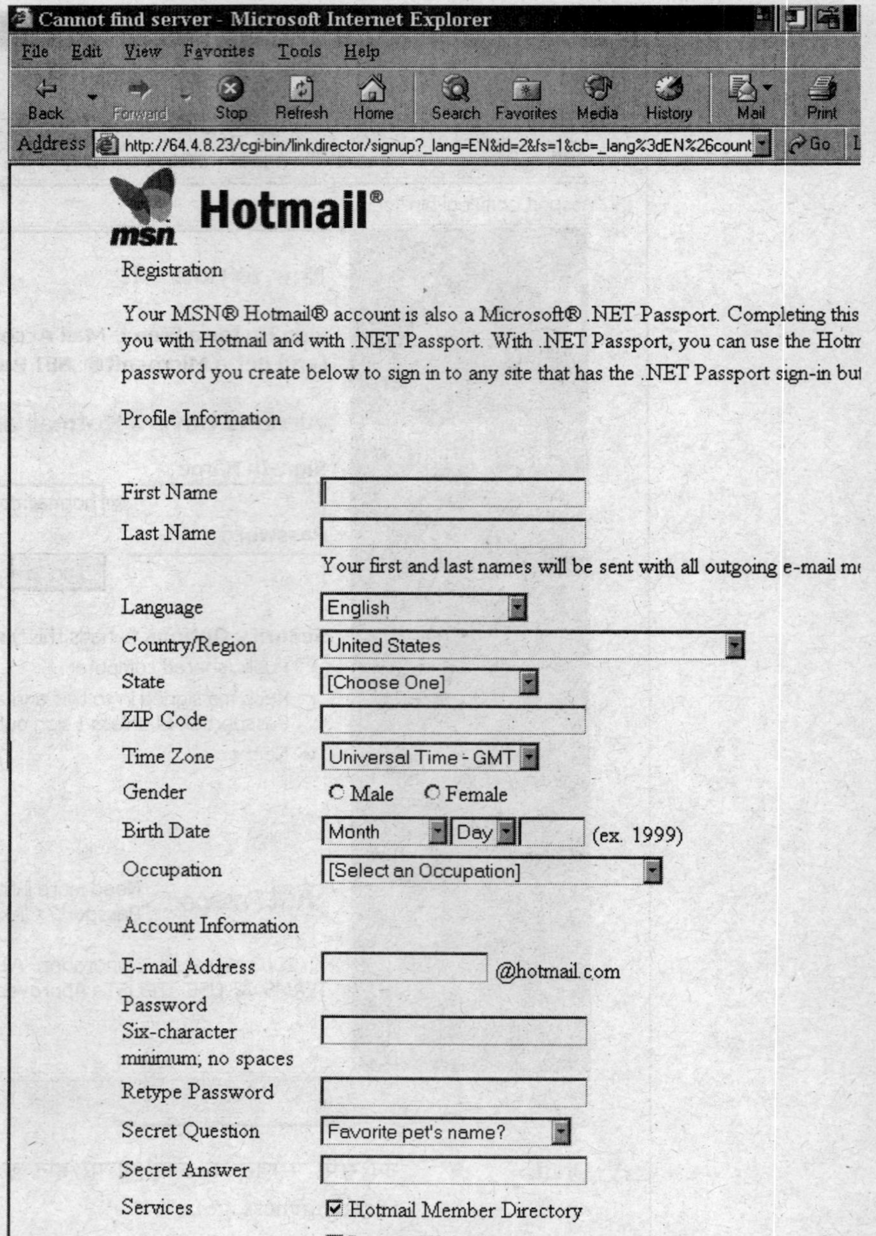
Cannot find server - Microsoft Internet Explorer
File Edit View Favorites Tools Help
Back Forward Stop Refresh Home Search Favorites Media History Mail Print
Address http://64.4.8.23/cgi-bin/linkdirector/signup?_lang=EN&id=2&fs=1&cb=_lang%3dEN%26count
Go
msn Hotmail®
Registration
Your MSN® Hotmail® account is also a Microsoft® .NET Passport. Completing this
you with Hotmail and with .NET Passport. With .NET Passport, you can use the Hotm
password you create below to sign in to any site that has the .NET Passport sign-in but
Profile Information
First Name
Last Name
Your first and last names will be sent with all outgoing e-mail m
Language
English
Country/Region
United States
State
[Choose One]
ZIP Code
Time Zone
Universal Time - GMT
Gender
Male
Female
Birth Date
Month
Day
(ex. 1999)
Occupation
[Select an Occupation]
Account Information
E-mail Address
@hotmail.com
Password
Six-character minimum; no spaces
Retype Password
Secret Question
Favorite pet's name?
Secret Answer
Services
Hotmail Member Directory
Internet White Pages
Use these check boxes to indicate whether you'd like to be liste
Internet directories. More information about directories

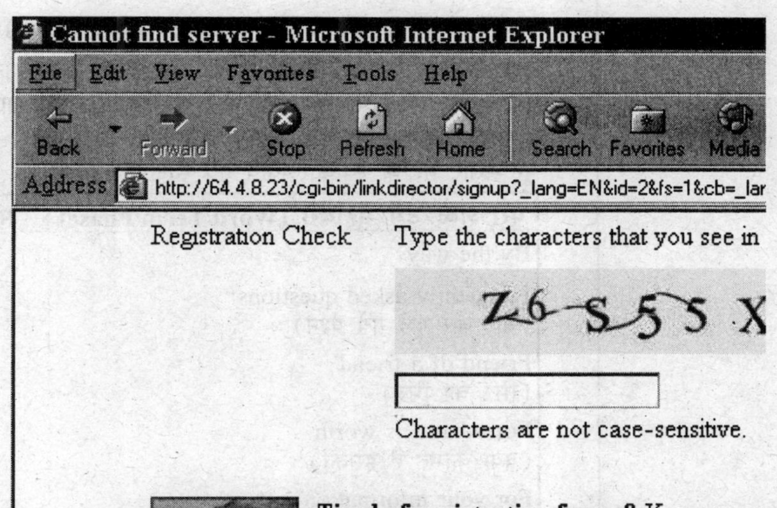
Cannot find server - Microsoft Internet Explorer
File Edit View Favorites Tools Help
Back Forward Stop Refresh Home Search Favorites Media
Address http://64.4.8.23/cgi-bin/linkdirector/signup?_lang=EN&id=2&fs=1&cb=_lar
Registration Check Type the characters that you see in
Z6 S55 X
Characters are not case-sensitive.
Tired of registration forms? You can sp
get personalized services at participating sit
your .NET Passport information with them
Select the boxes below to choose how mu
Passport information Microsoft can share v
companies' .NET Passport sites at sign-in:
Share my e-mail address.
Share my first and last names.
Share my other registration information.
Tell me more about .NET Passport, privac

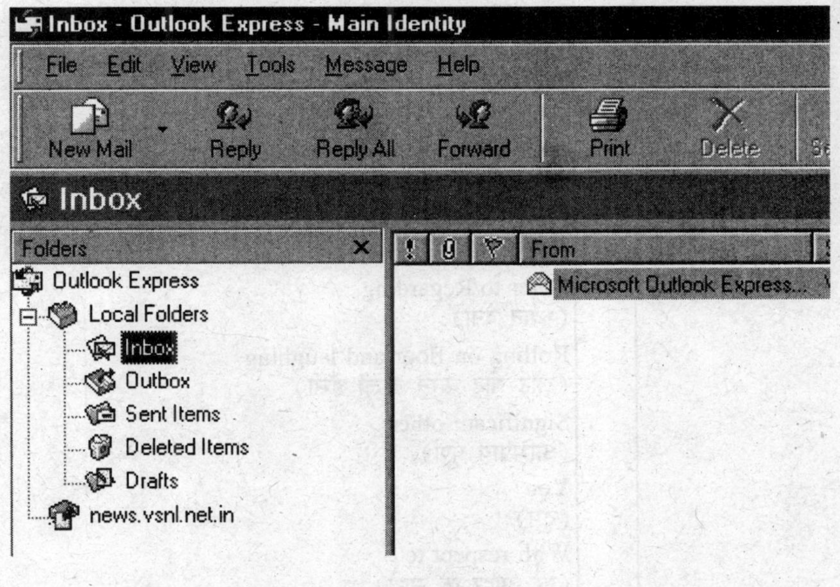
Inbox - Outlook Express - Main Identity
File Edit View Tools Message Help
New Mail Reply Reply All Forward Print Delete
Inbox
Folders
From
Outlook Express
Local Folders
Inbox
Outbox
Sent Items
Deleted Items
Drafts
news.vsnl.net.in
Microsoft Outlook Express...

संक्षेप में शब्दों का प्रयोग (Using Abbreviation)

संक्षेप में किये गये शब्द, चिन्ह आदि से समय और जगह दोनों ही बचते हैं। यह मुख्य बात है कि तुम्हारे द्वारा प्रयोग कियागया संक्षिप्त शब्द, तुम्हारी ई-मेल प्राप्त करने वाले की समझ में अच्छे से आ जाना चाहिए। इसलिए मैं यहाँ पर संक्षिप्त शब्दों (abbreviations) की सूची देता हूँ जो कि पूरे संसार भर के स्वीकार किये गये संक्षिप्त शब्द है।

पूरा शब्द/टर्म/मुहावरा (Word/Term/Phase)	संक्षिप्त शब्द (Abbreviation)
By the way	BTW
Frequently asked questions (बार-बार पूछे गये प्रश्न)	FAQ
Friend of a friend (मित्र का मित्र)	FOAF
For what it is worth (क्या कीमत है इसकी)	FWTW
For your information (तुम्हारी जानकारी के लिए)	FYI
In my humble opinion (मेरी नम्र राय में)	IMHO
In my opinion (मेरी राय में)	IMO
In other words (दूसरे शब्दों में)	IOW
In regard to (विचार करना)	IRT
Later (बाद में)	LR
Laughing out loud (बहुत जोर से हँसना)	LOL
Member of the appropriate sex (एक से लिंग का व्यक्ति)	MOTAS
Member of the opposite sex (दूसरे लिंग का व्यक्ति)	MOTOS
On the other hand (दूसरी तरफ)	OTOH
Refer to/Regarding (ध्यान देना)	RE:
Rolling on floor and laughing (लोट-पोट करने वाली हँसी)	ROFTAL
Significant other (अभिप्राय पूर्ण)	SO
You (तुम)	U
With respect to (पूरे आदर के साथ)	WRT

छोटे-छाटे चेहरों का प्रयोग (Using Smilies)

बहुत सारे तरीकों के द्वारा तुम अपना मैसेज किसी तक पहुँचा सकते हो। केवल संक्षिप्त शब्दों का प्रयोग करके ही नहीं बल्कि छोटे-छोटे हाव-भाव को प्रकट करने वाले चेहरों के माध्यम से भी बात किसी दूसरे तक पहुँचायी जा सकती है। संक्षिप्त शब्दों (abbreviations) की तरह ही सारे संसार भर में ये चरित्र पाये जाते हैं। तुम्हारे कम्प्यूटर के की-बोर्ड के कुछ अक्षरों के समूह ही ये चरित्र बनाते हैं। उदाहरण के लिए कोलन (:) का चिन्ह आँखों को दर्शाता है, dash (–) का चिन्ह नाम को दर्शाता है और सीधी तरफ का) (paranthesis) का चिन्ह या सीधे bracket) का चिन्ह चेहने को दर्शाता है।

बहुत से प्रचलित स्माइली (smileys) की सूची नीचे है–

हाव-भाव (Emotions)	अर्थ (Meaning)
8:–)	Little girl (छोटी लड़की)
X–(	Mad (पागल का चिन्ह)
&–L	Makes me cry (रुलाने वाला चिन्ह)
:–(*)	Makes me sick (बीमार करने वाला चिन्ह)
:–S	Makes no sense (समझ ना होना का चिन्ह)
:–{	Moustache (मूँछो का चिन्ह)
:–#	My lips are sealed (मुँह बन्द होना)
8–O	Omigod! (आश्चर्यचकित होना)
:^)	Personality (व्यक्तित्व का चिन्ह)
:–(	Real unhappy (खुश ना होना)
:–)^<	Big boy (बड़ा बड़का)
(:–)	Big face (बड़ा चेहरा)
:–D	Said with a smile (मुस्कुराहट से कहना)
:–)8<	Big girl (बड़ी लड़की)
:–@	Screening (स्क्रीन दिखना)
:–v	Shouting (चिल्लाना)
:–(<	Standing firm (दृढ़ता से खड़े रहना)
:–O	Talkative (बातूनी)
H–)	Cross-eyed (एक-दूसरे से मिलना)
:–@!	Cursing (गाली देना)
:–E	Disappointment (हताश होना)
(:–(	Very unhappy (बहुत दु:खी)
:–6	Eating something spicy (मसालेदार खाना)
]–I	Wearing sunglasses (धूप का चश्मा पहनना)
:”)	Embarrassed (शर्मिन्दा होना)
‘–)	Winking (आँख मारना)
L–O	Yawning (जम्हाई लेना)

जैसे ही आप ई-मेल करने में कुशल हो जायेंगे, आप इससे कहीं ज्यादा रोमांचक चरित्र सीख जायेंगे, जो कि हजारों की संख्या में है।

ई–मेल के भाग (Parts of e-mail)

ऑपचारिक पत्र की तरह ही ई-मेल भी विभिन्न खण्डों में (भागों में) बँटी हुई है। एक अच्छे व्यवसायिक पत्र में तुम दिनाँक, नाम, जिसे पत्र लिखना है उसका पता, क्या कहकर उन्हें सम्बोधित करना है अर्थात् प्रणाम सम्बन्धी (salutation), पत्र में क्या लिखना है, भेजने वाले का नाम, पता आदि लिखते हो। इनके से सभी तुम यहाँ पर भी पाओगे परन्तु थोड़े अन्तर के साथ। देखते हैं कि ई-मेल में क्या-क्या है–

Header (हैडर)

यह बहुत मुख्य भाग है, यह इतना साफ होना चाहिए कि इसे कुछ दूरी से भी देखा व पढ़ा जा सके।

To

To : फील्ड में उस व्यक्ति का पता होता है जिसे आप ई-मेल भेज रहे हैं। यदि आप किसी व्यक्ति को ई-मेल अपने ही डोमेन (Domain) में भेज रहे हैं तो आपको ई-मेल के पते में @ (at the rate) का चिन्ह लगाने की आवश्यकता नहीं है।

From

From : फील्ड में अपना पता लिखा जाता है मतलब, जो ई-मेल भेज रहा होता है। ज्यादातर केस में, इसे टाप नहीं किया जाता है क्योंकि कम्प्यूटर इसे अपने आप ले लेता है। अर्थात् इसमें तुम्हारा ई-मेल एड्रेस होता है।

Subject (विषय)

Subject : फील्ड में बहुत छोटा-सा वर्णन लगभग 20-30 अक्षरों का होताहै, जो तुम्हारे मैसेज के बारे में होता है। इस फील्ड को विषय का मैसेज या साधारण मैसेज भी कहते हैं। विषय (subject) का होना जरूरी नहीं है।

Cc (कार्बन कॉपी)

तुम उसी ई-मेल की दूसरी कॉपी किसी अन्य व्यक्ति को भी भेज सकते हो। इसके लिए तुम्हें cc फील्ड में दूसरे व्यक्ति का ई-मेल एड्रेस टाइप करना होगा। सॉफ्टवेयर ध्यान रखेगा कि यह ई-मेल दूसरे व्यक्ति को भी भेजा जाना है।

Bcc (Blind Carbon Copy)

यह Blind कार्बन कॉपी का छोटा रूप है। जो आपको, किसी अन्य व्यक्ति को ई-मेल कॉपी करने और भेजने (transmit) के लिए रास्ता बताता है, और यह कार्य पहले व्यक्ति (main addressee) की जानकारी के बिना होता है।

Attachments (संलग्न प्रपत्र)

इस ऑप्शन का प्रयोग करके, अपनी ई-मेल साथ किसी दूसरे सॉफ्टवेयरन में बनी हुई फाइल को जोड़ (संलग्न कर) सकते हैं। ज्यादातर जब हम किसी नौकरी के लिए आवेदन कर रहे होते हैं, तब पत्र तो ई-मेल के टेक्स्ट में टाइप होता है और बायो-डाटा, जो किसी वर्ड प्रोसेसिंग (word-processing) सॉफ्टवेयर में बना होता है, संलग्न (attach) किया जाता है।

Date (तारीख)

दिनाँक (तारीख) व समय, सामान्य रूप से सिस्टम के द्वारा स्वयं ही ले लिया जाता है। तुम्हें इसे टाइप करने की आवश्यकता नहीं होती है।

Body (बीच का मैटर)

ई-मेल मैसेज में body का अर्थ साधारण टेक्स्ट होता है जो हमें किसी अन्य व्यक्ति को भेजना होता है।

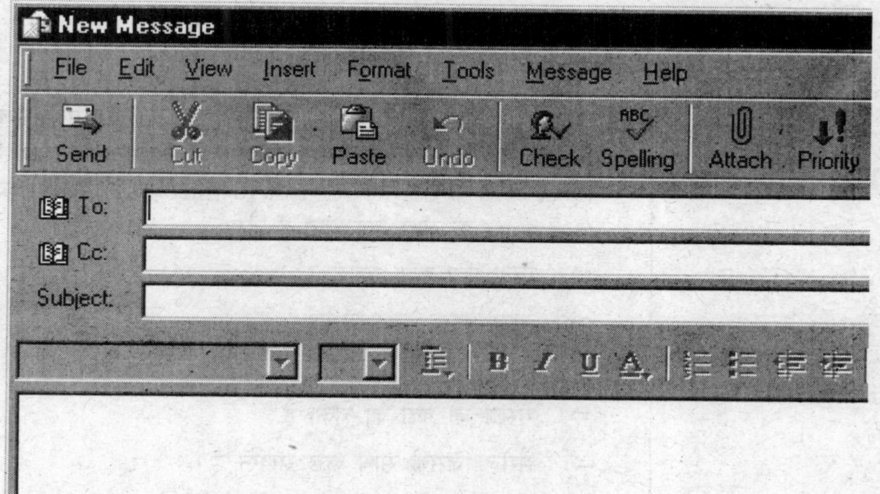

मैसेज के साथ काम करना (Working with Message)

सबसे पहला काम जो आप सॉफ्टवेयर को खोलने पर करोगे, वह है मैसेजेस् को प्राप्त करना। इसके लिए आपको send/receive बटन पर क्लिक करना होगा तुम आउटलुक एक्सप्रेस के सॉफ्टवेयर पर यह सेटिंग भी कर सकते हो कि यह कुछ समय के अन्तराल पर स्वत: ही मैसेजेस् को देखता रहे, (check) या जब तुम चाहो तभी आउटलुक मैसेजेस् देखें।

1. आउटलुक को विंडो पर स्टैण्डर्ड टूल बार पर send/receive बटन को क्लिक करो।
2. जो कनेक्शन आपके पास है उससे इंटरनेट कनेक्ट होगा। यह डॉयलोग बॉक्स में सबसे नीचे दायें कॉर्नर पर दिखायी देगा।
3. जब मैसेज आयेगा, तब आउटलुक आपसे पूछेगा कि मैसेज पढ़ना शुरू करना है या नहीं। Yes पर क्लिक करें और माइक्रोसॉफ्ट आउटलुक के डॉयलोग बॉक्स में मैसेज पढ़ना शुरू करें। यदि बाद में मैसेज पढ़ने हैं तो No पर क्लिक करें।

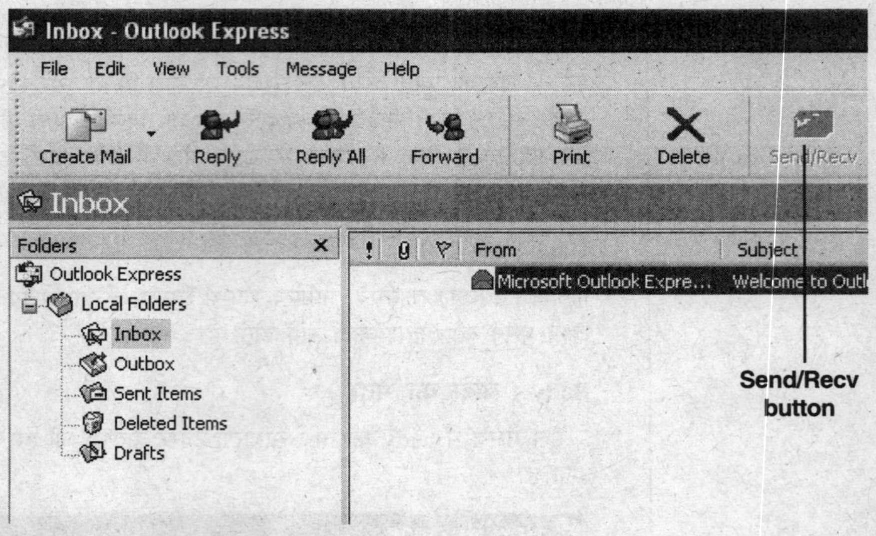

मैसेज को पढ़ना

एक बार जब Inbox मैसेज को प्राप्त कर लेता है, तो दूसरे मैसेजेस् के साथ अन्त में जुड़ जाता है। अन्त के कुछ मैसेजेस् हमेशा नये होते हैं। विभिन्न प्रकार के मैसेजेस् होते हैं जो मेल बॉक्स (mail box) में पड़े रहते हैं। इनबॉक्स (inbox) के मैसेजेस् विभिन्न प्रकार के प्रतीक चिन्ह (symbols) के साथ जुड़े रहते हैं जैसे–

- ⇨ बिना पढ़ा हुआ मैसेज
- ⇨ बहुत महत्व वाला मैसेज
- ⇨ कम महत्व वाला मैसेज
- ⇨ मैसेज जो पढ़ा जा चुका है
- ⇨ मैसेज जिसके साथ कुछ संलग्न है
- ⇨ मैसेज जो आगे भेजना गया है (forwarded)
- ⇨ मैसेज जिसका उत्तर दे दिया है
- ⇨ मेसेज जिस पर फ्लैग है (follow-up flag)

इन सभी के साथ चिन्ह जुड़े रहते हैं।

मैसेज पढ़ने के लिए

1. पढ़ने वाले मैसेज पर, inbox की सूची में से, डबल क्लिक

   या

   मैसेज को चयनित (select) करके Ctrl + O दबायें।

   या

   मैसेज को चयनिक करें, फाइल मेन्यू में जाकर Open पर क्लिक करें। हर मैसेज एक अलग विंडो में खुलता है।

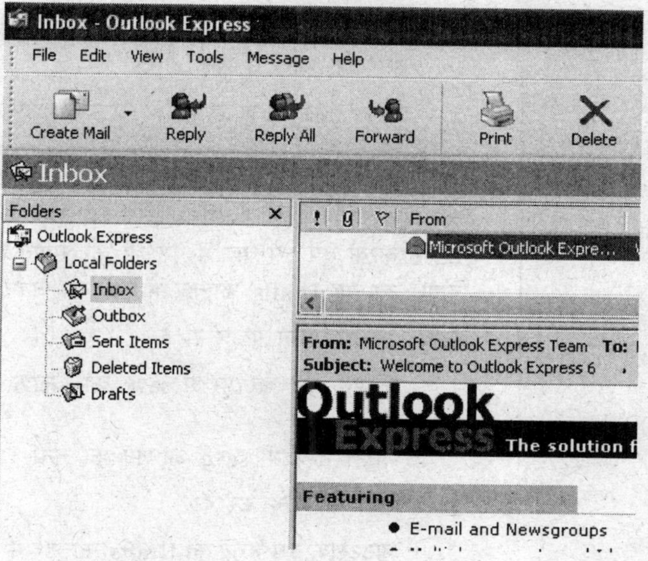

मैसेज का उत्तर देना

एक बार पढ़ने के बाद, मैसेज का उत्तर दिया भी सकता है और बिना दिये ही हटाया भी जा सकता है।

उत्तर देने के लिए

> यदि आपको कोई मेल प्राप्त होती है तो उसका उत्तर अवश्य देना चाहिए। यह मेल का साधारण तरीका है।

1. Inbox विंडो में मैसेज को सेलेक्ट करने के बाद या मैसेज को खोलने के बाद स्टैण्डर्ड टूल बार पर से Reply (उत्तर) का बटन दबायें। Reply विंडो में To box में उसका पता

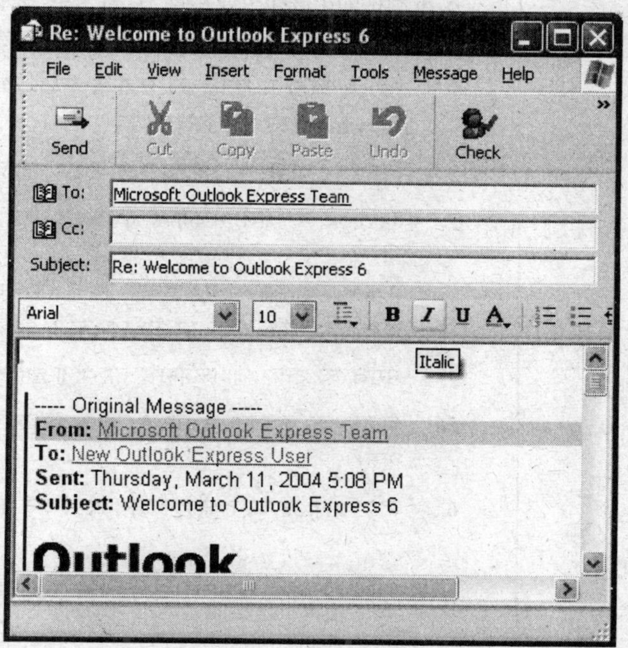

होना, जिसके मैसेज का आप उत्तर दे रहे हैं। और Subject box में वास्तविक विषय ही होगा जो RE: से शुरू होगा।

2. टेक्स्ट area की जगह पर, अपना उत्तर टाइप करें यह वास्तविक मैसेज ऊपर दिखाई देगा।

चरणों में उत्तर देना (Replying in a Phased Manner)

तुम कुछ चरणों में भी उत्तर दे सकते हो। तुम उत्तर का आधा भाग अभी टाइप कर सकते हो, Save करके तुम इसे बाद में पूरा भी कर सकते हो। इस केस में, जब उत्तर आधा-रूका हुआ होगा, तब यह Drafts फोल्डर में स्टोर हो जायेगा।

इसका प्रक्रिया निम्न प्रकार से है–

1. स्टैण्डर्ड टूल बार पर से save को क्लिक करें।
   या
   फाइल मेन्यू में, save ऑप्शन को चुनें।
2. विंडो को बन्द कर दें।
3. आउटलुक इस उत्तर को Drafts फोल्डर में रख देगा। तुम अब चाहे इसे खोलकर, अपना कार्य जारी कर सकते हो।
4. सभी का उत्तर देने के लिए, स्टैण्डर्ड टूल बार पर से Reply to all का बटन क्लिक करें।
5. तुम अभी भी मैसेज में कुछ बदलाव कर सकते हो, जो कि आउटलुक में इन्तजार कर रहा होता है। बस, मैसेज पर डबल-क्लिक करो, जो बदलाव लाना है उसे बदलो और तब send पर क्लिक करो।

मैसेज को आगे भेजना (Forwarding)

A के द्वारा प्राप्त किया गया मैसेज B को भेजने के लिए Forward ऑप्शन का प्रयोग करें। भेजने से पहले तुम अपने comment भी मैसेज में डाल सकते हो।

1. Inbox विंडो में मैसेज को चयनित करके या मैसेज को खोलकर, स्टैण्डर्ड टूल बार पर से forward बटन को क्लिक करें।
2. विषय में बॉक्स में विषय में से FW आ जाता है और वही मैसेज दिखाई देता है।
3. To box में जिसे भेजना है उसका ई-मेल का पता टाइप करो।
   या
   Address book से एड्रेस को चुन लें। To बटन पर क्लिक करके एक या एक से ज्यादा नाम चुन करके OK पर क्लिक करें।
4. मैसेज के ऊपर जो कमेन्ट्स तुम देना चाहते हो टाइप करो।
5. आउटलुक फोल्डर से मैसेज को भेजने के लिए स्टैण्डर्ड टूल बार से send पर क्लिक करो।
6. यदि मैसेज के साथ कोई फाइल भी संलग्न की गई है, तो वह भी forward हो जायेगी।

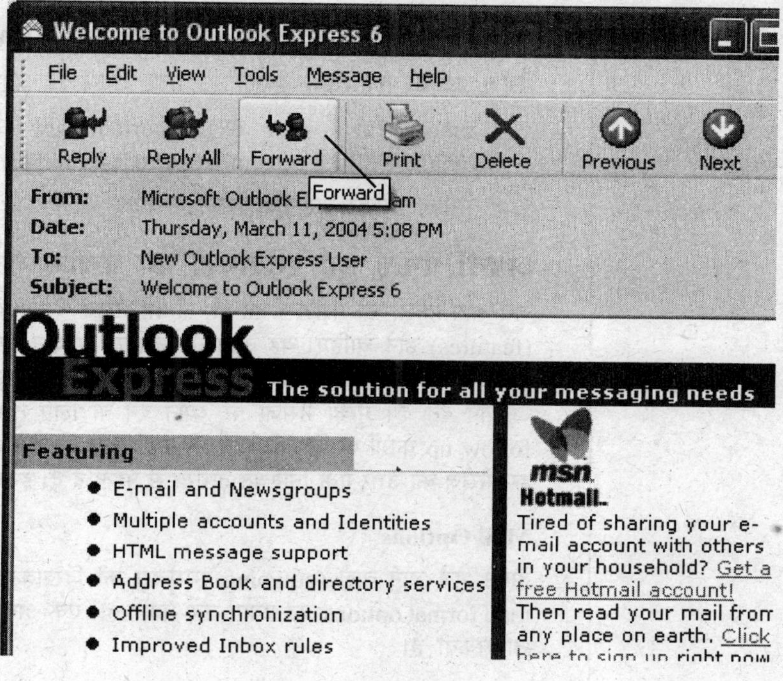

मैसेज को खत्म करना (Deleting Message)

यदि आपको किसी मैसेज की जरूरत नहीं है तो आप उसे खत्म (delete) कर सकते हो।

1. मैसेज की विंडो में टूल बार पर से डीलीट बटन क्लिक करो।

   या

   Ctrl + D बटन दबाओ।

मैसेज Deleted items फोल्डर में चला जायेगा।

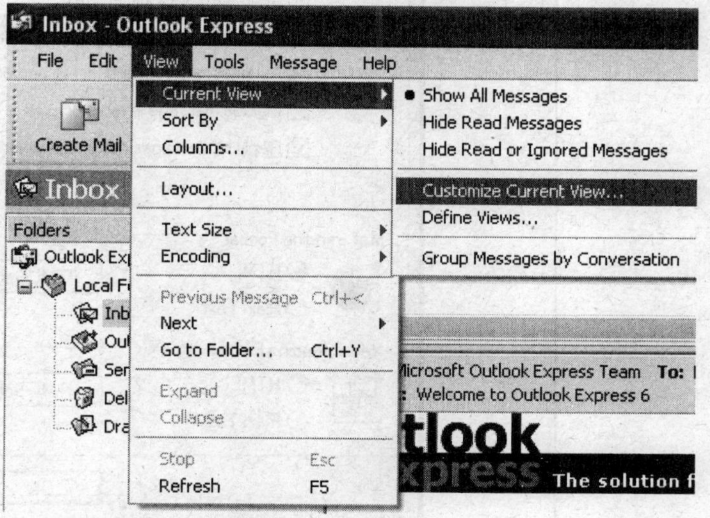

विंडो का लुक बदलना (Changing View)

मैसेज फोल्डर का view बदलने के लिए आउटलुक बहुत सारे ऑप्शन देता है।

1. Inbox विंडो के view मेन्यू से current view को चुनें। एक ओर मेन्यू (submenu) खुलेगा, उसमें से customize current view चुनें। देखें अगली विंडो में।
2. मैसेज फोल्डर का लुक बदल जायेगा।

अपनी बनाई हुई स्टेशनरी का प्रयोग करना

जब आप किसी को मैसेज भेजते हो, तो आउटलुक देखता है कि इसमें कुछ अलग प्रकार के गुण (features) होने चाहिए। यह आपको स्टेशनरी ऑप्शन देता है जिसे आप अपने मैसेज पेज पर जोड़ सकते हो। इससे ज्यादा क्या यह आपको अपने हस्ताक्षर (signature) डालने तक का ऑप्शन देता है। मुख्य मैसेजों पर ध्यान देने के लिए तुम flag भी set कर सकते हो। कुछ follow-up कार्यों के लिए निवेदन भी कर सकते हो जैसे आप भेजने वाले से कह सकते हो कि इस मैसेज का उत्तर एक निश्चित तारीख से पहले दे दें। इसके लिए mail options कमान्ड है।

Mail Options

अपने भेजे जाने वाले (outgoing) मैसेजेस् की दिखावट (appearance) बदलने के लिए तुम mail format options का प्रयोग कर सकते हो। एक अकेले मैसेज् के लिए भी setting बदली जा सकती है।

मेल फॉरमेट ऑप्शनों की सेटिंग करना

1. Tools मेन्यू से Options को चुनें।

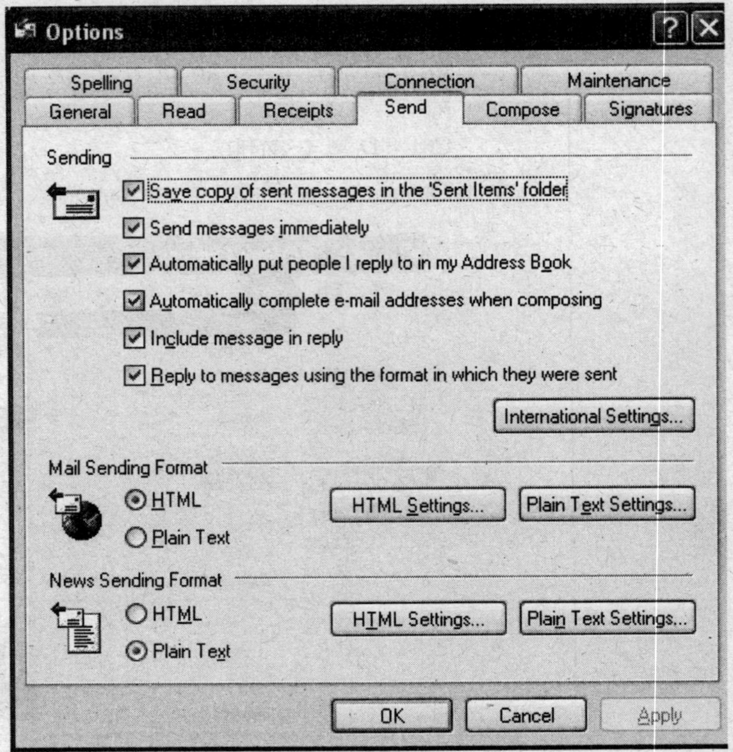

2. Options डॉयलोग बॉक्स की send tab पर से, mail sending format में से किसी एक फॉरमेट को चुनें।

3. मैसेज भेजने के लिए दोनों फॉरमेट में से HTML को चुनें। यह आपको टेक्स्ट की फॉरमेटिंग करने देगा। प्रसिद्ध मेल प्रोग्राम भी HTML ई-मेल मैसेज दिखाते हैं।

4. जब फॉरमेटिंग पूरी हो जाये, तब OK पर क्लिक करें।

Default फोन्ट् को चुनें

1. ऑप्शन डॉयलोग बॉक्स के mail format tab पर से plain text को चुनें।

2. फोन्ट्स बटन पर क्लिक करें।

3. फोल्न्ट्स डॉयलोग बॉक्स में से, जो मैसेज आपने टाइप किया है उसके लिए default font को चुनें।

4. ऑप्शन डॉयलोग बॉक्स पर वापिस आने के लिए OK करें।

5. जब सारी सेटिंग हो जाये तब OK पर क्लिक करें।

6. यदि आपने HTML setting का ऑप्शन चुना है, तब एक फॉरमेटिंग टूल बार नई मैसेज विंडो में दिखाई देगा। आप अपने मैसेज की फॉरमेटिंग के लिए इस टूल बार के बटल प्रयोग कर सकते हैं।

7. यदि आप स्टेशनरी फोन्ट्स नहीं चाहते हो, तो default फोन्ट्स पर (फोन्ट डॉयलोग बॉक्स में से क्लिक करें।)

मैसेज शुरू करना और सम्बोधित करना (Starting and Addressing a Message)

तुम किसी भी ई-मेल सॉफ्टवेयर से मैसेजिंग शुरू कर सकते हो, और जितने लोगों को भी सूचित करना चाहते हो, उन सबको एक साथ एक ही मैसेज भेज सकते हो। तुम दूसरे लोगों से छिपाकर, किसी एक को blind कॉपी भी भेज सकते हो।

मैसेज शुरू करना

1. किसी भी ई-मेल फोल्डर में Inbox विंडो में स्टैण्डर्ड टूल बार पर से New बटन पर क्लिक करो।

2. यदि तुम्हारा ई-मेल एडिटर word नहीं है, तो तुम word को default एडिटर के रूप में भी चुन सकते हो।

3. Default फॉरमेट के साथ एक मैसेज विंडो खुल जायेगी।

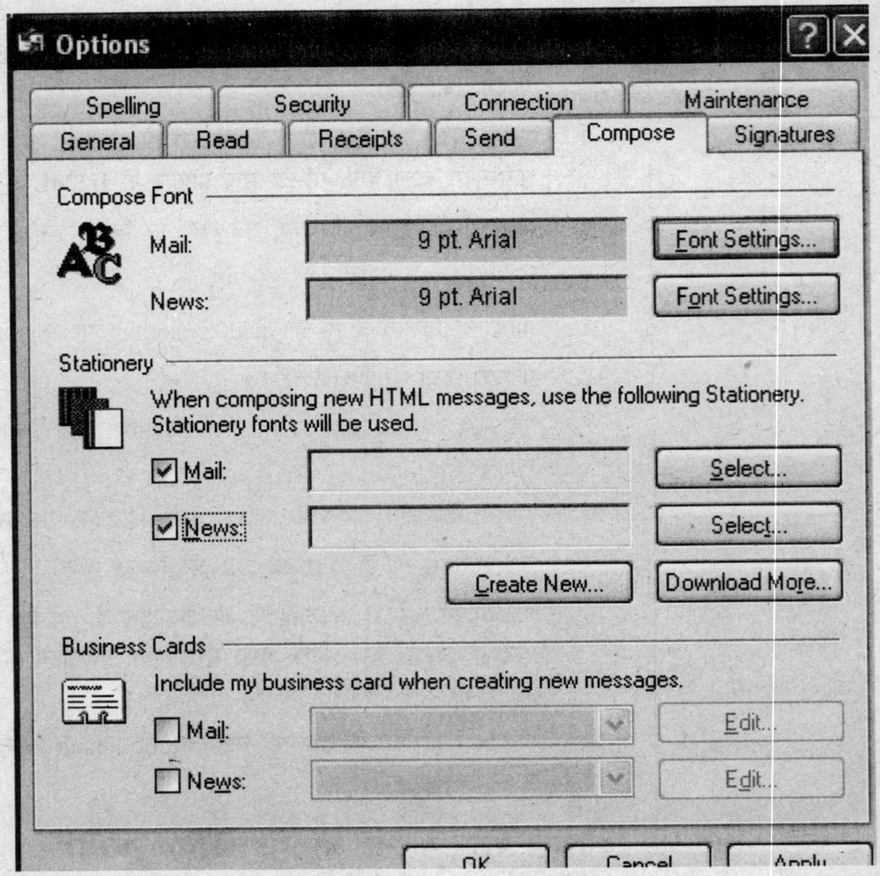

पता टाइप करना

1. To बॉक्स में, ई-मेल का पता टाइप करो।
   या
   एक से ज्यादा ई-मेल के पते को टाइप करके comma (,) या semicolon (;) से पृथ्क करें।

एड्रेस बुक का प्रयोग करना

1. To या Cc बटन पर क्लिक करके, एड्रेस बुक से ई-मेल एड्रेस चुन लें।
2. Select name डॉयलोग बॉक्स में एक नाम चुनें और To, Cc या Bcc पर नाम को डालने (Add करने) के लिए क्लिक करें।
3. जब तुम सारे नाम Add कर लो, तो मैसेज पर लौटने के लिए OK पर क्लिक करें।
4. यदि आप किसी अन्य व्यक्ति को, जो आपकी एड्रेस बुक में नहीं है, भी यह मैसेज देना चाहते हो, तो आप Cc बॉक्स में उसका ई-मेल का पता टाइप कर दें।
5. ई-मेल एड्रेस सही रूप से लिखे गये हैं या नहीं, यह check करने के लिए, स्टैण्डर्ड टूल बार पर से check name button पर क्लिक करें। Outlook एड्रेस बुक से सभी एड्रेस को check करेगा, यदि कोई एड्रेस सही नहीं होगा तो आपको सूचित कर देगा।

6. यदि तुम Bcc (Blind carbon copy) फील्ड देखना चाहते हो, तो view मेन्यू में से Bcc फील्ड को चुनें।
7. किसी का नाम खोजने की सहायता के लिए select name डॉयलोग बॉक्स में से find बटन पर क्लिक करो। find people डॉयलोग बॉक्स खुल जायेगा।
8. एड्रेस बुक को तेजी से खोलने के लिए स्टैण्डर्ड टूल बार पर से एड्रेस बुक के बटन पर क्लिक करो।

स्टेशनरी बनाना

HTML फॉरमेट में ई-मेल के लिए, तुम पहले से डिजायन की गई स्टेशनरी को चुन सकते हो, जिसमें-बैकग्राउन्ड डिजायन, ग्रॉफिकल डिजायन जैसे-बुलेट्स, पिक्चर, आड़ी-तिरछी लाइनें, टेक्स्ट फोन्ट्स और रंग आदि होते हैं। यदि ई-मेल एडिटर के रूप में word दिया गया है और HTML फॉरमेट चुना गया है, तब मैसेज टाइप करने के लिए तुम कोई Theme भी चुन सकते हो।

पहले से दी गई आउटलुक की स्टेशनरी चुनना
(Choosing Default Outlook Stationery)

1. Tools मेन्यू से options को चुनें।
2. Send tab पर जाकर, फॉरमेट के लिए HTML चुनें।
3. Create new पर क्लिक करें।
4. अब स्टेशनरी सेट-अप विजार्ड खुल जायेगा, जो आपको अपनी पसंद की स्टेशनरी चुनने के लिए गाइड करेगा।
5. अगले पेजों पर तुम इस विजार्ड के विभिन्न Options को देखोगे और उनमें से कुछ भी Option चुनें।

ज्यादा स्टेशनरी के ऑप्शन

1. Options डॉयलोग बॉक्स में, download more को चुनें।
2. इंटरनेट से बहुत ज्यादा ऑप्शन डाउनलोड कर सकते हो।

हस्ताक्षर बनाना

आउटलुक में तुम हस्ताक्षर भी बना सकते हो, अर्थात् एक विशेष tag लाइन जो हर भेजने वाले मैसेज के लिए है।

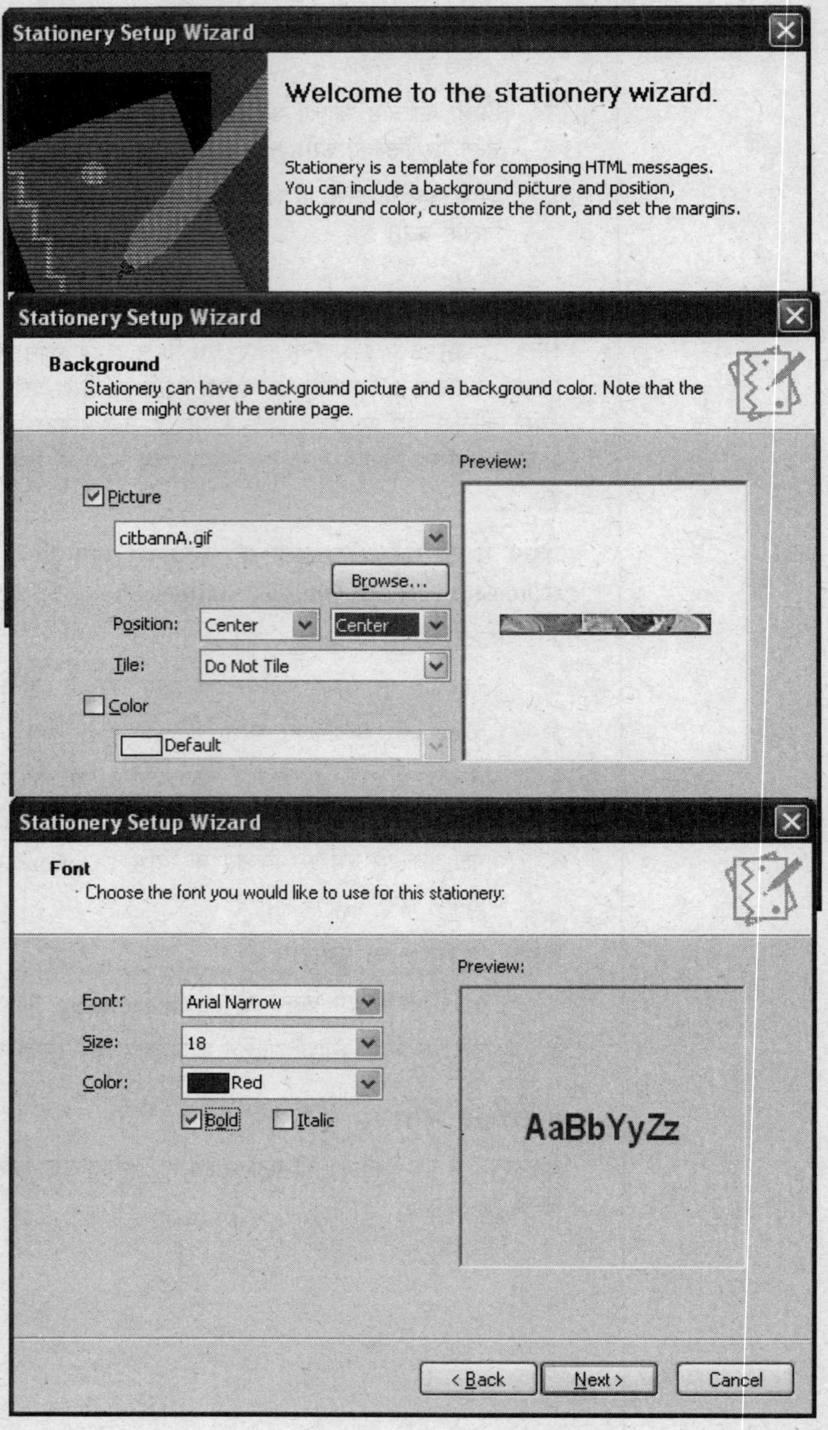
Stationery Setup Wizard
Welcome to the stationery wizard.
Stationery is a template for composing HTML messages. You can include a background picture and position, background color, customize the font, and set the margins.
Stationery Setup Wizard
Background
Stationery can have a background picture and a background color. Note that the picture might cover the entire page.
Preview:
Picture
citbannA.gif
Browse...
Position:
Center
Center
Tile:
Do Not Tile
Color
Default
Stationery Setup Wizard
Font
Choose the font you would like to use for this stationery:
Preview:
Font:
Arial Narrow
Size:
18
Color:
Red
Bold
Italic
AaBbYyZz
< Back
Next >
Cancel

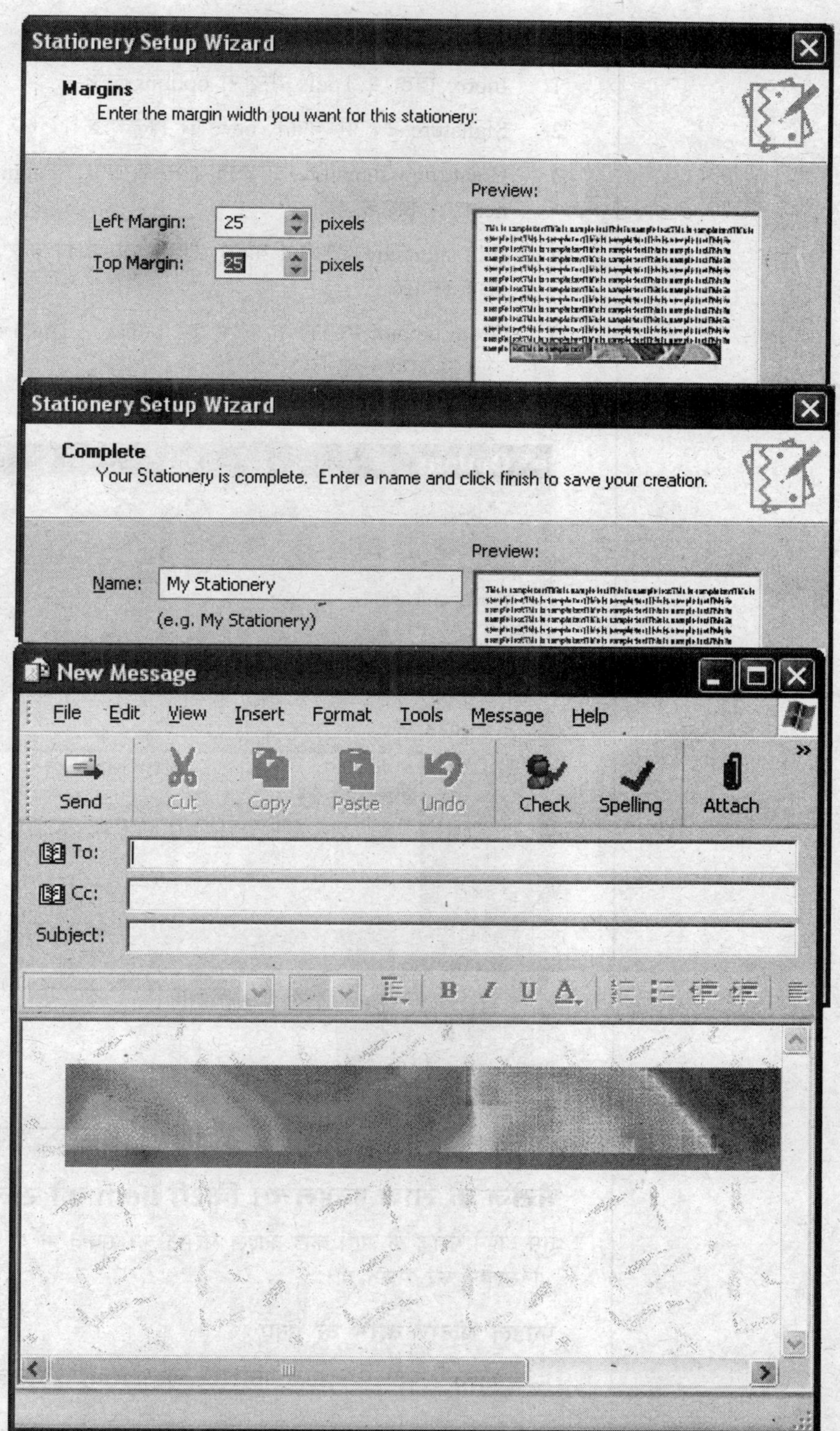
Stationery Setup Wizard
Margins
Enter the margin width you want for this stationery:
Preview:
Left Margin: 25 pixels
Top Margin: 25 pixels
Stationery Setup Wizard
Complete
Your Stationery is complete. Enter a name and click finish to save your creation.
Preview:
Name: My Stationery
(e.g. My Stationery)
New Message
File Edit View Insert Format Tools Message Help
Send Cut Copy Paste Undo Check Spelling Attach
To:
Cc:
Subject:

Default हस्ताक्षर बनाना

1. Inbox विंडो में Tools मेन्यू से options चुनें।
2. Signature टेब पर जाकर, new पर क्लिक करें।
3. Create new signature डॉयलोग बॉक्स खुलेगा। नये signature के लिए नाम लिखें और next पर क्लिक करें।
4. Edit signature डॉयलोग बॉक्स में, हस्ताक्षर टाइप करें, जो आपके मैसेज के अन्त में टाइप होगा।
5. Set as default पर क्लिक करके, इसे default signature बना सकते हो, हर मैसेज के अन्त में दिखाने के लिए।
6. OK पर क्लिक करें।

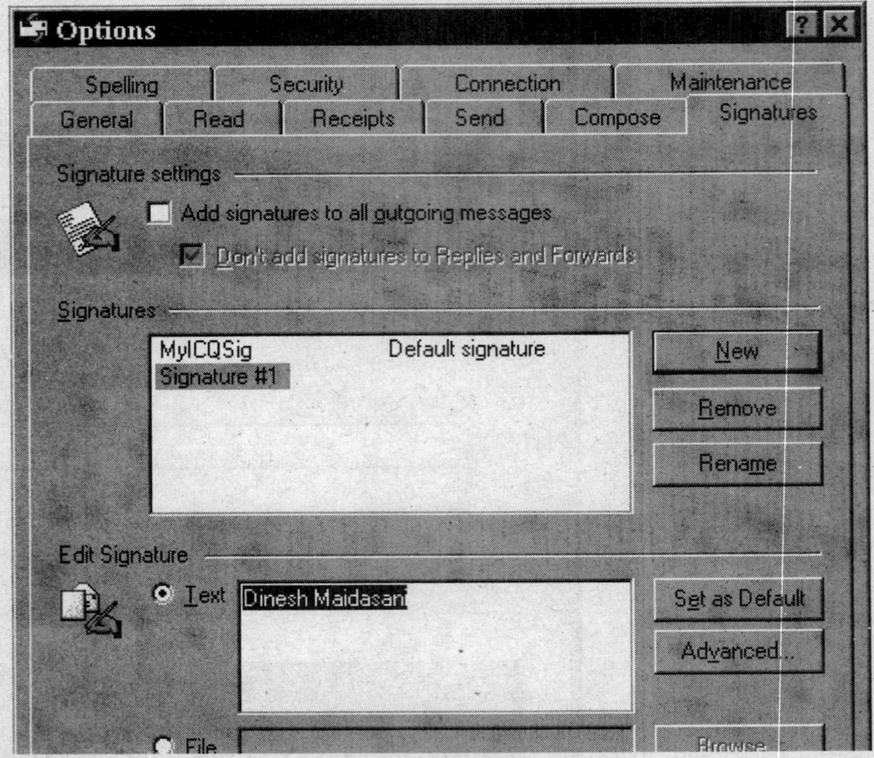

मैसेज के साथ फाइल या किसी Item को संलग्न (attach) करना

तुम अपने मैसेज के साथ कोई फाइल संलग्न कर सकते हो या किसी Item जैसे पिक्चर आदि भी संलग्न कर सकते हो।

फाइल संलग्न करने के लिए

1. Inbox विंडो में insert मेन्यू से attachment पर क्लिक करें।

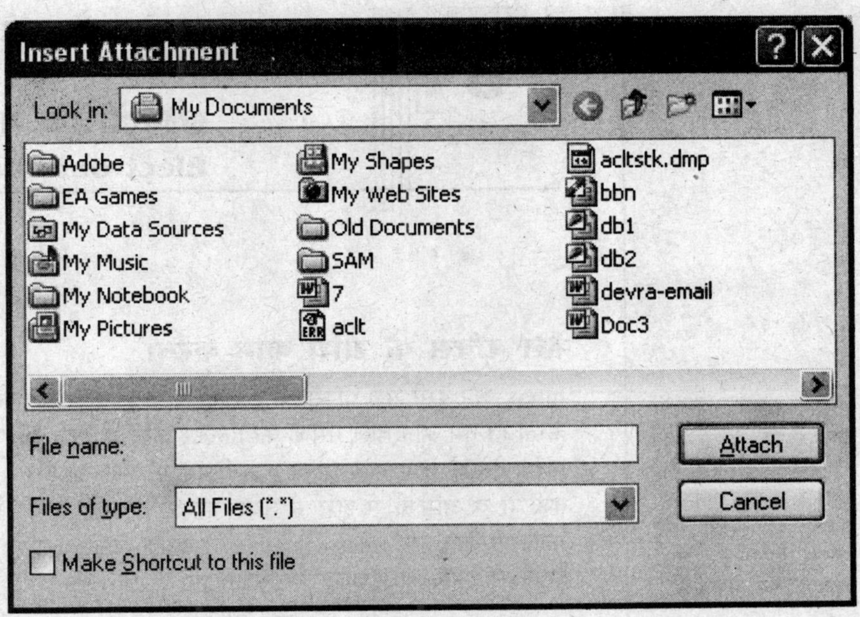

या

स्टैण्डर्ड टूल बार से insert file बटन पर क्लिक करें।

2. Insert file डॉयलोग बॉक्स से, जो फाइल आपको संलग्न करनी है उसे चुनें।

संलग्न फाइल का icon मैसेज के नीचे दिखाई देता है। डबल क्लिक करके attachment फाइल या पिक्चर को देख सकते हैं।

इलैक्ट्रॉनिक मेल (ई–मेल) जारी है
Electronic Mail (E-mail) Contd.

मेल बॉक्स के साथ काम करना

मेल बॉक्स आपकी हार्ड-डिस्क की डायरेक्टरी की तरह है, जिसमें आप विभिन्न प्रकार के मैसेजों को संग्रह करने के लिए फोल्डर बना सकते हैं।

Inbox और दूसरे मेल बॉक्सों के contents के लिए आउटलुक विभिन्न प्रकार के ऑप्शन प्रदान करता है। तुम आने वाले मैसेजों को फिल्टर करने के लिए और उसमें रंग भरने के लिए ओर उन्हे निर्देश देने के लिए फोल्डर्स व कुछ नियम भी बना सकते हो। एक प्रबन्धित पेज ही मैसेजों को तेजी से व आसानी से इधर से उधर पहुँचाने में और फिल्टर करने में सहायक होता है। नियम बनाने के लिए तुम्हें rules wizard की सहायता लेनी पड़ती है। तुम outlook में जंग ई–मेल को देखने से पहले ही डीलीट कर सकते हो।

फोल्डर बनाना

फोल्डर डायरेक्टरी की तरह होते हैं और वे कॉन्टेक्ट्स (contacts), नोट्स, नियुक्त समय पर किसी से मिलने का समय (appointments) और टॉस्क कार्यों को अपने में रख सकते हैं।

फोल्डर बनाने के लिए

1. Inbox विंडो में फाइल मेन्यू में से New पर क्लिक करके फोल्डर पर क्लिक करें।
   या
   स्टैण्डर्ड टूल बार पर से Organize बटन पर क्लिक करके New folder पर क्लिक करें।
2. Create new folder के डॉयलोग बॉक्स में फोल्डर को नाम दें और फोल्डर contains की लिस्ट में से फोल्डर का प्रकार चुनें।

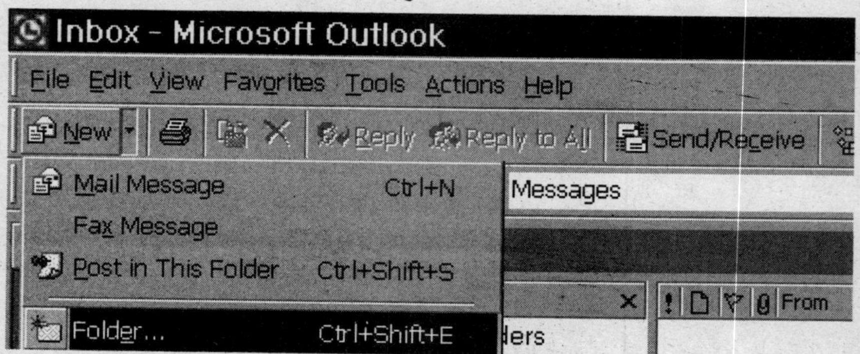

3. नये फोल्डर को रखने के लिए एक फोल्डर चुनें। नये फोल्डर को दूसरे फोल्डर के समान ही रखने के लिए personal फोल्डर को चुनें।

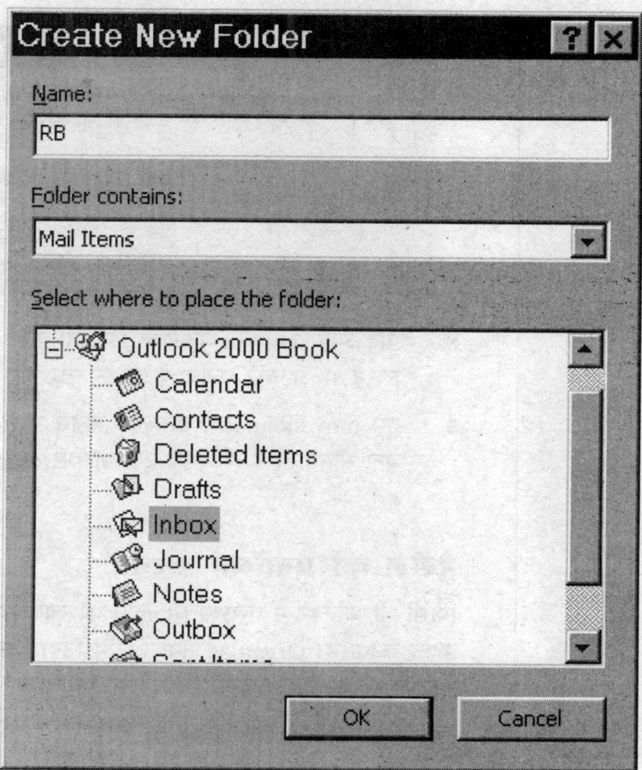

4. OK पर क्लिक करें।
5. यह फोल्डर सिर्फ आपके द्वारा ही खुल सके, इसके लिए आउटलुक आपसे पासवर्ड के लिए पूछेगा, जैसा नीचे दिखाया गया है।

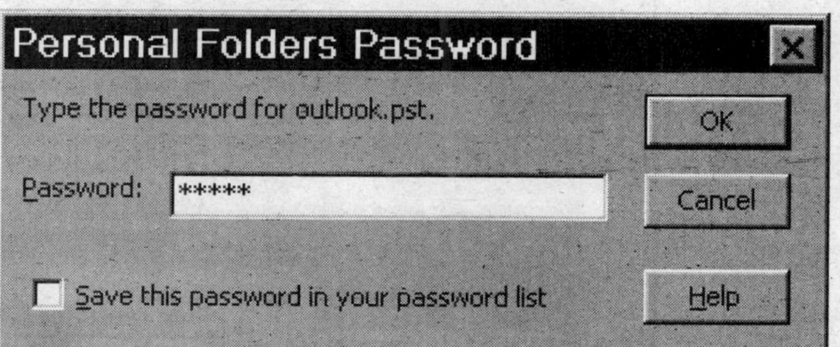

6. यदि आपको उपयुक्त लगे, तो आउटलुक के पूछने पर इस फोल्डर का shortcut बनाने के लिए, Yes या No पर क्लिक करें।
7. फोल्डर लिस्ट में आपका नया फोल्डर आ जायेगा।

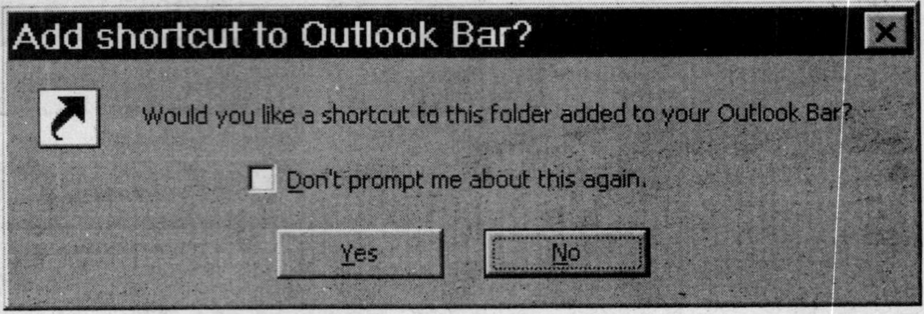

8. यदि आप shortcut बनाने के लिए हाँ करते हैं, तो आउटलुक बार पर my shortcuts की लिस्ट में आपका बनाया हुआ फोल्डर भी आ जायेगा।
9. तुम move items के डॉयलोग बॉक्स में new बटन पर क्लिक करके भी नया फोल्डर बना सकते हो या स्टैण्डर्ड टूल बार पर organize बटन को क्लिक करके भी बना सकते हो।

मैसेल को प्रबन्धित करना

किसी भी फोल्डर में वस्तुओं (items) को व्यवस्थित करने में आउटलुक तेज और आसान रास्ता प्रदान करता है। Organize पेन में, तुम नियमों को व्यवस्थित कर सकते हो, नया फोल्डर भी बना सकते हो और फोल्डर का लुक भी बदल सकते हो।

Organize को प्रयोग करने के लिए–

1. मेल बॉक्स फोल्डर में मैसेज को चुनकर, स्टैण्डर्ड टूल बार पर से organize बटन को क्लिक करो।

   या

   Tools मेन्यू से organize को चुनें।
2. Organize पेन आपके मैसेज के ऊपर खुल जायेगा। आउटलुक भविष्य में आने वाले मैसेजेस् के लिए नियमों को और फोल्डर को उसी जगह से कहीं ओर भेजने के लिए सुझाव देता है।
3. Organize पेन को बन्द करने के लिए ऊपर दांयी तरफ दिये गये close बटन पर क्लि करें।

मैसेज को इधर से उधर करने के लिए–

1. Organize पेन के using folder टैब से सुझाव को स्वीकार करें या नीचे दी गई सूची से किसी अन्य फोल्डर को चुनें।
2. Move बटन पर क्लि करें।
3. अगले मैसेज के लिए आउटलुक एक move और rule (शिफ्ट करने और नये नियम के लिए) के लिए सुझाव देगा।
4. नया फोल्डर बनाने के लिए new folder पर क्लिक करें और तब सूची में से नये फोल्डर को चुनें और move पर क्लिक करें।
5. मेल बॉक्स में से एक साथ बहुत से मैसेज को चुनकर, एक साथ move कर सकते हैं।

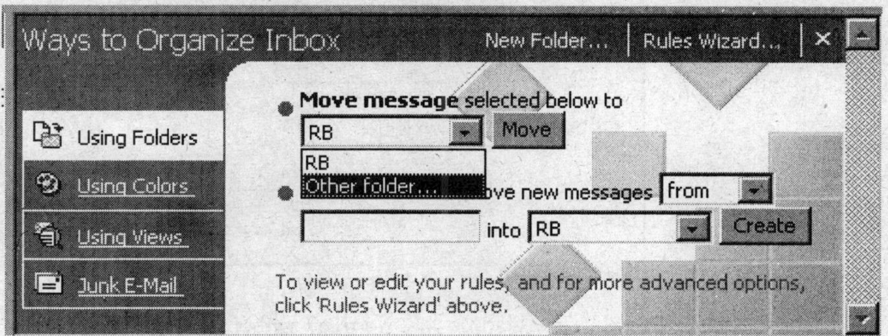

रंगो का प्रयोग करके मैसेज को व्यवस्थित करना–

1. Organize पेन के using colors टैब पर क्लिक करके, रंगों के नियम बनाने के लिए drop-down लिस्ट में से रंग को चुनें।

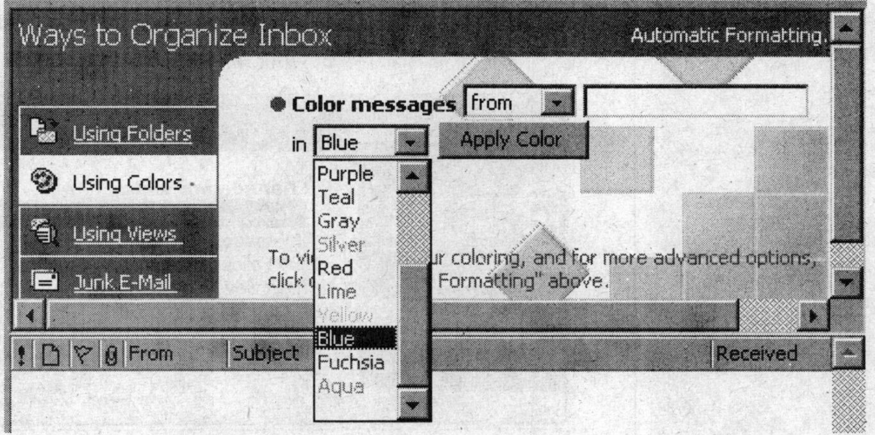

2. Automatic for matting बंटन पर क्लिक करें। नया डॉयलोग बॉक्स खुलेगा और जो चाहे वह बदलाव दें।

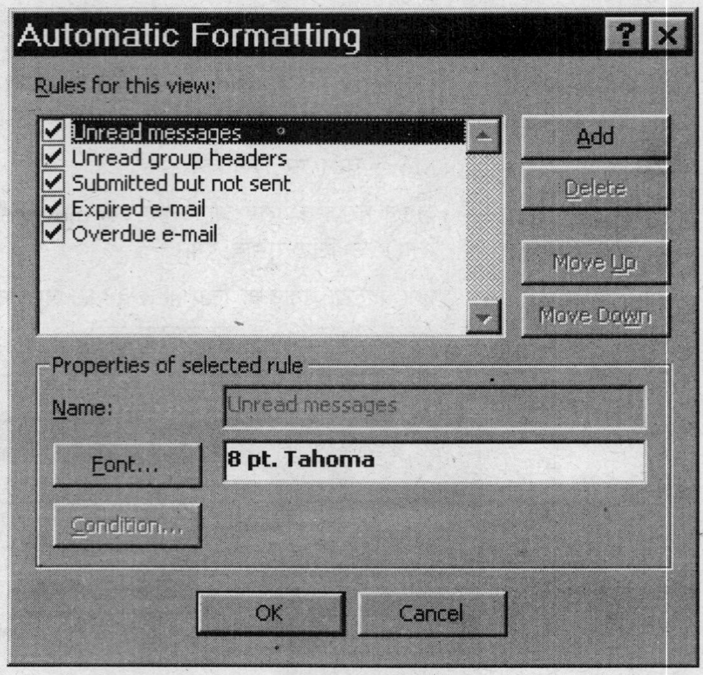

3. Using colors टैब पर वापिस आने के लिए OK करें।
4. नियम को लागू करने के लिए apply color पर क्लिक करें।
5. आउटलुक इस फोल्डर के मैसेजों को यह रंग भर देगा।
6. दूसरा colour rule लगाने के लिए इस फोल्डर में दूसरे मैसेज को चुन लें।

व्यू का प्रयोग करके मैसेज व्यवस्थित करना (Organizing Using Views)

1. View के विभिन्न ऑप्शनों को देखने के लिए using views टैब पर क्लि करें।

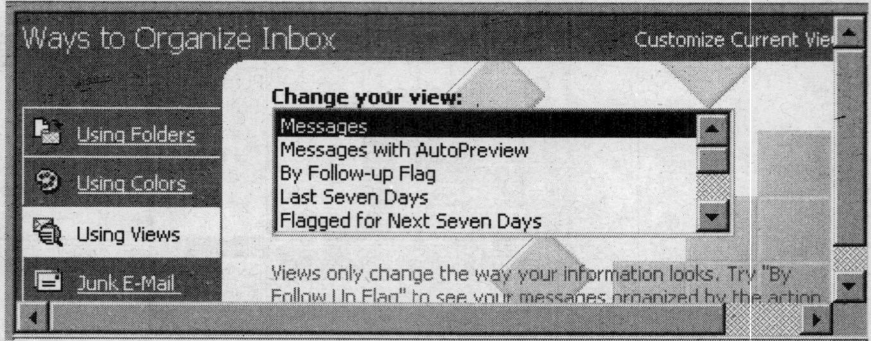

2. व्यू केवल आपकी सूचना के लुक को बदलता है। ये सभी ऑप्शन टूलबार के view ऑप्शन में भी हैं।

जंक ई-मेल को व्यवस्थित करना

1. Organize पेन की junk ई-मेल टैब पर, दिये गये नियमों को स्वीकार करें या जंक मैसेजों के लिए जो नियम आप बनाना चाहते हैं वह दिये गये arrow पर क्लिक करके बनायें।

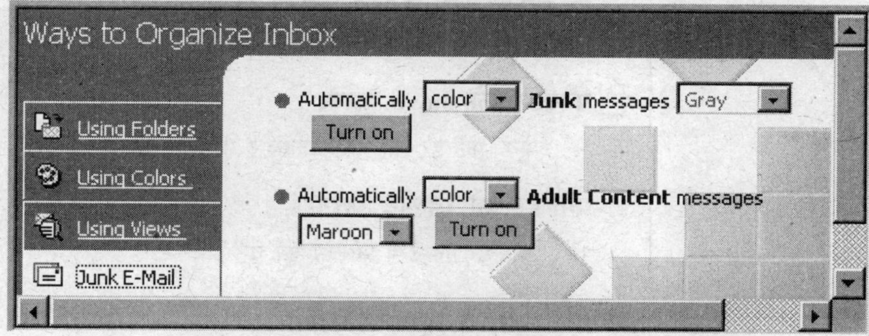

2. नियमों को लागू करने के लिए turn on बटन पर क्लिक करें।

मैसेज को फोल्डर में भेजना

जब तुम कोई मैसेज प्राप्त करते हो और उसे तुम रखना चाहते हो तो यह अच्छी आदत होगी कि तुम उसे फोल्डर में फाइल कर दो। फोल्डर को वही नाम देना चाहिए जिससे बाद में उसे खोजने में सहायता मिल सके।

मैसेज को फोल्डर में डालने के लिए–

1. मेल बॉक्स में से मैसेज को चुनकर या खोलकर move to folder बटन पर क्लिक करें।

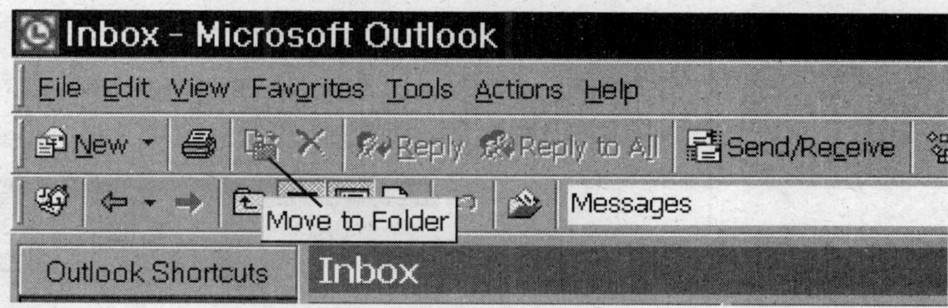

2. मेन्यू में से move to folder को चुनें और move items डॉयलोग बॉक्स में से फोल्डर को चुन कर OK पर क्लिक करें।
3. तुम बहुत से मैसेजों को एक साथ चुनकर भी move कर सकते हो। मैसेजों की रेन्ज को चुनने के लिए, पहले मैसेज को क्लिक करें, फिर shift key को दबाकर रेंज के आखिरी मैसेज को चुनें।
   बहुत से मैसेज जो एक साथ नहीं हैं उन्हें चुनने के लिए, ctrl key को दबा कर रखें और एक मैसेज को क्लिक करते जायें।
4. एक ही समय में मैसेज को move करने के लिए और नियम को स्थापित करने के लिए स्टैण्डर्ड टूल बार पर से organize को क्लिक करो।

5. तुम एक या एक से ज्यादा मैसेज को drag (उठाकर) करके भी फोल्डर लिस्ट में डाल सकते हो।

फोल्डर को move करना या डिलीट करना

तुम फोल्डर लिस्ट में किसी फोल्डर को move भी कर सकते हो और फोल्डर व उसके मैटर को डिलीट भी कर सकते हो।

फोल्डर को move करना

1. एक फोल्डर को दूसरे फोल्डर में drag करो।

फोल्डर को डिलीट करना

1. फोल्डर लिस्ट में फोल्डर को चुनें और स्टैण्डर्ड टूल बार से डिलीट बटन को क्लिक करो।
   या
   चुन कर ctrl + D दबायें।
   या
   एडिट मेन्यू से, डिलीट को चुनें।
2. खत्म करने के लिए Yes पर क्लिक और नहीं करना है तो No पर क्लिक करें जब आउटलुक आपसे पूछेगा तब।
3. डिलीट किया हुआ फोल्डर deleted items फोल्डर में चला जायेगा।
4. किसी भी समय आप deleted items के फोल्डर को खोल कर, उसमें रखे हुए फोल्डर व फाइल को हमेशा के लिए डिलीट कर सकते हैं या empty पर क्लिक करके deleted items फोल्डर को खाली कर सकते हैं।

मैसेज के लिए नियम बनाना

आने वाले और जाने वाले मैसेज के लिए नियम भी निश्चित किये जा सकते हैं।

1. आउटलुक विंडो में advanced टूल बार पर rules wizard पर क्लिक करें।

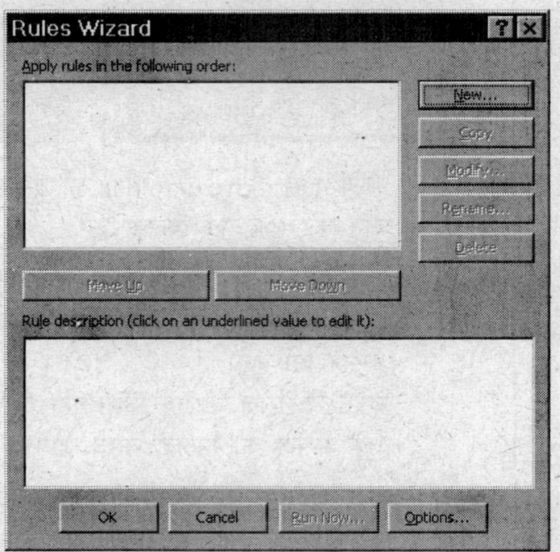

या

Tools मेन्यू से rules wizard पर क्लिक करें।

या

Organize पेन पर से भी rules wizard को क्लिक कर सकते हैं।

2. Rules wizard के पहले पेज पर New बटन क्लिक करें।
3. जिस प्रकार का नियम (rule) आप बनाना चाहते हैं वह टाइप करें। Next पर क्लिक करें।
4. अगले पेजों पर दिखाई जाने वाली rules wizard की विभिन्न स्क्रीनों पर से दिये गये ऑप्शनों को चुन कर क्लिक करते रहें।

नियम के लिए एक्शन बनाना

1. Rules wizard डॉयलोग बॉक्स में जो action लेना है वह चुनें, यदि आपकी conditions मिलती है तब।
2. नियत स्थान (destination) वाले फोल्डर को चुनें और OK पर क्लिक करें।
3. यदि आवश्यक हो तो कोई अपवाद भी जोड़ें, Next पर क्लिक करें।
4. नियम के लिए कोई नाम बतायें और finish पर क्लिक करें।
5. Rules wizard के पहले पेज को खोलकर, rule को दिये गये नाम पर डबल क्लिक करके, कभी-भी कुछ भी बदलाव कर सकते हैं।

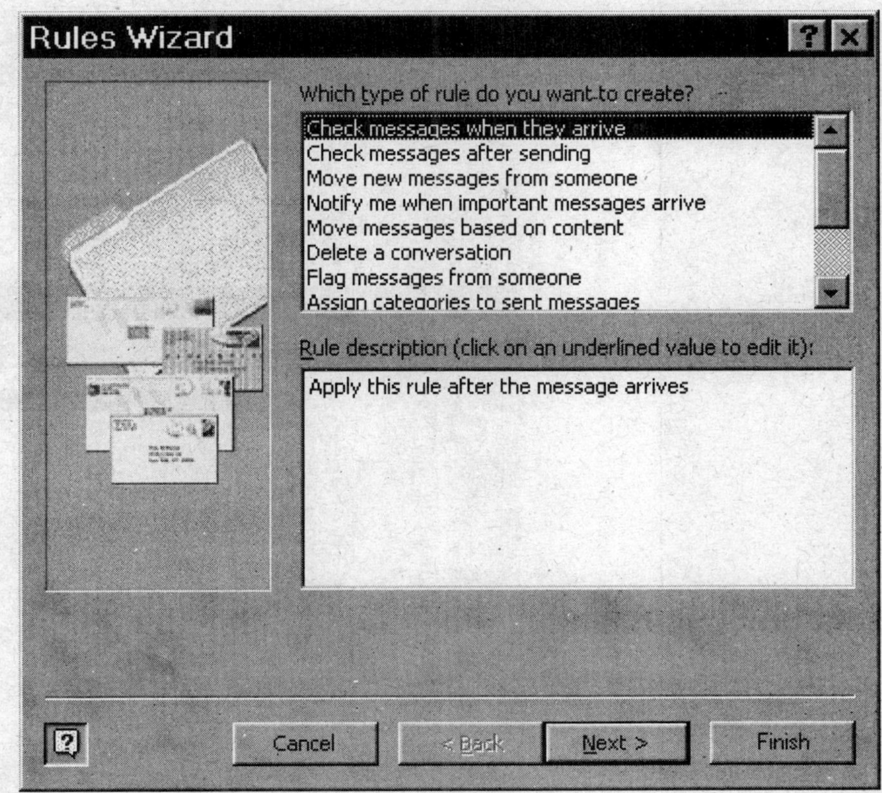

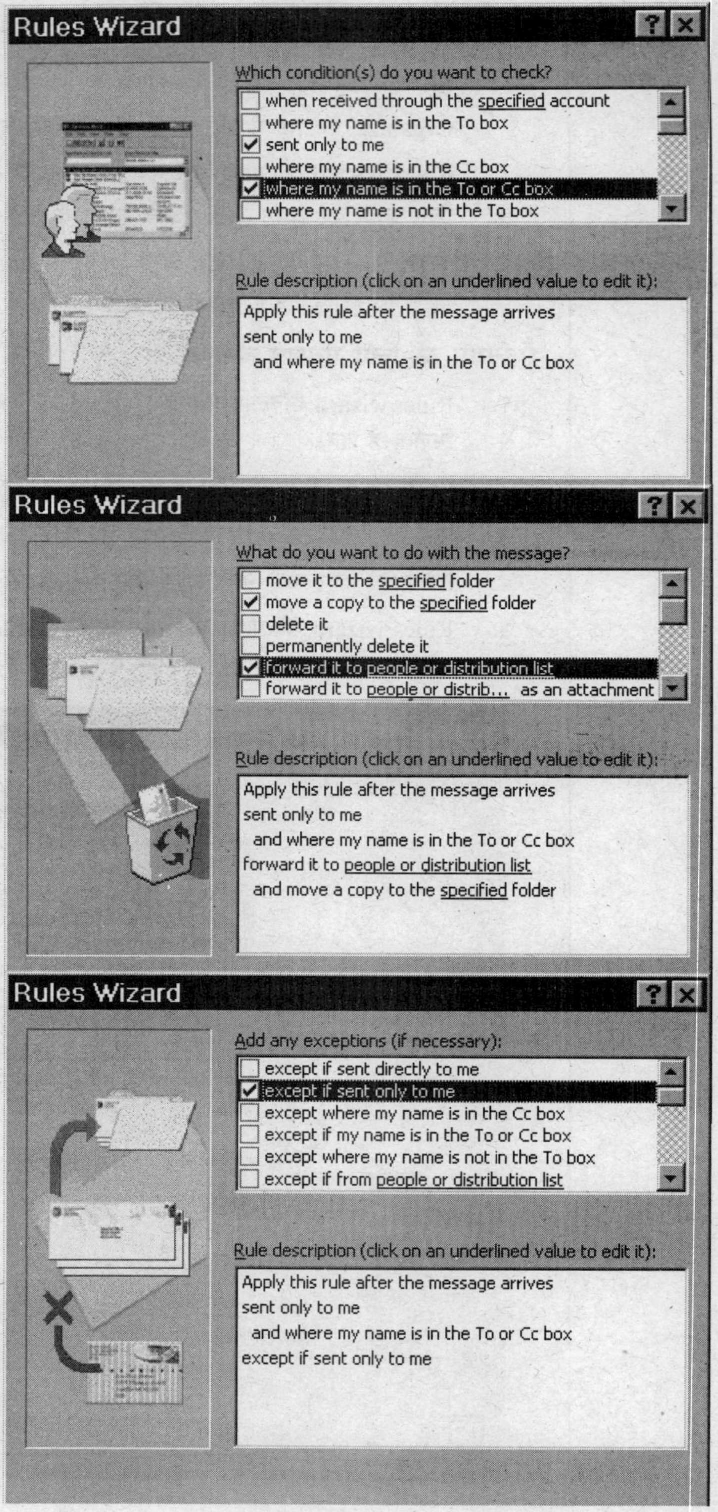
Rules Wizard
Which condition(s) do you want to check?
when received through the specified account
where my name is in the To box
sent only to me
where my name is in the Cc box
where my name is in the To or Cc box
where my name is not in the To box
Rule description (click on an underlined value to edit it):
Apply this rule after the message arrives
sent only to me
and where my name is in the To or Cc box
Rules Wizard
What do you want to do with the message?
move it to the specified folder
move a copy to the specified folder
delete it
permanently delete it
forward it to people or distribution list
forward it to people or distrib... as an attachment
Rule description (click on an underlined value to edit it):
Apply this rule after the message arrives
sent only to me
and where my name is in the To or Cc box
forward it to people or distribution list
and move a copy to the specified folder
Rules Wizard
Add any exceptions (if necessary):
except if sent directly to me
except if sent only to me
except where my name is in the Cc box
except if my name is in the To or Cc box
except where my name is not in the To box
except if from people or distribution list
Rule description (click on an underlined value to edit it):
Apply this rule after the message arrives
sent only to me
and where my name is in the To or Cc box
except if sent only to me

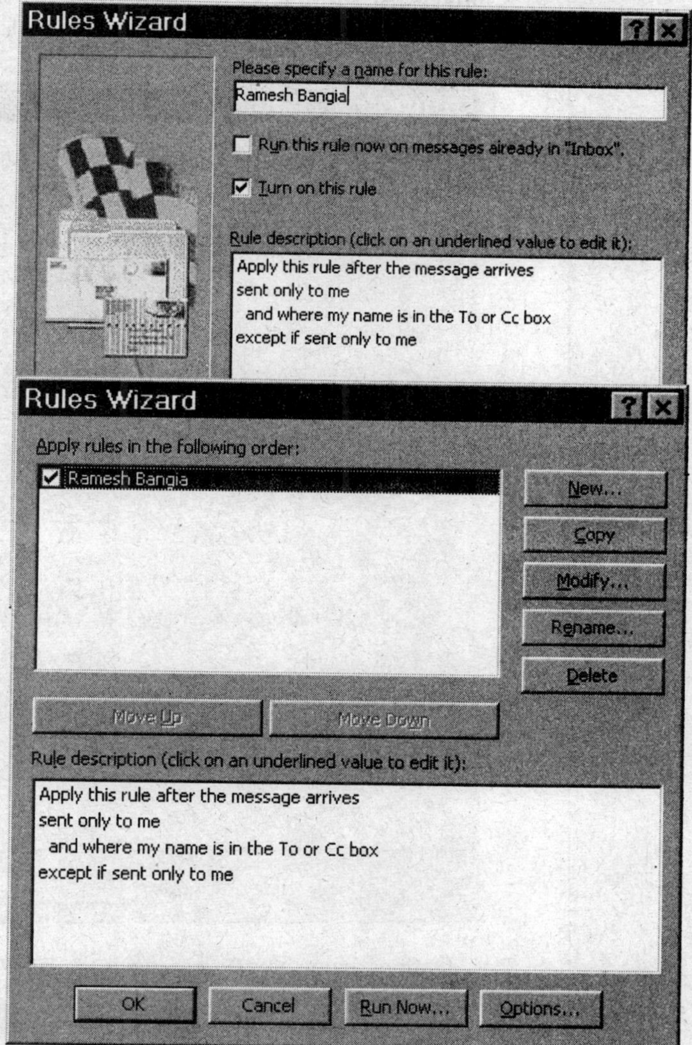

सम्पर्कों का प्रयोग करना (Using Contacts)

Contact फोल्डर तुम्हारी ई-मेल address बुक है और उन लोगों और व्यवसायों के लिए सूचनाओं को भण्डार है जिनसे तुम कम्यूनीकेट (संवाद) करना चाहते हो। Contact फोल्डर को ई-मेल के पते संग्रह करने के लिए, स्ट्रीट एड्रेस, फोन-नम्बरों और अन्य दूसरी सूचनाऐं जैसे जन्मदिन, शादी की सालगिरह की तारीख आदि को संग्रह करने के लिए प्रयोग करें। अपने कार्यों की गतिविधियों की सहायता के लिए contact के साथ अपने किसी डॉक्यूमेंट को या आउटलुक के किसी भी मैटर को जोड़ सकते हो।

यदि तुम कोई नाम व पता contact के लिए डालना चाहते हो तो आउटलुक नाम व पते को विभिन्न भागों में बाँट देता है और हर भाग को एक अलग फील्ड में लेता है। तुम नाम के किसी भाग से या पते के किसी भी भाग से contact को किसी भी क्रम में, ग्रुप में या फिल्डर भी कर सकते हो।

Contacts के ऑप्शन

1. Tools मेन्यू से options को चुनें।

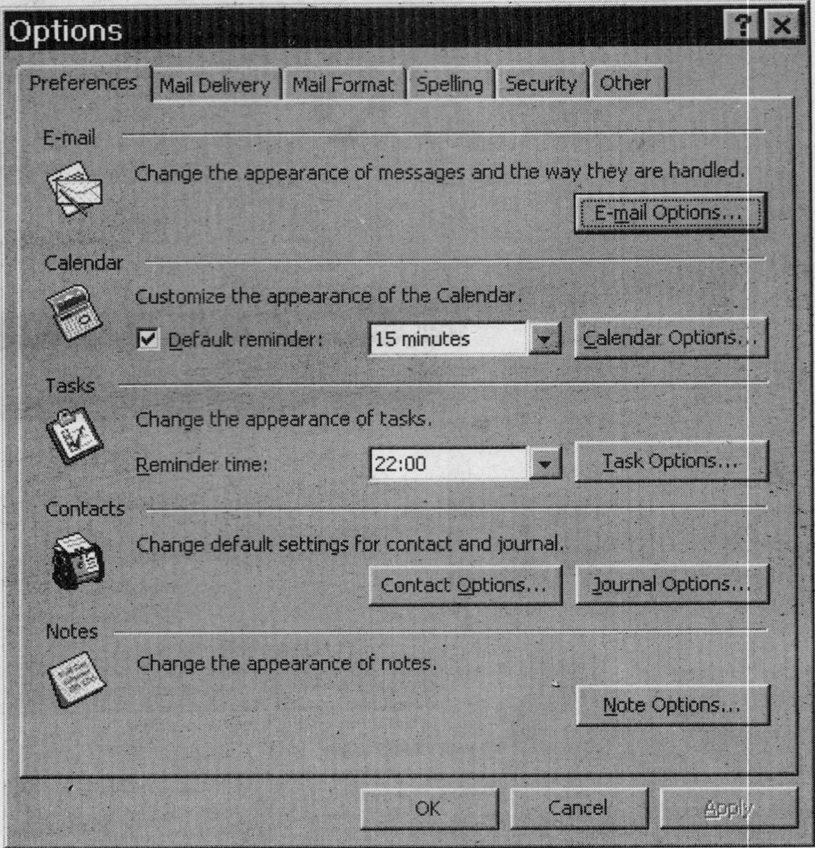

2. Options dialog box के preference tab पर से contact options पर क्लिक करें।

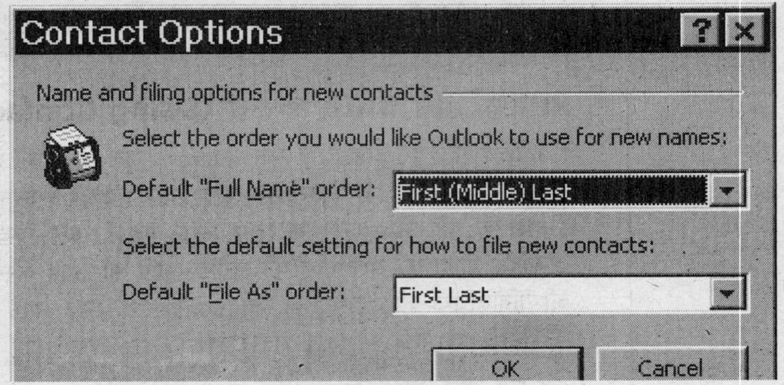

3. Contact option डॉयलोग बॉक्स में नाम को नीचे दी हुई सूची में नाम भरने का क्रम चुनें।
4. OK पर क्लिक करके options डॉयलोग बॉक्स पर आ जाये।
5. जब कार्य समाप्त हो जाये तब OK पर क्लिक करें।

Contact को भरना (Adding Contact)

हर सम्पर्क को सारी जानकारी भरकर contact लिस्ट बनाई जा सकती है।

1. स्टैण्डर्ड टूल बार पर से new बटन पर क्लिक करें।
   या
   Ctrl + N दबायें।
   या
   File मेन्यू से new को चुनें और दी हुई लिस्ट में से contact को चुनें।
2. खाली contact के डॉयलोग बॉक्स में, कॉन्टेक्ट के लिए जितने फील्ड्स भरने हो उतने भरें।
3. जब सूचना भर जाये तब save and close बटन पर क्लिक करें।

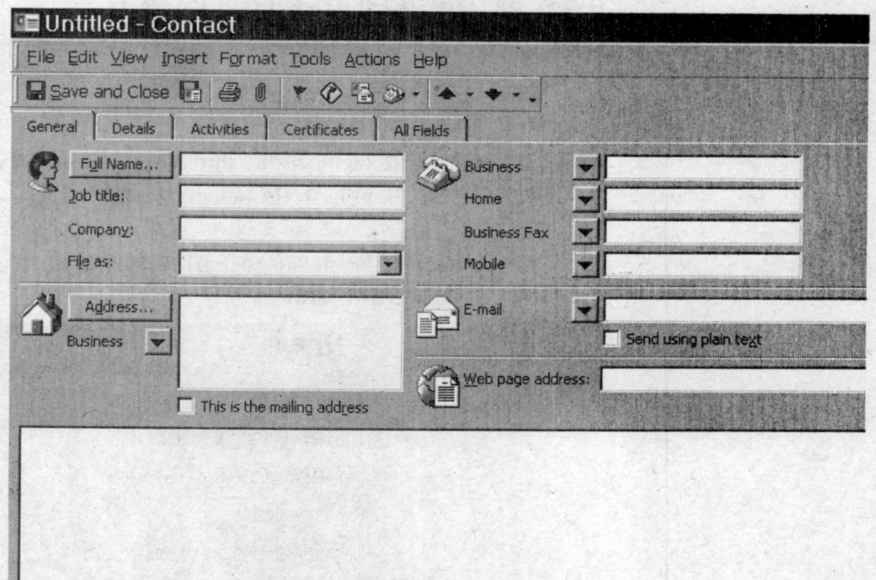

4. File as बॉक्स में वही सूचना होगी जो आपने पहले contact option में set किया था।
5. आप हर सम्पर्क के लिए तीन पते भर सकते हैं।
6. कॉन्टेक्ट लिस्ट में से कॉन्टेक्ट पर डबल क्लिक करके किसी भी समय बदलाव किया जा सकता है।

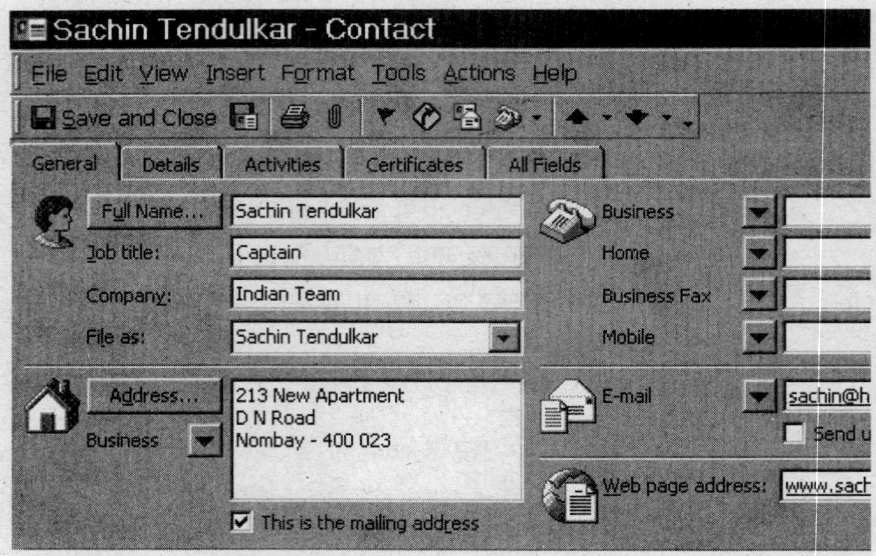

सम्पर्क को खत्म करना (Deleting a Contact)

अपनी contact लिस्ट को ताजातरीन बनाये रखने के लिए पुरानी प्रविष्टि खत्म भी होनी चाहिए।

1. डिलीट करने के लिए contact पर क्लिक करें।

   या

   पहले contact पर क्लिक करके, shift दबायें और अन्तिम contact पर क्लिक करें, जो कि एक लाइन में होंगे, वे सब select हो जायेंगे।

   या

   पहले contact पर क्लिक करें और ctrl दबायें और जो भी contact डिलीट करने हैं उन सभी पर क्लिक करते जायें।

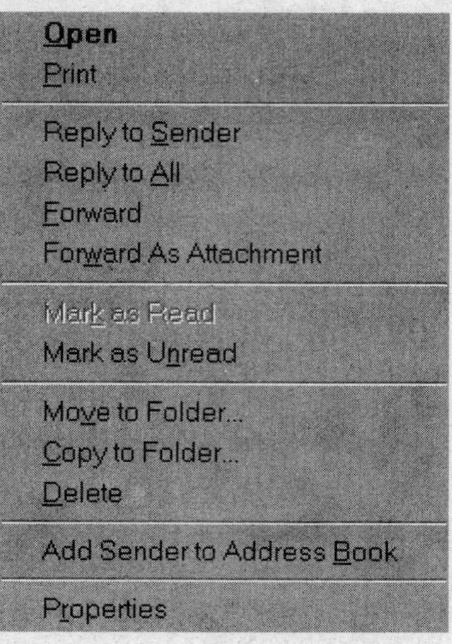

2. स्टैण्डर्ड टूल बार पर से डिलीट बटन को क्लिक करें।
   या
   Ctrl + D दबायें।
   या
   Edit मेन्यू से डिलीट को चुनें।
3. चुने हुए contacts, deleted items फोल्डर में चले जायेंगे।
4. यदि कोई गलती से डिलीट हो गया हो, तो deleted items फोल्डर से drag करके उसे वापिस contacts में डाला जा सकता है।
5. जब आप आउटलुक से बाहर आयेंगे, तो deleted items फोल्डर अपने आप खाली हो जायेगा।

ई-मेल मैसेज से सम्पर्क (Contact) डालना

ई-मेल के बीच में से भी किसी contact को आसानी से व तेजी से डाला जा सकता है। तुम उसकी शेष जानकारी, जब भी तुम चाहो तब डाल सकते हो।

1. मैसेज को खोलकर, From, To या Cc में से, जिस नाम को भी contact list में डालना हो, उस पर दांया किल्क करें और जोड़ (add) कर दें।
2. Shortcut मेन्यू से add to contacts को चुन सकते हो।
3. New contact डॉयलोग बॉक्स में नाम और ई-मेल का पता तो पहले से ही होगा, शेष जानकारी अभी और बाद में भर सकते हो।
4. Save and close बटन पर क्लिक करें।

Tasks (कार्य) and Meetings

एक टास्क (कार्य) व्यक्तिगत भी हो सकता है और व्यवसाय से जुड़ा हुआ भी हो सकता है। एक टास्क को एक बार भी किया जा सकता है और बार-बार भी कर सकते हैं। बार-बार करने वाला टास्क नियमित अन्तराल पर भी हो सकता है और पूरा करने के लिए एक तारीख भी निश्चित की जा सकती है। उदाहरणं के तौर पर तुम अपने मैनेजर को स्टेटस रिपोर्ट (status report) भेजना चाहते हो और वह भी हर महीने के अन्तिम शुक्रवार को। उसके लिए याद दिलाने वाला समय या तारीख (reminder time or date) set किया जा सकता है।

अपने द्वारा किये जाने वाले कार्यों और शेड्यूल का वर्णन tasks and meeting ऑप्शन में दिया जा सकता है। तुम आउटलुक बार या फोल्डर सूची से tasks या कैलेन्डर को क्लिक कर सकते हैं।

टॉस्क ऑप्शन को निर्धारित समय देने के लिए

1. Tools मेन्यू से options पर क्लिक करें।
2. डॉयलोग बॉक्स के preference टैब पर reminder time ऑप्शन में जाकर नीचे गिरी हुई लिस्ट में से समय को बदल सकते हो।
3. टॉस्क की रंगो की कोडिंग बदलने के लिए task options पर क्लिक करें।
4. टॉस्क ऑप्शन डॉयलोग बॉक्स में पूरे किये हुए कार्यों व पूरे किये जाने वाले कार्यों के लिए अलग-अलग रंग चुन सकते हैं।

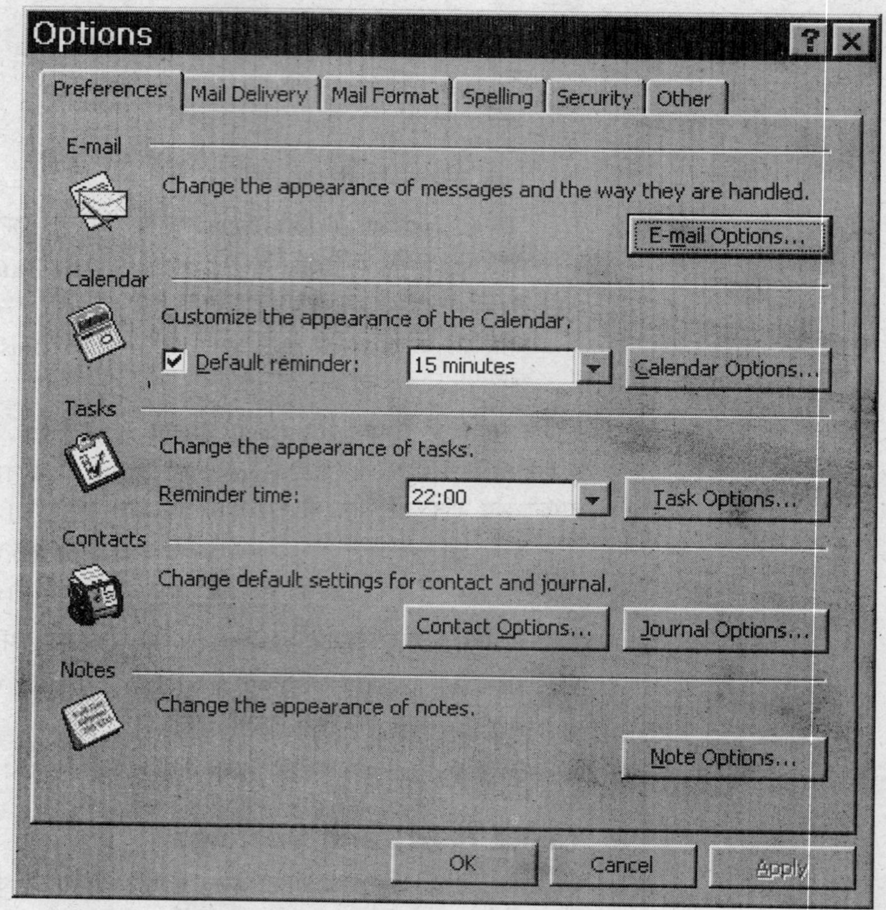

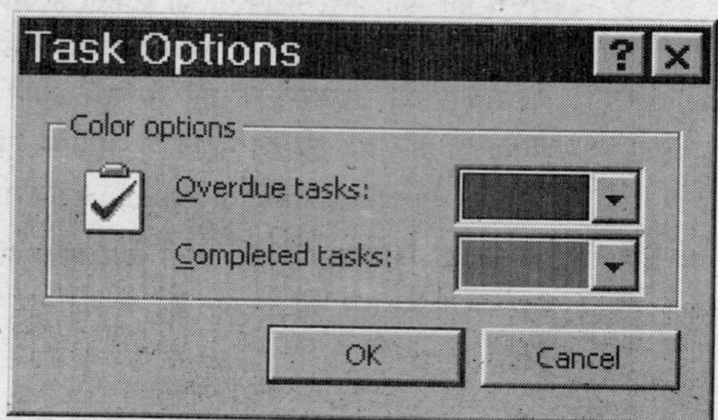

5. ऑप्शन डॉयलोग बॉक्स पर वापिस आने के लिए OK पर क्लिक करें।
6. ऑप्शनों की setting खत्म करने के बाद OK पर क्लिक करें।

टॉस्क निर्धारित करने के लिए

आउटलुक की टॉस्क (कार्यों) की लिस्ट में, अपना टॉस्क जोड़ने के लिए प्रविष्टि भरें।

1. टॉस्क विंडो में लिस्ट की सबसे ऊपरी लाइन पर क्लिक करें।
   या
   स्टैण्डर्ड टूल बार पर से new बटन पर क्लिक करें।
   या
   Ctrl + N दबायें।
2. टॉस्क के खाली डॉयलोग बॉक्स में, जितने टॉस्क की आपको आवश्यकता हो उतने फील्ड भरें।
3. जब सूचना (information) भर जाये तब save and close बटन पर क्लिक करें।

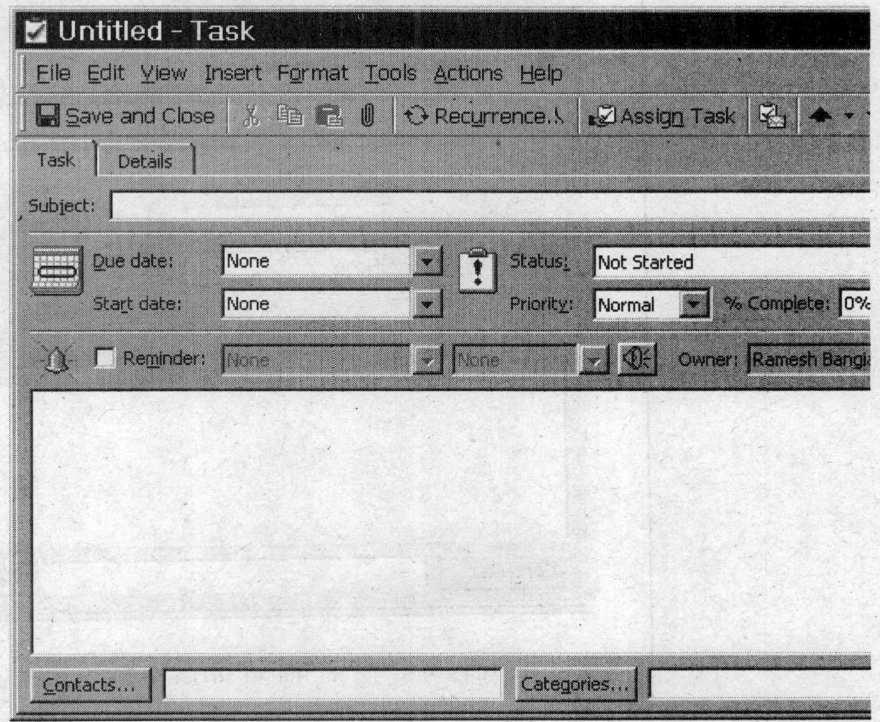

4. यदि यह टॉस्क बार-बार कार्यान्वित होना है तो recurrence बटन पर क्लिक करें और task recurrence डॉयलोग बॉक्स में इसका पैटर्न चुनें।
5. टॉस्क को जल्दी से add करने के लिए, 'नयी टॉस्क लाइन भरने के लिए यहाँ क्लिक करें' में टॉस्क को टाइप करो और एक निश्चित तारीख देने के लिए कैलेण्डर का प्रयोग करें।
6. किसी भी rule-down मेन्यू से टॉस्क को चुन कर, किसी भी विंडो में टॉस्क को add कर सकते हो।

टॉस्क को निर्दिष्ट करना (Assigning a Task)

तुम टॉस्क बना भी सकते हो और किसी दूसरे के लिए निर्दिष्ट (assign) भी कर सकते हो।

1. Action मेन्यू से new task request को चुनें।
   या
   फाइल मेन्यू से new चुनें और फिर task request को चुनें।
2. टॉस्क डॉयलोग बॉक्स में अब निर्देशात्मक (assignment) बॉक्स जुड़ जायेगा।
3. टॉस्क डॉयलोग बॉक्स में, जितने फील्ड की जरूरत हो उतने भरें।

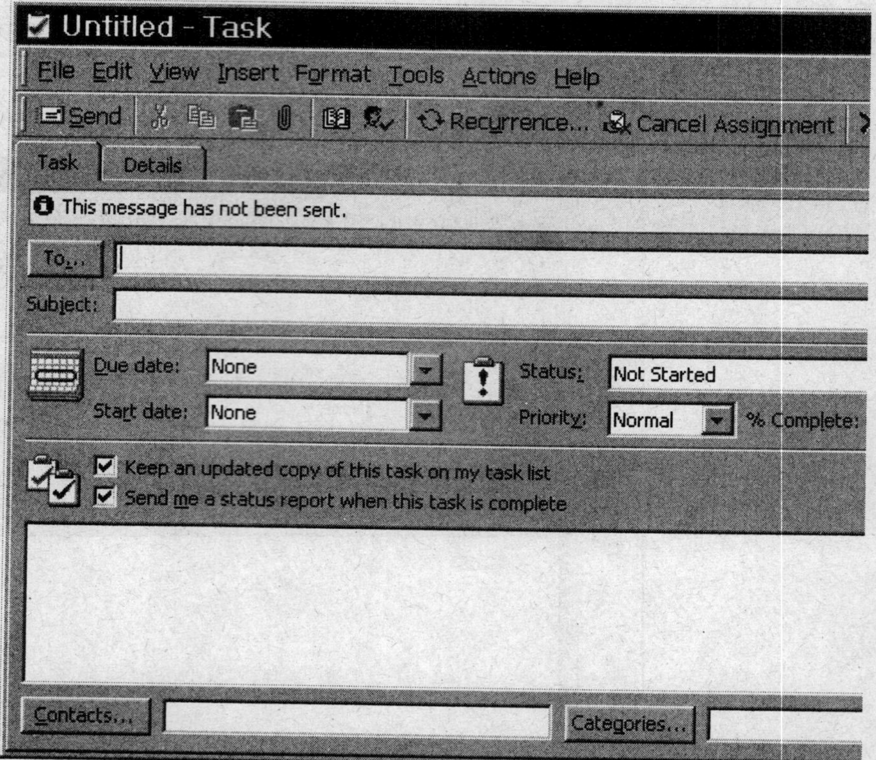

4. To बॉक्स में ई-मेल का पता भरें या To पर क्लिक करके address book से नाम चुनें।
5. जब सारी इन्फॉरमेशन भर जाये तब send बटन पर क्लिक करें।
6. प्रार्थना (request) आपके आउटबॉक्स को भेज दी जायेगी।
7. व्यवसाय की रिपोर्ट को प्रगति के लिए, जिसके लिए तुमने टॉस्क assign (निर्दिष्ट) किया है, उस व्यक्ति की लिस्ट में टॉस्क assignment दिखाई देगा।
8. टॉस्क को खोलकर, assign task पर क्लिक करके, टॉस्क को टॉस्क प्रार्थना (request) में बदला जा सकता है।

कार्यों (Tasks) को देखना

टॉस्क लिस्ट आउटलुक बार पर फोल्डर लिस्ट में उपलब्ध है।

लिस्ट देखने के लिए

1. आउटलुक बार पर tasks को क्लिक करो।
   या
   फोल्डर लिस्ट में टॉस्क फोल्डर पर क्लिक करो।

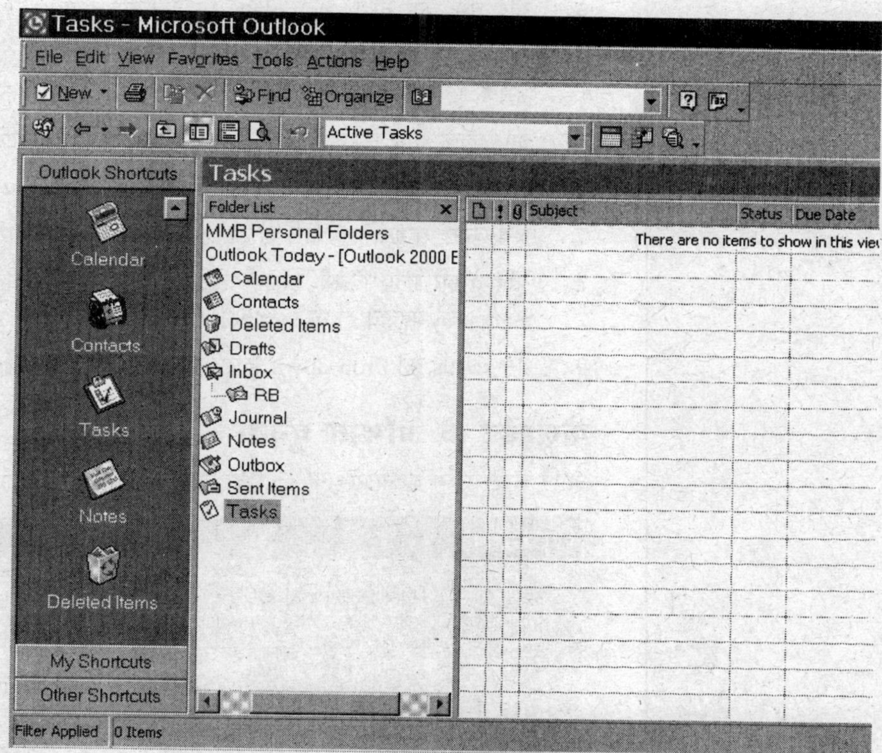

2. टॉस्क लिस्ट में उन सभी कार्यों की लिस्ट होगी जो आपने निर्दिष्ट किये है। टॉस्क से वहले बने प्रतीक चिन्ह से यह पता चलेगा कि वह किस प्रकार का टॉस्क है।

टॉस्क का वर्णन देखने के लिए

1. टॉस्क लिस्ट में से किसी भी टॉस्क पर डबल क्लिक करो।
   या
   चुन करके Ctrl + O दबायें।
   या
   Select करके, फाइल मेन्यू से, open चुनकर, selected items पर क्लिक करें।
2. कैलेण्डर विंडो में या आउटलुक टुडे में टॉस्क पर डबल क्लिक करके भी, पूरे वर्णन (detail) को देखा जा सकता है।

टॉस्क की अवस्था (Status) को बदलने के लिए

सभी टॉस्क not started अवस्था से शुरू होते हैं। आप टॉस्क की अवस्था (status) को अपडेट कर सकते हो जब तक कि आप completed पर ना पहुँच जाओ।

1. टॉस्क की वर्णित अवस्था (detail) को देखने के लिए डबल क्लिक करें।
2. टॉस्क डॉयलोग बॉक्स में अवस्था को बदलने के लिए नीचे दी हुई (pull-down) सूची का प्रयोग करें।
3. यदि तुम चाहे तो % complete भी चुन सकते हो।
4. यदि तुम टॉस्क की प्रगति के बारे में जानना चाहते हो तो, पूरी सूचना के साथ ई-मेल मैसेज भेज कर, send status report button पर क्लिक करो।
5. आउटलुक एक मैसेज देता है जिसमें टॉस्क का सारा वर्णन होता है।
6. Address और कमेन्ट्स डालो और मैसेज को भेज दो।
7. जब कार्य समाप्त हो जाये तो save and close बटन पर क्लिक करें।
8. यदि तुम्हारे लिए किसी अन्य व्यक्ति के द्वारा टॉस्क assign किया गया है, तो जब तुम status को बदलते हो तो, outlook उस व्यक्ति को स्वत: ही status report भेजता है।
9. तुम status की drop-down लिस्ट का प्रयोग करके status को तेजी से बदल सकते हो।

कैलेण्डर के ऑप्शन चुनना

अपने कैलेण्डर में घटनाओं (events) के लिए समय और रंग दोनों हील निर्धारित कर सकते हो।

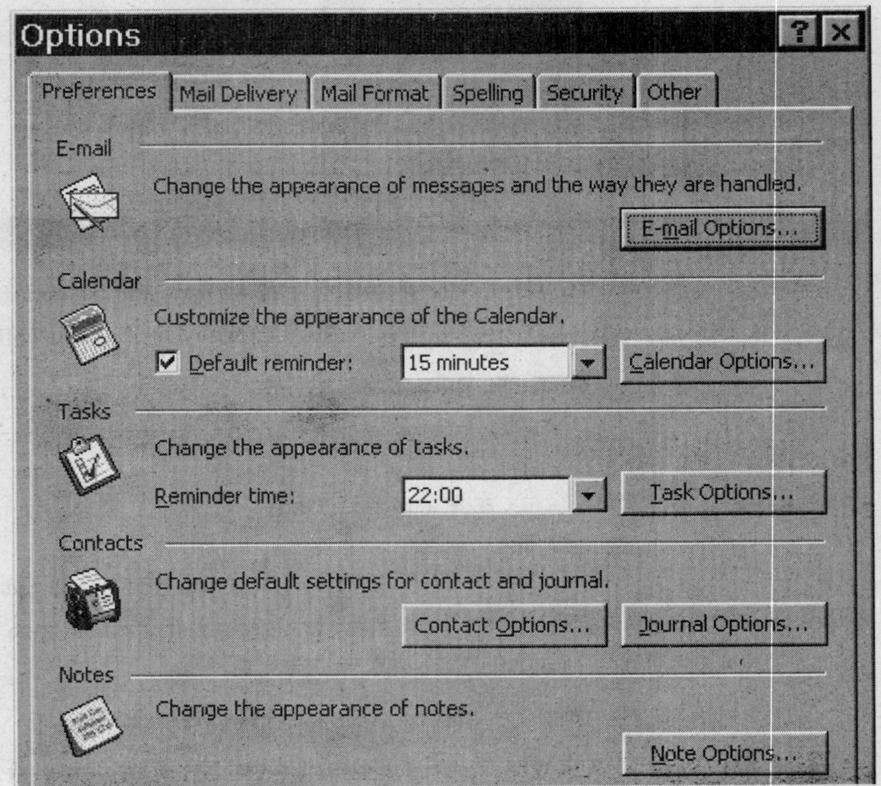

1. Tools मेन्यू से option को चुनें।
2. ऑप्शन डॉयलोग बॉक्स की prevences टैब पर, कैलेण्डर में events को मार्क करने के लिए default समय भी निर्धारित कर सकते हैं।
3. कैलेण्डर ऑप्शन बटन पर क्लिक करें।
4. डॉयलोग बॉक्स में काम करने वाले दिनों को set करें।
5. फील्ड्स को निर्धारित करने के लिए time zone, add holidays और resource scheduling बटनों पर क्लिक करें व OK पर क्लिक करें।
6. यदि चाहे तो free/busy ऑप्शन पर भी क्लिक करें। इससे अन्य लोग यह जान पायेंगे कि आप मीटिंग के लिए उपलब्ध है या नहीं। OK पर क्लिक करें।
7. ऑप्शन डॉयलोग बॉक्स पर वापिस आने के लिए OK पर क्लिक करें।
8. यदि setting ऑप्शन खत्म हो जाये तो OK पर क्लिक करें।
9. यदि तुम्हारे नेटवर्क सर्वर पर फ्रंट-पेज सर्वर भी इन्सटॉल है, तब आप free/busy की सूचना को सहयोगी इंट्रानेट (intranet) पर पहुँचा सकते हैं। Free/busy डॉयलोग बॉक्स में URL (पता) भरें और माइक्रोसॉफ्ट वेब पब्लिशिंग विजार्ड को प्रयोग करने के लिए OK करें।

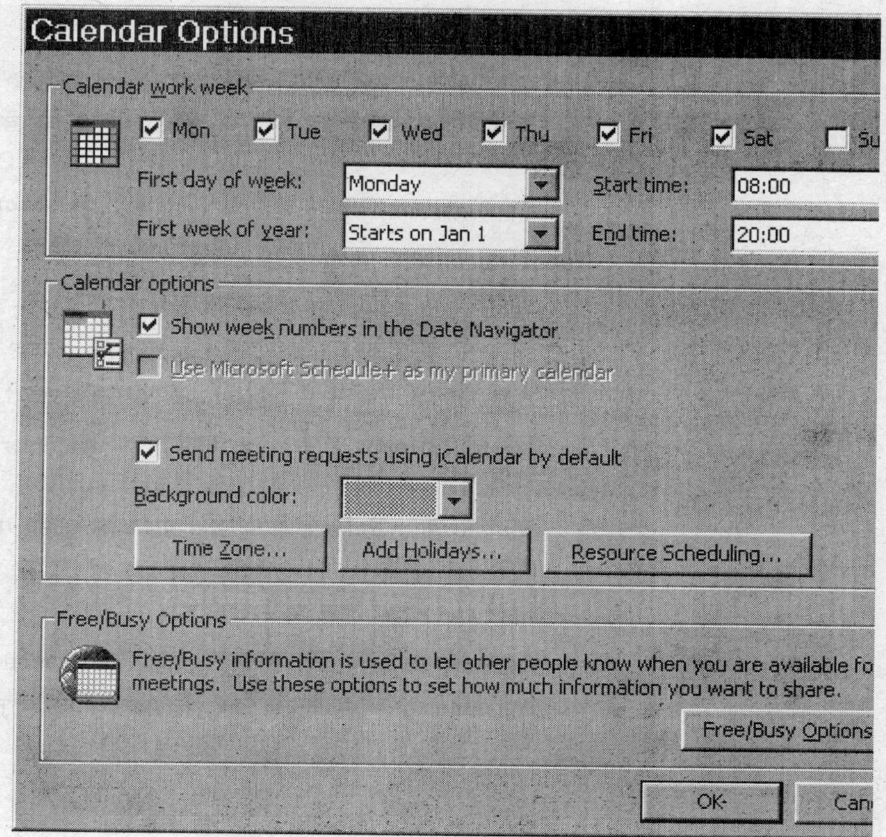

कैलेण्डर को देखना

आउटलुक बार ओर फोल्डर लिस्ट से भी कैलेण्डर को देखा जा सकता है।

1. आउटलुक बार से कैलेण्डर को क्लिक करें।
   या
   फोल्डर लिस्ट से कैलेण्डर फोल्डर पर क्लिक करें।
2. कैलेण्डर सामने दिखाई देगा।

दिनो के नम्बर बदलना

1. स्टैण्डर्ड टूल बार पर से दिन (day), हफ्ता (week) या महीना (month) बटन पर क्लिक करें।
   या
   View मेन्यू से day, work week, week या month को चुनें।

कैलेण्डर को जोड़ना (Adding the Calender)

किसी भी काम को कैलेण्डर से जोड़ने का आसान तरीका यही है कि बस दिन (day) और घण्टा (hour) चुनो और प्रविष्टि भरो। तुम नियुक्ति के समय (appointment) का डॉयलोग बॉक्स भी प्रयोग कर सकते हैं।

Appointment भरना

1. कैलेण्डर में दिन और समय चुनें।
2. टेक्स्ट बॉक्स दिखाई देता है उसमें appointment का छोटा-सा वर्णन टाइप करो और enter दबाओ।
3. Appointment बॉक्स के बॉर्डर को drag करो और जो समय चाहते हो वहाँ पर छोड़ दें।

Appointment फॉर्म भरना

1. कैलेण्डर पर जाकर दिन और समय चुनें।
2. समय पर डबल क्लिक करें जिससे appointment शुरू हो जायेगा।
3. Appointment बॉक्स में subject भरें और, यदि जरूरी हो तो end time बदलें।
4. यदि तुम reminder प्राप्त करना चाहते हो तो, reminder चेक बटन पर क्लिक करके, टाइम भरें।
5. समय भरें या pull-down लिस्ट में से बतायें कि मीटिंग से कितनी देन पहले reminder बजें।
6. Save and close बटन पर क्लिक करें।
7. Appointment को लिए, समय पर, आउटलुक reminder खोल देगा या बजा देगा।
8. Appointment को बदलने के लिए, कैलेण्डर विंडो में प्रविष्टि पर डबल क्लिक करें।

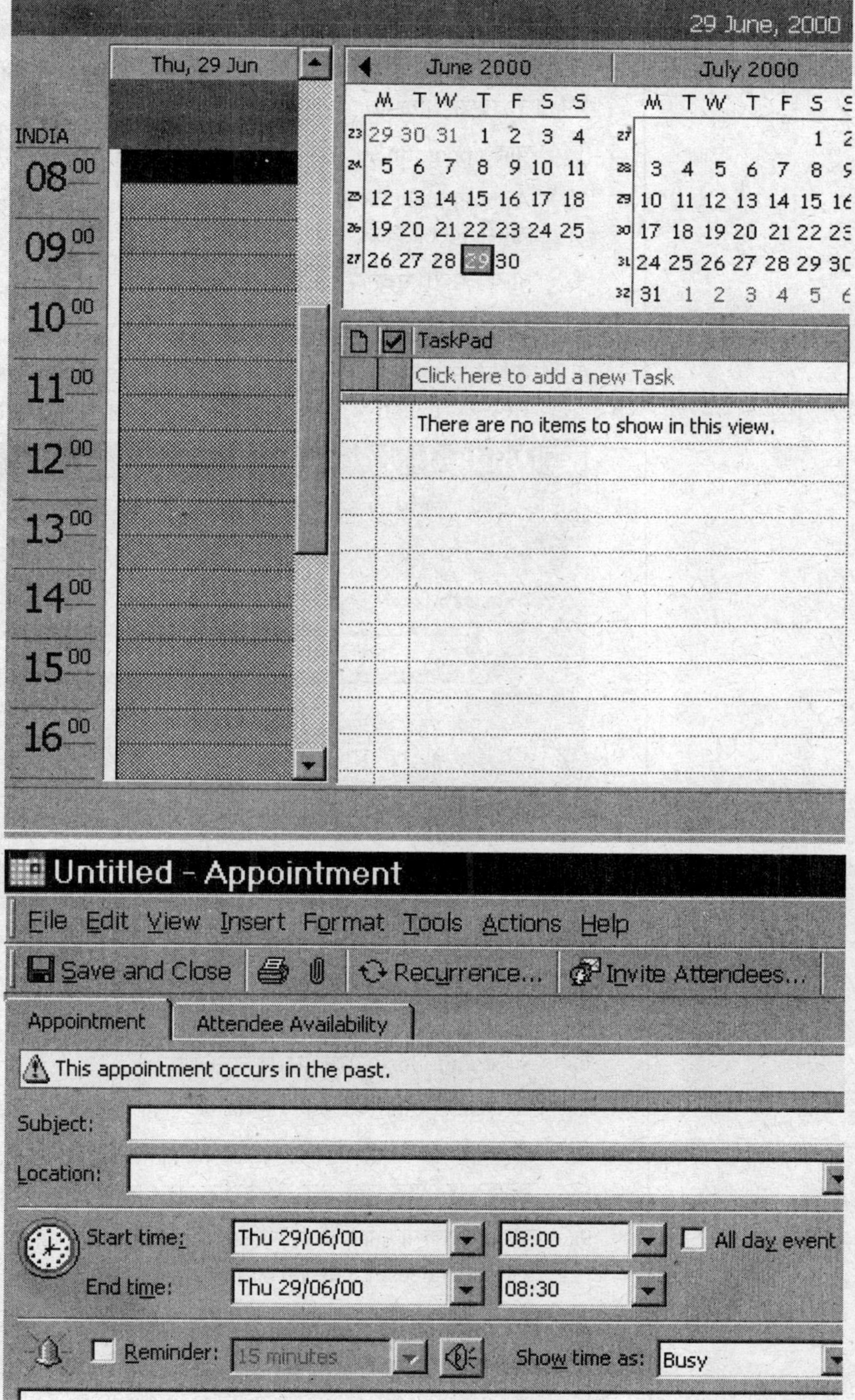
29 June, 2000
Thu, 29 Jun
INDIA
08 00
09 00
10 00
11 00
12 00
13 00
14 00
15 00
16 00
June 2000
July 2000
TaskPad
Click here to add a new Task
There are no items to show in this view.
Untitled - Appointment
File Edit View Insert Format Tools Actions Help
Save and Close
Recurrence...
Invite Attendees...
Appointment
Attendee Availability
This appointment occurs in the past.
Subject:
Location:
Start time:
Thu 29/06/00
08:00
All day event
End time:
Thu 29/06/00
08:30
Reminder:
15 minutes
Show time as:
Busy

सारे दिन की घटनाऐं डालना (Adding All-Day Events)

मीटिंग और मिलने के समय के शेड्यूल से तुम्हें फ्री रखने के लिए, all-day event एक बैनर की तरह दिखाई देता है।

1. यदि appointment पहले से खुला नहीं है तो, कैलेण्डर में डबल क्लिक करें।
2. Appointment डॉयलोग बॉक्स के appointment टैब पर all-day event बटन का चेक बॉक्स क्लिक करें।
3. अन्य जरूरी सूचनाऐं (information) भरें।
4. घटना के लिए दिन के नम्बर चुनें।
5. तुम किस प्रकार का event समय दिखाना चाहते हो वह चुनें। जैसे–खाली (free), प्रयोग सम्बन्धी (tentative), व्यस्त (busy), ऑफिस से बाहर (out of office)।

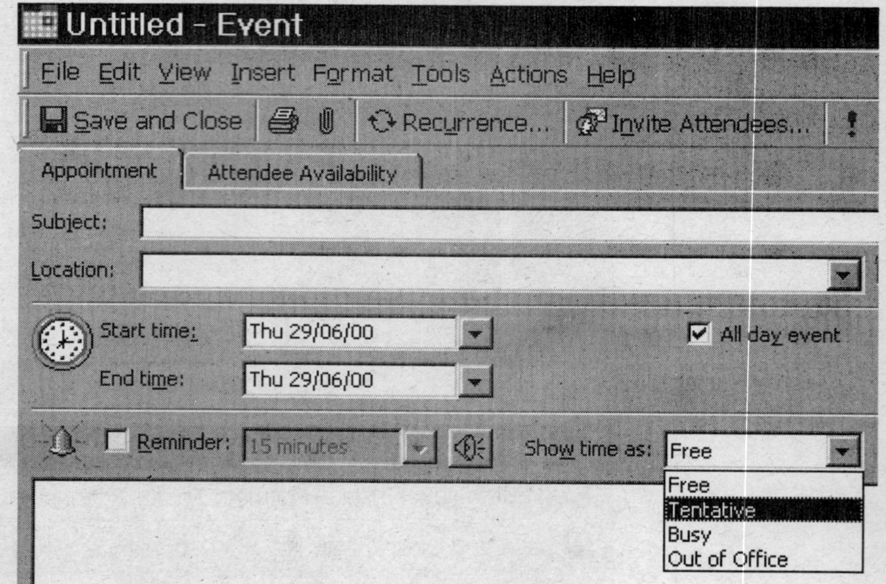

6. Save and close बटन पर क्लिक करें।
7. कैलेण्डर में सारे दिन की घटनाओं के लिए आउटलुक एक बैनर दिखाता है।
8. कैलेण्डर को किसी प्रविष्टि या टॉस्क को डिलीट करने के लिए, प्रविष्टि या टॉस्क को चुनकर, स्टैण्डर्ड टूल बार से डिलीट बटन को क्लिक करो।
9. यदि तुम किसी आने वाली मीटिंग को डिलीट करते हो तो आउटलुक तुमसे पूछेगा कि दूसरे attendees (उपस्थित लोगों को) को सूचित करना है क्या।

बार-बार आने वाले (Recurring) Appointment

Recurring appointment प्रतिदिन होने वाली कोई मीटिंग हो सकती है या monthly रिपोर्ट को पूरा करने का तुम्हारा reminder भी हो सकता है या फिर साल भर में होने वाली घटना जैसे सालगिरह आदि भी हो सकती है।

1. यदि appointment पहले से खुला नहीं है तो इसे खोलने के लिए डबल क्लिक करें।
2. Appointment डॉयलोग बॉक्स के appointment टैब पर, स्टैण्डर्ड टूल बार से recurrence पर क्लिक करें।
3. नया डॉयलोग बॉक्स खुल जायेगा और इस appointment recurrence डॉयलोग बॉक्स में, किस तरह का recurrence पैटर्न है वह चुनें।

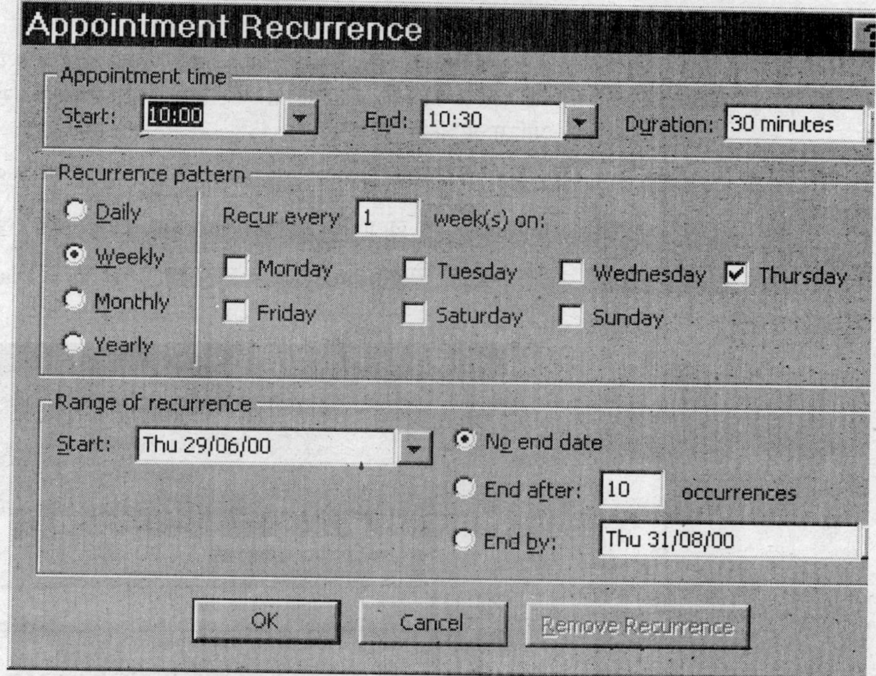

4. OK पर क्लिक करके appointment डॉयलोग बॉक्स पर वापिस आयें।
5. आवश्यकतानुसार सारा वर्णन भरें।
6. Save and close बटन पर क्लिक करें।
7. जब तुम कैलेण्डर को recurrence appointment पर डबल क्लिक करोगो तो आउटलुक आपसे पूछेगा कि किसी घटना को खोलना है या appointments की लाइन को खोलना है जो आपने निर्धारित किये हैं।

उपस्थित रहने वालों को (Attendees) मीटिंग के लिए निमंत्रण देना

तुम एक मीटिंग भी बना सकते हो जिसमें अन्य attendees आमंत्रित हो सकते हैं।

1. यदि appointment पहले से नहीं खुला है तो कैलेण्डर से डबल क्लिक करें।
2. डॉयलोग बॉक्स के appointment टैब पर, मीटिंग पर्टिकुलर्स भरें और दिशा (location) निश्चित करें।
3. स्टैण्डर्ड टूल बार पर से invite attendees बटन पर क्लिक करें।

4. To बॉक्स में निमंत्रित लोगों के ई-मेल पते भरें।
   या
   To बटन पर क्लिक करके address बुक से नाम चुन लें। एक से ज्यादा भी नाम चुन सकते हो।
5. Attendee की उपलब्धता को देखने के लिए, attendee availability बटन पर क्लिक करें।
6. यदि आपके पूरे ग्रुप ने free/busy की सूचना share कर रखी है तो attendee की उपलब्धता का पता चल जायेगा। कैलेण्डर में मीटिंग ब्लॉक से drag करके उपयुक्त समय मीटिंग के लिए खोज लें।
7. Send पर क्लिक करें।
8. Outlook उन लोगों को निमंत्रण भेज देगा, जिन्हें आपने चुना है।
9. यदि आपका निवेदन attendee ने अनुकूल समझा तो availability टैब उनके प्रत्युत्तर को दिखायेगा।

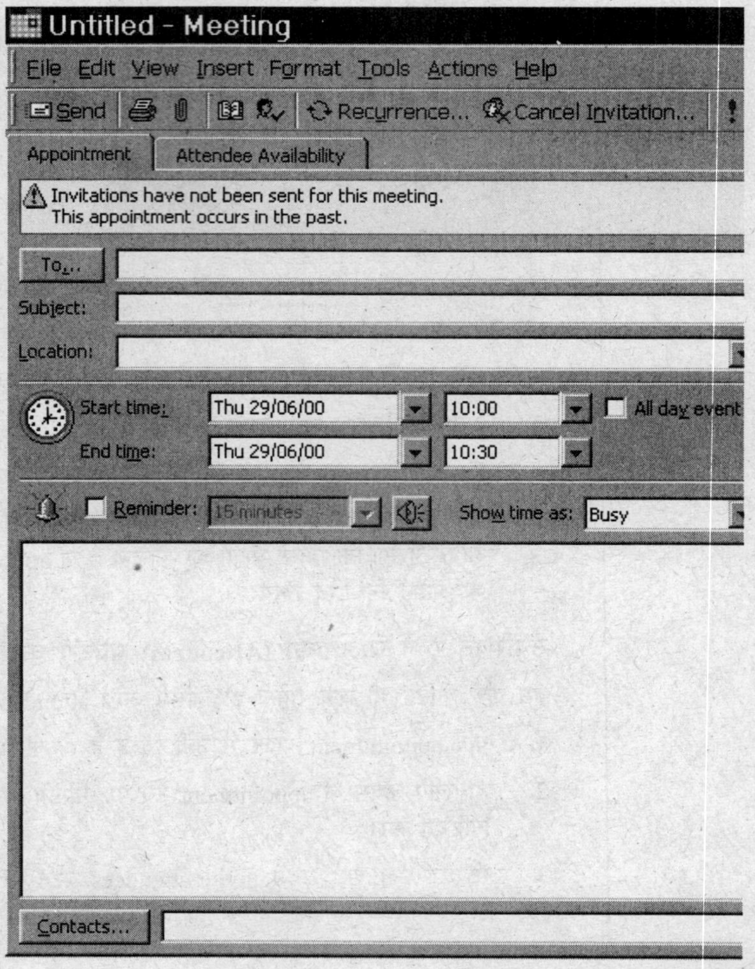

फाइल ट्रॉन्सफर प्रोटोकॉल
File Transfer Protocol (FTP)

FTP का परिचय

> FTP इंटरनेट सेवा के बहुत से लाभों में से मुख्य है और पूरे संसार भर में विस्तृत रूप से प्रयोग किया जाता है।

FTP फाइल ट्रॉन्सफर प्रोटोकॉल का छोटा रूप है। FTP एक इंटरनेट सेवा है जो एक कम्प्यूटर से दूसरे कम्प्यूटर पर फाइलों को भोजने में सहायता करता है। अन्य इंटरनेट सेवाओं की तरह ही FTP क्लाइंट/सर्वर का प्रयोग करता है। तुम अपने कम्प्यूटर पर क्लाइंट (client) प्रोग्राम चलाते हो जो तुम्हें कम्प्यूटर पर सर्वर प्रोग्राम से जोड़ता है। तुम अपने क्लाइंट को बताते हो कि तुम्हें क्या करना है और यह सर्वर पर कमांड्स को भेजकर तुम्हारे आदेश ले जाता है।

जब तुम किसी रिमोट कम्प्यूटर से अपने कम्प्यूटर पर कोई फाइल कॉपी करते हो तो इसे फाइल की 'डाउनलोडिंग' कहा जाता है। जब तुम अपने कम्प्यूटर से रिमोट कम्प्यूटर पर कोई फाइल कॉपी करते हो तो इसे 'अपलोडिंग' कहा जाता है। FTP की भाषा में तुम्हारे कम्प्यूटर को 'लोकल होस्ट (local host)' कहते हैं। और दूसरे कम्प्यूटर को 'रिमोट होस्ट (remote host)' कहते हैं। इस प्रकार हम कह सकते हैं कि FTP तुम्हें रिमोट होस्ट से फाइलों को अपलोड और डाउनलोड करने की आज्ञा देता है।

पब्लिक डोमेन सॉफ्टवेयर

ये वे सॉफ्टवेयर होते हैं जिनमें से, पब्लिक के लिए इनका स्वामित्व (ownership) हटा दिया जाता है। ये सॉफ्टवेयर नेट पर फ्री होते हैं। लेकिन इनका प्रयोग करने के लिए सावधानी बरतनी पड़ेगी क्योंकि ये व्यवसायिक तौर पर परिमाणित नहीं होते हैं। इनमें से ज्यादातर नये अन्वेषकों के द्वारा विकसित किये गये हैं और अपने सॉफ्टवेयरों को प्रसिद्ध बनाने के लिए नेट पर डाल दिया गया है। इसका मुख्य उद्देश्य अपने विचारों को बांटना और आगे के लिए स्पान्सर ढूंढना होता है।

FTP सर्वर के प्रकार (Including Anonymous)

FTP सेवा एक इंटरनेट कम्प्यूटर से दूसरे पर फाइल ट्रॉन्सफर करने के लिए होता है। फिर भी, एक ही बेसिक बन्दिश होती है: तुम तब तक कम्प्यूटर access नहीं कर सकते, जब तक तुम इस पर log on ना हो। दूसरे शब्दों में, तुम तब तक एक रिमोट कम्प्यूटर से फाइल कॉपी नहीं कर सकते, जब तक तुम्हारी पास user name और password ना हो।

Anonymous FTP वह सुविधा है जो तुम्हें कुछ निश्चित रिमोट होस्ट से जुड़ने देता है और user की तरह रजिस्ट्रर हुए बिना ही फाइल डाउनलोड करने देता है। ऐसा करने के लिए, एक विशेष user name anonymous के नाम से तुम्हें लॉग-इन (log-in) करना होगा। इस user name के साथ कोई निश्चित पासवर्ड की आवश्यकता नहीं होती है। बजाय इसके, तुम अपना ई-मेल का पता भी टाइप कर सकते हो।

उदाहरण के लिए, तुम्हारा ई-मेल का पता (address) khanna@nim.com है। जब तुम anonymous FTP सर्वर से जुड़ोगे, तो तुम user name में anonymous और पासवर्ड में khanna@nim.com का प्रयोग कर सकते हो। इस सिस्टम की खासियत यही है कि बिना

एकाउन्ट खुले हुए ही, किसी को भी इंटरनेट से, रिमोट होस्ट से फाइल को डाउनलोड करने देता है। यह जानने वाली मुख्य बात है कि anonymous user name केवल उन कम्प्यूटरों पर काम करेगा जो कि anonymous FTP servers से जुड़े हुए होंगे। मतलब उन कम्प्यूटरों से फाइल डाउनलोड कर सकते हैं, जिन पर पब्लिक के लिए उपलब्ध फाइलों का भण्डार है। संक्षिप्त रूप में, anonymous user name केवल FTP access के लिए है।

क्या तुम यह सोचते हो कि सम्पूर्ण इंटरनेट पर तुम्हारे कम्प्यूटर को किसी भी, कैसे भी व्यक्ति के द्वारा access करना बहुत ही तुच्छ (चपल) कर्म है। यहाँ बहुत से सुरक्षात्मक घेरे होते हैं जिन्हें address करना पड़ता है। Anonymous FTP servers बहुत ही सुरक्षा से (set-up) स्थापित किये जाते हैं ताकि कोई बाहर वाला व्यक्ति तुम्हारे लिए परेशानी ना पैदा कर सके। उदाहरण के लिए इस सिस्टम का मैनेजर पूर्ण रूप से उन फाइलों को कंट्रोल कर सकता है जो anonymous FTP access के लिए उपलब्ध होती है।

अतिरिक्त सुरक्षा की दृष्टि से, बहुत से anonymous FTP होस्ट फाइलों को अपलोड करने के लिए आज्ञा नहीं देंगे। दूसरे शब्दों में, तुम जिन फाइलों को चाहते हो उन सभी फाइलों को रिमोट होस्ट से अपने कम्प्यूटर पर कॉपी कर सकते हो, लेकिन अपने कम्प्यूटर से रिमोट होस्ट पर कॉपी नहीं कर सकते। कुछ anonymous FTP होस्ट किसी को भी फाइल अपलोड करने को आज्ञा देते हैं लेकिन वह एक विशेष डिजायन की गई डायरेक्टरी के द्वारा होता है और उन्हें एक पब्लिक डाउनलोड क्षेत्र से होकर भी गुजरना पड़ता है। इस प्रकार, रिमोट होस्ट उन लोगों से सुरक्षित रहते हैं, जो परेशानी वाली फाइलें अपलोड कर सकते हैं जैसे वायरस वाले प्रोग्राम आदि।

Anonymous FTP का महत्व

पहले तो, anonymous FTP लाभदायक तो है पर सभी के लिए नहीं। इंटरनेट पर कोई भी anonymous FTP होस्ट से फाइलें प्राप्त (access) कर सकता है। इसमें बड़ा मुनाफा (deal) क्या है?

बड़ा मुनाफा यह है कि पब्लिक anonymous FTP से कुछ प्राप्त करना इतना विशाल है जो मनुष्य की समझ से परे है। इंटरनेट पर anonymous FTP hosts के हजारों ऑफर है जो हर प्रकार की फाइल फ्री देते हैं। वास्तव में, हर प्रकार की संस्था डिस्क में जगह व कम्प्यूटर की सुविधायें देती हैं ताकि इन फाइलों को उपलब्ध बनाया जा सके। Anonymous FTP सेवा के लिए किसी को कुछ मूल्य नहीं देना पड़ता फिर भी अनगिनत लोग anonymous FTP hosts को स्थापित करते हैं और व्यवस्थित करते हैं ताकि यह जनता को सेवा के लिए उपलब्ध हो सके। जब तक आप anonymous FTP सेवा का प्रयोग करना शुरू नहीं करते हो, तब तक आपको इसके फायदे का पता नहीं चल पायेगा। Anonymous FTP मानव जीवन के इतिहास में हुए बहुत से आविष्कारों में से महत्वपूर्ण है। तीन मुख्य कारणों को इसका श्रेय दिया जा सकता है।

पहला, anonymous FTP सही रूप से किसी भी प्रकार की सूचना को डाउनलोड करने देता है। यदि आप एक अनुभवी इंटरनेट यूजर हैं तो ही आप यह बता पा सकते हैं कि यह कितना महत्वपूर्ण है, यहाँ तक कि anonymous FTP सबसे बड़ी लाइब्रेरी की सूचनाएं भी प्राप्त करने देता है। यहाँ तक कि यह हमेशा बढ़ने वाली लाइब्रेरी है जो कभी बन्द नहीं होती है, हर विषय को प्रदान करती है और सबसे अच्छी बात यह है कि यह मुफ्त है।

दूसरा, anonymous FTP एक मुख्य रास्ता है जिसमें इंटरनेट पर सॉफ्टवेयर वितरित होते हैं। वास्तव में, इंटरनेट के अस्तित्व होने का कारण यहीं है कि हम सभी स्टैण्डर्डाइज्ड प्रोग्रामों का प्रयोग करते हैं। इनमें से बहुत से प्रोग्राम anonymous FTP के द्वारा वितरित होते हैं और उन सभी लोगों के लिए उपलब्ध हैं जो इंटरनेट का प्रयोग करना चाहते हैं या जो इंटरनेट होस्ट स्थापित करते हैं।

उदाहरण के तौर पर, usenet discussion group को प्राप्त करने के लिए तुम्हारे ISP को (Internet Service Provider) यूजनेट सॉफ्टवेयर अपने कम्प्यूटर में जरूर इन्स्टॉल करना होगा। सिस्टम मैनेजर को अपना सॉफ्टवेयर कहाँ मिलेगा, वह anonymous FTP है। यहाँ दूसरा उदाहरण भी है, अपने PC पर इंटरनेट प्रयोग करने के लिए, तुम्हें अपने कम्प्यूटर पर क्लाइंट प्रोग्राम को चलाने की आवश्यकता होती है। तुम्हें ये क्लाइंटर कहाँ मिलते हैं? तुम इन्हें खदीर सकते हो या अपने इंटरनेट सेवा देने वाले से मुफ्त में ले सकते हो, परन्तु बहुत से लोग anonymous FTP का प्रयोग करके इन क्लाइन्टों (clients) को मुफ्त में डाउनलोड कर लेते हैं। विशेष रूप से यह महत्वपूर्ण है जब किसी क्लाइंट का नया version रिलीज होता है तो तुम उसी दिन किसी भी anonymous FTP साइट से इसे डाउनलोड कर सकते हो।

अन्तिम कारण, anonymous FTP का इसलिए महत्वपूर्ण है क्योंकि यह बिखरी हुई तकनीकी सूचनाओं को प्राप्त करने के लिए प्रयोग किया जाता है जो इंटरनेट को अपने आप में परिभाषित करती है। इसे request for commet या RFC कहा जाता है। हर RFC एक नम्बर देता है और जो भी इसे पढ़ना चाहते हैं उनके लिए यह मुफ्त में उपलब्ध है। इस तरीके में, तकनीकी सूचनाऐं जो इंटरनेट को सहारा देती है, पूरे संसार में व्यवस्थित और विश्वस्त तरीके से वितरित होती है। प्रोग्रामरों और इंजीनियरों को इंटरनेट प्रोटोकॉल के साथ काम करने वाले उत्पाद (products) डिजायन करने चाहिए, जो यह विश्वास दिलायें कि प्रत्येक व्यक्ति इन्हें एक जैसे वर्णन के साथ ही प्रयोग कर रहा है। इस प्रकार, anonymous FTP के बिना, आधुनिक युग का इंटरनेट नहीं होगा।

Anonymous FTP के लिए ब्राउजर का प्रयोग करना

दो प्रकार के FTP क्लाइंटर होते हैं। पहले वे प्रोग्राम होते हैं जो FTP क्लाइंट की तरह काम कर सकते हैं परन्तु वे वास्तव में, कुछ प्राइमरी उद्देश्य के लिए डिजायन होते थे। उदाहरण के लिए, वेब ब्राउजर्स, वेब क्लाइंट की तरह काम करने के लिए डिजायन किये गये हैं, परन्तु वे FTP क्लाइंट की तरह भी काम करते हैं। यथाक्रमानुसार ये प्रोग्राम विशेष रूप से FTP क्लाइंट के रूप में ही डिजायन किये गये हैं और इससे ज्यादा कुछ नहीं।

यदि तुम्हारा ज्यादातर समय वेब प्रयोग करने में व्यतीत होता है और तुम्हारी anonymous FTP की जरूरत कम होती है तो एक ब्राउजर बहुत अच्छा काम करेगा। हाँ, यदि तुम्हारा anonymous FTP का प्रयोग बहुत ज्यादा है तो तुम्हारे लिए वास्तविक FTP क्लाइंट ज्यादा अच्छा होगा। ब्राउजर का प्रयोग करके anonymous FTP के साधनों को प्राप्त करने के दो तरीके हैं। समय-समय पर वेब पेज पर लिंग (link) की तरह FTP साधनों से तुम्हारा सामना हो जायेगा। जब तुम इस लिंक पर क्लिक करोगो तो, तुम्हारा वेब ब्राउजर स्वतः ही FTP site से कॉन्टेक्ट करेगा और anonymous user name व तुम्हारा ई-मेल एड्रेस पासवर्ड की तरह लेकर, फाइल के लिए निवेदन करेगा। यह इस बात पर निर्भर करेगा, कि तुम्हारा ब्राउजर किस प्रकार से configure है। तुम्हें यह बताना होगा कि तुम उस फाइल को कहाँ रखना चाहोगे।

उदाहरण के लिए, जैसे तुम एक वेब पेज पढ़ रहे हो जिस पर कुछ बेवकूफी वाली चीजें (stupid things) है और तुम्हारा सामना एक लिंक से हो जाता है जिस पर कुछ बेवकूफी वाले FAQ है। जब आप माउस का प्वाइंटर उस लिंक पर ले जाते हो तब तुम निम्न URL (address) देखते हो।

ftp://ftp.sunset.se/pub/usenet/news.answers/stupidity/FAQ

यह URL आपको एक विशेष anonymous ftp के साधन की ओर इंगित करता है जिसका नाम ftp.sunset.se है। और इसकी डायरेक्टरी में pub/usenet/news.answers/stupidity है। व इस डायरेक्टरी की फाइल में प्रश्नों से सम्बन्धित सूचनाऐं हैं व उस फाइल का नाम FAQ है।

जब आप इस लिंक पर क्लिक करते हो, तो आपका ब्राउजर एक ftp क्लाइंटर की तरह काम करेगा और आपकी तरफ से फाइल को डाउनलोड करने के लिए उस विशेष कम्प्यूअर से कॉन्टेक्ट करेका। यह सब कुछ स्वत: (automatically) ही होगा। वेब पेज पर anonymous ftp के साधनों को खोजने के लिए, हर ब्राउजर के पास सीधे ही URL में प्रवेश करने के लिए रास्ता होता है। इसका मतलब उपयुक्त URL भरकर तुम सीधे ही किसी ftp साइट में पहुँच जाओगे। यहाँ एक उदाहरण है जो बतायेगा कि किस तरह यह कार्य करता है।

चलो मान लेते हैं कि तुम पनीर को रेसिपी की किताब पढ़ना चाहते हो। वह फाइल anonymous ftp के द्वारा लाना चाहते हो। वह फाइल लाइब्रेरी की डायरेक्टरी में आर्टिकल की डायरेक्टरी में फूड नाम की डायरेक्टरी है जिसमें cheese.rcp नाम से फाइल पड़ी है जिसमें बहुत सी रेसिपी है। उपयुक्त URL भरने के लिए इस फॉरमेट का प्रयोग करें–

ftp//computer/pathname

(pathname में डायरेक्टरी + फाइल का नाम है) इस केस में तुम्हारा URL होगा–

ftp://ftp.spies.com//library/article/food/cheese.rcp

बस, अपने ब्राउजर को यह URL भरकर निर्देश दीजिये। आपका ब्राउज्र रिमोट ftp होस्ट को जोड़ने की कोशिश करेगा और आपके लिए रेसिपी की फाइल डाउनलोड कर देगा।

FTP Client

यह ftp client वह प्रोग्राम है जो एक उद्देश्य से डिजायन किये गये हैं कि एक इंटरनेट कम्प्यूटर से दूसरे कम्प्यूटर पर फाइल को ftp सेवा से कॉपी करते हैं। यह सम्भव है कि हम ब्राउजर की सहयाता से anonymous ftp के साधनों को प्राप्त कर सकते हैं, लेकिन ftp client ज्यादा गुण (feature) प्रदान करेगा और इस पूरी प्रक्रिया पर ज्यादा कंट्रोल करने का प्रयास करेगा। अब मैं, यह वर्णन करता हूँ कि anonymous ftp के लिए, एक ftp client का प्रयोग कैसे करते हैं। यहाँ मैं कुछ फाइलें और डायरेक्टरी को बताता हूँ जो अगले सेक्शन में व्याख्यादित होंगी। अब के लिए, यदि तुम परिचित नहीं हो कि किस तरह से डायरेक्टरी का प्रयोग होता है, तो तुम्हें केवल तीन बातें समझनी होंगी–

1. विंडोज कम्प्यूटर पर डायरेक्ट्रीयों को "फोल्डर" कहा जाता है।
2. डायरेक्ट्रीयों का प्रयोग फाइलों को व्यवस्थित करने के लिए होता है।
3. डायरेक्ट्री फाइलों और अन्य डायरेक्ट्रीयों दोनों को ही रख सकती हैं।

यदि तुम इंटरनेट को PPP के द्वारा या सीधे ही नेटवर्क कनेक्शन के द्वारा चलाते हो तो, तुम ग्रॉफिकल ftp client का प्रयोग करोगे जो तुम्हारे अपने कम्प्यूटर पर चलता है। यदि तुम shell एकाउन्ट के द्वारा इंटरनेट प्राप्त करते हो तो, तुम टेक्स्ट पर आधारित ftp client का प्रयोग करोगे जो कि होस्ट कम्प्यूटर पर चलता है।

सबसे ज्यादा प्रचलित टेक्स्ट पर आधारित client को ftp कहा जाता है जो unix के तहत चलता है। सभी ग्रॉफिकल क्लाइंट कुछ कम या कुछ ज्यादा लगभग एक जैसे काम करते हैं। मुश्किल से, तुम्हारी विंडो दो सेक्शनों में विभाजित होती है एक दांयी तरफ दूसरी बायी बरफ। डायरेक्टरी के नाम ऊपर के भाग में होते हैं और फाइलों के नाम नीचे की तरफ होते हैं। बांयी तरफ, तुम अपने लोकल कम्प्यूटर के द्वारा एक जैसी सूचना देख सकते हो।

हर ftp clients का अपना अलग स्वभाव होता है लेकिन anonymous ftp client को प्राप्त (access) करने के लिए साधारणतया निम्नलिखित चरण होते हैं–

1. रिमोट होस्ट से कनेक्शन स्थापित करना। कनेक्शन स्थापित करने के लिए, तुम्हें रिमोट कम्प्यूटर का नाम बताना पड़ेगा। तुम्हें user name और पासवर्ड भी प्रविष्ट करना होता है। User name में anonymous और पासवर्ड में ई-मेल का पता प्रयोग करें। कुछ ftp प्रोग्राम "anonymous ftp" को ऑप्शन की तरह चुन लेते हैं, इस केस में तुम्हें यूजर का नाम व पासवर्ड की आवश्यकता नहीं होगी। प्रोग्राम अपने आप ही जानता है कि उसे क्या करना है। एक बार कनेक्शन स्थापित हो जाने के बाद तुम्हारा ftp client ऊपरी दर्जे की डायरेक्टरी की सूची दे देगा। जब तुम चुन लोगो तो सुचनाऐं दांयी तरफ वाली विंडो में दिखाई देंगी जिसमें डायरेक्टरी का नाम ऊपर की तरफ और फाइल का नाम नीचे की तरफ होता है।

2. रिमोट होस्ट से वह डायरेक्टरी चुनो जिसमें वह फाइल हो जिसे तुम चाहते हो। रिमोट कम्प्यूटर पर से डायरेक्टरी को खोजने के लिए दांयी तरफ दी हुई लिस्ट में से डायरेक्टरी को चुनो। जहाँ तुम पहुँचना चाहते हो वहाँ के लिए एक के बाद एक डायरेक्टरी के नाम दिखाई देंगे। हर बार जब तुम डायरेक्टरी चुनोगे तो तुम्हें रिमोट कम्प्यूटर से नयी डायरेक्टरी की सूची के लिए थोड़ा सा इंतजार करना होगा। जब यह सूची आ जायेगी, यह उसी तरह दिखाई देगी कि डायरेक्टरी ऊपर की तरफ और फाइलें नीचे की तरफ। अन्त में तुम उस सूची पर पहुँच जाओगे जिसमें तुम्हारी फाइल है।

3. ट्रान्सफर करने वाले ऑप्शनों को सेट करो। जिस प्रकार की फाइल तुम ट्रान्सफर करना चाहते हो उसके लिए विभिन्न प्रकार के ऑप्शन कराना चाहते हो उसके लिए विभिन्न प्रकार के ऑप्शन उपलब्ध हैं। विशेष रूप से, तुम टेक्स्ट फाइलों की ट्रान्सफर करने के लिए "ASCII" ट्रान्सफर और बाइनरी फाइलों के लिए "Binary" ट्रॉन्सफर का प्रयोग कर सकते हो। (यदि तुम कोई सॉफ्टवेयर डाउनलोड कर रहे हो तो निश्चिंतता से "Binary" का प्रयोग करें।) अलग-अलग प्रकार के कम्प्यूटरों के लिए प्रोग्राम में विशेष ऑप्शन होते हैं।

4. ट्रॉन्सफर करने के लिए फाइल को चुनना। ज्यादातर ftp प्रोग्रामों में जिस फाइल को तुम भेजना या लेना चाहते हो उसे हाइलाइट करके माउस के द्वारा क्लिक करें।

5. लोकल होस्ट से जिस फाइल को डाउनलोड करनाचाहते हो उस डायरेक्टरी को खोजो। अपने कम्प्यूटर पर ताजी (current) डायरेक्टरी को देखने के लिए बांयी तरफ वाली विंडो पर क्लिक करें। यह वह डायरेक्टरी है जिसमें तुम्हारा ftp client फाइल को कॉपी करेगा। यदि यह वह जगह नहीं है जहाँ तुम फाइल को कॉपी करना चाहते हो तो, जहाँ तुम चाहते हो वह डायरेक्टरी खोजो।

6. फाइल ट्रॉन्सफर प्रारम्भ करना। कुछ प्रोग्रामों में, बांयी तरफ वाले चिन्ह (left arrow) के बटन को क्लिक करके तुम रिमोट कम्प्यूटर से अपने कम्प्यूटर पर फाइल को कॉपी या डाउनलोड करना प्रारम्भ करते हो। विचार यह है कि तुम दांयी तरफ से (remote computer) बांयी तरफ (local computer) को फाइल कॉपी कर रहे हो। दूसरे अन्य प्रोग्रामों में तुम्हें "transfer" बटन पर क्लिक करना होता है या कुछ इसके जैसा-सा ही होता है।

आधारस्वरूप, anonymous ftp के द्वारा फाइल को डाउनलोड करने के लिए ऊपर दिये गये चरण ही सब कुछ है। हो सकता है कि तुम्हारे ftp client के पास कुछ विशेष गुण (feature) हो, लेकिन सभी ftp client के साथ सामान्य रूप से यही तरीका है।

दो गुण हैं जो तुम्हारे ftp प्रोग्राम में विशेष रूप से लाभदायक हैं। **पहला** गुण है view function। यह आज्ञा देता है (allow) कि फाइल को चुनो और फिर इसे देख लो बिना कॉपी किये ही। वास्तव में, तुम्हारा ftp client डाटा को एक टेम्पोरेरी (temporary) फाइल में स्टोर करता है।

और फिर एक एडिटर प्रोग्राम को बुलाता है, तुम्हारे लिए फाइल के डाटा को दिखाने के लिए। यह गुण आसान है जब तुम फाइल का एक quick look यानि तेजी से फाइल को देखना चाहते हो परन्तु तुम इस फाइल को कॉपी नहीं रखना चाहते हो (जैसे कि readme फाइल)। **दूसरा** गुण यह देखता है कि तुम्हारे ftp client में विभिन्न प्रकार के गणनाओं (configuration) को स्टोर करने की योग्यता है। यह परमिशन देता है कि तुम अपने पसंदीदा anonymous ftp sites के नाम को save करो ताकि जब भी तुम चाहो तो वह आसानी से जुड़ (connect) जायें। बहुत से client प्रोग्राम जानी पहचानी, लाभदायक anonymous ftp साइट्स के लिए configuration को रखते हैं। उदाहरण के लिए यदि तुम्हारे प्रोग्राम में configuration की सूची है, तो तुम विंडोज और DOS सिस्टम के लिए जानी पहचानी सॉफ्टवेयर को देखोगे। इस प्रकार की साइट्स लगभग प्रत्येक के लिए लाभदायक है।

प्रचलित कमान्ड्स

हम ftp कमान्ड्स को विभिन्न ग्रुप में विभाजित कर सकते हैं। पहली है बेसिक कमान्ड्स। जिन्हें हम पहले ही वर्णन कर चुके हैं और help कमान्ड्स, उन्हें भी हम पहले ही बता चुके हैं। एक अन्य कमान्ड है। (विस्मयादि बोधक चिन्ह)। यह कमान्ड तम्हारे लोकल कम्प्यूटर को नियमित unix कमान्ड भेजने में प्रयोग होती है। साधारण रूप से कमान्ड टाइप करो! (विस्मयादि बोधक) चिन्ह के बाद और return बटन दबाओ। ftp प्रोग्राम अपने आप hold हो जायेगा और कमान्ड को पूरी करने के लिए तुम्हारे unix shell को भेजेगा। एक बार जब कमान्ड पूरी हो जायेगी तब ftp प्रोग्राम फिर से शुरू हो जायेगा और अपने prompt (प्रोम्प्ट) को दोबारा दिखायेगा।

यहाँ एक उदाहरण है। तुम्हारे लोकल कम्प्यूटर सिस्टम पर date और time को दिखाने के लिए unix date कमान्ड का प्रयोग करते हैं। ftp के prompt पर ! date टाइप करो ओर enter बटन दबाने पर date दिखाकर यह prompt वापिस आ जायेगा–

```
ftp > ! date
Wed Aug 28 17:42 PDT 2009
ftp >
```

यदि तुम एक से ज्यादा unix कमान्ड प्रवेश करना चाहते हो तो ! (विस्मयादि बोधक) चिन्ह का प्रयोग करें। जैसे

```
ftp > !
```

ftp प्रोग्राम अपने आप hold होकर नये shell पर कमान्ड को दिखाकर, फिर से active हो जायेगा। बहुत से shells में, shell को हटाने या रोकने (terminate) के लिए Ctrl + D दबाते हैं। यदि यह काम नहीं करता है तो exit कमान्ड का प्रयोग करो।

वर्णन के साथ कुछ प्रचलित ftp कमान्ड्स

यहाँ हम साधारण रूप से प्रयोग की जानी वाली कुछ कमान्ड्स को वर्णित कर रहे हैं।

बेसिक कमान्ड्स

कमान्ड	नियम	वर्णन
quit	*quit*	ftp प्रोग्राम को रोक कर रिमोट कम्प्यूटर से निकटता बनाता है।
?	*?*	सभी ftp कमान्ड्स की सूची दिखाता है।
?	*? command*	दी गई कमान्ड की एक लाइन में वर्णन देता है।

help	*help*	सभी ftp कमान्डों को सूची देता है।
help	*help (command)*	सभी ftp कमान्डों का एक लाइन में वर्णन देता है।
!	*!*	लोकल: ftp को रोककर shell शुरू करता है।
!	*! command*	लोकल: दी गई shell कमान्ड को पूरी करता है।
open	*open [host]*	बताये गये कम्प्यूटर से कनेक्शन स्थापित करता है।
close	*close*	रिमोट होस्ट से कनेक्शन बन्द करके ftp में रुकता है।
user	*user [name [password]]*	यूजर के नाम को set करता है।
cd	*cd [directory]*	रिमोट: बनाई गई डायरेक्टरी में बदलता है।
cd up	*cdup*	रिमोट: पेरेन्ट (parent) डायरेक्टरी में पहुँचता है।
dir	*dir [directory [local file]]*	रिमोट: लम्बी डायरेक्टरी के सूची दिखाता है।
lcd	*lcd [directory]*	लोकल: डायरेक्टरी बदलता है।
ls	*ls [directory [local file]]*	रिमोट: छोटी डायरेक्टरी की सूची दिखाता है।
pwd	*pwd*	रिमोट: जिस डायरेक्टरी में आप हो (current डायरेक्टरी) का नाम दिखाता है।
get	*get [remote file [local file]]*	एक फाइल डाउनलोड करता है।
mget	*mget [remote file...]*	एक से ज्यादा फाइलें डाउनलोड करता है।
ascii	*ascii*	[default] फाइल के प्रकार को ASCII टेक्स्ट फाइल में सेट करता है।

कनेक्शन वाली ftp कमान्ड्स

ftp कमान्ड्स की अगली कैटेगरी वे है जो रिमोट होस्ट के कनेक्शन को व्यवस्थित करती है वे हैं–open, close और user।

Open कमान्ड का प्रयोग ftp से कनेक्शन को स्थापित करने के लिए किया जाता है।

Close कमान्ड से बिना ftp प्रोग्राम से बाहर निकले ftp कनेक्शन को खत्म करने के लिए होता है। जब तुम चाहो तो किसी एक कनेक्शन को close कमान्ड से खत्म करके दूसरा कनेक्शन खोल सकते हो।

यदि तुम किसी रिमोट होस्ट से सफलतापूर्वक कनेक्ट होते हो लेकिन तुम्हारे user name और पासवर्ड में कुछ गलत है और तुम कनेक्शन को किसी भी हालत में नहीं खोना चाहते हो (यह आपके ftp सर्वर पर निर्भर काता है) तो वैसवे तो बिना सही userid और पासवर्ड के बिना कुछ नहीं हो सकता, लेकिन आप ऐसे में user कमान्ड का सहारा ले सकते हो जो anonymous से कनेक्ट कर देगा। साधारण रूप से टाइप करो।

User

ftp प्रोग्राम तुमसे userid और पासवर्ड प्रवेश कराने के लिए पूछेगा। यदि तुम चाहते हो तो सीधे ही सूचना डाल सकते हो।

User Anonymous harley@fuzzball.ucsd.edu

इस केस में हमने userid anonymous को और पासवर्ड में harley@fuzzball.ucsd.edu को चुना है।

डायरेक्टरी की ftp कमान्ड्स

यह ftp कमान्ड्स की तीसरा ग्रुप जो एक डायरेक्टरी से दूसरी डायरेक्टरी में जाता है और डायरेक्टरी के कन्टेन्ट्स को दिखाता है। जिस डायरेक्टरी में आप हो उसे working directory या current directory कहा जाता है। एक बार जब आपका ftp कनेक्शन लग जाता है तो आपके पास दो working directory होती है–एक तो रिमोट होस्ट और एक लोकल कम्प्यूटर।

बहुत से anonymous ftp होस्ट के साथ काम शुरू करने के लिए आप अपने आप ही root (top level) डायरेक्टरी में पहुँच जाते हो। किसी दूसरी डायरेक्टरी में जाने के लिए cd (change directory) कमान्ड का प्रयोग करें। कमान्ड का नाम टाइप करके उसके बाद डायरेक्टरी का नाम टाइप करें जिसमें आपको जाना है और return बटन दबायें। उदाहरण के लिए, यदि तुम pub नाम की डायरेक्टरी में जाकर फिर usenet की डायरेक्टरी में फिर news.answers नाम की फाइल में जाना है तो टाइप करें–

cd/pub/usenet/news.answers

यदि तुम unix फाइल सिस्टम जानते हो, तो तुम एक डायरेक्टरी में एक बार में जा सकते हो। इसमें cd कमान्ड का अलग-अलग प्रयोग होगा। उदाहरण के लिए–

cd pub

cd usenet

cd news.answers

किसी भी समय तुम रिमोट डायरेक्टरी का नाम देख सकते हो। pwd (print working directory) कमान्ड का प्रयोग करके तुम रिमोट डायरेक्टरी में पहुँच सकते हो। उदाहरण के लिए, यदि आपने लिखा है–

pwd

नीचे दिये हुए मैसेज की तरह ही मैसेज दिखाई देगा–

257 "/pub/usenet/news.answers" is current directory

उसी समय तुम एक अलग डायरेक्टरी का नाम देख सकते हो। उदाहरण के लिए, ftfm.mit.edu सिस्टम पर, यदि तुम /pub/usenet/news.answers नाम की डायरेक्टरी में जाना चाहते हो, और तब आपने pwd कमान्ड प्रविष्ट करी, लेकिन तुम वास्तव में यह देखोगे–

257 "/pub/usenet-by-usenet/news.answers" is current directory

उलझो मत (do not be confused)। इस सबका यह मतलब है कि सिस्टम मैनेजर दो अलग-अलग नामों से दूसरे लेवल की डायरेक्टरी देता है–usenet और usenet-by-group ऐसे केस में जो नाम तुम चाहते हो वह प्रयोग कर सकते हो। usenet-by-group नाम बहुत ज्यादा सूचनाऐं देने वाला है परन्तु usenet नाम टाइप करने में बहुत आसान है।

तुम्हारे लोकल कम्प्यूटर में working directory कोई भी हो सकती है। जब तुम फाइलें डाउनलोड करते हो तो यही वह डायरेक्टरी है जहाँ वे स्थिर होती है। यदि तुम चाहो तो अपनी डाउनलोड की फाइलों को किसी दूसरी डायरेक्टरी में भी रख सकते हो। इसके लिए डाउनलोडिंग

शुरू करने से पहले, अन्य डायरेक्टरी में फाइल को भेजने के लिए तुम lcd (local change directory) कमान्ड का प्रयोग कर सकते हो। उदाहरण के लिए–

lcd faq-files

यह कमान्ड तुम्हारी लोकल working डायरेक्टरी को faq-files में बदलती है। तुम्हारी लोकल working डायरेक्टरी को दिखाने के लिए कोई ftp कमान्ड नहीं है। फिर भी यह सम्भव है, ! (विस्मयादि बोधक चिन्ह) का प्रयोग करके लोकल कम्प्यूटर को pwd कमान्ड देकर यह देखा जा सकता है।

! pwd

रिमोट होस्ट पर डायरेक्टरी के कन्टेन्ट्स (contents) को दिखाने के लिए तुम दो अलग-अलग कमान्ड्स का प्रयोग कर सकते हो। ls (list) कमान्ड डायरेक्टरी में फाइलों का नाम दिखायेगी। लेकिन यहाँ कुछ मुश्किल का आउटपुट है। यह news.answers डायरेक्टरी की कुछ फाइलों का नाम दिखाती है।

जैसे–

esperanto-faq

feminism

finding-addresses

finding-sources

fleas-ticks

fonts-faq

Dir कमान्ड एक बड़े फॉरमेट में लिस्ट दिखाता है। फाइल के नाम के साथ-साथ कुछ अलग से सूचना भी होती है। जैसे–

-rw-rw-r	8	root	3	27120	Jun 2	01:24	esperanto-faq
drwxrxr-x	2	root	3	512	Jun 12	00:07	feminism
-rw-rw-x--	14	root	3	28890	Aug 3	03:37	finding-addresses
-rw-rw-r--	12	root	3	41939	Aug 5	04:04	finding-sources
-rw-rw-r--	10	root	3	41533	Aug 7	05:10	fleas-ticks
drwrxrx-r	8	root	3	84701	Aug 10	01:46	fonts-faq

यदि तुम्हें unix की फाइलों की कमान्ड्स का कुछ अनुभव है तो तुम ls और dir कमान्ड के डिस्प्ले को पहचान जाओगे। यदि नहीं भी पहचाने तो भी कोई चिन्ता की बात नहीं है। तुम्हें केवल चार बातें समझने की जरूरत पड़ती है। पहली, सबसे बांयी तरफ जो अक्षर है वह फाइल की डायरेक्टरी को दर्शाते हैं। d अक्षर डायरेक्टरी को बताता है जबकि - (hypen) अक्षर फाइल को दशाता है। इस उदाहरण में हमने दो डायरेक्टरी और चार फाइल दिखाई हैं। हर लाइन के दांयी तरफ फाइल का नाम है। नाम के बांयी तरफ समय व दिनांक है जब फाइल को अपडेट किया गया होगा। अन्त में दिनांक के बांयी तरफ फाइल का size बताते हुए जो नम्बर है वे bytes कहलाते हैं। ये नम्बर डायरेक्टरी के लिए कोई मायने नहीं रखते। इस प्रकार हम कह सकते हैं कि esperanto-faq एक फाइल है जिसे 2 जून को 1 बजकर 24 मिनट पर अपडेट किया गया था और इसमें 27120 अक्षर हैं। बची हुई जानकारी को छोड़ा (ignore) जा सकता है। अपने लोकल

कम्प्यूटर पर लम्बी डायरेक्टरी की सूची को देखने के लिए यह बहुत सुविधाजनक है। ऐसा करने के लिए साधारणतया डायरेक्टरी का नाम दे जो फाइल के नाम से अनुसरण करें। उदाहरण के लिए–

ls /pub/usenet/news.answers ls.list

dir /pub/usenet/news.answers dir.list

इन दोनों कमान्ड से दी हुई डायरेक्टरी की सूची बन जाएगी। पहली कमान्ड ls.list से तुम्हारे लोकल कम्प्यूटर पर फाइल का आउटपुट डाउनलोड हो जायेगा। दूसरी कमान्ड dir.list लोकल फाइल का आउटपुट भेज दगा।

जब तुम ls और dir कमान्ड का ये फॉर्म प्रयोग करते हो तो तुम्हें एक डायरेक्टरी का नाम और एक फाइल का नाम हमेशा देना होगा। यदि तुम working डायरेक्टरी की लिस्ट को या सूची को डाउनलोड करना चाहते हो, तो तुम . (single period character) को डायरेक्टरी के नाम में प्रयोग कर सकते हो। यूनिक्स (unix) में एक सिंगल . अक्षर का मतलब तुम्हारी working डायरेक्टरी के लिए है। उदाहरण के लिए–

ls . ls.list

dir . dir.list

फाइल का ट्रॉन्सफर करने वाली ftp कमान्ड्स

ये दो कमान्ड्स है जिन्हें तुम फाइल का डाउनलोड करने में प्रयोग कर सकते हो (अर्थात्, रिमोट होस्ट से तुम्हारे कम्प्यूटर पर फाइल को कॉपी करना)। ये कमान्ड्स है get और mget। get कमान्ड से एक समय में एक फाइल डाउनलोड की जा सकती है। mget (multiple get) कमान्ड एक समय में एक से ज्यादा फाइल को डाउनलोड करने देता है।

get कमान्ड का प्रयोग करने के लिए पहले रिमोट फाइल का नाम दें, फिर जिस नाम से अपने कम्प्यूटर में वह फाइल डालनी है उसका नाम दें। उदाहरण के लिए कहा जा सकता है कि तुमने एक anonymous ftp सेशन से rtfm.mit.edu से कनेक्शन जोड़ा हुआ है और तुम्हें esperanto-faq फाइल डाउनलोड करनी है। तुम इस फाइल को अपनी कम्प्यूटर में urban-legends नाम से लेना चाहते हो तो सबसे पहले उस डायरेक्टरी में पहुँचो जिसमें फाइल पड़ी है–

cd /pub/usenet/news.answers

अब फाइल को डाउनलोड करने के लिए get कमान्ड दो–

get esperanto-faq urban-legends

तुम यह मैसेज देखोगे–

200 पोर्ट कमान्ड सफल है।

150 opening ASCI mode data connection for
esperanto-faq (27120 bytes)

इस समय पर फाइल तुम्हारे कम्प्यूटर में कॉपी हो जाएगी। एक बार जब फाइल कॉपी हो गयी तो यह मैसेज आयेगा–

226 transfer complete

Local : urban-legends remote : esperanto-faq

29532 bytes received in 15 seconds (2.8 kbytes/s)

ftp >

अब तुम दूसरी कमान्ड डाल सकते हो। इस विषय में चिन्ता मत करो कि फाइल तो सिर्फ 27120 bytes की थी और जब फाइल कॉपी हुई तो 29532 बाइट्स थी। फालतू bytes इसलिए है क्योंकि कुछ निश्चित अक्षर encoded हो जाते हैं जब कोई टेक्स्ट फाइल कॉपी की जाती है। इस बात से निश्चिंत रहो कि वास्तविक फाइल बिल्कुल सही आकार में डाउनलोड हुई है। यदि तुम get कमान्ड का प्रयोग करते हो और सिर्फ एक फाइल का नाम देते हो तो, ftp प्रोग्राम तुम्हारे लोकल कम्प्यूटर पर नई फाइल के लिए वही नाम प्रयोग करेगा। उदाहरण के लिए, तुमने लिखा–

get esperanto-faq

डाउनलोड की गई फाइल का नाम भी esperanto-faq होगा। यदि तुम unix सिस्टम प्रयोग कर रहे हो, तुम्हारे लोकल कम्प्यूटर पर, लोकल फाइल के बजाय unix कमान्ड का प्रयोग कर सकते हैं। दूसरी फाइल का नाम देने के बजाय, कमान्ड के नाम के बाद। (vertical bar, इसे पाइप-लाइन चिन्ह कहते हैं) टाइप करो। उदाहरण के लिए, मान लो readme नाम की रिमोट फाइल को तुम पढ़ना चाहते हो। एक तरीका तो यह है कि इसे लोकल फाइल में डाउनलोड किया जाये, ftp सेशन को रोका (stop या pause) जाये, फाइल को पढ़े, डिलीट करें और फिर से ftp सेशन को दोबारा चला दे (resume करें)। अन्य रूप में, तुम अपने लोकल कम्प्यूटर पर paging प्रोग्राम को भेजकर (जैसे more) सीधे ही रिमोट फाइल को पढ़ सकते हो।

get readme |more

नोटिस करो कि | इस चिन्ह के बाद जग नहीं छोड़ी जा सकती (जैसे कि हर unix कमान्ड के बाद दिया जाता है)। यह इसलिए है क्योंकि get दो शब्द की डिमांड करता है; रिमोट फाइल का नाम (जैसे readme) और लोकल फाइल का नाम (जैसे |more) mget (multiple get) कमान्ड का प्रयोग एक ही समय में एक ज्यादा फाइलों को डाउनलोड करने में होता है। कमान्ड टाइप करो, और उन सभी फाइलों के नाम टाइप करो जिन्हें तुम डाउनलोड करना चाहते हो। उदाहरण के लिए–

mget finding-addresses finding-sources esperanto-faq

mget कमान्ड एक-एक करके फाइल ट्रॉन्सफर करेगी। एक फाइल ट्रॉन्सफर करने से पहले, mget फाइल का नाम दिखाकर, सहमति के लिए पूछेगी। उदाहरण के लिए–

mget finding-addresses?

इस समय तुम या तो Y (yes) या N (No) टाइप करके return दबाओ।

तुम डायरेक्टरी का नाम भी बता सकते हो और mget हर फाइल को डायरेक्टरी में डाल देगी। उसी तरह से, क्या तुम जानते हो कि wild card अक्षर कैसे प्रयोग किये जाते है। तुम उन सभी फाइलों को डाउनलोड कर सकते हो जिनके नाम थोड़े-थोड़े एक जैसे हैं। यदि तुम wild card अक्षरों के बारे में नहीं जानते हो तो मैं थोड़ा-सा बताता हूँ कि एक * (asterisk) अक्षर का मतलब ज्यादा अक्षरों से है और ? (question mark) अक्षर का मतलब एक अक्षर में है। उदाहरण के लिए, रिमोट working डायरेक्टरी से उन सभी फाइलों को, जिनके नाम fi से शुरू होते है, डाउनलोड करने के लिए, तुम प्रयोग सकते हो–

mget fi*

ftp ऑप्शनों को व्यवस्थित करना (Setting ftp Options)

ftp प्रोग्राम में, ऐसी बहुत सी कमान्ड है जिन्हें तुम डाउनलोडिंग कार्यों के लिए प्रयोग कर सकते हो। कुछ बता रहे हैं जैसे–binary, ascii, hash, prompt और status।

एक टेक्स्ट फाइल (ASCII फाइल भी कह सकते हैं) साधारण अक्षर रखती है–अक्षर, नम्बर, punctuation आदि। एक बाइनरी फाइल में वह सूचना होती है जो टेक्स्ट फॉरमेट में नहीं होती है। उदाहरण के लिए–यदि तुम उन फाइलों को डाउनलोड करना चाहते हो जिसमें पिक्चर्स पड़ी है, तो वे बाइनरी फाइलों में ही कॉपी होते हैं।

अपने आप से ftp प्रोग्राम यहि मानते हैं कि टेक्स्ट फाइल में ही कार्य हो रहा है। यदि तुम कोई बाइनरी फाइल डाउनलोड करते हो, तो get या mget कमान्ड देने से पहले तुम्हें प्रोग्राम को बताना चाहिए। बाइनरी कमान्ड ftp प्रोग्राम को यह बताती है कि तुम बाइनरी फाइल को कॉपी कर रहे हो। इसी तरह से ascii कमान्ड ftp प्रोग्राम को यह बताती है कि तुम टेक्स्ट फाइल डाउनलोड कर रहे हो। जब तुम इन कमान्डों में से एक कमान्ड का प्रयोग करते हो तो, हम कहते हैं कि तुम representation type व्यवस्थित (set) कर रहे हो।

उदाहरण के लिए, तुम पिक्चर वाली फाइलों को डाउनलोड कर रहे हो। इससे पहले तुम्हें यह कमान्ड देनी होगी–

Binary

जब तुम यह कमान्ड दोगे, तो यह मैसेज आयेगा–

200 type set to I

I का अर्थ image (पिक्चर) है। Binary कमान्ड देने के बाद बाइनरी फाइल ही डाउनलोड करनी होगी। कुछ रिमोट होस्ट में बाइनरी फाइल तब तक डाउनलोड नहीं होगी, जब तक तुम representation type, binary set नहीं होगा।

अगला ऑप्शन hash है। यह ftp प्रोग्राम को हर डाटा ब्लॉक ट्रॉन्सफर होने के बाद # (hash) अक्षर दिखाने के लिए कहता है। जब आप कोई बड़ी फाइल डाउनलोड कर रहे हो तो इसकी सहायता से प्रोग्राम को देख सकते हो। डाटा ब्लॉक का आकार (size) तुम्हारे ftp कनेक्शन पर निर्भर करता है।

Wash ऑप्शन चलाने के लिए, बस यह लिखें–

hash

और इसे हटाने के लिए भी ऐसी ही कमान्ड दोबारा लिखें। अन्तिम ऑप्शन prompt है। जब तुम mget कमान्ड प्रयोग करते हो तो ftp client तुमसे हर फाइल के बारे में पूछता है। यदि तुम prompt ऑप्शन हटा दोगे, तो mget कमान्ड बिना तुमसे पूछे ही हर फाइल को ट्रॉन्सफर कर देगी। Prompt ऑप्शन चलाने के लिए, यह लिखें–

prompt

और इसे हटाने के लिए भी यही कमान्ड दोबारा दें। अन्त में, यदि तुम सभी ऑप्शन की ताजा सेटिंग (current setting) देखना चाहते हो तो, तुम status कमान्ड का प्रयोग कर सकते हो–

status

जब तुम ऐसा लिखोगे तो तुम बहुत से ऑप्शन देख पाओगे।

टेलनेट (Telnet)

टेलनेट प्रोटोकॉल

यद्यपि टेलनेट बहुत प्रचलित नहीं है फिर भी यह इंटरनेट के प्रयोग के लिए महत्वपूर्ण है।

Telnet एक इंटरनेट सेवा है जो तुम्हें रिमोट इंटरनेट कम्प्यूटर में log in करने देता है। इस सेवा का प्रयोग करके, तुम अपने कम्प्यूटर पर टेलनेट client प्रोग्राम चलाते हो। यह प्रोग्राम, रिमोट कम्प्यूटर को कनेक्ट करने के लिए, इंटरनेट का प्रयोग करता है। एक बार जब कनेक्शन हो जाता है तो तुम्हारा टेलनेट क्लाइन्ट, तुम्हारे और दूसरे कम्प्यूटर के बीच में मध्यस्थ की भूमिका निभाता है। सब कुछ जो तुम अपने की-बोर्ड से टाइप करते हो, दूसरे कम्प्यूटर पर भेज देता है। सब कुछ जो दूसरे कम्प्यूटर से टाइप होता है वह तुम्हारे कम्प्यूटर की स्क्रीन पर दिखाई देता है। परिणामस्वरूप तुम्हारा की-बोर्ड और स्क्रीन, रिमोट कम्प्यूटर से सीधे ही जुड़ा हुआ प्रतीत होता है। बहुत-सी इंटरनेट सेवाओं में से टेलनेट सबसे पुराना है।

चलो हम टेलनेट के विकास को या एतिहासिक दृष्टि से टेलनेट को देखते हैं। इंटरनेट Arpanet का उत्तराधिकारी है, एक नेटवर्क जो 1960 के अन्त में U.S. के डिफेंस के विभाग द्वारा बनाया गया था। उस समय पर, पर्सनल कम्प्यूटर नहीं होते थे। केवल बड़े और खर्चीले "मेनफ्रेम कम्प्यूटर्स" और छोटे और खर्चीले "मिनी कम्प्यूटर्स" होते थे। कम्प्यूटर का काम करने के लिए, एक टर्मीनल (एक डिवाइस जिसके साथ स्क्रीन होती थी), एक की-बोर्ड, कुछ इलैक्ट्रॉनिक और इससे ज्यादा कुछ नहीं प्रयोग होता था। Arpanet पर जो पहली सेवा दी गई थी वह है "रिमोट लॉग-इन" (Remote log-in), जो है टेलनेट। यह सेवा वास्तव में एक सराहनीय उपलब्धि है जो अन्वेषकों को कुछ दूरी से भी रिमोट कम्प्यूटर पर काम करने देती है। ऐसा करने के लिए, वे अपने टर्मीनल को दूसरों से कनेक्ट करने के लिए Arpanet का प्रयोग करते हैं, ऐसे में दूसरा कम्प्यूटरा भी Arpanet से जुड़ा हुआ होता है।

एक बार कनेक्शन हो जाने के बाद, एक अन्वेषक (researcher) user name और पासवर्ड टाइप करके log-in कर सकता है। व अपने टर्मीनल के की-बोर्ड और स्क्रीन का प्रयोग करके रिमोट कम्प्यूटर से सीधे ही जुड़ सकें। उन दिनों में, टर्मीनल केवल अक्षर जैसे a to z, A to Z, 0 to 9 और विशेष चिन्ह ही दिखाते थे-कोई पिक्चर, विंडो या ग्रॉफिक्स आदि नहीं। फिर भी कम्प्यूटर के प्रयोग करने के तरीके को यदि मिला कर देखा जाये (जैसे पंचकार्ड से) तो टर्मीनल ज्यादा सुविधाजनक था। इसी कारण से, जब unix ऑपरेटिंग सिस्टम विकसित किया गया था, तो वह टर्मीनल के साथ काम करने के लिए डिजायन किया गया था। और कुछ ही सालों में unix, arpanet का मुख्य भाग बन गया। यद्यपि unix विभिन्न प्रकार के टर्मीनलों के साथ काम करने के लिए डिजायन किया गया था, लेकिन एक विशेष प्रकार का टर्मीनल de facto स्टैण्डर्ड का ज्यादा प्रयोग होता था। यह VT-100 टर्मीनल था, तो Digital Equipment Corporation (DEC) के द्वारा बनाया गया था। VT-100 स्टैण्डर्ड इतना ज्यादा पसंद किया गया, कि जब भी कभी कोई प्रोग्राम लिखा जाता था, वह VT-100 की तरह ही डिजायन किया जाता था।

तकनीकी टर्म में, हम यह कह सकते हैं कि प्रोग्राम VT-100 से स्पर्धा करता था (समान होने का प्रयत्न करता था)। इसलिए, यहि कारण है कि Telnet वास्तव में वह सेवा है।

⇨ जो रिमोट इंटरनेट कम्प्यूटर से जुड़ता है और

⇨ VT-100 टर्मीनल से स्पर्धा करता है।

जबकि VT-100 टर्मीनल अक्षरों पर आधारित टर्मीनल है, लेकिन जब तुम टेलनेट प्रयोग करते हो, तुम ग्रॉफिक्स (पिक्चर, ऑइकन, विंडोज आदि) का प्रयोग नहीं कर सकते।

सर्वर डोमेन (Server Domain)

टेलनेट तकनीक में, तुम्हारा कम्प्यूटर 'लोकल' कम्प्यूटर कहलाता है, दूसरा कम्प्यूटर जिसे तुम्हारा टेलनेट क्लाइन्ट जोड़ता है उसे 'रिमोट' कम्प्यूटर कहते हैं। हम इन टर्म का प्रयोग करते थे बिना इस बात की परवाह करते हुए कि वह कम्प्यूटर वास्तव में किना दूर है; या तो वह संसार में कहीं पर है या फिर उसी कमरें में हो। इंटरनेट पर, हम कभी-कभी इंटरनेट वाले कम्प्यूटरों को "होस्ट" कहते हैं। इस टर्मीनोलोजी का प्रयोग करते हुए हम यह कह सकते हैं कि तुम्हारे टेलनेट क्लाइन्ट का कार्य, तुम्हारे लोकल कम्प्यूटर को रिमोट इंटरनेट होस्ट से जोड़ना है। सामान्य रूप से टेलनेट को प्रयोग करने के दो तरीके हैं।

पहला, तुम इंटरनेट पर उन सभी कम्प्यूटर से जुड़ सकते हो जिसके लिए तुम्हारे पास shell एकाउन्ट है। जब इंटरनेट पर जाओगे तो log-in और पासवर्ड prompt देखोगे। अब तुम log-in करके साधारण रूप से कम्प्यूटर का प्रयोग कर सकते हो।

दूसरा, बहुत से पब्लिक साधन हैं जिन्हें तुम टेलनेट के द्वारा प्राप्त कर सकते हो। इनमें से कुछ को पासवर्ड की आवश्यकता नहीं होती। जैसे ही तुम्हारा टेलनेट क्लाइंट कनेक्ट होता है, तुम रिमोट कम्प्यूटर के साथ काम करना शुरू कर सकते हो। उदाहरण के लिए, बहुत सी पब्लिक पुस्तकालयों की सूची इस तरीके से व्यवस्थित होती है। अन्य पब्लिक सेवाएं (जैसे MUDs) को पासवर्ड की आवश्यकता होती है। इनमें से किसी एक सिस्टम से जब तुम पहली बार कनेक्ट होते हो तो तुमसे user name और पासवर्ड चुनने के लिए पूछेगा। तब तुम कोई भी नाम और पासवर्ड चुनकर log-in हो सकते हो।

टेलनेट क्लाइंट (Telnet Client)

टेलनेट का प्रयोग करने के लिए, तुम टेलनेट क्लाइंट प्रोग्राम की ओर रूख करो। यह प्रोग्राम तुम्हें रिमोट इंटरनेट होस्ट से जोड़ता है और तब VT-100 टर्मीनल से स्पर्धा (emulate) करता है। यदि तुम इंटरनेट में shell एकाउन्ट का प्रयोग कर रहे तो, तो तुम्हारा टेलनेट क्लाइंट unix टेलनेट प्रोग्राम हो जायेगा। वरना, तुम अपने कम्प्यूटर पर क्लाइंट प्रोग्राम चलाकर टेलनेट का प्रयोग करते हो। यदि तुम्हारे पास PC है, तो तुम विंडोज क्लाइंट चलाओगे। यदि तुम्हारे पास macintosh है, तो तुम macintosh क्लाइंट प्रोग्राम चलाओगे। विंडोज 95 अपने टेलनेट क्लाइंट्स के साथ आता है। तुम अन्दर दिये हुए क्लाइंट (built-in-client) का प्रयोग कर सकते हो या कोई दूसरा भी प्रयोग कर सकते हो। टेलनेट क्लाइंट्स नेट पर भी उपलब्ध है। विंडोज 95 के साथ, तुम नियमित तरीके से टेलनेट प्रोग्राम को शुरू कर सकते हो। (ऑइकन पर डबल क्लिक करके या स्टार्ट मेन्यू से जाकर भी खोल सकते हो या DOS prompt पर जाकर, टेलनेट कमान्ड प्रविष्ट कर दो)। किसी भी तरीके से करो, यह एक जैसा कार्य करता है।

टेलनेट क्लाइंट को प्रयोग करना आसान है। तुम अपने प्रोग्राम को शुरू करो और इस रिमोट होस्ट का नाम बताओ, जिससे तुम्हें जुड़ना है। एक बार होस्ट से कनेक्शन स्थापित हो जाता है, तुम देखोगे कि जो भी मैसेज दिखाई दे रहे हैं, वे सब शुरूआती प्रक्रिया के भाग हैं। यदि तुम unix कम्प्यूटर को जोड़ते हो, तो log-in करने में कुशल है, वह यह लाइन दिखाकर शुरू हो जायेगा–

Login :

उचित user name टाइप करो और enter बटन दबाओ। तब तुम यह लाइन देखोगे–

Password :

पासवर्ड टाइप करो और enter बटन दबाओ। अब तुम log-in हो जाओगे। एक बार जब टेलनेट क्लाइंट शुरू होगा, तो उस समय करने के लिए विशेष कुछ नहीं होगा। तुरन्त रिमोट कम्प्यूटर में log-in करो और काम शुरू करो। हालांकि, टेलनेट प्रोग्राम के कुछ निश्चित चेहरे होंगे, जिन्हें तुम pull-down मेन्यू से कंट्रोल कर सकते हो। हर प्रोग्राम अलग तरीके से ऑपरेट होगा, इसलिए अपने प्रोग्राम के लिए सहायता (help) की सूचना को पढ़ने के लिए तैयार रहो।

टर्मीनल की प्रतिस्पर्धा (Terminal Emulation)

टेलनेट को शुरू करने के लिए, जिससे तुम्हें जुड़ना है उस रिमोट होस्ट के पते (address) के साथ कमान्ड का नाम भरें। उदाहरण के लिए, कि तुम्हें nim नाम के कम्प्यूटर से जुड़ना है, जिसका पूरा पता nim.ucsb.edu है। निम्नलिखित को टाइप करें–

telnet nim.ucsb.edu

यदि तुम्हें लोकल नेटवर्क के किसी कम्प्यूटर से जुड़ना है, तो तुम पूरा पता देने के बजाय, सिर्फ कम्प्यूटर का नाम दे सकते हो। उदाहरण के लिए–

telnet nim

जब टेलनेट प्रोग्राम शुरू होगा, तो यह तुम्हारे बताये हुए रिमोट होस्ट से पहले जुड़ेगा। जब टेलनेट उसके उत्तर के लिए इन्तजार कर रहा होता है तो यह मैसेज देखोगे–

Trying...

या इसके जैसा-सा ही कुछ देखोगे। चाहे होस्ट कितनी ही दूर या पास क्यों ना हो, कुछ ही क्षण लगते हैं और कनेक्शन हो जाता है। तब तुम इस तरह का मैसेज देखोगे–

connected to nim.ucsb.edu

escape character is 'n]'

यदि किन्हीं कारणों से, टेलनेट कनेक्शन बनाने में असमर्थ होता है तो तुम यह मैसेज देखोगे कि होस्ट अपरिचित (unknown) है। उदाहरण के लिए कह सकते हैं कि तुम रिमोट होस्ट nip.com से जुड़ना चाहते हो और तुमने गलती से nippest.com टाइप कर दिया–

telnet nippest.com

तुम देखोगे–

nippest.com : unknown host

telnet ?

इस समय तुम अन्य होस्ट का नाम भी डाल सकते हो या फिर छोड़ (quit) भी सकते हो। दूसरी समस्या यह उठ सकती है कि तुम्हारा लोकल नेटवर्क कुछ कारणों से इंटरनेट के कुछ निश्चित

भागों से जुड़ने में असमर्थ हो। एक कारण यह भी हो सकता है कि वह निश्चित होस्ट सुरक्षा की दृष्टि से बन्द (off) किया हुआ हो। दूसरा कारण यह भी हो सकता है कि कुछ कनेक्शन को अन्य लोकेशन से जुड़ने के लिए रास्ता ही ना मिल रहा हो। इन केसों में तुम कुछ ऐसा मैसेज देखोगे–

Host is unreachable

यदि आपके साथ ऐसा हो समझ जायें कि आप टेलनेट कमान्ड गलत डाल रहे हैं। तुम अपने सिस्टम मैनेजर से भी पूछ सकते हो कि इस कनेक्शन में क्या गलत हो रहा है? फिर भी, यदि रिमोट होस्ट जहाँ आप हो वहाँ से कनेक्ट नहीं हो पा रहा है तो आप इस विषय में कुछ भी नहीं कर सकते। एक बार टेलनेट का रिमोट होस्ट से कनेक्शन हो जाने पर ही आप कार्य कर पाओगे। इस समय पर बहुत से होस्ट, कम्प्यूटर को पहचानने से सम्बन्धित कुछ मैसेज दिखाते हैं। यदि आप log-in करना चाहते हैं तो आप स्टैण्डर्ड prompt भी देख सकते हो। नियमित तरीके से login करके पासवर्ड टाइप करके return बटन दबायें। जब तुम पासवर्ड टाइप करोगे तो यह दिखाई नहीं देगा। जब रिमोट कम्प्यूटर के साथ काम करना खत्म हो जायेगा, तब तुम सबको नियमित तरीके से log out भी करना होता है। कनेक्शन टूट जायेगा और टेलनेट अपने आप रुक जायेगा।

टेलनेट कमान्ड्स का प्रयोग करना

जब तुम telnet > prompt पर हो, यहाँ बहुत सी कमान्ड्स है जिन्हें तुम प्रयोग कर सकते हो। अब, हम इन कमान्डों में से कुछ खास का अध्ययन करते हैं। शुरू करने से पहले, मैं तुम्हें याद दिला दूँ कि कमान्ड टाइप करने के बजाय, पहले return दबायें, टेलनेट रिमोट कनेक्शन को दोबारा चला (resume) देगा। विभिन्न टेलनेट कमान्ड्स की जानकारी के लिए तुम ? अक्षर टाइप करो–

?

कमान्ड्स का वर्णन	
close	ताजा कनेक्शन को बन्द करना
display	ऑपरेट करने वाले पैरामीटर्स (parameters) दिखाना
mode	लाइन से प्रवेश करने की कोशिश करना
open	साइट से जोड़ना
quit	टेलनेट से बाहर आना
send	विशेष अक्षर डालना
set	ऑपरेटिंग पैरामीटर्स व्यवस्थित करना
status	स्टेटस सूचना को प्रिन्ट करना
toggle	ऑपरेटिंग पैरामीटर्स पलटना
z	टेलनेट हटाना
?	सहायता सूचना प्रिन्ट करना

इन सभी कमान्डों में से, सबसे मुख्य कमान्ड है–?, open close, quit और z।

Open

Open कमान्ड रिमोट कम्प्यूटर के साथ कनेक्शन बनाने के लिए टेलनेट को बताता है। कम्प्यूटर के पते के साथ open कमान्ड टाइप करें। उदाहरण–

open nim.ucsb.edu

यह telnet > prompt को छोड़कर, रिमोट कम्प्यूटर से कनेक्शन कर देगा।

Close

Close कमान्ड टेलनेट प्रोग्राम को रोके बिना रिमोट कम्प्यूटर से कनेक्शन खत्म कर देता है। यह कितना आसान है। चलो देखते हैं कि तुम किसी रिमोट होस्ट के साथ जुड़े हुए हो, और कुछ गलत हो जाता है। कुछ कारणों से, होस्ट तुम्हारी कमान्ड्स को स्वीकार नहीं कर रहा है। तुमने क्या टाइप किया, क्या नहीं, कोई चिन्ता की बात नहीं और तुम log out भी नहीं कर सकते हो। एक ही हल है कि ctrl बटन दबाओ, और टेलनेट > प्रोम्प्ट (prompt) का इन्तजार करो और तब close कमान्ड टाइप करो। अब तुम उसी होस्ट से दोबारा से कनेक्शन बना सकते हो। हाँ, तुम किसी दूसरे होस्ट से भी कनेक्शन बना सकते हो।

Quit

Quit कमान्ड टेलनेट को रोक देता है। यदि रिमोट कनेक्शन चालू है तो टेलनेट इसे हटा देगा।

अन्य कमान्ड्स

अन्य सभी कमान्ड्स कम महत्वपूर्ण है और तुम शायद ही उन्हें कभी प्रयोग में ला पाओगे। मुख्य भाग यही है कि वे कम्यूनिकेशन सेशन के विभिन्न तकनीकी पक्ष को कंट्रोल करते हैं। यदि तुम किसी भी कमान्ड का संक्षिप्त वर्ण चाहते हो तो कमान्ड के साथ ? (question mark) टाइप करके enter बटन दबायें। उदाहरण के लिए–

Send ?

यूजनेट (Usenet)

Usenet वाद-विवाद (discussion) करने वाले ग्रुप का बहुत बड़ा संग्रह है जिसमें सारे संसार भर से लगभग लाखों की संख्या में लोग जुड़े हुए हैं। हर वाद-विवाद ग्रुप का एक विशेष विषय होता है। चुटकले, रेसिपी, गणित, फिलोसफी, कम्प्यूटर, जन्तु-विज्ञान, भौतिक-विज्ञान, रसायन-विज्ञान या जो भी विषय तुम सोच सकते हो, उसका अपना अलग ग्रुप होता है। सब मिलाकर देखें तो, usenet के 13,000 विभिन्न वाद-विवाद के ग्रुप है। बहुत से क्षेत्रीय और लोकल ग्रुप भी होते हैं। तो भी 4,700 ग्रुप सामान्य शौक के लोकल ग्रुप में है और पूरे संसार के लोगों के द्वारा पढ़े जाते हैं। लोगों के प्रश्नों में पहला प्रश्न यही होता है : Usenet को प्रयोग करने में क्या खर्चा है? उत्तर यह है कि Usenet मुफ्त है। तुम्हें इंटरनेट सुविधा के लिए तो कुछ मूल्य चुकाना होता है, पर यूजनेट को प्रयोग करने के लिए कुछ खर्चा नहीं होता है। बल्कि, यदि आप इंटरनेट की सुविधा बिना कीमत के ले रहे हैं तो आपके लिए तो सब कुछ मुफ्त है। मनुष्य के शौक से सम्बन्धित लगभग सारे विषय वाद-विवाद ग्रुप में है। जब किसी नये ग्रुप की आवश्यकता महसूस होती है, तब अच्छी तरह से स्थापित (well-established) प्रक्रिया के तहत नये ग्रुप बन जाते हैं। अन्य व्यवसायिक सेवाओं की तरह (जैसे–अमेरिका ऑनलाइन, प्रोडिजी (prodigy) और कम्प्यूसर्व आदि सेवाएं) सेंट्रल प्रशासन की कोई भूमिका नहीं होती है। इस

प्रकार जब यूजर्स को नये ग्रुप की आवश्यकता पड़े तो उन्हें बना लेना चाहिए। इस सिस्टम के दो मुख्य परिणाम हैं–

पहला, जब भी कंभी जरूरत महसूस होगी, नये ग्रुप बनाये जा सकते हैं।

दूसरा, यहाँ बहुत से ऐसे ग्रुप भी हैं जो गोपनीय विषय से सम्बन्धित भी हैं।

बेसिक टर्मीनोलॉजी

वास्तविक यूजनेट नेटवर्क, नोटिस और न्यूज के आइटमों को दिखाने के कारणों से ध्यान किया जाता है। यह विचार बुलेटिन बोर्ड का कम्प्यूटराइज्ड वर्जन (version) बनाने के लिए था। यूजनेट जल्द ही अपने वास्तविक ब्लूप्रिंट में फैल गया (outgrew) लेकिन इलैक्ट्रॉनिक न्यूज नेटवर्क का उत्तरदान (legacy) बच गया। यद्यपि शुरूआती दिनों में यूजनेट का प्रयोग वाद-विवाद ग्रुप के लिए होता था, मैं न्यूज बनाने वाली टर्म का प्रयोग करके अभी भी इसके बारे में बताता हूँ। उदाहरण के लिए, यूजनेट अपने आप में ही news या netnews नाम से जाना जाता है, यहाँ तक कि अखबार के रूप में यहाँ कुछ सच्ची खबरें भी होती हैं। उदाहरण के लिए, तुम किसी को कहते हुए भी सुन सकते हो, "मैने कल अखबार पढ़ते हुए मिठाईयों को रेसिपी में से एक केक की रेसिपी ली है।" इसका क्या मतलब है? यह कि उसने यह रेसिपी यूजनेट के किसी एक वाद-विवाद ग्रुप से ली है।

इसी तरह, यूजनेट के वाद-विवाद ग्रुप news-groups या फिर सिर्फ groups नाम से जाने जाते हैं। हर न्यूज-ग्रुप में कोई एक रेसिपी या आइटम articles या postings कहलाता है। जब आप न्यूजग्रुप को कोई आर्टिकल भेजते हो, तो हम कहते हैं कि तुम आर्टिकल पोस्ट (post) कर रहे हो।

यूजनेट और इंटरनेट में अन्तर

Usenet और internet दोनों नाम सुनने में एक जैसे लगते हैं इसलिए कोई भी आसानी से धोखा खा सकता है, इसलिए दोनों के अन्तर को सही परखने के लिए एक क्षण लेते हैं।

"Usenet" नाम "users network" का छोटा रूप है। हालांकि यह नाम कुछ भूल-भुलैया सा है। क्योंकि यूजनेट वास्तव में एक नेटवर्क नहीं है क्योंकि नेटवर्क आपस में जुड़े हुए कम्प्यूटरों के ग्रुप को कहते हैं। बल्कि *यूजनेट* वाद-विवाद ग्रुप का संग्रह है।

इंटरनेट, वास्तव में एक नेटवर्क है। यथार्थ रूप से, संसार भर के बड़ी संख्या के नेटवर्कों का संग्रह *इंटरनेट* है। दूसरे शब्दों में, इंटरनेट सूचनाओं का साधारण-उद्देश्य वाला कैरियर है, जबकि यूजनेट साधारण रूप से एक प्रकार की सेवा है जो इसकी योग्यता को प्रयोग करती है। (जैसा कि आप जानते हैं, इंटरनेट बहुत सी अन्य सेवाओं को सहारा देता है जैसे-वेब, इलैक्ट्रॉनिक मेल, गोफर (gophers), रिमोट टेलनेट कनेक्शन, फाइल ट्रान्सफर आदि)।

अब तुम पूछ सकते हो, कि हर इंटरनेट कम्प्यूटर यूजनेट का भाग है? उत्तर है नहीं। कुछ इंटरनेट कम्प्यूटर उन लोगों के द्वारा प्रयोग किये जाते हैं जो न्यूज सर्वर को access ही नहीं करते। उदाहरण के लिए, वे उस कम्पनी में काम करते हैं जो, यूजनेट का प्रयोग ना करने वालों को चुनती है। यूजनेट का भागीदार बनने के लिए ऐसे व्यक्ति की आवश्यकता है जो शासक की तरह कार्य करता है। इसके लिए ऐसे कम्प्यूटर की भी आवश्यकता है जिसमें प्रोग्रामों और आर्टिकलों को रखने के लिए बड़ी मात्रा में डिस्क में जगह हो। कुछ संस्थायें समय और धन दोनों ही खर्च नहीं करना चाहती, फिर भी वे इस प्रकार के सिस्टम व्यवस्थित करना चाहती है। तुम यह भी पूछ

सकते हो कि क्या सभी यूजनेट साइट इंटरनेट का भाग होती है। उत्तर दोबारा से नहीं है। यूजनेट का भाग बनने के लिए केवल कुछ बातों की जरूरत होती है–(1) तुम्हें उस कम्प्यूटर को access करना है जो आर्टिकलों के लिए भण्डार (एक न्यूज सर्वर) की तरह कार्य करें। (2) तुम्हें एक ऐसा व्यक्ति चाहिए जो सिस्टम की देख-रेख करें। (3) तुम्हें अन्य यूजनेट साइट खोजनी चाहिए जिससे तुम्हारा कम्प्यूटर, आर्टिकलों को आगे-पीछे शिफ्ट करने के लिए, जुड़ सकें।

यहाँ बहुत सी यूजनेट साइट है जो इंटरनेट का पार्ट नहीं है; वे कोई अन्य यूजनेट सिस्टम का प्रयोग करते हैं। उदाहरण के लिए, यहाँ एक पुराना यूनिक्स पर आधारित सिस्टम है जिसे UUCP कहा जाता है, अन्य कम्प्यूटरों के द्वारा प्रयोग किया जाता है। और यहाँ बहुत से BBSs (बुलेटिन बोर्ड सिस्टम) है जो इंटरनेट पर नहीं है लेकिन अपने यूजरों को यूजनेट सेवा प्रदान कर रहे हैं।

यूजनेट को कौन चलाता है?

मन को आकर्षित करने वाली बात यह है कि यूजनेट के ऊपर अधिकार जमाने वाला कोई नहीं है। यूजनेट उन लोगों के द्वारा चलाया जाता है जो उसे प्रयोग करते हैं। यूजनेट 1979 में नॉर्थ कैरोलीना (USA) में परिक्षण के तौर पर शुरू हुआ था। यह विचार इलैक्ट्रॉनिक बुलेटिन बोर्ड बनाने के लिए था, जो न्यूज, मैसेज और नोटिस को पढ़ने और पोस्ट करने के लिए सहज बना सकें। पहले, यहाँ केवल दो साइट ही थी नॉर्थ कैरोलीना की यूनिवर्सिटी और डयूक यूनीवर्सिटी। ज्यादा दूर नहीं 1980s और 1990 में नेटवर्किंग के धमाके के साथ इसका भी विस्तार हो गया। यूजनेट अतिशय रूप में फैल गया। आज ग्यारह मिलियन भागीदारों से भी ज्यादा सैकड़ों हजारों की संख्या में यूजनेट साइट है।

हर यूजनेट साइट को जो व्यक्ति चलाता है। उसे news administrator कहते हैं। कुछ जगहों पर जो सिस्टम को व्यवस्थित करता है वही न्यूज एडमिनिस्ट्रेटर है। बड़ी-बड़ी संस्थाओं में जैसे यूनीवर्सिटी आदि में न्यूज एडमिनिस्ट्रेटर, कोई स्टॉफ का व्यक्ति या कोई इच्छुक कार्यकर्त्ता जो सिस्टम मैनेजर को रिपोर्ट करता है, हो सकता है। हर न्यूज एडमिनिस्ट्रेटर अकेले अपनी ही साइट के लिए उत्तरदायित्व (जिम्मेदार) होता है और किसी का नहीं। हर न्यूज एडमिनिस्ट्रेटर एक दूसरी संस्थाओं से सम्पर्क में रहते हैं। वास्तव में न्यूज एडमिनिस्ट्रेटरों के वाद-विवाद (discussion) के लिए यूजनेट न्यूज ग्रुप स्थापित किए गये हैं।

यह नहीं कहा जा सकता कि यूजनेट का एक छत्र राज्य है। यहाँ बहुत अच्छी मात्रा में लोक सम्मति है जो वर्षों से विकसित हुई है। यूजनेट के एक जिम्मेदार मेम्बर होने के रूप में, आपसे इस लोक सम्मति को अनुसरण करने की और मानने की आशा की जाती है। फिर भी, जब कुछ लोग दुर्व्यवहार करते हैं–उदाहरण के लिए, न्यूजग्रुप को बार-बार घटिया और आक्रामक मैसेज भेजे जाते हैं–ज्यादा सही सोच तो यही है कि जनता पर अत्याचार ना करने के लिए उन लोगों को अपनी हद में रहना चाहिए या उन लोगों को शिकायती ई-मेल लिखकर उनके मेल बॉक्स में डालें।

वास्तव में, जैसा कि तुम देख रहे हो कि यहाँ कोई नियम कानून नहीं है तो ज्यादा से ज्यादा लोगों को सहयोगी स्वभाव को चुनना चाहिए।

इंटरनेट रिले चैट (Relay Chat)

हर कोई चैटिंग से प्यार करता है विशेषतया लड़कियाँ इसलिए इंटरनेट किसी भी क्षेत्र में पीछे नहीं हो सकता। यह चैटिंग ऑप्शन अन्य अपरिचित लोगों से भी सम्पर्क साधने देता है। ब्राउजर्स की

दृष्टि में, एक सॉफ्टवेयर यहाँ भी है जो चैट करने देता है। अच्छा, उन सबमें सबसे प्रसिद्ध है Yahoo! और भी है जैसे sify.com, lycos.com, 123india.com आदि। Yahoo.com पर चैट करने के लिए निम्नलिखित प्रक्रिया का अनुसरण करें–

1. Yahoo! की साइट पर log in करके चैट बटन पर क्लिक करें।
2. Yahoo चैट पेज खुल जाता है। चैट करने के लिए तुम्हें Yahoo! पर रजिस्टर होना पड़ेगा।
3. रजिस्टर होने के लिए sign up बटन पर क्लिक करें।
4. टर्म और कंडीशन पेज खुलता है I accept बटन पर कंडीशनों को स्वीकार करने के लिए क्लिक करें।

> ज्यादातर यूजर्स अपने सगे-सम्बन्धियों, दोस्तों और क्लाइंटों से बात करने के लिए साइबर कैफे में इंटरनेट रिले चैट का प्रयोग करते हैं।

5. Yahoo! ID पेज पर, सारे वर्णन भर कर submit बटन पर क्लिक करें। एक बार जब Yahoo! ID बन जायेगी, तब तुम sign in करके चैट कर सकते हो।
6. अब यह तुम्हें चैट सर्वर पर log on कर देगा और तुम चैट रूम (room) चुन सकते हो और दूसरे यूजर्स के साथ चैट कर सकते हो। अन्य लोग जो चैट कर रहे हैं उनके नाम एक लिस्ट बॉक्स में दिखाई देते हैं।
7. जो मैसेज तुम देना चाहते हो टाइप करो और submit बटन पर क्लि करो।
8. कुछ सर्वरों पर मैसेज भेजने के लिए send बटन होता है।
9. ज्यादातर साइटों पर, तुम कम भी बदल सकते हो। बस room link बटन पर क्लिक करना होता है। मुख्य रूप से room का अर्थ कुछ लोगों के ग्रुप से है जो चैट करने के लिए उपलब्ध है। एक ही चैट रूम के विभिन्न यूजर्स से हम एक साथ चैट कर सकते हैं। यदि दूसरे रूम के यूजर्स से चैट करनी है तो कम बदलने की आवश्यकता होती है।

10. चैट सर्वरों पर अलग-अलग शौक के आधार पर रूम बने होते हैं, जैसे बच्चों की देखभाल (parenting), टीनेजर्स, IT के लोग, समाज, जीवन और शैली (style) आदि पर आधारित।

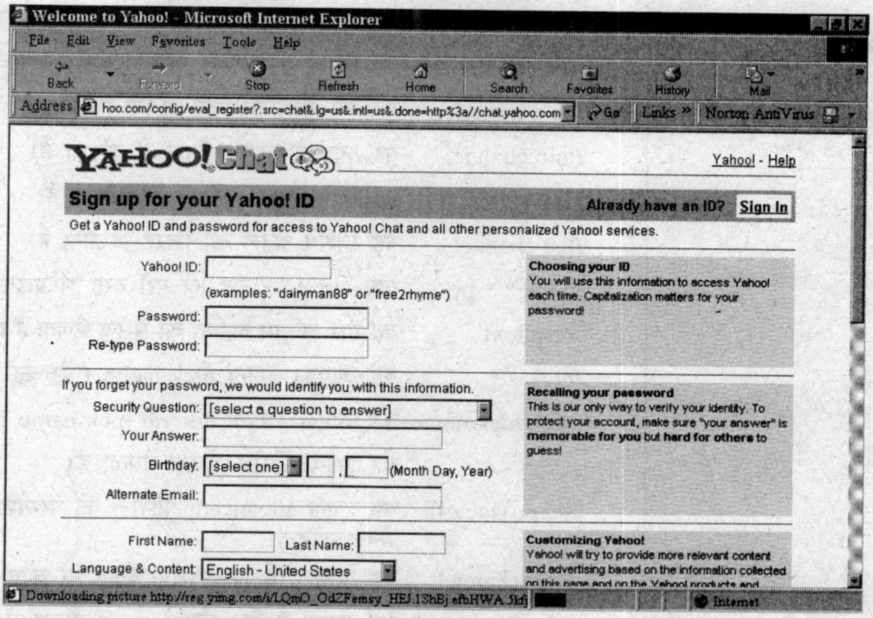

Welcome to Yahoo! - Microsoft Internet Explorer

File Edit View Favorites Tools Help

Back Forward Stop Refresh Home Search Favorites History Mail

Address hoo.com/config/eval_register?.src=chat&.lg=us&.intl=us&.done=http%3a//chat.yahoo.com Go Links » Norton AntiVirus

YAHOO! Chat

Yahoo! - Help

Sign up for your Yahoo! ID

Already have an ID? Sign In

Get a Yahoo! ID and password for access to Yahoo! Chat and all other personalized Yahoo! services.

Yahoo! ID:

(examples: "dairyman88" or "free2rhyme")

Password:

Re-type Password:

Choosing your ID

You will use this information to access Yahoo! each time. Capitalization matters for your password!

If you forget your password, we would identify you with this information.

Security Question: [select a question to answer]

Your Answer:

Birthday: [select one] , (Month Day, Year)

Alternate Email:

Recalling your password

This is our only way to verify your identity. To protect your account, make sure "your answer" is memorable for you but hard for others to guess!

First Name: Last Name:

Language & Content: English - United States

Customizing Yahoo!

Yahoo! will try to provide more relevant content and advertising based on the information collected

Downloading picture http://reg.yimg.com/i/LQmO_OdZFemsy_HEJ.1ShBj.efbHWA.5kfj

Internet

IRC की कार्य-प्रणाली

जब तुम इंटरनेट चैट पर अपना मैसेज भेजते हो, तब तुम्हारा मैसेज़ तुम्हारे सर्वर से दूसरे सर्वर पर भेजा जाता है जहाँ लोग तुम्हारे चैनल पर log on होते हैं। मैसेज एक सर्वर से दूसरे सर्वर पर भेजकर ही प्राप्त किया जाता है। हर सर्वर तुम्हारे मैसेज को चैनल से जुड़े हुए लोगों के क्लाइन्ट सॉफ्टवेयर को भेजता है। लोग अपने कम्प्यूटर पर तुम्हारे मैसेज को पढ़ सकते हैं और उत्तर दे सकते हैं।

चैट सॉफ्टवेयर

चैटिंग के लिए विभिन्न प्रकार के सॉफ्टवेयर उपलब्ध हैं। हर कोई अलग उद्देश्य के लिए बना है।

इंटरनेट रिले चैट

इसके लिए तुम्हें सॉफ्टवेयर की आवश्यकता पड़ती है जैसे–mIRC या Ircle।

वेब पर आधारित चैट

इसके लिए वेब ब्राउजर की आवश्यकता होती है, जैसे नेटस्केप या इंटरनेट एक्सप्लोरर।

अमेरिका ऑनलाइन प्रोग्राम

इसके लिए तुम्हें ICQ, AOL इंस्टेंट मैनेजर या अन्य प्रोग्राम की आवश्यकता होती है।

ऑनलाइन कॉनफ्रेसिंग (Conferencing)

इसके लिए तुम्हें कॉनफ्रेसिंग प्रोग्राम की आवश्यकता होती है।

IRC की मुख्य कमान्ड्स

कमान्ड का वर्णन

/flush ताजी (current) कमान्ड का बचा हुआ आउटपुट हटा देता है।

/help	यह सभी IRC कमान्ड्स की सूची दिखाता है।
/help command	यह विशेष कमान्ड के बारे में सहायता सूचना दिखाता है।
/help newuser	यह नये यूजर के लिए सूचना दिखाता है।
/join channel	यह आपको विशेष चैनल से जोड़ता है।
/list	यह सभी चैनलों की लिस्ट दिखाता है।
/list channel	यह विशेष चैनल की लिस्ट दिखाता है।
mode * + pi	यह current चैनल को पूरी तरह से प्राइवेट बनाता है।
/msg.text	यह उस अन्तिम व्यक्ति को मैसेज भेजता है जिसने तुम्हें मैसेज भेजा है।
/nick	यह आपका अपना nick name (घर का नाम) दिखाता है।
/nick nick name	यह आपको अपना current nick name बदलने देता है।
/query	यह प्राइवेट मैसेज भेजना रोकता है।
/set novice off	यह ज्यादा advanced ऑप्शनों को परमीशन देता है, जैसे एक से ज्यादा चैनल जोड़ना।
/who channel	यह दिखाता है कि विशेष चैनल पर कौन है।
/who *	यह बताता है कि कौन current चैनल से जुड़ने वाला है।
/who is nick name	यह nick name वाले व्यक्ति की पूरी जानकारी दिखाता है।
/who is *	यह हर किसी के बारे में सारी जानकारी दिखाता है।

चैट सर्वर

ये सर्वर जैसे कि इंटरनेट सर्वर यूजर्स के बारे में सूचना देने के लिए होते हैं। हर सर्वर के अपने यूजर्स की अलग संख्या होती है। इसके पास होस्ट का नाम होता है, जिसे यह access (प्राप्त) करता है।

स्माइली (Smileys)

स्माइली छोटे-छोटे कैरेक्टर होते हैं जिसमें चेहरे के हाव-भाव दिखाई देते हैं। चैटिंग, स्माइली के रूप में तुम्हारे चेहरे के आव-भाव दिखाते हैं। जबकि चैटिंग में तुम आमने-सामने नहीं होते हो, तब ये स्माइली तुम्हारा मैसेज पूरे हाव-भाव के साथ पहुँचाते हैं। कुछ ई-मेल में भी प्रयोग किये जाते हैं। इनकी पूरी लिस्ट ई-मेल चैप्टर में दी गई है। तुम वास्तव में, स्माइली को विभिन्न कैटेगरी में विभाजित कर सकते हो। उदाहरण के लिए कुछ निम्न प्रकार से है–

1. बेसिक स्माइली (Basic smiley)
2. भावना प्रकट करने वाले स्माइली (Emotional smiley)
3. मेगा स्माइली (Mega smiley)
4. मिडगेट स्माइली (Midget smiley)
5. यूजनेट स्माइली (Usenet smiley)
6. बड़े स्तर पर प्रयोग होने वाले स्माइली (widely used smiley)।

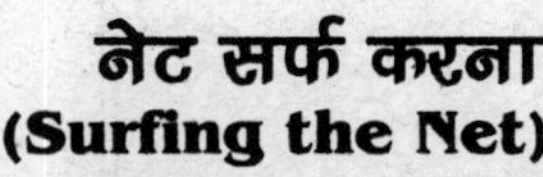

नेट सर्फ करना (Surfing the Net)

> सर्फिंग चैनलों को बदलने की तरह है जैसे विभिन्न टी.वी. चैनलों पर क्या आ रहा है यह देखने के लिए टी.वी. के रिमोट का प्रयोग करते हैं।

ब्राउजर

पहला पेज जो तुम स्क्रीन पर देखते हो वह ब्राउजर का होम पेज होता है। इसलिए नेटस्केप नेवीगेटर की दृष्टि में, तुम एक नेट सेंटर देखोगे, जबकि इंटरनेट एक्सप्लोरर की दृष्टि से MSH.com को देखोगे। ये सॉफ्टवेयर लॉन्च किये जा सकते हैं जैसे कि तुम विंडोज के वातारण में कोई अन्य सॉफ्टवेयर लॉन्च करते हो। यह start बटन से किया जा सकता है, या इसका ऑइकन डेस्कटॉप पर होगा या टॉस्कबार पर quick launcher से भी किया जा सकता है। एक बार लॉन्च होने पर तुम स्क्रीन पर इसका पहला पेज देखोगे। यहाँ मैं आपको इंटरनेट एक्स्प्लोरर का पहला पेज दिखा रहा हूँ।

इंटरनेट एक्सप्लोरर पर काम करना

तुमने कभी इंटरनेट एक्सप्लोरर की स्क्रीन देखी होगी। यहाँ बहुत सारे बार होते हैं जिन पर बहुत से बटन होते हैं। चलो देखते हैं उन सबका क्या अर्थ है।

Title bar	यह current वेब पेज का टाइटल बताता है।
Menu bar	यह एक्सप्लोरर के हर गुण (feature) अपने मेन्यू से प्रयोग करने देता है।
Buttons	इंटरनेट एक्सप्लोरर के टूल बार पर कुछ ग्रॉफिकली डिजायन के बटन होते हैं। वे हमें मेन्यू के ऑप्शनों के short-cut प्रदान करते हैं।
Link menu	माइक्रकोसॉफ्ट से सम्बन्धित विभिन्न साइटों से लिंक बनाने (जुड़ने) के लिए इस मेन्यू का प्रयोग होता है।
Go button	URL (address) टाइप करने के बाद, वेब पेज देखने के लिए इस बटन पर क्लिक करें।
Scroll bars	इन बार की सहायता से स्क्रन को ऊपर से नीचे व इधर से उधर किया जा सकता है।
Status bar	यह बार उस गतिविधि को दिखाता है जो उस समय स्क्रीन पर कार्यान्वित होती है।
Address bar	इस बार पर विभिन्न वेब साइट्स का address या URL टाइप किया जाता है।

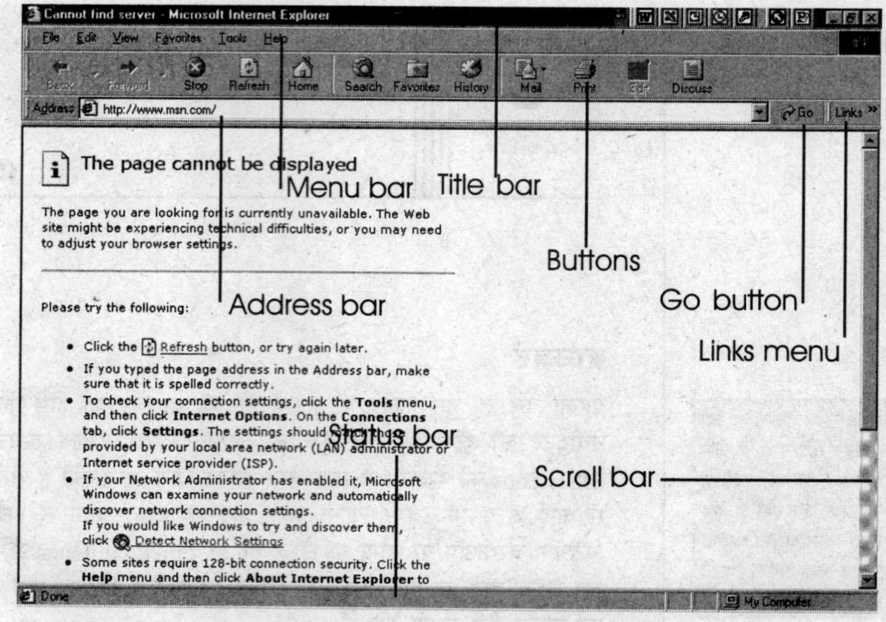

टूलबार के बटन

जैसा कि तुम देखते हो कि यहाँ टूल बार पर बहुत से बटन हैं। चलो मैं बताता हूँ कि इन सबका क्या अर्थ है।

Back	पहले देखे गये पेजों की लिस्ट दिखाता है। एक बार क्लि करने पर एक पेज पीछे जाता है।
Forward	उन पेजों की लिस्ट दिखाता है जो आगके देखे जा चुके हैं।
Stop	यह current पेज को डाउनलोड करने से रोकता है।
Refresh	यह current पेज को फिर से डाउनलोड करता है।
Home	यह साइट का होम पेज (पहला पेज) दिखाता है।
Search	यह सर्च एक्सप्लोरर बार को दिखाता और छुपाता है, जो इंटरनेट सर्च इंजन को access करने देता है।
Favorites	यह फेवरेट एक्सप्लोरर बार को दिखाता और छुपाता है, जो तुम्हें फेवरेट साइट को access करने देता है।
History	यह हिस्ट्री एक्सप्लोरर बार को दिखाता और छुपाता है, यह उन साइटों को access करने देता है जिन्हें तुमने हाल ही में देखा है।
Full screen	यह फुल स्क्रीन दिखाने और हटाने के लिए स्वीच (switch) है। यह इंटरनेट एक्सप्लोरर पर डॉक्यूमेंट area को ज्यादा जगह में दिखाता है।
Mail	यह आउटलुक एक्सप्रेस पर तुम्हारे मेल प्रोग्राम या न्यूजरीडर प्रोग्राम को लॉन्च (launch) करता है। अब तुम ई-मेल के द्वारा पेज या लिंक दूसरों को भेज सकते हो।
Print	यदि प्रिन्टर ऑनलाइन है तो यह current पेज को प्रिंट करता है।

वेबसाइट को प्राप्त करना

जैसा कि पहले बताया गया है कि तुम ब्राउजर को पहले दिये गये किसी भी तरीके से शुरू कर सकते हो। अब साइट पर जाने के लिए, तुम पूर्ण रूप से सही (सभी . dots के साथ) साइट का नाम टाइप करो। Go बटन दबाने से पहले यह निश्चित कर लें कि टेलीफोन लाइन और मोडेम के द्वारा तुम्हारा नेट का कनेक्शन बना हुआ है या नहीं।

यदि जो साइट तुम्हें देखनी है इसका address नहीं जानते हो तो सर्च बॉक्स में एक कीवर्ड /s टाइन करें और टूल बार पर से सर्च बटन को क्लिक करें और स्क्रीन पर आये हुए निर्देशों का पालन करें। तुम सर्च इंजन जैसे Yahoo, Altavista, Google, HotBot आदि भी प्रयोग कर सकते हो। सर्च बॉक्स में कीवर्ड (keyword) टाइन करके सर्च बटन पर या Go पर क्लिक करें।

नीचे दिये हुए केस में वेबसाइट को प्राप्त करने के लिए सही address टाइप किया गया था। आप बस साइट का नाम टाइप करें और Go पर क्लिक करें, इच्छित वेबसाइट खुल जायेगी।

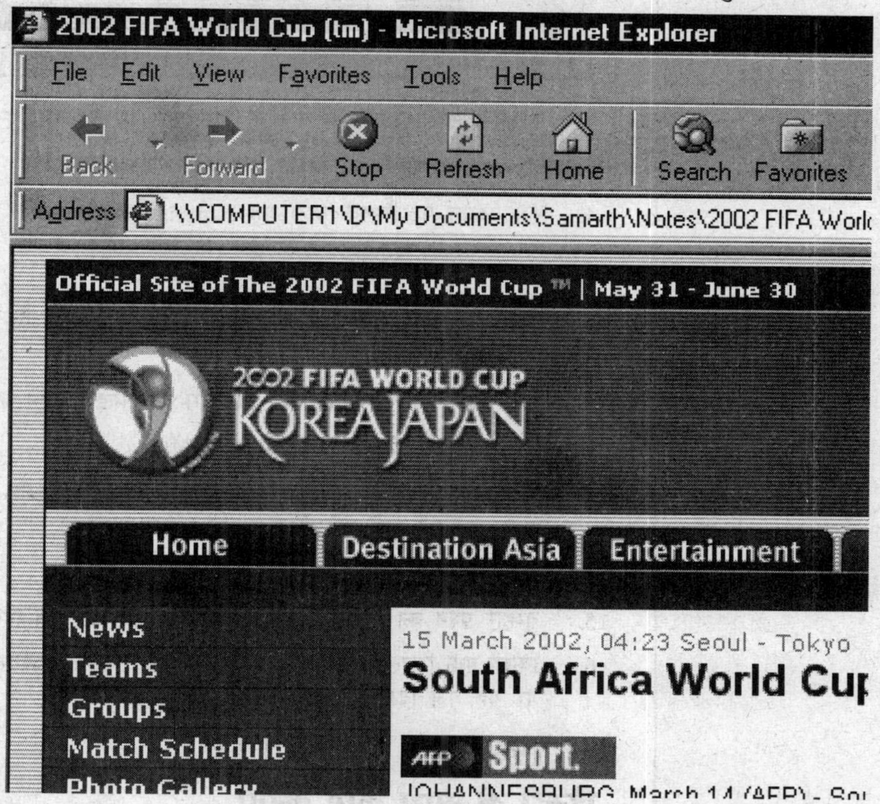

फेवरेट बटन के साथ काम करना

जैसा तुम देख सकते हो टूलबार फेवरेट बटन है। यह तुम्हारी फेवरेट वेबसाइट्स के साथ काम करने में सहायता करता है। यह फेवरेट ऑप्शन start बटन से भी प्राप्त किया जा सकता है। तुम इसमें हमेशा कुछ भी जोड़ या डाल सकते हो और कुछ भी डिलीट कर सकते हो।

फेवरेट में आइटन जोड़ना

Add To कमान्ट तुम्हें एक फेवरेट पेज बतानने के लिए परमीशन देता है। Add करने के लिए निम्नलिखित प्रक्रिया का अनुसरण करें :

1. फेवरेट मेन्यू पर क्लिक करके Add to favourites पर क्लिक करें। या फेवरेट एक्सप्लोरर बार से इस बटन पर क्लि करें। Add favourite का डॉयलोग बॉक्स खुल जायेगा।

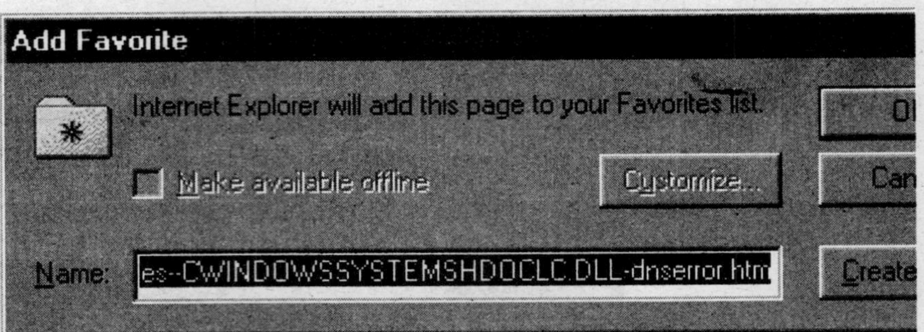

2. Name टेक्स्ट बॉक्स में पेज के नाम के लिए जो नाम देना है वह टाइप करें।
3. Create In बॉक्स में फेवरेट पेज की लोकेशन बतायें।
4. OK बटन पर क्लिक करें। यह current पेज को फेवरेट की लिस्ट में डाल देगा।

सर्च बटन का प्रयोग करना

विभिन्न सर्च इंजन के लिए सर्च बटन बहुत ही आसान उपाय है। सर्च बटन का प्रयोग करने के लिए निम्न प्रक्रिया करें :

1. सर्च इंजन को चुनने के लिए विंडो में कस्टमाइज बटन पर क्लिक करें।
2. सर्च करने के लिए इच्छित कैटेगरी चुनें।
3. सर्च एक्सप्लोरर बार में टेक्स्ट बॉक्स पर क्लिक करें और वे शब्द या विषय या टॉपिक टाइन करें जो तुम्हें खोजने हैं।
4. सर्च बटन पर क्लिक करें।
5. तुम्हारे प्रश्न का परिणाम सर्च एक्सप्लोरर बार के नीचे दिखाई देगा।
6. किसी एक रिजल्ट लिंक पर क्लिक करें और इंटरनेट एक्सप्लोरर के डॉक्यूमेंट क्षेत्र (area) पर यह पेज दिखाई देगा।

उसी लाइन में तुम्हारे पास हिस्ट्री बटन है।

हिस्ट्री के साथ काम करना

जैसा तुम सोच रहे हो, वह बिल्कुल सही है। यह ऑप्शन उन साइट्स की हिस्ट्री (इतिहास) रखता है जो तुमने पिछली बार काम करते हुए देखी थी। कुछ ऑप्शन हैं :

3 हफ्ते पहले की

पिछले हफ्ते की

आज की

ये सभी ऑप्शन आपक को विभिन्न साइटों की सूची दिखा देंगे, जो तुमने पिछली बार अपने ब्राउजर के साथ काम करते हुए देखी थी। ठीक है, अब तुम उस साइट को प्राप्त करोगे जो तुम स्क्रीन पर चाहते हो। अगले चरण में तुम इसके साथ काम करोगे। चलो देखते हैं।

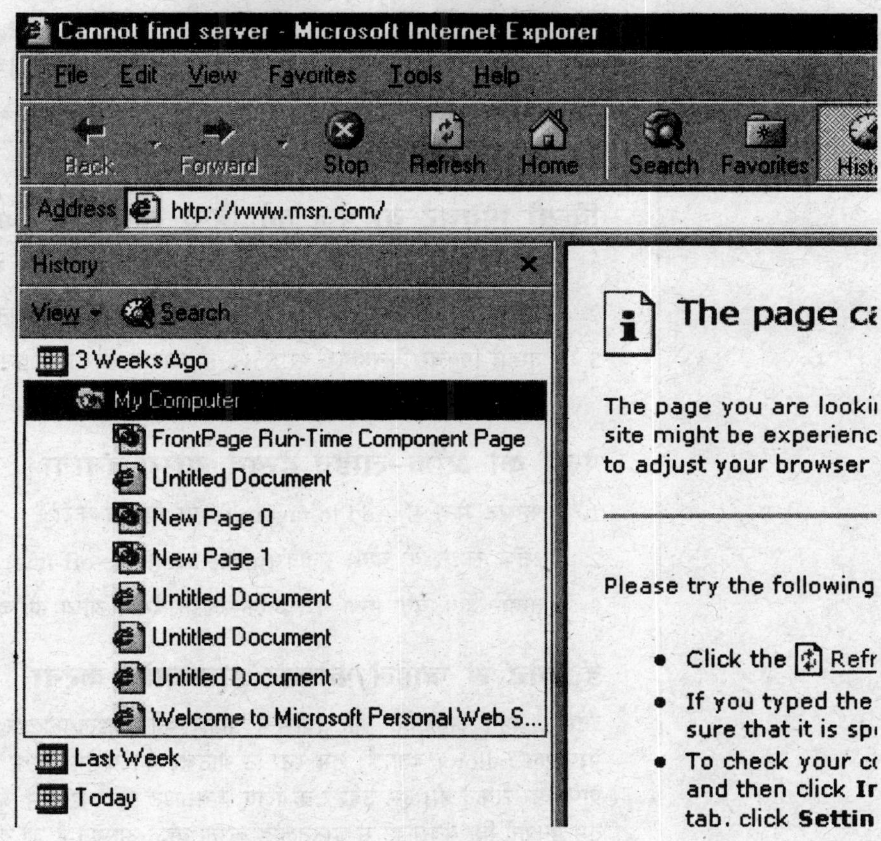

डाटा कॉपी करना

निम्नलिखित चरणों का अनुसरण करें।

1. उस साइट को खोलें जहाँ से डाटा कॉपी करना है।
2. कॉपी करने वाले डाटा को सेलेक्ट करो।
3. एडिट (Edit) मेन्यू पर क्लिक करें।
4. कॉपी को चुनें।
5. सॉफ्टवेयर को minimize करें।
6. उस सॉफ्टवेयर/डॉक्यूमेंट को खोलें जहाँ Paste करना है।
7. इच्छित डाटा को Paste करें।

वेब पेज से पिक्चर Save करना

1. उस साइट को खोलें जिसमें इच्छित पिक्चर हैं।
2. Save करने वाली पिक्चर पर दांया क्लिक करें।
3. पिक्चर Save करने के लिए Save As ऑप्शन पर क्लिक करें।
4. तुम्हारी पिक्चर क्लिपबोर्ड पर कॉपी जो जायेगी और तुम इसे किसी दूसरे सॉफ्टवेयर/डॉक्यूमेंट में Paste कर सकते हो।

किसी पिक्चर या पेज को बिना खोले हीं Save करना

1. आइटम को Save करने के लिए लिंक पर दांया क्लिक करें।
2. पिक्चर को Save करने के लिए Save target as ऑप्शन को चुनें।
3. तुम्हारे पिक्चर क्लिपबोर्ड पर Save हो जाएगी और इसे किसी भी सॉफ्टवेयर या डॉक्यूमेंट में Paste कर सकते हो।

पेजों को ऑफ–लाइन देखने योग्य बनाना

1. फेवरेट मेन्यू में Add to favourite पर क्लिक करें।
2. ऑफ लाइन के योग्य बनाने (make available off-line) वाले चेक बॉक्स को चुनें।
3. तुम्हारे द्वारा चुना हुआ पेज ऑफ–लाइन देखने योग्य हो जाएगा।

इंटरनेट से फाइलें/फोल्डर डाउनलोड करना

इंटरनेट बहुत आकर्षक और विभिन्न प्रकार की फाइलें/फोल्डर/प्रोग्राम डाउनलोड करने की परमीशन (allow) देता है। तुम इंटरनेट ब्राउजर का प्रयोग करके जरूरत के हिसाब से सामग्री प्राप्त कर सकते हो। इस उद्देश्य के लिए, वेबसाइट पर फाइल से जुड़े हुए लिंक को प्वाइंट करो। तुम पाओगे कि वेबसाइट से डाउनलोड करना बहुत आसान है जो तुम्हारे समय में ही हो जाता है। रात में, तुम प्राय: देखोगे कि साइट कम व्यस्ट होती है, इसलिए आसानी से प्राप्त हो जाती है।

वेब पेज को प्रिन्ट करना

तुम्हारे लिए बहुत से प्रिन्ट ऑप्शन उपलब्ध है :

1. Current पेज से लिंक हुए सभी डॉक्यूमेन्टों को प्रिन्ट करना।
2. Current पेज पर दिखाये गये लिंक की लिस्ट को प्रिन्ट करना।
3. पेज के चुने हुए भागों को प्रिंट करना, जो कि फ्रेम का प्रयोग करके बनाये गये हैं।

वेब पेज को प्रिन्ट करने के लिए इन ऑप्शनों का प्रयोग करें।

1. फाइल मेन्यू पर क्लिक करके, प्रिन्ट चुनें।
2. प्रिन्ट डॉयलोग बॉक्स दिखाई देगा।
3. प्रिन्टर, पेज नम्बर और कितने पेज प्रिन्ट करने हैं, यह चुनें।
4. OK पर क्लिक करके प्रिन्टिंग शुरू करें।

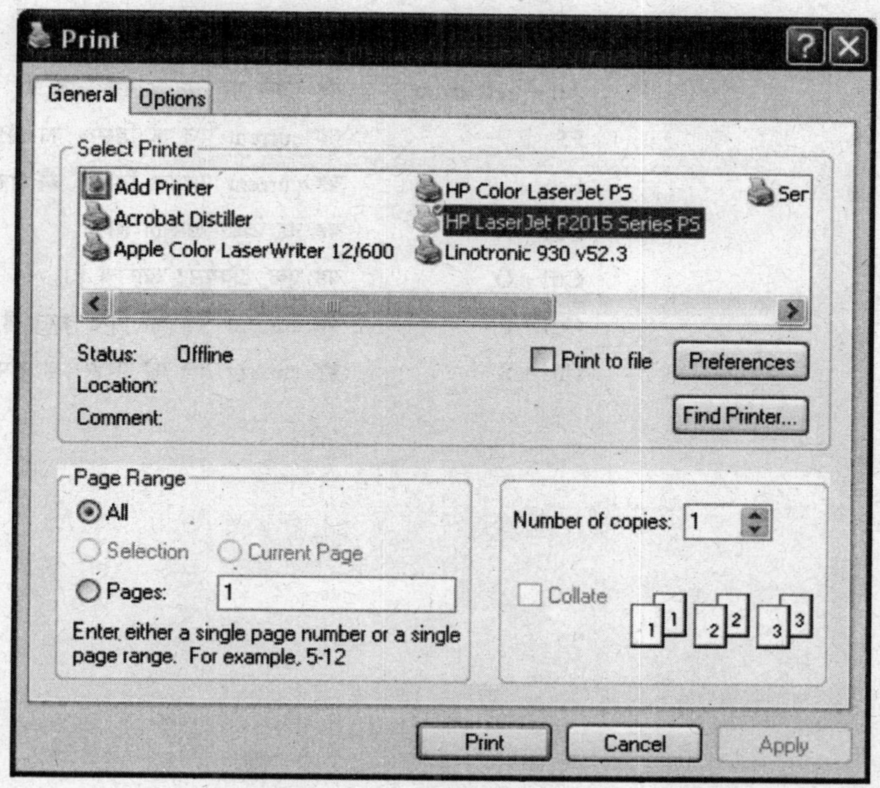

प्रिन्ट डॉयलोग बॉक्स के ऑप्शन

As laid out on screen	यह स्क्रीन पर दिखाई दे रहे पूरे पेज को प्रिन्ट करता है।
Only the selected frame	यह एक चुना हुआ फ्रेम प्रिन्ट करता है। यह ऑप्शन प्रिन्टिंग से पहले, जिन्हें तुम प्रिंट कराना चाहते हो ऐसे कुछ शब्दों को चुनने के लिए कहता है।
All frames individually	यह हर फ्रेम को अलग पेज पर प्रिन्ट करता है।
Print all linked documents	यह ऑप्शन current पेज से जुड़े हुए (linked) हर डॉक्यूमेंट को प्रिन्ट करता है।
Print table of links	यह ऑप्शन डॉक्यूमेंट में दिये गये सभी URLs की लिस्ट को प्रिन्ट करता है।

इंटरनेट एक्सप्लोरर में काम करने के लिए कीबोर्ड की Shortcuts

Enter	यह (सेलेक्टेड) चुने हुए लिंक को चालू (activate) करता है।
Shift + F10	यह current लिंक के लिए context मेन्यू दिखाता है।
Tab	यह अगले लिंक को चुनता है।
Ctrl + Tab	यह फ्रेमों (frames) के बीच में घूमता है।
Shift + Tab	यह पहले लिंक को चुनता है।

Alt + Right arrow	यह अगले पेज पर पहुँचाता है।
Alt + Left arrow	यह पहले पेज पर वापिस लाता है।
F5	यह current पेज के डिस्प्ले को refresh करता है।
Esc	यह current पेज के डिस्प्ले को रोकता है।
Ctrl + N	यह नई विंडो खोलता है।
Ctrl + O	यह एक डॉक्यूमेंट खोलता है।
Ctrl + P	यह current पेज को प्रिन्ट करता है।
Ctrl + S	यह current पेज को फाइल के रूप में save करता है।

फ्रंट-पेज का प्रयोग करके वेज पेज तैयार करना (Creating a Web Page Using Front Page)

परिचय

माइक्रोसॉफ्ट फ्रंट पेज 2003 माइक्रोसॉफ्ट ऑफिस सूट का ही भाग है। इसलिए इसे अलग से मत लोड करें।

माइक्रोसॉफ्ट ऑफिस फ्रंट-पेज 2003 पूरी तरह आराम करने वाला विजार्ड प्रदान करता है, जो तुम्हें कहता है कि आराम से बैठो और तुम्हारे लिए वेज पेमज बनाने के लिए फ्रंट-पेज को ऑर्डर देता है। केवल आपको यह करना है कि सॉफ्टवेयर के कुछ प्रश्नों के उत्तर देने हैं।

फ्रंट-पेज में दो प्रकार के विजार्ड होते हैं : एक जो **पूरी साइट** बनाता है और दूसरा जो केवल **एक पेज** का निर्माण करता है।

विजार्ड का प्रयोग करके एक वेज पेज बनाना

माइक्रोसॉफ्ट फ्रंट-पेज 2003 में निम्नलिखित तरीके द्वारा वेज पेज बनाया जा सकता है :

1. File मेन्यू से New पर क्लिक करें।
2. New के सबमेन्यू से Web पर क्लिक करें।
3. नया डॉयलोग बॉक्स दिखायी देगा।
4. General टैब पर से corporate presence wizard का ऑप्शन चुनते हैं। यह विजार्ड एक प्रोफेशनल वेब को विकसित करने के लिए गाइड करता है।
5. शुरू करने के लिए विजार्ड के ऑइकन पर क्लिक करें।
6. इसमें असंख्य गुण हैं जो एक कम्पनी के वेब को आसान बनाते हैं।
7. जब तुम इस विजार्ड को सेलेक्ट करते हो तो, तुम्हें 13 अलग-अलग डॉयलोग बॉक्सों में कुछ जानकारी भरनी पड़ेगी।
8. जो तुम जानते हो वह डाटा भरो।
9. तुम डॉयलोग बॉक्स में डाटा भरने में समर्थ हो, इसके लिए मैं तुम्हें यह जानकारी रखने का सुझाव देता हूँ :
   - ⇨ उत्पाद और सेवाऐं जो वेब पर उन्नति कर सकें।
   - ⇨ दर्शकों से फीडबैक (feedback) फॉर्म की आवश्यकता है या नहीं।
   - ⇨ फीडबैक को save करना है या नहीं। यदि हाँ तो कैसे?
   - ⇨ वेब को अपने सर्च इंजन की आवश्यकता है या नहीं।

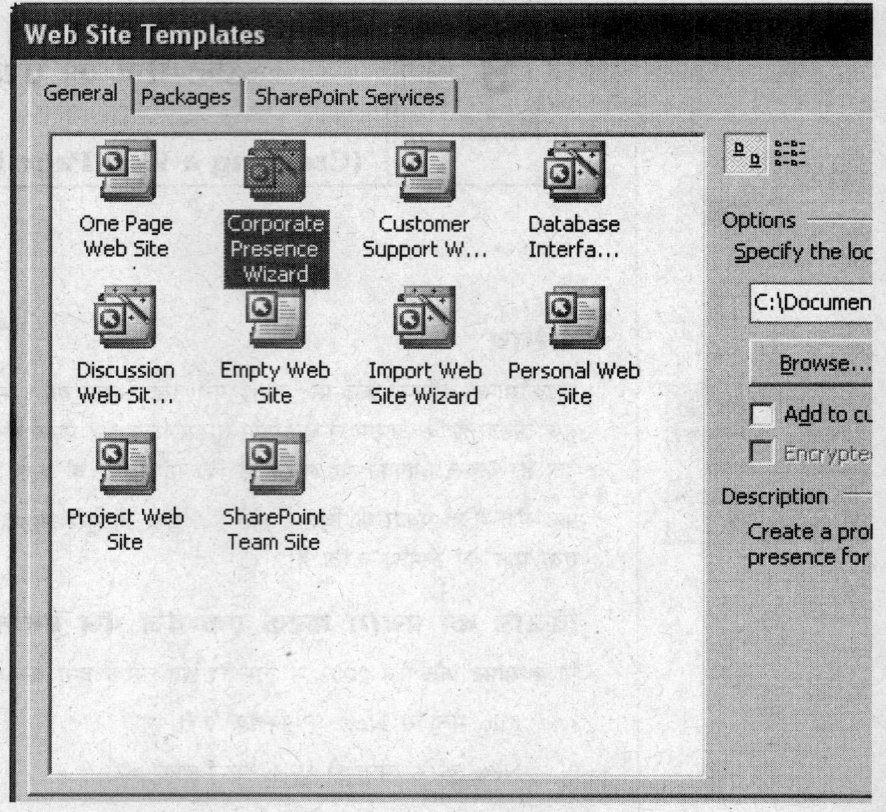

⇨ कम्पनी के बारे में जानकारी वेब पेज पर दिखाई दें।

⇨ कम्पनी के अनुरूप सारी सूचना जैसे ई–मेज का पता आदि और वेब से सम्बन्धित सारी बातें वहाँ पर हों।

10. यदि किसी बात में कोई संदेह है तो उस बॉक्स को ऐसे ही छोड़ दे। क्योंकि आप हिकसी भी बॉक्स पर कभी भी back बटन दबाकर वापिस आ सकते हैं।

11. Corporate विजार्ड में बहुत सारा वर्णित टेक्स्ट भी है जो बताता है कि वह क्या करने के योग्य है।

12. सभी 13 डॉयलोग बॉक्स की सभी प्रश्नों के उत्तर देने के बाद corporate presence wizard अपने आप वेज पेज बनाने के लिए तेयार है।

यह केवल एक उदाहरण है, तुम कोई और विषय लेकर तुम अपनी वेबसाइट् बना सकते हो।

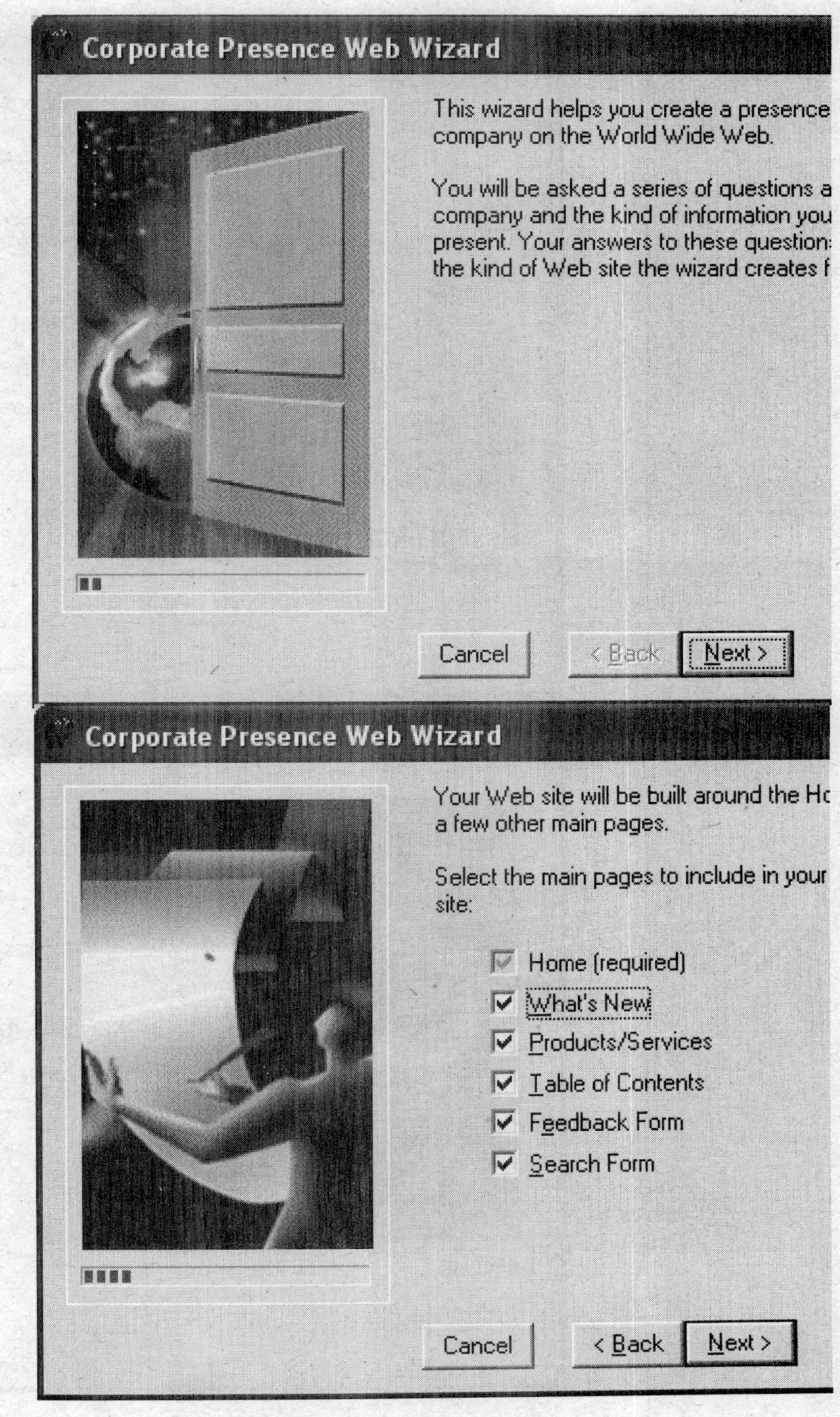

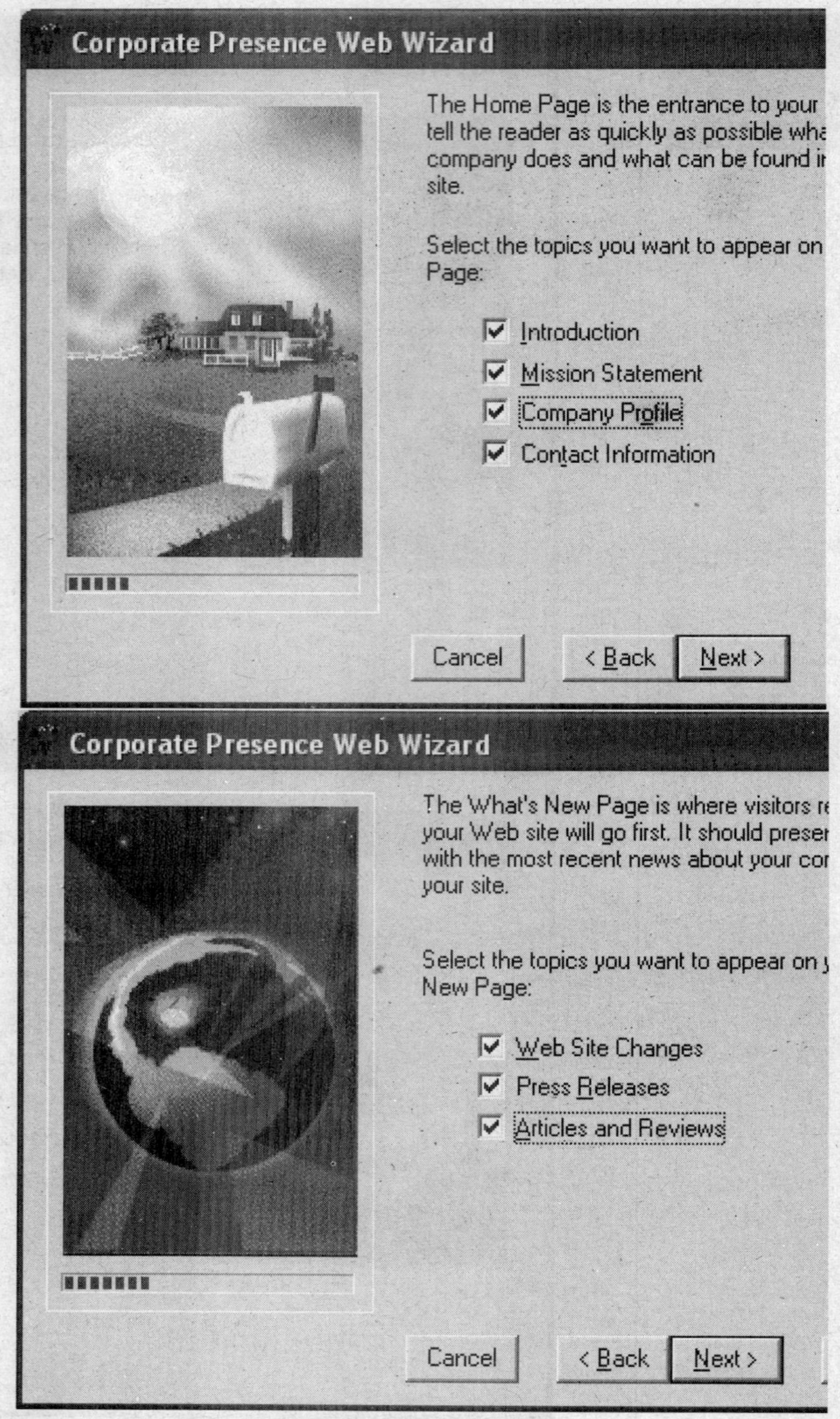
Corporate Presence Web Wizard
The Home Page is the entrance to your
tell the reader as quickly as possible wha
company does and what can be found i
site.
Select the topics you want to appear on
Page:
Introduction
Mission Statement
Company Profile
Contact Information
Cancel
< Back
Next >
Corporate Presence Web Wizard
The What's New Page is where visitors r
your Web site will go first. It should prese
with the most recent news about your co
your site.
Select the topics you want to appear on
New Page:
Web Site Changes
Press Releases
Articles and Reviews
Cancel
< Back
Next >

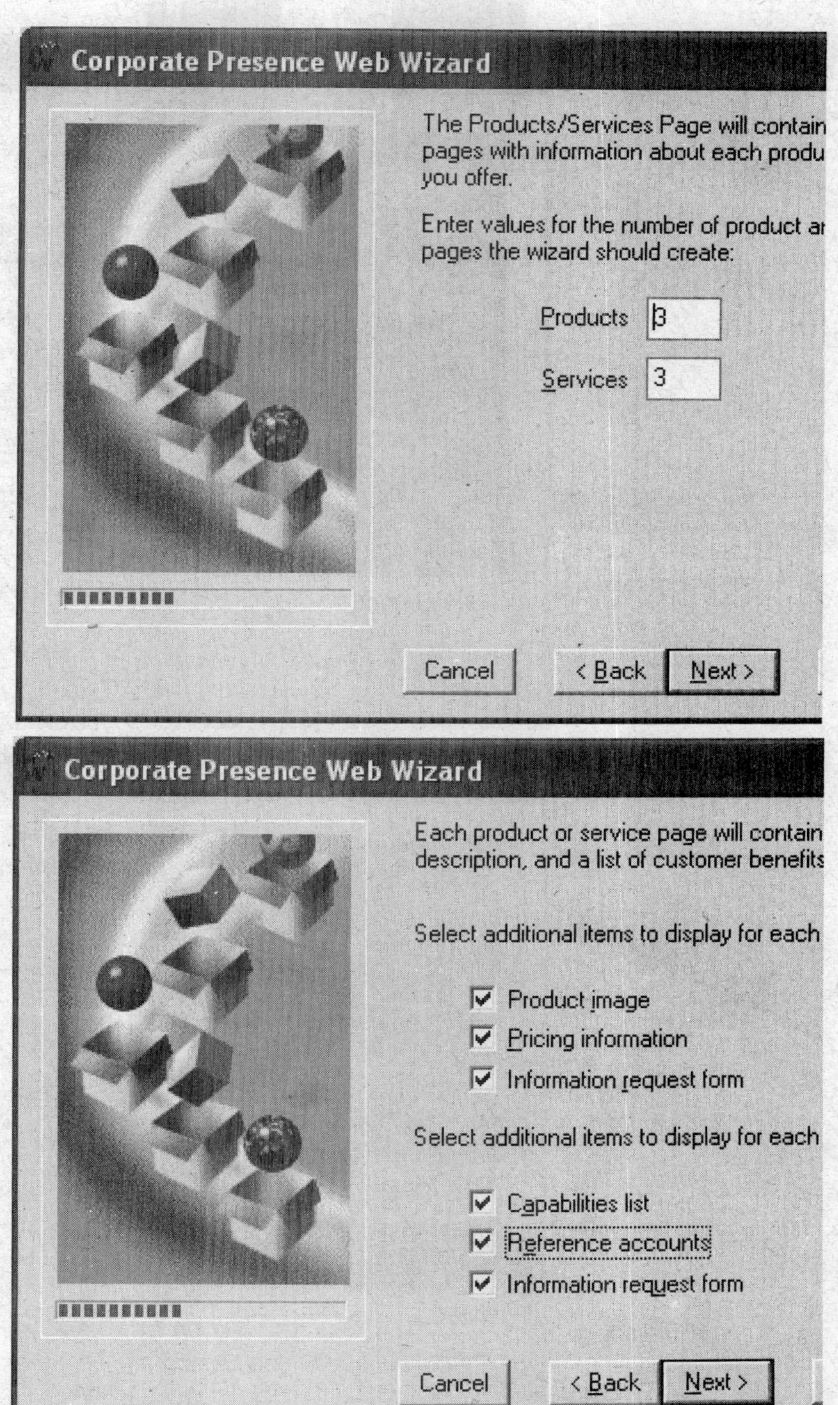
Corporate Presence Web Wizard
The Products/Services Page will contain
pages with information about each produ
you offer.
Enter values for the number of product a
pages the wizard should create:
Products
3
Services
3
Cancel
< Back
Next >
Corporate Presence Web Wizard
Each product or service page will contain
description, and a list of customer benefits
Select additional items to display for each
Product image
Pricing information
Information request form
Select additional items to display for each
Capabilities list
Reference accounts
Information request form
Cancel
< Back
Next >

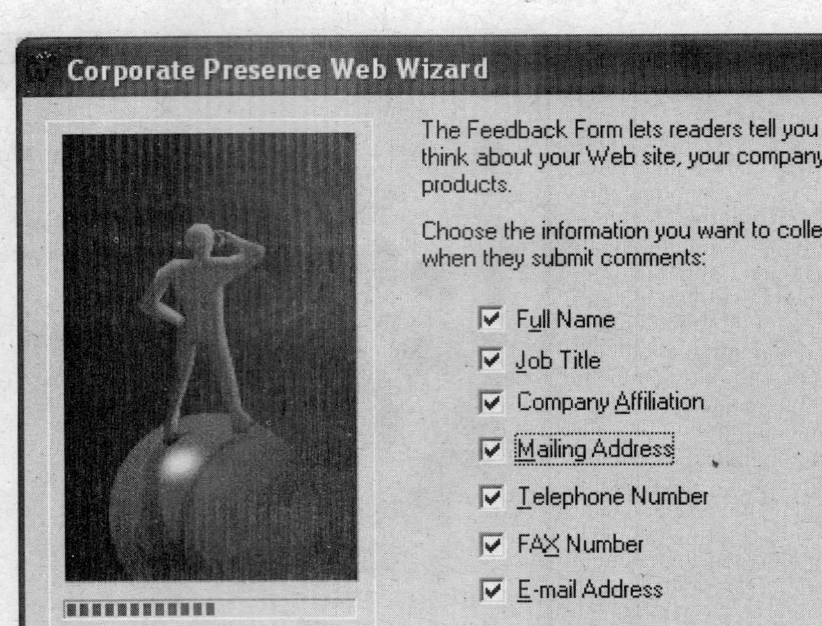
Corporate Presence Web Wizard
The Feedback Form lets readers tell you
think about your Web site, your company
products.
Choose the information you want to collec
when they submit comments:
Full Name
Job Title
Company Affiliation
Mailing Address
Telephone Number
FAX Number
E-mail Address
Cancel
< Back
Next >

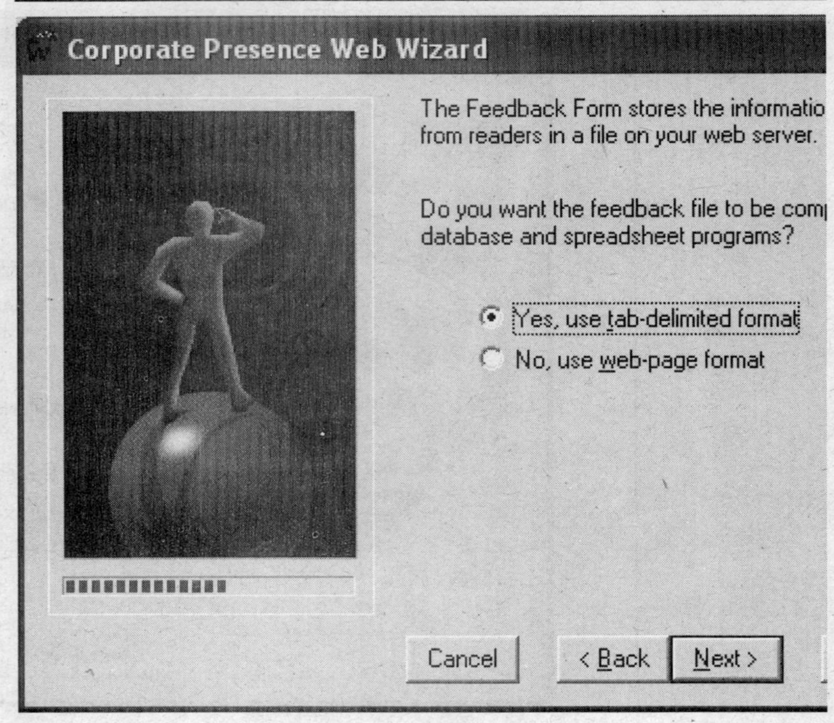
Corporate Presence Web Wizard
The Feedback Form stores the informatio
from readers in a file on your web server.
Do you want the feedback file to be com
database and spreadsheet programs?
Yes, use tab-delimited format
No, use web-page format
Cancel
< Back
Next >

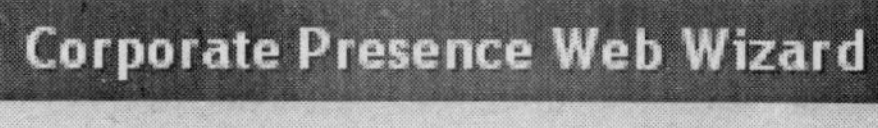
Corporate Presence Web Wizard

The Table of Contents Page displays a se
every page in your Web site, using a form
the Hyperlinks View in FrontPage.
Choose from the following presentation op
Keep page list up-to-date automaticall
Show pages not linked into Web site
Use bullets for top-level pages
Cancel
< Back
Next >

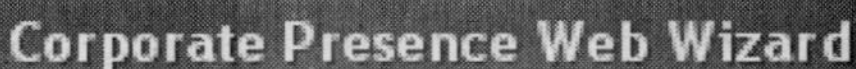
Corporate Presence Web Wizard

What should appear at the top of each p
Your company's logo
Page title
Links to your main web pages
What should appear at the bottom of eac
Links to your main web pages
E-mail address of your webmast
Copyright notice
Date page was last modified
Cancel
< Back
Next >

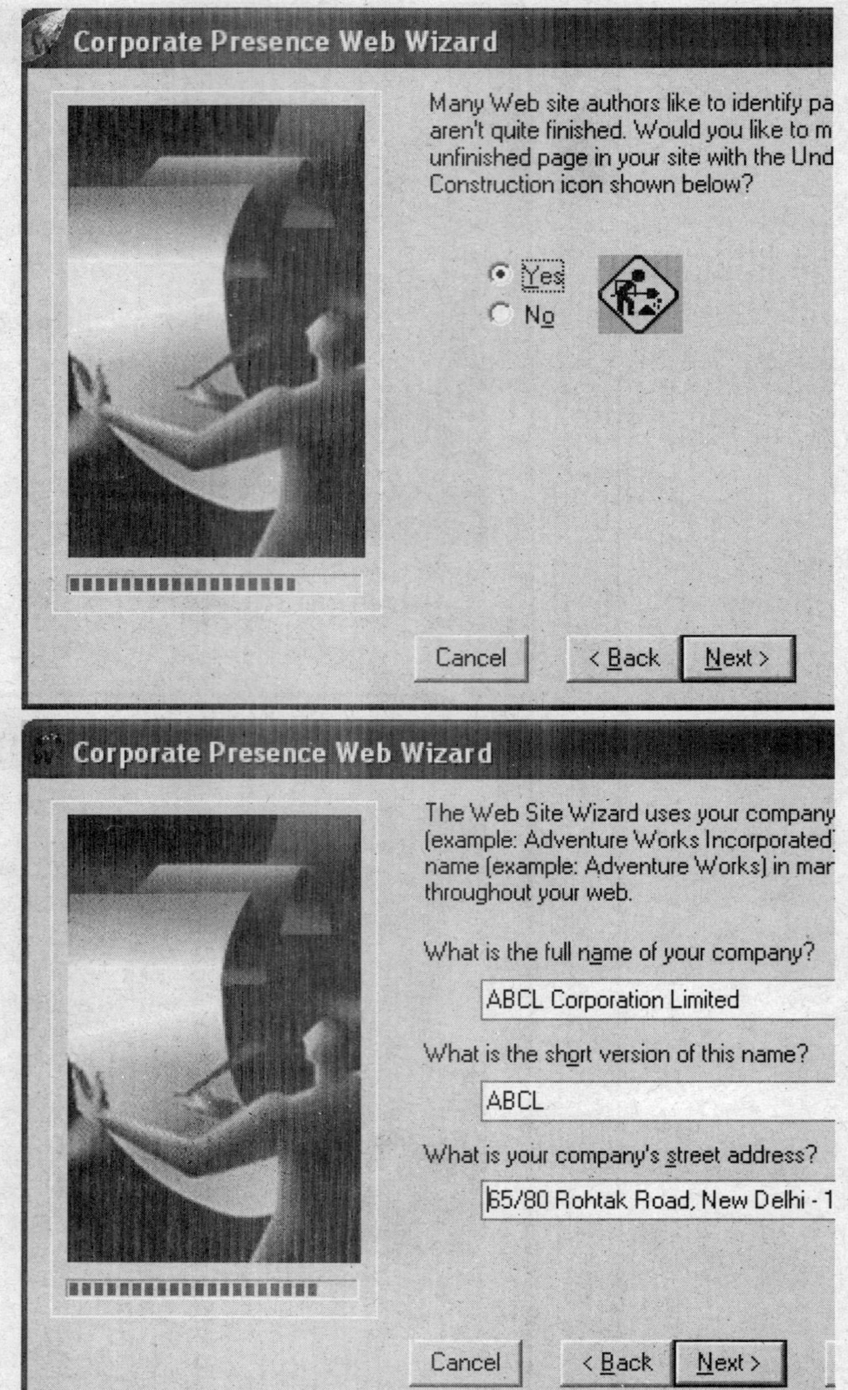
Corporate Presence Web Wizard
Many Web site authors like to identify pa
aren't quite finished. Would you like to m
unfinished page in your site with the Und
Construction icon shown below?
Yes
No
Cancel
< Back
Next >
Corporate Presence Web Wizard
The Web Site Wizard uses your company
(example: Adventure Works Incorporated)
name (example: Adventure Works) in mar
throughout your web.
What is the full name of your company?
ABCL Corporation Limited
What is the short version of this name?
ABCL
What is your company's street address?
65/80 Rohtak Road, New Delhi - 1
Cancel
< Back
Next >

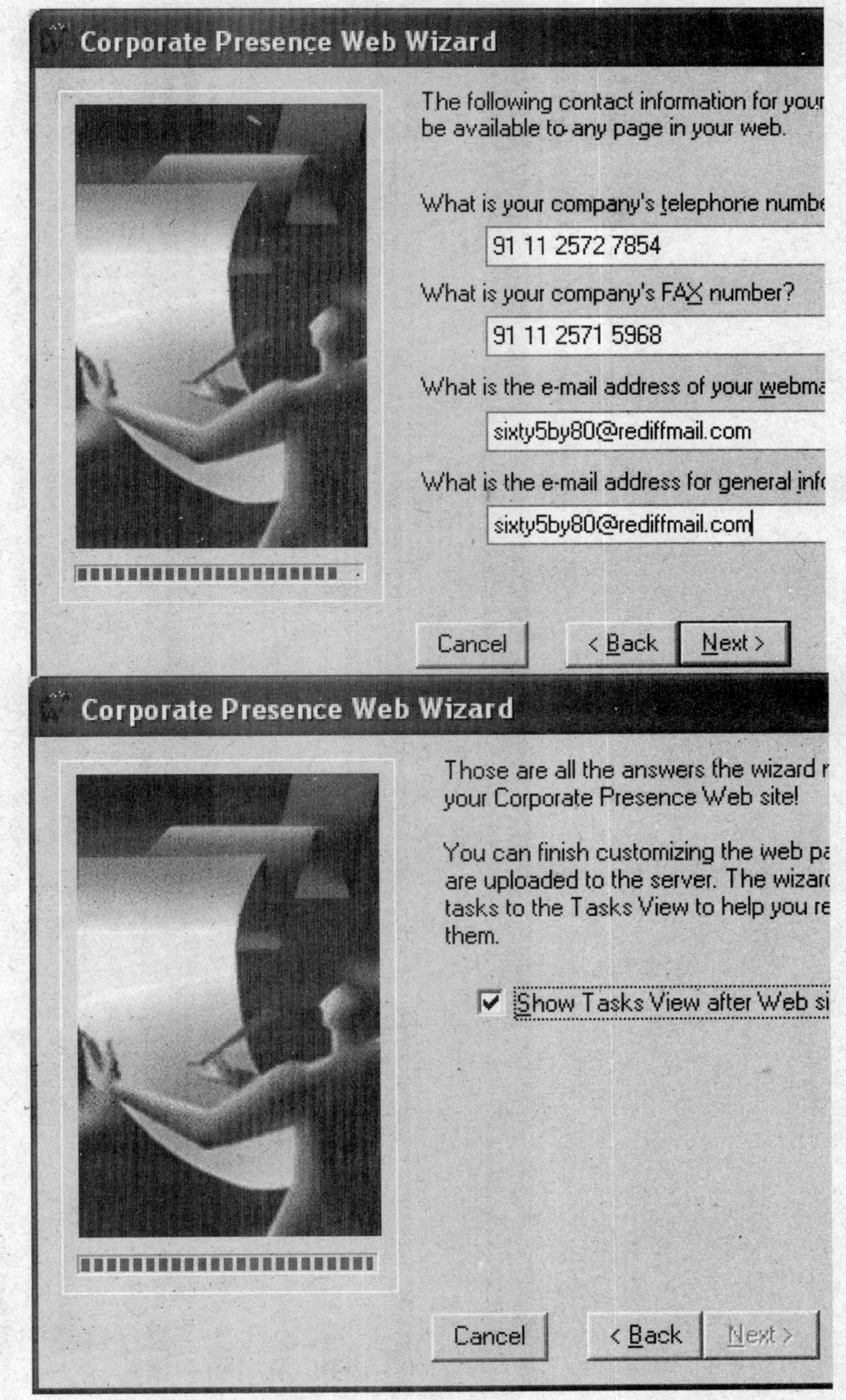
Corporate Presence Web Wizard
The following contact information for your
be available to any page in your web.
What is your company's telephone numbe
91 11 2572 7854
What is your company's FAX number?
91 11 2571 5968
What is the e-mail address of your webma
sixty5by80@rediffmail.com
What is the e-mail address for general info
sixty5by80@rediffmail.com
Cancel
< Back
Next >
Corporate Presence Web Wizard
Those are all the answers the wizard r
your Corporate Presence Web site!
You can finish customizing the web pa
are uploaded to the server. The wizard
tasks to the Tasks View to help you re
them.
Show Tasks View after Web si
Cancel
< Back
Next >

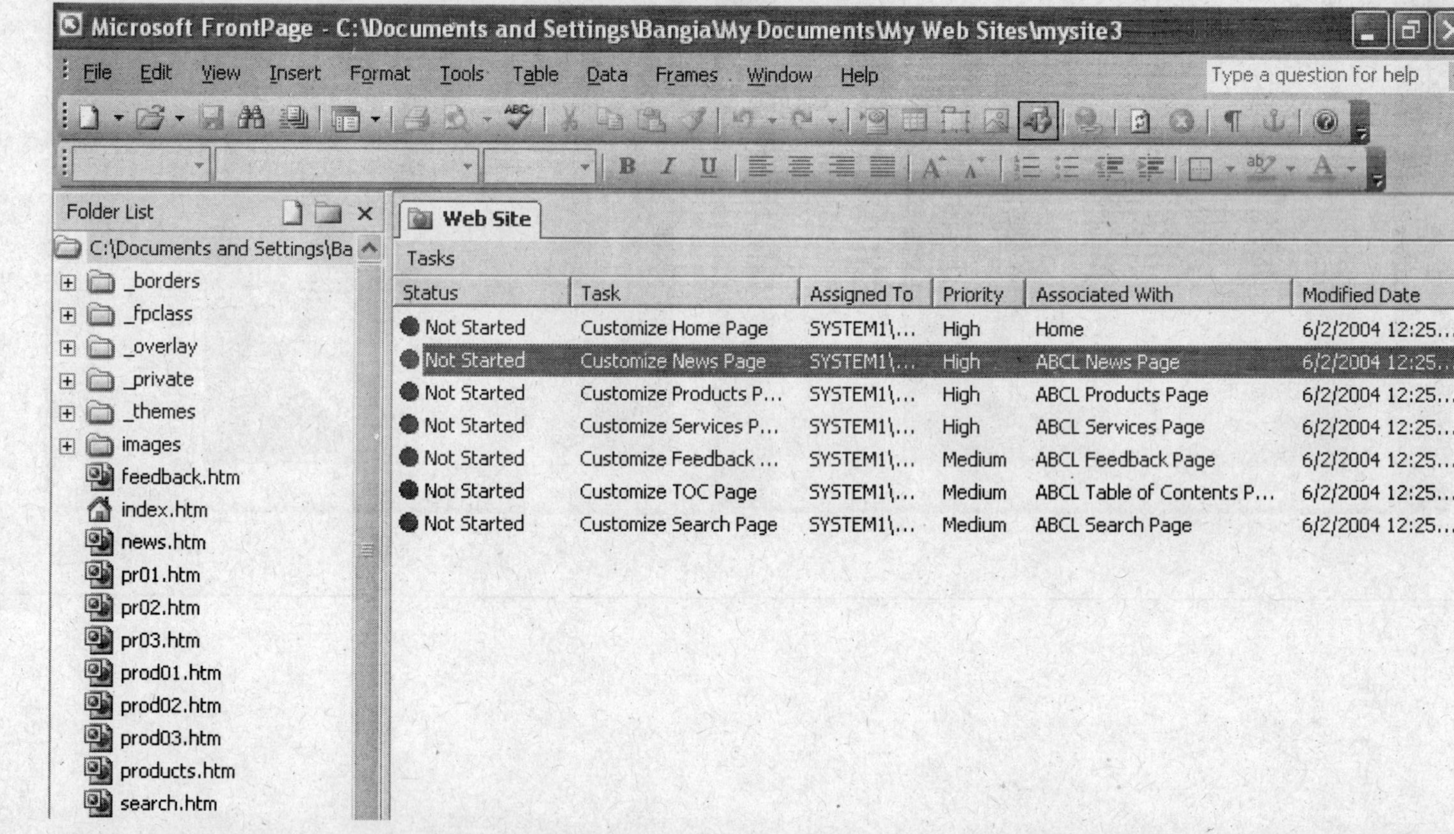
Microsoft FrontPage - C:\Documents and Settings\Bangia\My Documents\My Web Sites\mysite3
File Edit View Insert Format Tools Table Data Frames Window Help
Type a question for help
Folder List
C:\Documents and Settings\Ba
_borders
_fpclass
_overlay
_private
_themes
images
feedback.htm
index.htm
news.htm
pr01.htm
pr02.htm
pr03.htm
prod01.htm
prod02.htm
prod03.htm
products.htm
search.htm
Web Site
Tasks
Status
Task
Assigned To
Priority
Associated With
Modified Date
Not Started
Customize Home Page
SYSTEM1\...
High
Home
6/2/2004 12:25...
Not Started
Customize News Page
SYSTEM1\...
High
ABCL News Page
6/2/2004 12:25...
Not Started
Customize Products P...
SYSTEM1\...
High
ABCL Products Page
6/2/2004 12:25...
Not Started
Customize Services P...
SYSTEM1\...
High
ABCL Services Page
6/2/2004 12:25...
Not Started
Customize Feedback ...
SYSTEM1\...
Medium
ABCL Feedback Page
6/2/2004 12:25...
Not Started
Customize TOC Page
SYSTEM1\...
Medium
ABCL Table of Contents P...
6/2/2004 12:25...
Not Started
Customize Search Page
SYSTEM1\...
Medium
ABCL Search Page
6/2/2004 12:25...

ड्रीम वीवर 2004 का प्रयोग करके नया वेब पेज बनाना (Creating a New Web Page Using Dream Weaver 2004)

नया पेज बनाना

ड्रीमवीवर एक अन्य सॉफ्टवेयर है जो वेबसाइट् बनाने के लिए मुख्य रूप से प्रयोग किया जाता है।

नया पेमज बनाने के लिए निम्नलिखित प्रक्रिया करें :

1. फाइल मेन्यू से New बटन पर क्लिक करें।
2. एक डॉयलोग बॉक्स खुलेगा जो तुमसे कैटेगरी चुनने के लिए पूछेगा और बेसिक पेज के लिए पूछेगा। मैने बेसिक पेज और NTML चुना है।

3. शुरू करने के लिए create पर क्लिक करें।
4. विंडोज टॉस्कबार में भी, तुम untitled document का नाम देख सकते हो।
5. अब अपने डॉक्यूमेंट को एक नाम दो जैसे test, अगले डॉयलोग बॉक्स में देखें।
6. यह नाम टाइटल बार में दिखाई देगा।
7. अगले चरण में इसे save करना है।

8. फाइल मेन्यू में save पर क्लिक करें।
9. Save का डॉयलोग बॉक्स खुलेगा, जहाँ आपको file का नाम देना है।
10. अब हम इस पेज को browser में देखेंगे।

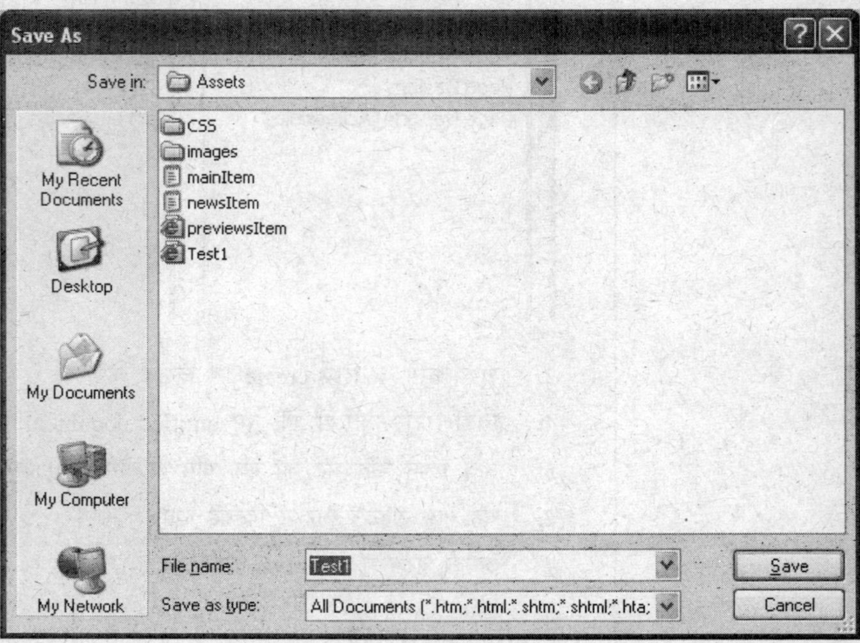

ब्राउजर में पेज को देखने के लिए

निम्न प्रक्रिया का अनुसरण करें :

1. फाइल मेन्यू में preview in browser पर क्लिक करें।
2. सबमेन्यू में से, जो तुम्हें प्रयोग करना है वह ब्राउजर चुनें।

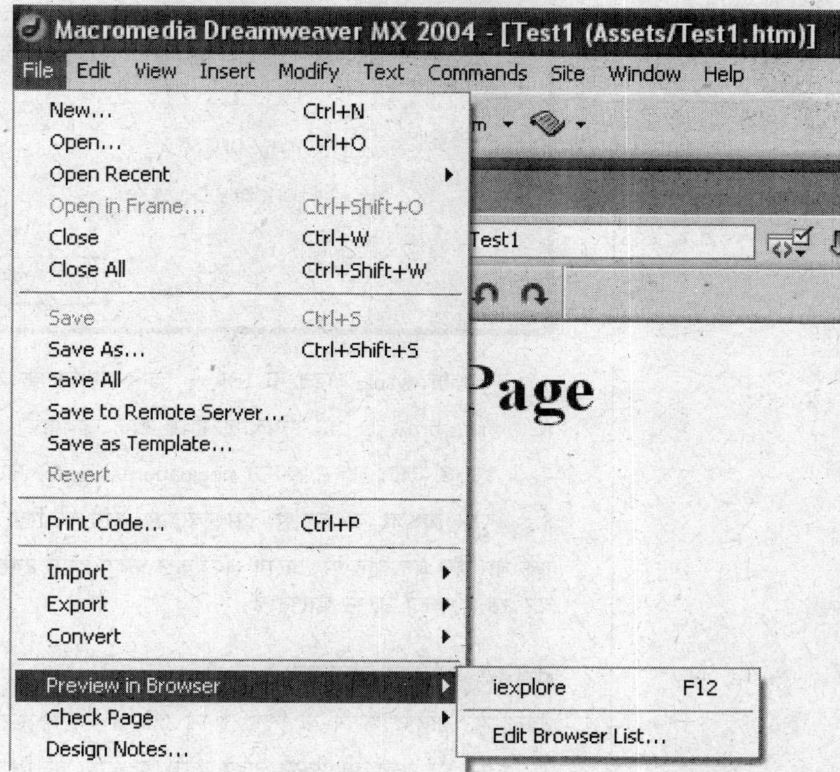

3. जब माइक्रोसॉफ्ट इंटरनेट एक्सप्लोरर चुनोगे, तो यह रिजल्ड मिलेगा।

4. यदि तुम्हें लगता है कि वह ब्राउजर जिस पर तुम्हें काम करना है वह इसमें नहीं है तो edit browser लिस्ट पर क्लिक करें।

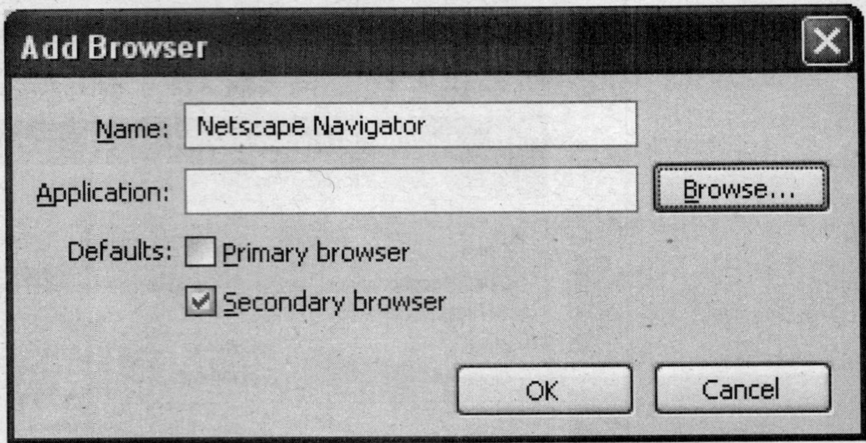

5. नया browser जोड़ने के लिए + चिन्ह पर क्लिक करें।
6. Add browser का डॉयलोग बॉक्स खुल जायेगा।
7. इस डॉयलोग बॉक्स में मैने netscape navigater डाला है।
8. दूसरे ब्राउजर के रूप में, इसे स्वीकार करने के लिए OK पर क्लिक करें।

एक बार पेज बन जाने पर, अलग लॉजिकल कदम इसमें टेक्स्ट भरना होगा। तो हम इन्तजार क्यों कर रहे हैं चलो टेक्स्ट डालते हैं।

टेक्स्ट प्रविष्ट करना

टेक्स्ट को प्रविष्ट कराने के लिए, निम्न प्रक्रिया का अनुसरण करें :

1. पेज पर कुछ भी टेक्स्ट टाइप करो। उदाहरण के लिए, this is a test page लिखें।
2. विंडो मेन्यू से, प्रोपर्टी का डॉयलोग बॉक्स लेने के लिए प्रोपर्टी पर क्लिक करें।
3. टेक्स्ट को सेलेक्ट करें और डॉयलोग बॉक्स का प्रयोग करते हुए, बदलाव लायें।
4. मैने टेक्स्ट को bold, default font, left aligned और size 36 चुना है। तुम अपने अनुसार कोई भी गुण चुन सकते हो।
5. रिजल्ट देखें।
6. पेज प्रोपर्टी डॉयलोग बॉक्स का प्रयोग करके टेक्स्ट की प्रोपर्टी बदलें। यह बॉक्स modify मेन्यू से खुलेगा।

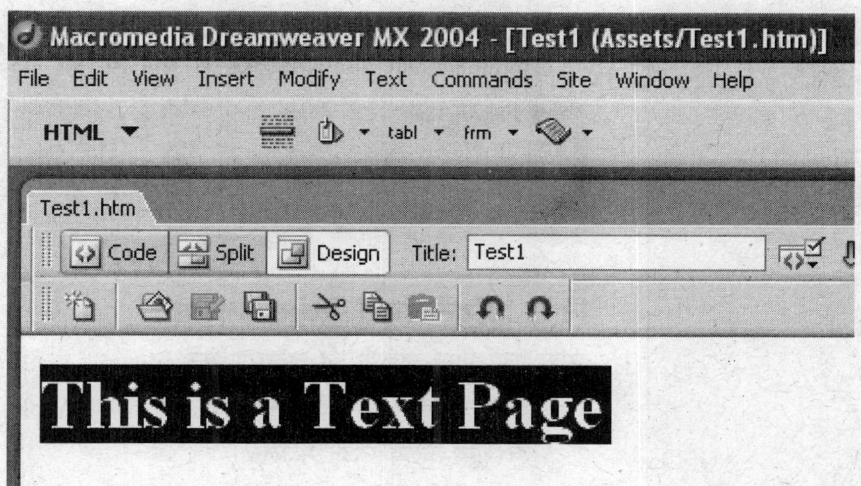

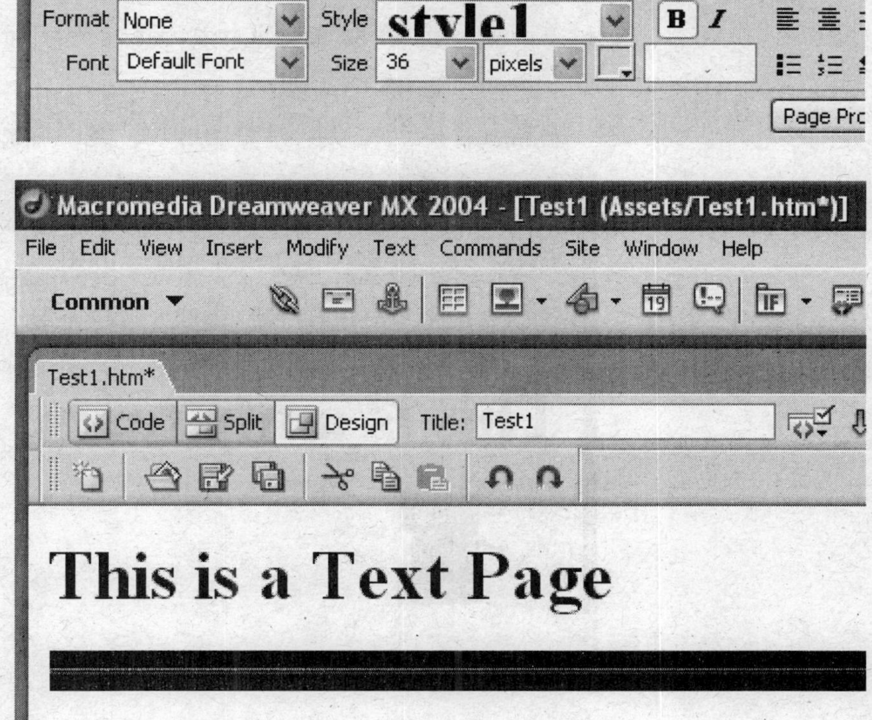

लाइन डालना

अपने वेब पेज पर पड़ी लाइन (horizontal line) डालने के लिए इन्सर्ट मेन्यू में से HTML कमान्ड से हॉरिजेन्टल नियम को चुनें। प्रोपर्टी इन्सपेक्टर इसके लिए प्रोपर्टी दिखाता है। तुम

horizontal rule को एक नाम भी दे सकते हो और लम्बाई व चौड़ाई भी निश्चित कर सकते हो। Alignment और शेडिंग को ऑन या ऑफ भी कर सकते हो।

बिना ऑडर वाली लिस्ट बनाना

इसके लिए निम्न प्रक्रिया का अनुसरण करें :

1. डॉक्यूमेंट विंडो में कोई लिस्ट टाइप करें जैसे : Apple, Banana, Orange etc.
2. हर शब्द अलग लाइन में लिखें।
3. सभी लिस्ट को सेलेक्ट करें।
4. प्रोपर्टी इंस्पेक्टर के डॉयलोग बॉक्स से बिना ऑडर वाली (unordered list) लिस्ट का बटन चुनें।
5. आपकी टाइप की हुई लिस्ट से पहले बुलेट के चिन्ह आ जाएगें।
6. तुम परिणाम देख सकते हो।

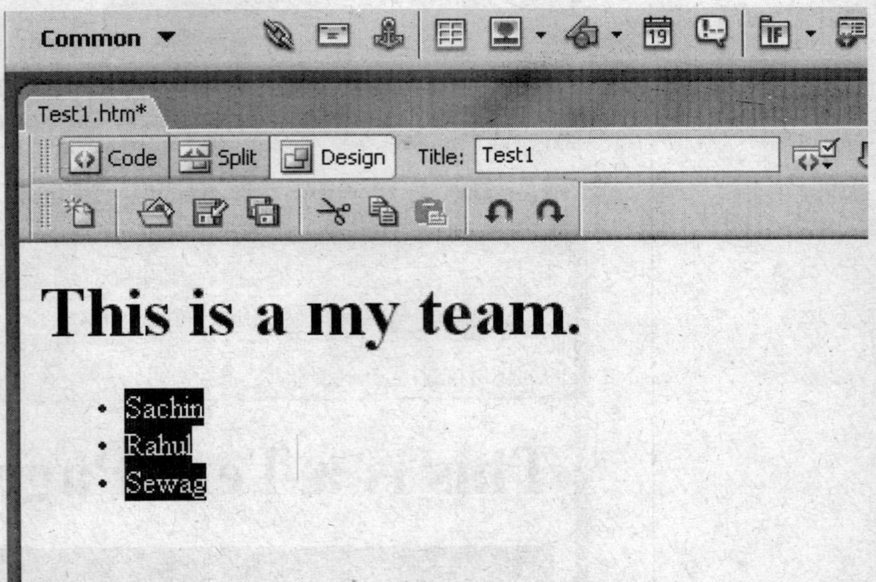

ऑडर लिस्ट बनाना

निम्न प्रक्रिया का अनुसरण करें :

1. डॉक्यूमेंट विंडो में लिस्ट टाइप करें जैसे : Sachin, Saurabh, Virendra etc.

2. सभी नामों को अलग लाइन में लिखें।
3. पूरी लिस्ट को चुनें।
4. प्रोपर्टी इन्स्पेक्टर के डॉयलोग बॉक्स से ऑर्डर वाली लिस्ट (ordered list) का बटन चुनें।
5. आपकी टाइप की हुई लिस्ट से पहले नम्बर आ जायेंगे।
6. रिजल्ट अगली विंडो में देखें।

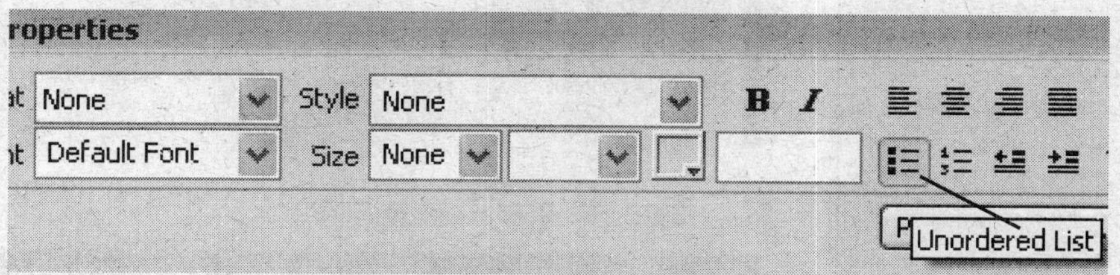

फोन्ट बदलना

निम्न प्रक्रिया का अनुसारण करें :

1. उस टेक्स्ट को चुनें जिसका फोन्ट बदलना है।
2. टेक्स्ट मेन्यू पर क्लिक करें।
3. सब मेन्यू से फोन्ट पर क्लिक करें।
4. उपलब्ध फोन्ट की सूची दिखाई देगी।
5. जो फोन्ट प्रयोग करना है वह चुनें।

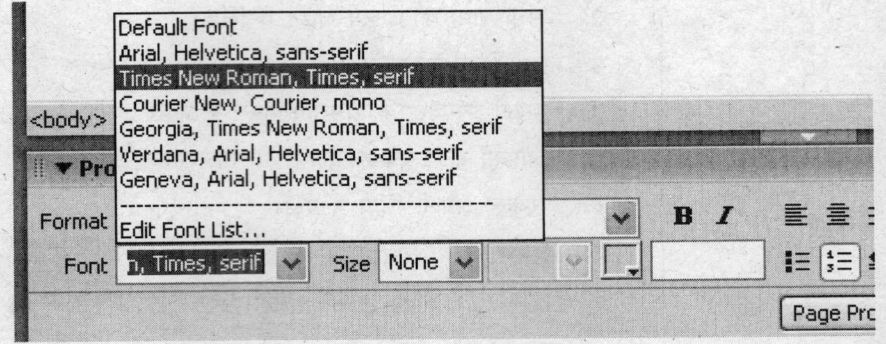

6. टेक्स्ट नये फोन्ट में बदल जायेगा।

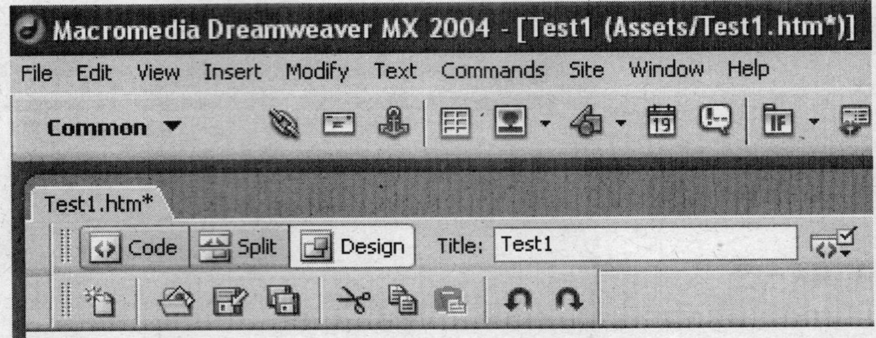

नया फोन्ट डालना

निम्न प्रक्रिया का अनुसरण करें :

1. टेक्स्ट को चुनें, फोन्ट पर क्लिक करें, फिर edit font पर क्लिक करें।
2. तुम्हारे कंप्यूटर पर उपलब्ध नये फोन्ट की लिस्ट का डॉयलोग बॉक्स दिखाई देगा।
3. जो फोन्ट डालना है उसे सेलेक्ट करें।
4. अन्य फोन्ट भी इसी तरह डाल सकते हैं।
5. OK पर क्लिक करें।। नया फोन्ट आपकी फोन्ट लिस्ट में आ जायेगा।

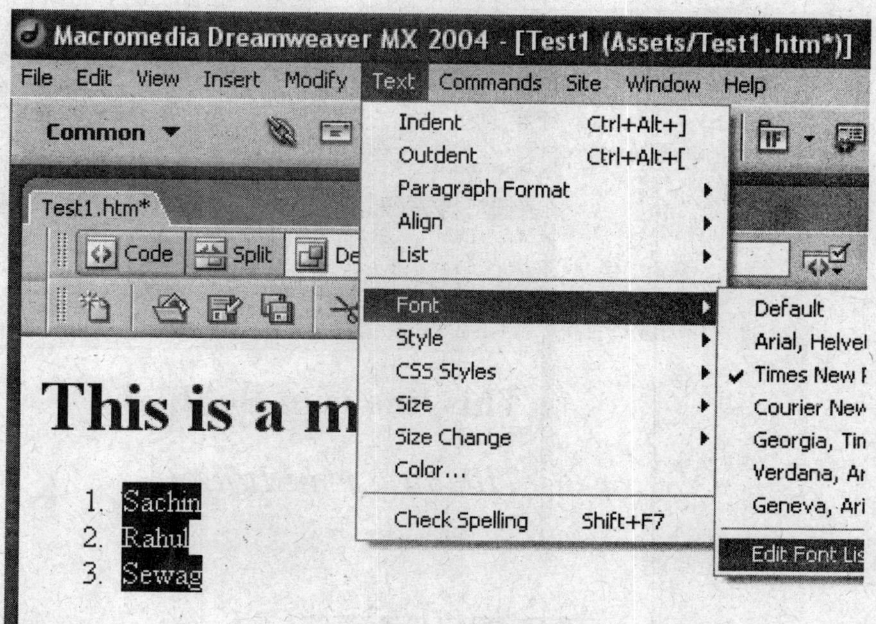

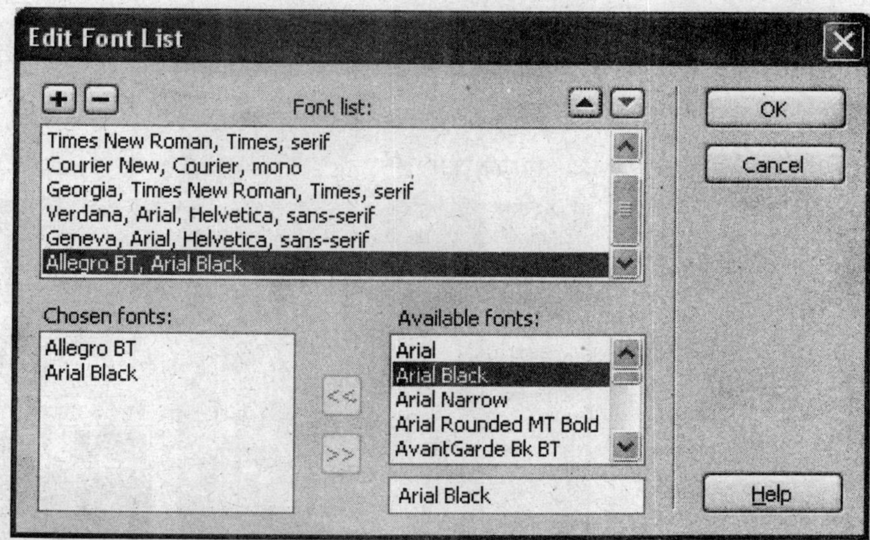

टेक्स्ट को बोल्ड/इटेलिक करना

इसके लिए निम्न कार्य करें :

1. टेक्स्ट को चुनें।
2. बोल्ड के लिए B और इटेलिक के लिए I पर क्लिक करें प्रोपर्टी के डॉयलोग बॉक्स में से।
3. आपके अनुसार टेक्स्ट बदल जायेगा।

4. रिजल्ट अगली स्क्रीन पर देखें।

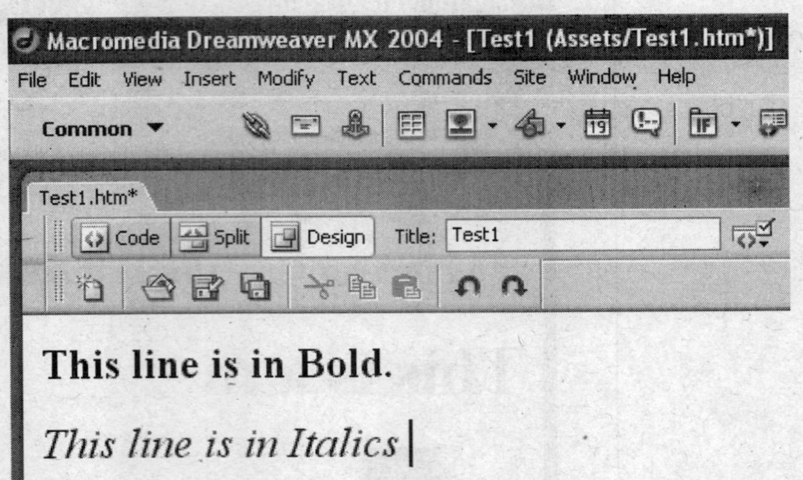

टेक्स्ट का रंग बदलना

निम्न प्रक्रिया का अनुसरण करें :

1. टेक्स्ट को सेलेक्ट करें।
2. Modify मेन्यू पर क्लिक करें।
3. Page properties पर क्लिक करें।
4. रंग को चुनें।

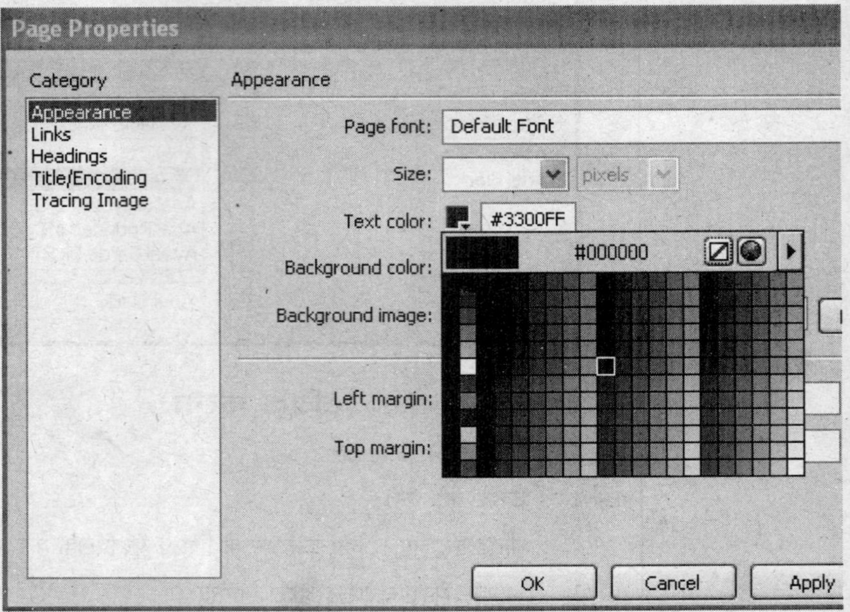

5. यह रंग default रंग में आ जायेगा।
6. यह टेक्स्ट पर apply कर दें।
7. रिजल्ट अगली स्क्रीन पर देखें।

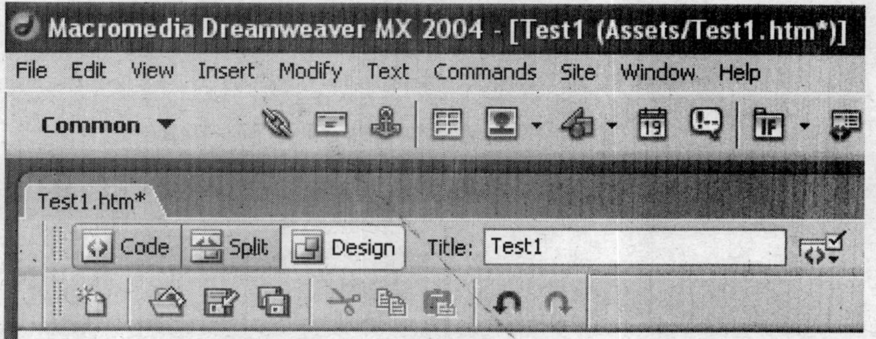

नया CSS स्टाइल बनाना

निम्न प्रक्रिया का अनुसरण करें :

1. Properties बॉक्स में से CSS स्टाइल बटन पर क्लिक करें।
2. CSS स्टाइल पैनल दिखाई देगा।
3. New पर क्लिक करें।
4. New CSS स्टाइल डॉयलोग बॉक्स दिखाई देगा।
5. इसे एक नाम दें और दूसरे ऑप्श्नों को भी चुनें।
6. OK पर क्लिक करें।
7. CSS स्टाइल पैनल में नया स्टाइल आ जायेगा।

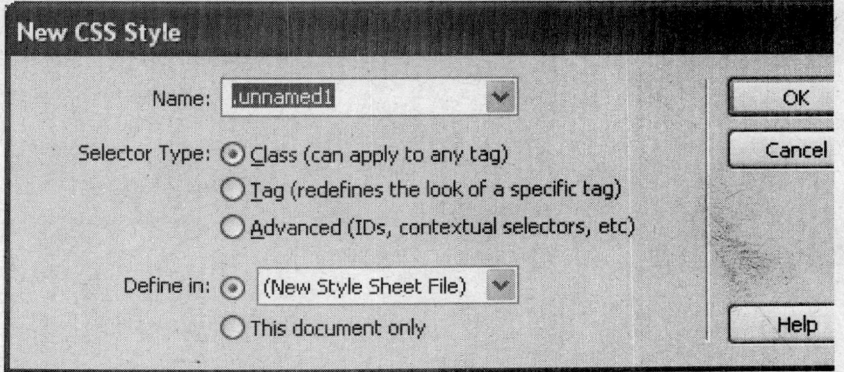

CSS स्टाइल बदलना

इसके लिए निम्न क्रिया करें :

1. स्टाइल पर क्लिक करें। सबमेन्यू से manage style पर क्लिक करें।
2. लिस्ट में से एक स्टाइल चुनें।
3. Edit पर क्लिक करें।
4. जिस ऑप्शन को बदलना है उसे बदलें।

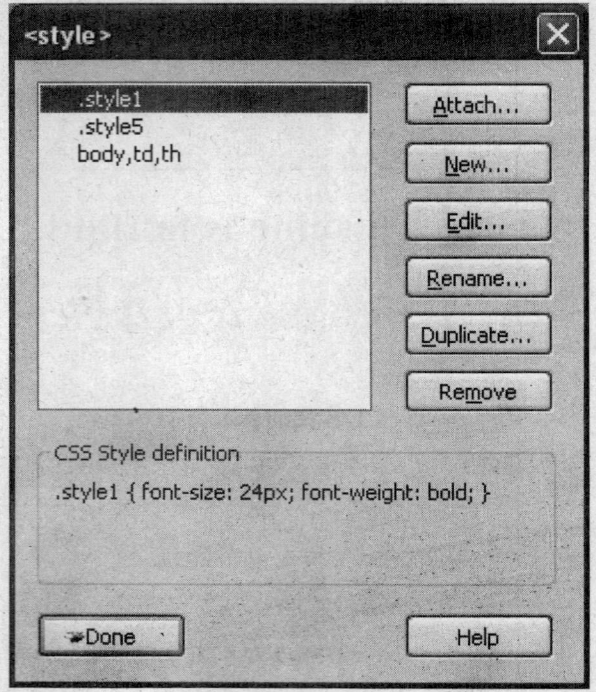

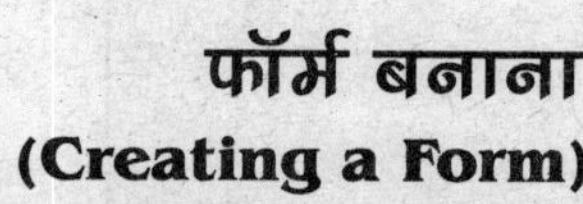

फॉर्म बनाना (Creating a Form)

> यहाँ दोबारा से फॉर्म बनाने के लिए फ्रंट-पेज का प्रयोग करते हैं। तुम कोई अन्य सॉफ्टवेयर का भी प्रयोग कर सकते हो।

परिचय

वेब से सम्बन्धित तकनीक में फॉर्म एक फीडबैक फॉर्म की तरह है जो तुम अपनी साइट के यूजर्स से कुछ जानकारी लेने के लिए प्रयास के रूप में भरवा सकते हैं। यह तुम्हारी साइट के लिए दर्शकों या यूजर्स का ट्रैक रखने में या जानकारी रखने में सहायता करता है।

फ्रंट पेज एक विजार्ड की सहायता से **फॉर्म** बनाने के लिए परमीशन देता है। इस विजार्ड को **formwizard** कहते हैं। यह आपसे प्रश्नों की श्रृंखला पूछता है। ये प्रश्न उन लोगों से पूछे जाते हैं जो तुम्हारी साइट देख रहे होते हैं। यूजर्स के सर्वे (survey) के लिए, देखने वालों की फीडबैक के लिए, प्रश्नावली, टेस्ट, गणना के लिए और अन्य अनेक बातों के लिए जहाँ तुम यूजर्स से फीडबैक चाहते हो, इन सबके लिए फॉर्म का प्रयोग किया जा सकता है।

तुम्हें यह भी बताना होगा कि फॉर्म से प्राप्त जानकारी कहाँ स्टोर करनी है।

पूछे जाने वाले प्रश्न

फीडबैक के रूप में पूछे जाने वाले प्रश्नों का कोई अकाल नहीं है।

अगले पेजों पर दिखाई जाने वाली विजार्ड की स्क्रीनों को देखने के बाद, तुम महसूस करोगे कि विजार्ड के द्वारा किस प्रकार के प्रश्न पूछे जा सकते हैं और तुम अपने कंप्यूटर पर यह फॉर्म बनाने से पहले उत्तर देने के लिए तैयार हो सकते हो।

एक बार जब यह विजार्ड फॉर्म तैयार कर देगा तो यह अन्त में पेज पर दिखा देगा।

1. फ्रंट पेज के फाइल मेन्यू से New पर क्लिक करें। New के सबमेन्यू में से page पर क्लिक करें। Page template का डॉयलोग बॉक्स खुल जायेगा। इसमें से form page wizard पर क्लिक करें।

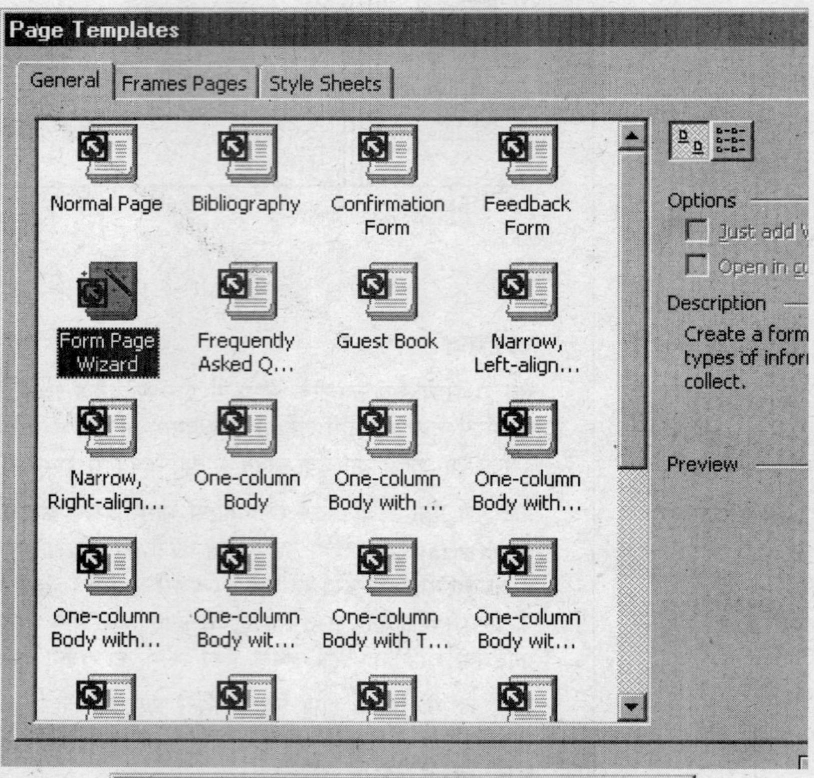
Page Templates
General
Frames Pages
Style Sheets
Normal Page
Bibliography
Confirmation Form
Feedback Form
Form Page Wizard
Frequently Asked Q...
Guest Book
Narrow, Left-align...
Narrow, Right-align...
One-column Body
One-column Body with ...
One-column Body with...
One-column Body with...
One-column Body wit...
One-column Body with T...
One-column Body wit...
Options
Description
Preview

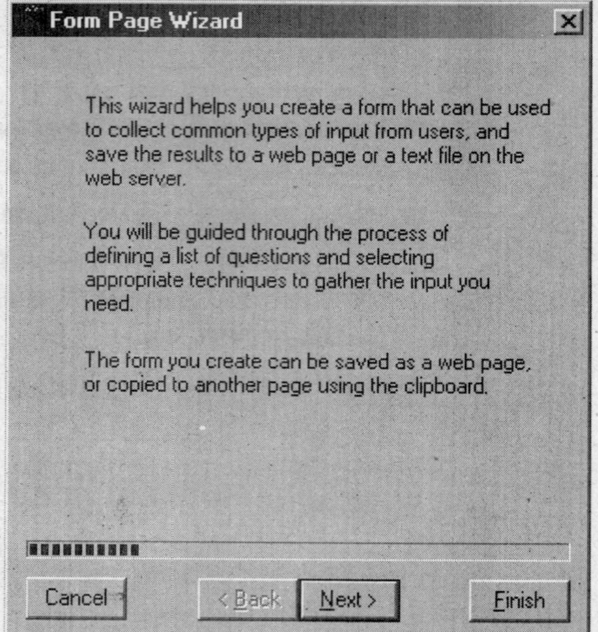
Form Page Wizard
This wizard helps you create a form that can be used to collect common types of input from users, and save the results to a web page or a text file on the web server.
You will be guided through the process of defining a list of questions and selecting appropriate techniques to gather the input you need.
The form you create can be saved as a web page, or copied to another page using the clipboard.
Cancel
< Back
Next >
Finish

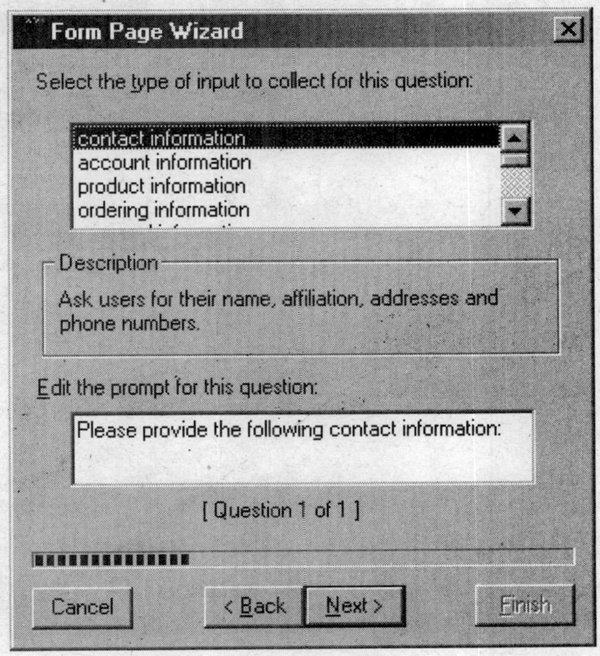
Form Page Wizard
Select the type of input to collect for this question:
contact information
account information
product information
ordering information
Description
Ask users for their name, affiliation, addresses and phone numbers.
Edit the prompt for this question:
Please provide the following contact information:
[Question 1 of 1]
Cancel
< Back
Next >
Finish

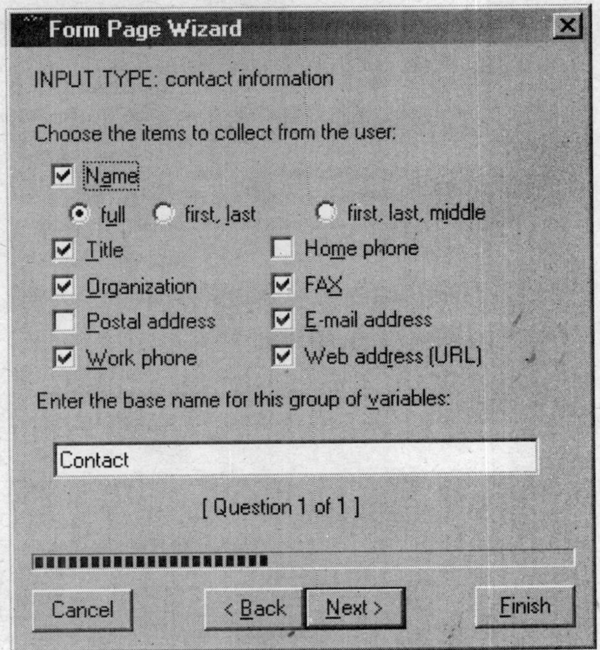
Form Page Wizard
INPUT TYPE: contact information
Choose the items to collect from the user:
Name
full
first, last
first, last, middle
Title
Home phone
Organization
FAX
Postal address
E-mail address
Work phone
Web address (URL)
Enter the base name for this group of variables:
Contact
[Question 1 of 1]
Cancel
< Back
Next >
Finish

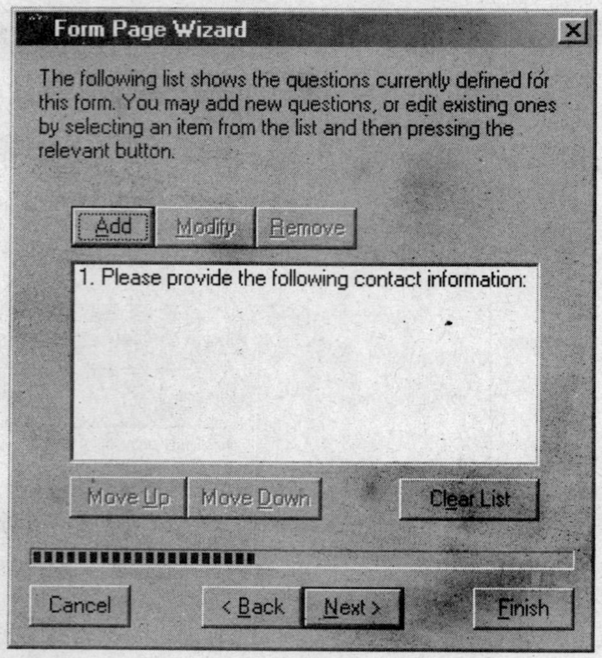
Form Page Wizard
The following list shows the questions currently defined for this form. You may add new questions, or edit existing ones by selecting an item from the list and then pressing the relevant button.
Add
Modify
Remove
1. Please provide the following contact information:
Move Up
Move Down
Clear List
Cancel
< Back
Next >
Finish

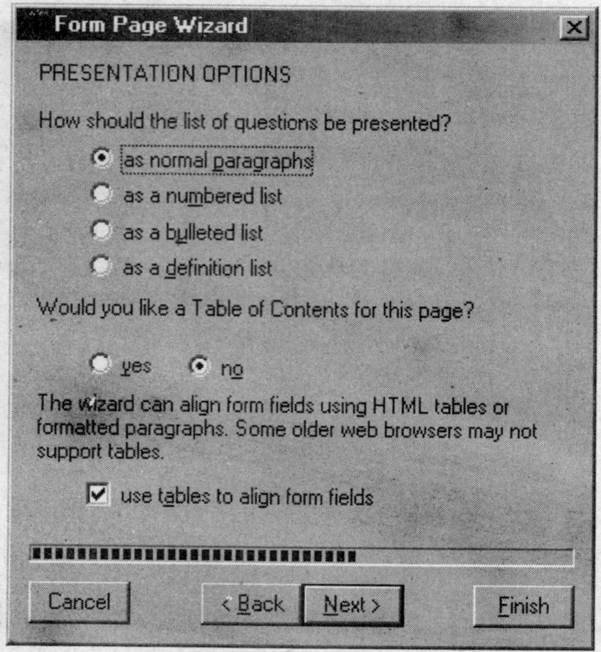
Form Page Wizard
PRESENTATION OPTIONS
How should the list of questions be presented?
as normal paragraphs
as a numbered list
as a bulleted list
as a definition list
Would you like a Table of Contents for this page?
yes
no
The wizard can align form fields using HTML tables or formatted paragraphs. Some older web browsers may not support tables.
use tables to align form fields
Cancel
< Back
Next >
Finish

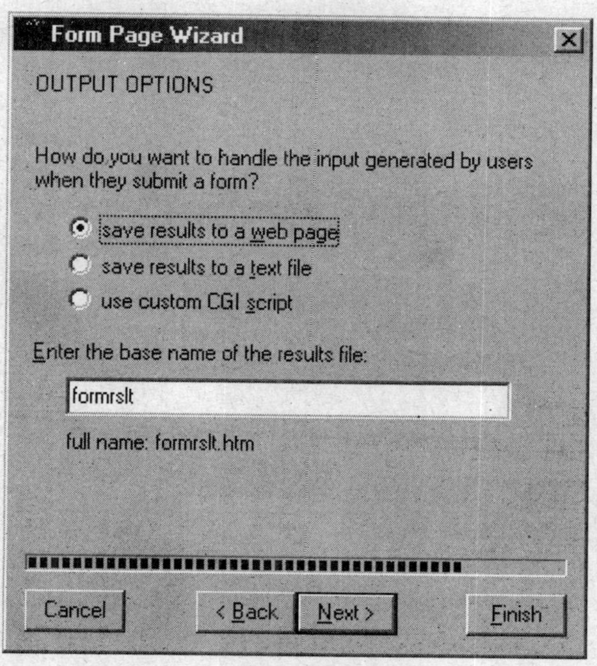
Form Page Wizard
OUTPUT OPTIONS
How do you want to handle the input generated by users when they submit a form?
save results to a web page
save results to a text file
use custom CGI script
Enter the base name of the results file:
formrslt
full name: formrslt.htm
Cancel
< Back
Next >
Finish

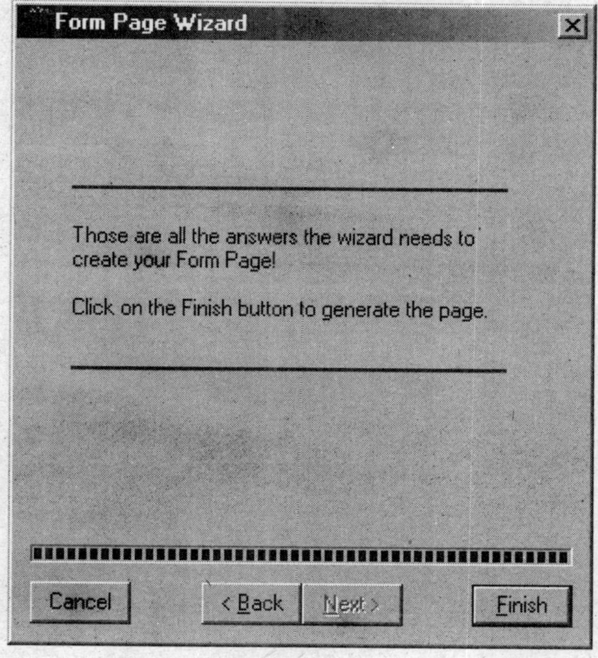
Form Page Wizard
Those are all the answers the wizard needs to create your Form Page!
Click on the Finish button to generate the page.
Cancel
< Back
Next >
Finish

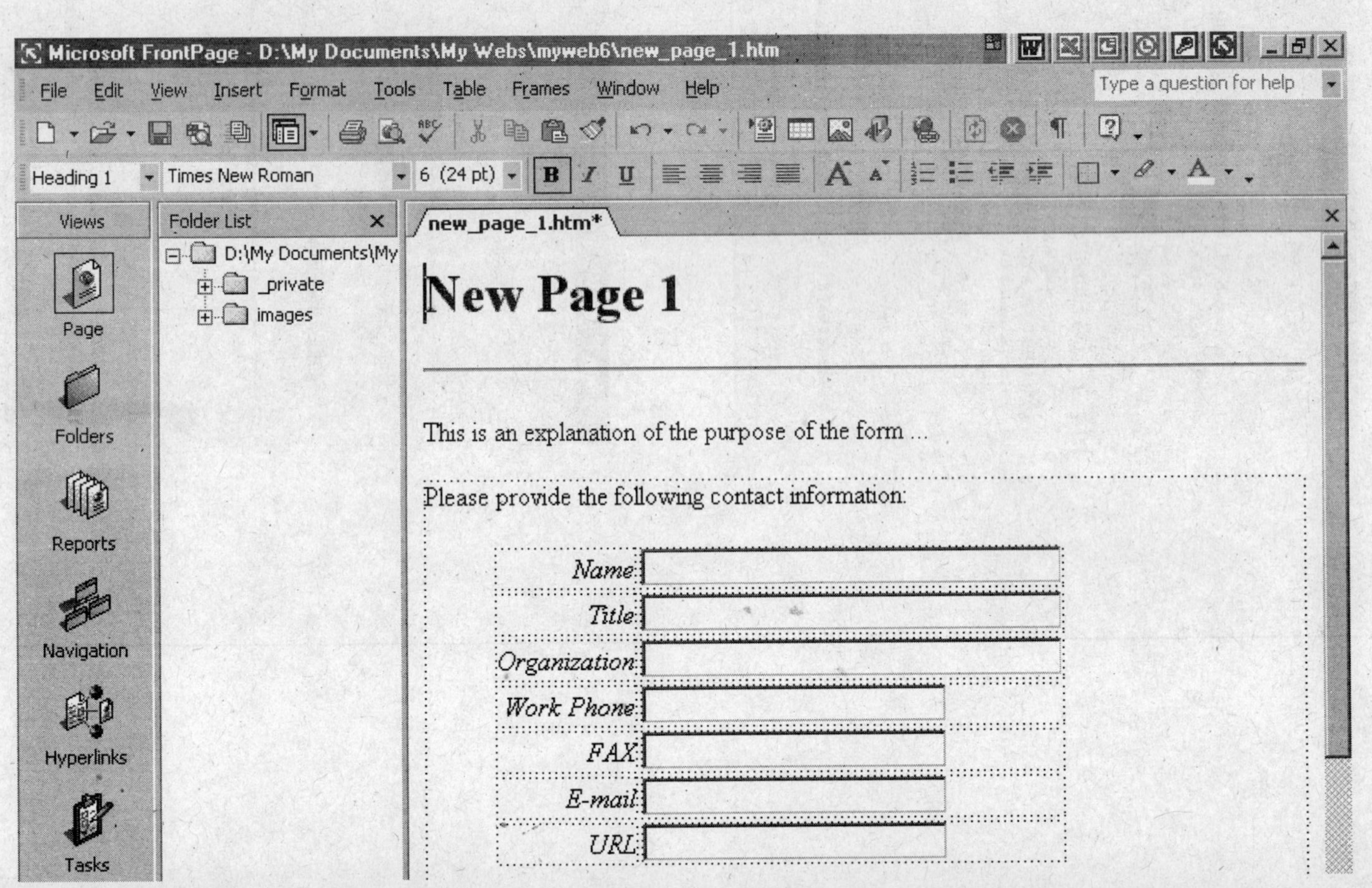
Microsoft FrontPage - D:\My Documents\My Webs\myweb6\new_page_1.htm
File Edit View Insert Format Tools Table Frames Window Help
Type a question for help
Heading 1
Times New Roman
6 (24 pt)
Views
Page
Folders
Reports
Navigation
Hyperlinks
Tasks
Folder List
D:\My Documents\My
_private
images
new_page_1.htm*
New Page 1
This is an explanation of the purpose of the form ...
Please provide the following contact information:
Name
Title
Organization
Work Phone
FAX
E-mail
URL

तुम्हारी वेब-साइट को रजिस्टर और पब्लिश करना (Registering and Publishing Your Website)

परिचय

जब तक आप अपनी वेबसाइट् को पब्लिश नहीं करते, तब तक कोई भी नेट पर उसे ना देख सकता है और ना प्रयोग कर सकता है।

हर किसी का अपना नाम होता है। यहाँ तक कि कुत्ते और बिल्ली का भी नाम होता है। कंप्यूटर की हार्डडिस्क में भी हर फाइल का नाम होता है। इसी तरह हर वेब साइट का भी नपाम होता है। यह नाम तुम्हारी इच्छा (choice) पर ही होगा। जब तुम्हारी ऑनलाइन बिजनेस के लिए डोमेन नेम चुनने की बारी आये, तो इसे बिल्कुल साधारण रखना। जो डोमेन नेम (domain name) तुम चुनते हो वह इंटरनेट के वर्ल्ड वाइड वेब पर तुम्हारी पहचान बनाता है। आदर्श के रूप में तुम्हें वह नाम चाहिए जो याद रखने में आसान हो, बोलने में आसान हो, लिखने में आसान हो और ऐवसा जिससे लोग तुम्हारी कम्पनी, उत्पाद या सेवाओं के साथ तुरन्त ही जुड़ जायें। यहाँ तक कि, यदि ऑनलाइन बिकने वाले तुम्हारी उत्पाद भी यदि परफेक्ट होंगे तो, तुम एक बहुत बढ़िया (awesome) वेबसाइट बनाने में सफल हो जाओगे। यदि जो डोमेन नेम तुमने चुना है वह याद रखन में आसान नही है और यूजर्स तुम्हारी कम्पनी के साथ नहीं जुड़ पाते हैं, तब तुम्हारा ऑनलाइन बिजनेस कष्टदायी (suffer) होगा।

डोमेन नेम समझना

जैसा कि हम जानते हैं कि यहाँ कोई नहीं है जो इंटरनेट को कंट्रोल करें। तब तुम्हें आश्चर्य होगा कि कौन यूजर्स नेम देगा। Internet Engineering Task Force (IETF) के द्वारा एक addressing सिस्टम डिजायन किया गया है। यह addressing स्कीम इंटरनेट पर कम्प्यूटरों को पहचानने के लिए नाम और नम्बर प्रदान करती है। ये नाम डोमेन नेम और ये नम्बर IP address कहलाते हैं। इंटरनेट पर हर कम्प्यूटर का डोमेन नेम और IP address दोनों होते हैं। इस एड्रेस में नम्बरों के चार सेट होते हैं जो . (dot) से पृथ्क किये हुए होते हैं। नम्बरों के हर सेट में 1 से लेकर 255 तक की रेन्ट की वैल्यू होती है। . (dot) के बीच के नम्बरों को octet कहते हैं। एक IP एड्रेस बांये से दांयी ओर व्यवस्थित होता है, जहाँ सबसे बांयी ओर वाला नम्बर या octet सबसे बड़ी नेटवर्क संस्था को दर्शाता है और सबसे दांयी ओर वाला octet वास्तविक नेटवर्क को बताता है। ये जुड़े हुए भाग दिये हुए होस्ट के लिए हमेशा अलग (unique) होते हैं।

यह स्कीम अच्छी प्रूव हुई है लेकिन नम्बरों को मैनेज करना मुश्किल है और याद रखना तो असंभव ही है। कंप्यूटर को पहचानने के लिए उनके नामों के द्वारा याद रखना बेहतर उपाय है। छोटे नेटवर्क मिलकर इंटरनेट बनाते हैं और अपने में बहुत सारे कंप्यूटर रखना या और छोटे नेटवर्क रखना, डोमेन कहलाता है। यह डोमेन या तो एक प्रकार की संस्था या क्षेत्रीय लोकेशन को दर्शाता है। छोटे नेटवर्क या कंप्यूटर डोमेन के पार्ट या भाग बनाते हैं और इन्हें सब-डोमेन (sub-domain) में विभाजित करते हैं।

उदाहरण के लिए, मेरे नेटवर्क कनेक्शन में निम्नलिखित कोड हैं :

nda.vsnl.net.in

ये कोड बताते हैं :

nda VSNL के द्वारा दिया गया कोड है, जो अपना कंप्यूटर का नाम बताता है।

vsnl सेवा देने वाले का संस्थागत कोड

net Network provider

in देश का कोड जैसे, India

नेटवर्क देने वालों के लिए अन्य विभिन्न ऑप्शन भी हैं :

com एक कम्पनी या कमर्शियल संस्था उदाहरण, माइक्रोसॉफ्ट . कॉम

net नेटवर्क के स्त्रोत या इंटरनेट सेवा देने वाले। उदाहरण, internic.net

mil US मिलीटरी और यूनाइटेड स्टेट्स की सरकारी एजेन्सियों के लिए उपलब्ध उदाहण, army.mil

org संस्था (organization) जैसे बिना प्रोफिट वाली सरकारी संस्थायें (NGOs), धार्मिक संस्था आदि। उदाहरण, osho.org

gov सरकारी संस्थायें। उदाहरण, pmo.gov

edu शैक्षिक संस्थायें, स्कूल, कॉलिज आदि। उदाहरण, du.edu

to यह . com एक्सटेशन के लिए नया विकल्प है। यह किसी भी उद्देश्य के लिए प्रयोग किया जा सकता है। उदाहरण, toinfo.to

देशों के लिए कुछ अन्य ऑप्श्न हैं :

au ऑस्ट्रेलिया (australia)

uk यूनाइटेड किंगडम

usa यूनाइटेड स्टेट्स ऑफ अमेरिका

fr फ्रांस

ca कनाडा

और भी बहुत से ऑप्शन हैं।

अपना डोमेन नेम चुनना

तीन मुख्य बाते हैं जिनको ध्यान में रखते हुए तुम अपनी कम्पनी के लिए डोमेन नेम निश्चित कर सकते हो। जब कोई विशेष कम्पनी की वेब साइट देख रहा होता है, वह स्वभाविक रूप से उस वेब एड्रेस की कोशि करता है जिसमें कम्पनी का नाम भी शामिल हो।

व्यवसाय के लिए कुशल नाम की तरफ आते हैं वह ऐसा होना चाहिए जिस नाम में बहुत ज्यादा विचार और रचनात्मकता हो। जैसे ही तुम्हारे दिमाग में आइडिया आते हैं, इसमें अपने मित्रों की, सम्बन्धियों और अन्य लोग जो तुम्हारी इज्जत करते हैं, उनसे सलाह लें। जो नाम तुम दे रहे हो उस पर गम्भीरता से विचार करें।

नाम की उपलब्धता को भी जाँच लें

तुमने अपने व्यवसाय के लिए एक कुशल (perfect) नाम चुन लिया है। इस डोमेन नेम को किसी ने पहले से रजिस्टर किया हुआ है या नहीं, यह जानने के लिए अब क्या करना है, यह निश्चय करें। पहले, इंटरनेट कनेक्ट करें और जो नाम तुमने चुना है वह डोमेन नेम एक्सेस करने की कोशिश करें।

यदि तुम्हारा वेब ब्राउजर सॉफ्टवेयर वेब साइट से जुड़ जाता है तो वह यचह नाम अपने आप ले लेगा। यदि तुम्हारा डोमेन नेम currently active अर्थात् नहीं चल रहा है तो इसका मतलब यह नहीं है कि किसी ने इसे पहले से रजिस्टर नहीं किया है। यह जानने के लिए कि डोमेन नेम उपलब्ध है, Internet NIC साइट को देखें। (www.internic.net) यह आपको सीधे ही Network Solutions Registration Services साइट पर ले जायेगा।

नाम देखना

InternNIC साइट को देखने के लिए और रजिस्टर्ड डोमेन नेम को खोजने के लिए www.internic.net साइट खोलें। जो नाम तुम्हें खोजना है उसे WHOIS का प्रयोग करते हुए टाइप करें। तुम्हें केवल "domain-name.com" डालना है ना कि "http:/www/" आदि। अब "search" आइकन पर क्लिक करो। यह ऑइकन, जहाँ तुमने डोमेन नेम प्रविष्ट किया है वही पर है। WHOIS डाटाबेस अब इसे खोज लेगा। इस प्रक्रिया में मुश्किल से 1 मिनट से भी कम समय लगेगा।

तुम देखोगे कि 'तुम्हारे डोमेन नेम .com के लिए कोई मैच नहीं' यह मैसेज आयेगा। इसका मतलब है कि किसी ने भी इस डोमेन-नेम में रजिस्टर नहीं किया है और तुम तुरन्त ही इसे रजिस्टर करने के लिए फ्री हो। InterNIC साइट के नेटवर्क सोल्यूश्खन के मेन वेब पेज पर "Register a domain name" ऑप्शन को चुनें। यदि तुम्हारा टाइप किया हुआ डोमेन नेम पहले से ही रजिस्टर होगा, तो जिसने रजिस्टर किया हुआ है उसके बारे में सारी जानकारी, यहाँ तक कि उसका कम्पनी नेम, पता, फोन नम्बर, ई-मेल का पता, डोमेन-नेम, प्रशासनिक सम्पर्क, बिलिंग की जानकारी और डोमेन सर्व की सूची दिखाई देगी।

यदि WHOIS डाटाबेस से तुम्हें कोई रिस्पांस मिले जो यह दर्शाता है कि जो डोमेन नेम तुमने प्रविष्ट किया है वह "on hold" है, इसका मतलब Network Solution/InterNIC के अनुसार निम्नलिखित में से एक बात है :

- ⇨ डोमेन के लिए पेमेंट चालू (current) नहीं है।
- ⇨ यह डोमेन नेम एक ट्रेडमार्क स्वामी के साथ झगड़े में उलझा हुआ है।
- ⇨ इस नाम का सर्वर प्रशासन या तकनीकी मामला रुका हुआ है।

InterNIC के साथ रजिस्टर करना

बधाई हो। तुम्हारा चुना हुआ डोमेन नेम अब प्रयोग के लिए खुला है। अब तुम्हें आगे बढ़ने के लिए इसे रजिस्टर करना है। यदि नया डोमेन नेम किसी के द्वारा प्रयोग किया गया नहीं है तो इसे रजिस्टर करना बहुत आसान और तेज प्रक्रिया है। जो ISP (Internet Service Provider) तुम्हारी साइट को होस्ट कर रहा है उससे सम्पर्क करिये। ISP से, उनके सर्वर का IP एड्रेस और होस्ट का नाम प्राप्त होगा। तुम्हें भी अपने आप के लिए या अपनी संस्था के लिए एक उपयुक्त ई-मेल एड्रेस की आवश्यकता होगी। डोमेन नेम की रजिस्ट्रेशन ऑनलाइन प्रक्रिया को जारी रखने

के लिए तुम्हें इन सब सूचनाओं की आवश्यकता होगी। इंटरनिक के मेन वेब पेज पर "Register a domain name" लिंक पर क्लिक करो। जब डोमेन नेम रजिस्ट्रेशन की स्क्रीन दिखाई देगी, तब तुम्हें यह सब सामान्य सूचनाऐं प्रविष्ट करनी होंगी। "Your e-mail address" फील्ड में, अपना पूरा ई-मेल का पता टाइप करें।

डोमेन नेम भी domain-name.com एक्सटेंशन के साथ भरना चाहिए। इसमें www या http की कोई आवश्यकता नहीं है। अन्त में, इस पहली स्क्रीन पर से तुम्हें तीन में से किसी एक ऑप्शन को चुनना है : "New Registration" (नया रजिस्ट्रेशन), "Modifying Existing Domain" (पहले से जो नाम है उसमें बदलाव करना), या "Delete Domain" (डोमेन को हटाना)। तुम तो नया रजिस्ट्रेशन कर रहे हो इसलिए पहले वाले ऑप्शन को चुनें और स्क्रीन के नीचे की ओर दिये हुए "Process" ऑइकन पर क्लिक करो।

डोमेन नेम रजिस्ट्रेशन प्रक्रिया की दूसरी स्क्रीन निम्नलिखित जानकारी के लिए निवेदन करती है :

New domain registration for — जिस डोमेन नेम को रजिस्टर करने के लिए कोशिश कर रहे हैं वह यहाँ दिखाई देना चाहिए।

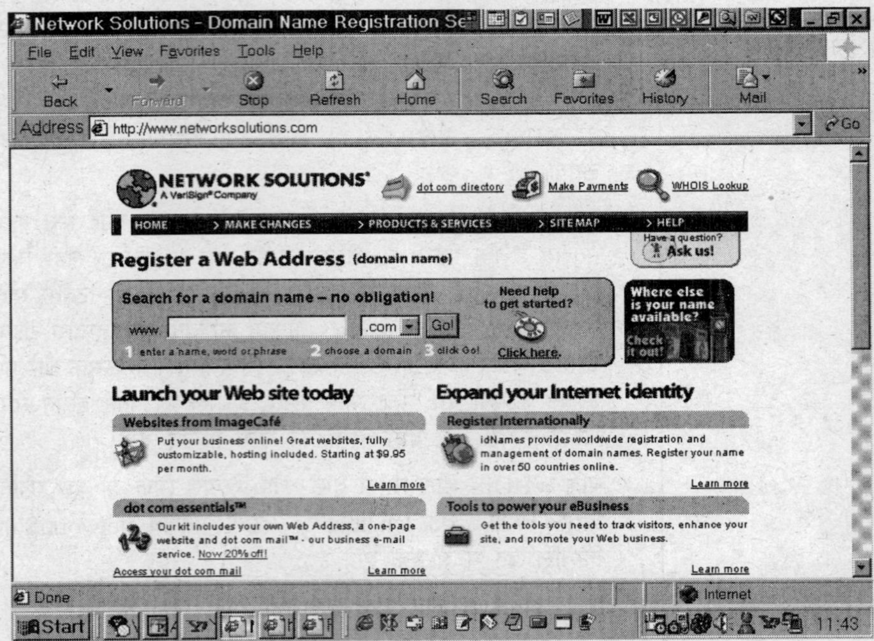

Organization name — उस संस्था का नाम जिसे डोमेन नेम देना है।

Organization address — डोमेन नेम वाली संस्था का पूरा पता।

City, state and zip — कम्पनी की आवश्यकतानुसार जानकारी।

Country — कम्पनी की जन्मस्थली

Technical contact — टेक्नीकल सम्पर्क वाले व्यक्ति के बारे में पूरी जानकारी भरने के लिए यह ऑप्शन है।

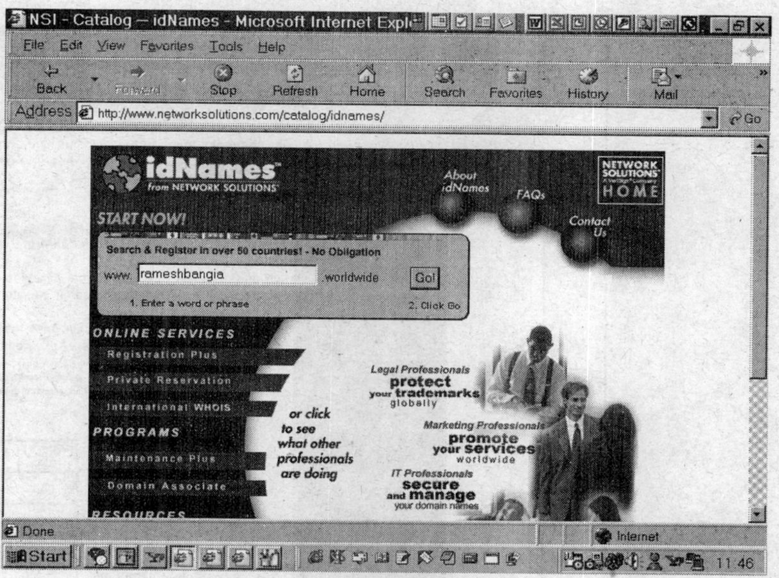

Biling contact	जो व्यक्ति आपसे' सम्पर्क कर रहा है उसकी biling जानकारी भरने के लिए यह ऑप्शन है। या बिलिंग कॉन्टेक्ट को पहचानने के लिए भी यही ऑप्शन है।

डोमेन नेम रजिस्ट्रेशन फॉर्म के द्वारा प्राप्त सारी जानकारी एक बार प्रविष्ट हो जाने पर फॉर्म के चीने दिये गये "submit this form for processing" बटन पर क्लिक करें। कुछ ही मिनट में InterNIC के domain name registration agreement से तुम एक ई-मेल मैसेज प्राप्त करोगे। यह एक कानूनी डॉक्यूमेंट है इसलिए इसे ध्यान से पढ़ें। यदि तुम इन टर्मो (terms) से सहमत हो, तो इस ई-मेल मैसेज को cut और paste करें एक नये ई-मेल मेसेज में। और यह मैसेज hostmaster@internic.net साइट एड्रेस का प्रयोग करते हुए InterNIC पर वापिस भेज दें।

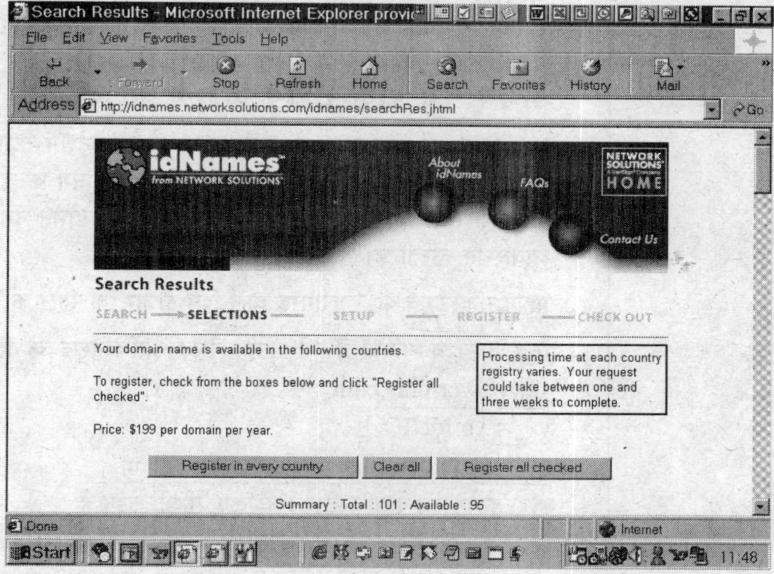

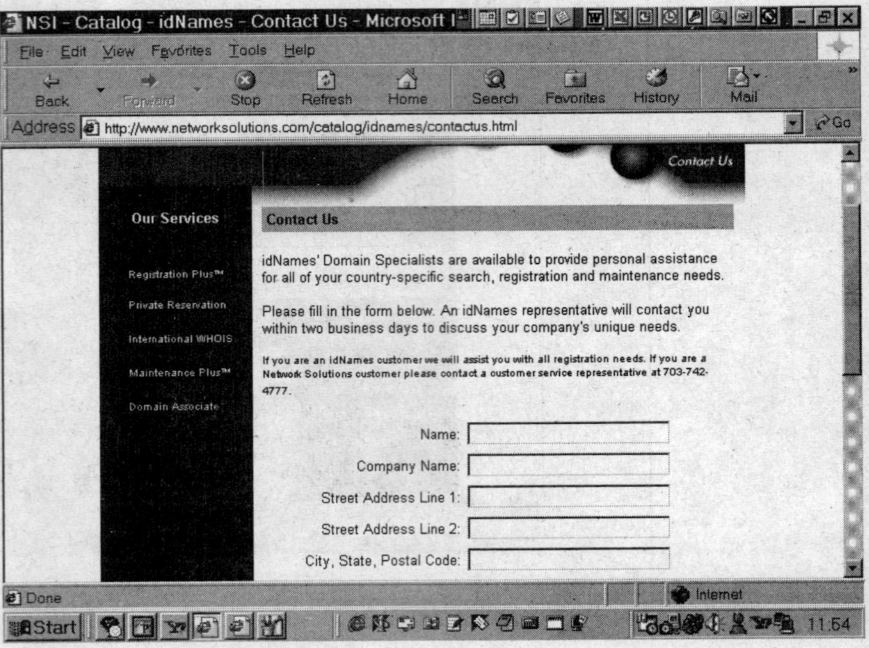

एक बार जब डोमेन नेम रजिस्ट्रेशन एग्रीमेंट वापिस कर दिया, तो InterNIC से एक ओर बार एक ई-मेल मैसेज आयेगा। इस मैसेज में तुम्हारे रजिस्ट्रेशन के लिए एक ट्रेकिंग (Tracking) नम्बर होगा।

भविष्य में कभी भी InterNIC से कोई पत्र-व्यवहार करना हो तो यह ट्रेकिंग नम्बर ई-मेल मैसेज के "subject" लाइन में आयेगा। यदि तुम 48 घण्टे के अन्दर कोई अन्य प्रमाणपत्र (confirmation) नहीं मिलता है तो, 001-703-742-4777 इस नम्बर पर कॉल करके InterNIC की हेल्पडेस्क पर सम्पर्क करें या hostmaster@internic.net पर ई-मेल मैसेज भेजकर सहायता लें।

डोमेन नेम रजिस्ट्रेशन कराने की कीमत

InterNIC के द्वारा हर नये डोमेन नेम को रजिस्ट्रेशन कराने की कीमत $70 है। यह फीस शुरूआती रजिस्ट्रेशन और दो साल के लिए डोमेन नेम के डाटाबेस रिकॉर्ड को कवर करती है। पहले दो साल के बाद, $35 सालाना फीस है जो डोमेन नेम के रिकॉर्ड को एक साल के लिए व्यवस्थित करती है। ह हि शिंहियह यह यह

पहले रजिस्ट्रेशन की सालगिरह वाले दिन ही हर कि साल की सालाना फीस तय हो जाती है।

कुछ अन्य कम्पनियाँ हैं जो डोमेन नेम के रजिस्ट्रेशन के लिए उपलब्ध हैं :

www.worldnic.com

worldNIC

www.domainnameregistration.com

यह डोमेन नेम के रजिस्ट्रेशन के लिए सीधी लाइन है

www.aplus_domain.com

A + डोमेन नेम रजिस्ट्रेशन सेंटर

www. instant_ domain.com

तुरन्त होने वाला डोमेन नेम रजिस्ट्रेशन सेंटर

name.space. xs2. net

name.space

www.domainnameregistry.com

डोमेन नेम रजिस्ट्री

www. ibnet.com. idb - home.shtml

इंटरनेट डोमेन ब्यूरो

www.domainagency.com

डोमेन एजेन्सी

वेब पेज को पब्लिश करना

फ्रंट पेज 2002 की सहायता से तुम अपने वेब पेज को तीन अलग-अलग स्थानों पर पब्लिश कर सकते हो।

1. **वर्ल्ड वाइड वेब** के सर्वर पर।
2. तुम्हारे सिस्टम के सर्वर पर जैसे **माइक्रोसॉफ्ट पर्सनल वेब सर्वर**।
3. तुम्हारे सिस्टम या **लोकल एरिया नेटवर्क** की हार्ड-ड्राइव पर।

वेब को हार्ड-ड्राइव पर सेव करना एक प्रकार का पब्लिकेशन है। तुम हर पेज को देख सकते हो, हाइपरलिंक को टेस्ट कर सकते हो और सॉफ्टवेयर के द्वारा किये गये गुणों को (features) को भी टेस्ट कर सकते हो।

विभिन्न ऑप्शनों में **पर्सनल वेब सर्वर** एक ऑप्शन है जिसे तुम विंडोज 98 और NT के साथ इन्सटॉल कर सकते हो। यदि ये तुम्हारे सिस्टम पर नही है, तब तुम इन्हें वास्तविक CD-ROM से इन्सटॉल कर सकते हो।

कंट्रोल पैनल खोले और **Add/Remove Programs** को चुनकर विंडोज सेट-अप ऑप्शन को मैनेज करें।

वेब होस्टिंग सेवा देने वाले के लिए पब्लिश करना

अपने सिस्टम पर पब्लिश करने में और वर्ल्ड वाइड वेब पर पब्लिश करने में केवल एक ही अन्तरा है। अपने सिस्टम पर पब्लिश करने में एक फोल्डर की आवश्यकता होती है और वर्ल्ड वाइड वेब पर पब्लिश करने पर एक जगह (destination) बतानी पड़ती है।

वर्ल्ड वाइड वेब पर पब्लिश करने के लिए मशीन का नाम बताना पड़ता है और उस फोल्डर का नाम बताना होता है जहाँ तुम्हारा फ्रंट पेज वेब स्टोर है। इन दोनों केसों में, तुम्हें एक लोकेशन से दूसरी जगह पर फाइलों को कॉपी करना पड़ता है।

इंटरनेट पर फ्रंट पेज वेब को दूसरी मशीन पर पब्लिश करने से पहले, तुम्हें एक पासवर्ड व user name की आवश्यकता होती है, जो उस मशीन पर फाइलें स्टोर करने की आज्ञा देता है। तुम्हें

उस फोल्डर को नाम भी देना होता है जहाँ वेब स्टोर हो सकता है, यह इस बात पर निर्भर करता है वेब होस्टिंग सेवा कैसे configure होती है अगला चरण यह निश्चित करने के लिए है कि इसे कहाँ स्टोर करना है।

कहाँ पब्लिश करें

जब आप फ्रंट पेज 2002 के वेब पेज को पब्लिश करने के लिए तैयार हो, तब **फाइल** मेन्यू से **पब्लिश वेब** का ऑप्शन चुनें। यह डॉयलोग बॉक्स खुलेगा।

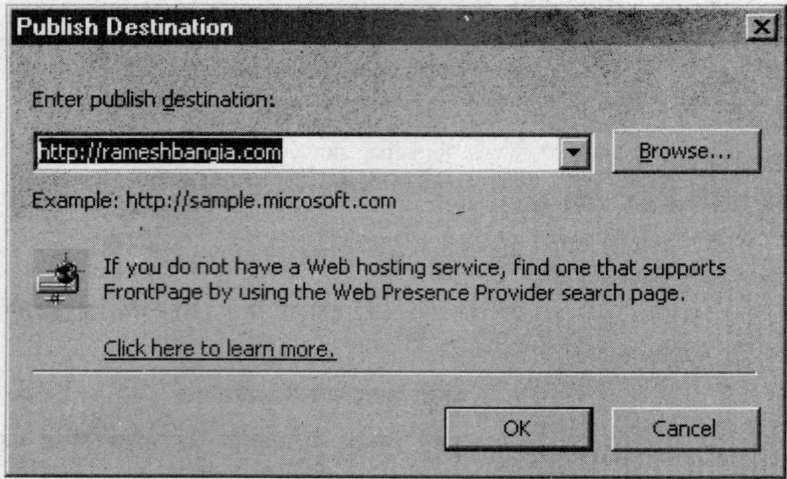

चूँकि यहाँ बॉक्स में कोई जगह (लोकेशन) नहीं है, इसलिए तुम हार्ड-डिस्क में लोकेशन देखने के लिए browse पर क्लिक करोगे ही, जहाँ तुम यह वेब पेज save करना चाहते हो।

Browse पर क्लिक करके New Publish Location का डॉयलोग बॉक्स खुलेगा। इस बॉक्स में ऑइकनों का एक कॉलम मिलेगा। वेब फोल्डर्स ऑइकन पर क्लिक करके वेब सर्वर के शॉर्टकट

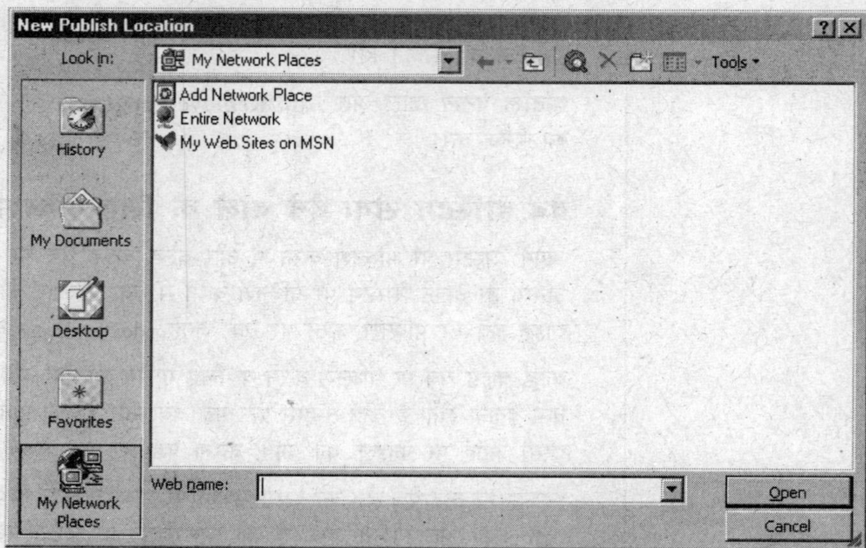

की लिस्ट आ जायेगी जहाँ तुमने पहले से पब्लिश की हुई साइट्स रखी है। एक बार जब वेब पेज को save करने के लिए हार्ड-डिस्क पर फोल्डर का path दे देते हैं और open पर क्लिक करें। कर्सर वापिस वेब पेज डॉयलोग बॉक्स पर आ जायेगा। अब पेज की पब्लिशिंग की प्रक्रिया को शुरू करने के लिए **Publish** पर क्लिक करें।

यदि कोई फाइल एक के ऊपर एक (overwrite) हो रही है तब तुम्हें मैसेजेस प्राप्त होंगे। आवश्यकतानुसार जितने भी बदलाव होने हैं उन सभी के बाद पेज पब्लिश हो जायेगा। तुम्हें एक मैसेज प्राप्त होगा कि तुम्हारी वेबसाइट सफलतापूर्वक पब्लिश हो गई है। इसी बीच में यह कुछ प्रश्न भी पूछेगा। अपने निर्णय लें और पेज को पब्लिश करें।

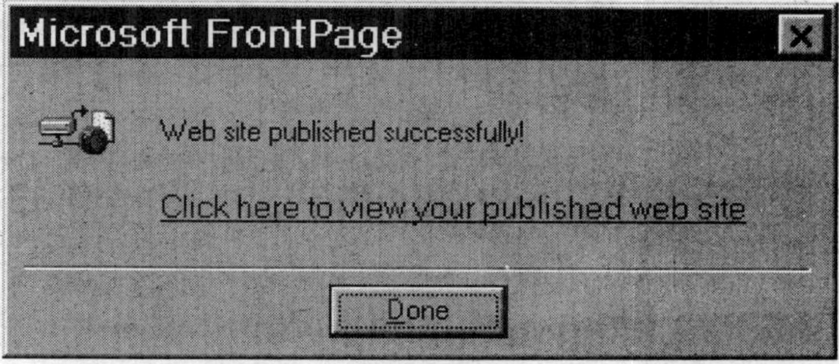

सर्च इंजन डालना (Adding Search Engine)

फ्रंट पेज 2002 का सर्च फॉर्म **front page server extension** की मांग करता है। इसलिए तुम्हें वह वेब होस्टिंग सेवा चाहिए जो तुम्हारे फ्रंट पेज को सपोर्ट करे।

अपने वेब–पेज को सर्च के योग्य बनाना

Search page template के द्वारा तुम्हारे वेब के लिए सर्च इंजन डालना आसान है। वेब पेज बनाने के लिए तुम इन स्टैण्डर्ड डॉक्यूमेंटों में से एक चुन सकते हो। यह टेम्प्लेट निम्नलिखित प्रक्रिया के द्वारा सर्च पेज जोड़ता है :

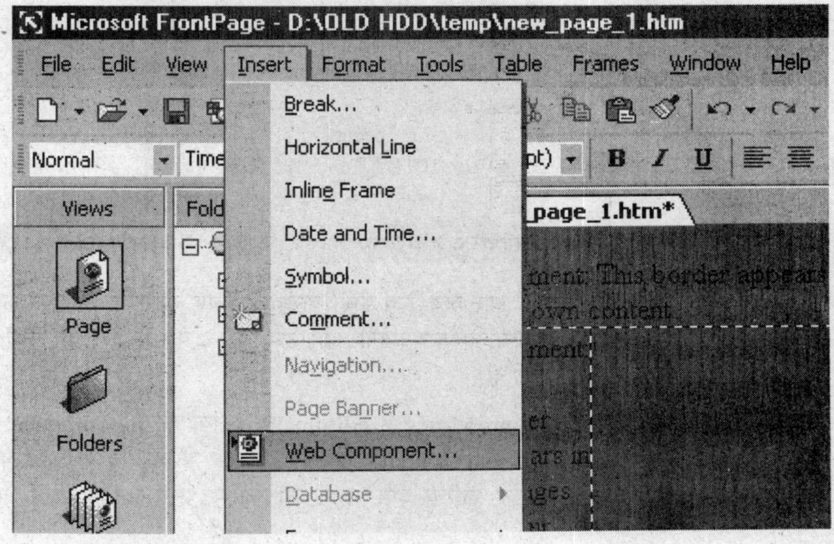

⇨ **Start search** और **Reset** बटनों के साथ सर्च फॉर्म component होता है।

⇨ टेक्स्ट वर्णन करता है कि कैसे सर्च व्यवहार में लाई जाती है।

यदि तुम पेज पर से टेक्स्ट को बदलते हो, तो तुम्हें इस डॉक्यूमेंटेशन के कम से कम कुछ पेज तो रख लेने चाहिए। वर्ल्ड वाइड वेब पर हर सर्च इंजन के अपने कुछ नियम होते हैं कि कैसे कुछ सर्च करना चाहिए। इसलिए तुम्हारे फ्रंट पेज वेब के लिए दर्शकों को मार्गदर्शन की आवश्यकता होगी कि कैसे एक सर्च क्वेरी (query) बनायें। तुम किसी वेब पेज के लिए सर्च इंजन भी डाल (add) कर सकते हो। इसके लिए **insert** मेन्यू में जाकर **web component** में **search form** पर क्लिक करें।

यद्यपि यह component एक स्टैण्डर्ड वेब फॉर्म की तरह दिखाई देता है। तुम कोई बटन ना डाल (add) सकते हो और ना ही हटा (remove) सकते हो। और फॉर्म पर काम करते हुए जो संभव लगे वह भी नहीं कर सकते हो। इसके बजाय, तुम इसे edit कर सकते हो जैसे पेज बैनर्स और नेवीगेशन बार। **Search form properties** डॉयलोग बॉक्स पर डबल क्लिक करें। यह डॉयलोग बॉक्स फॉर्म के बारे में तुम्हें कुछ चीजें बदलने के योग्य बना देगा :

⇨ टेक्स्ट बॉक्स का लेबल (label)

⇨ टेक्स्ट बॉक्स की चौड़ाई (width)

⇨ दोनों बटनों पर टेक्स्ट

फ्रंट पेज 2002 तुम्हारे वेब में हर पेज पर शब्दों की एक टेक्स्ट सूची (Index) बनाकर, इस component को सपोर्ट करता है। 300 प्रचलित शब्दों के अपवाद के साथ जैसे a, an, the, यह index (सूची) वेब पर दिखने वाले सभी शब्दों को रखती है।

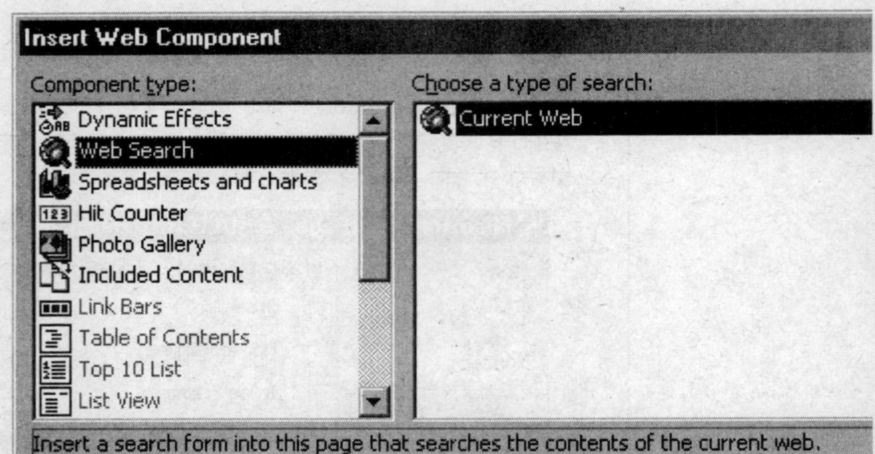

एक बार जब सर्च शुरू करने के लिए बटन पर क्लिक करते हो तो, यह component एक रिजल्ट पेमज बनायेगा, और उस रिजल्ट पेज पर उन वेब पेजों का लिंक होगा जहाँ पर सर्च टेक्स्ट होता है।

तुम properties में editing पर क्लिक करके component के इस पेमज को बदल भी सकते हो। **Search result** टैब पेजों के बारे में कुछ चीजों को रिपोर्ट कर सकता है। इसमें फाइल का साइज, तारिख और समय का फॉरमेट और उनका स्कार आदि ऑप्शन होते हैं।

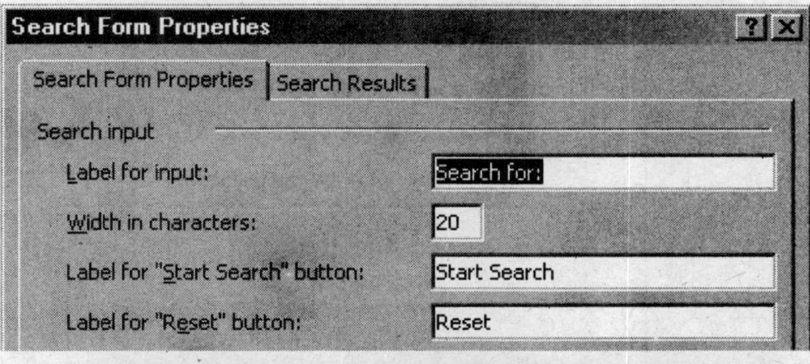
Search Form Properties
Search Form Properties
Search Results
Search input
Label for input:
Search for:
Width in characters:
20
Label for "Start Search" button:
Start Search
Label for "Reset" button:
Reset

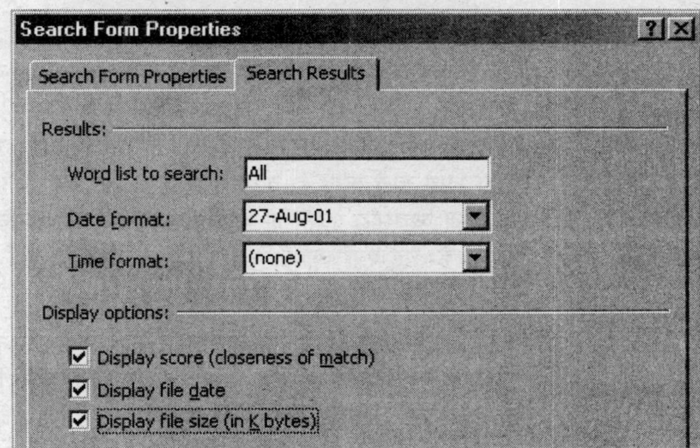
Search Form Properties
Search Form Properties
Search Results
Results:
Word list to search:
All
Date format:
27-Aug-01
Time format:
(none)
Display options:
Display score (closeness of match)
Display file date
Display file size (in K bytes)

वेब से धन बनाना
(Making Money from Web)

परिचय

> ये केवल विचार ही हैं जो किसी व्यक्ति के लिए काम कर भी सकते हैं और नहीं भी कर सकते हैं।

यह कितना बड़ा मजाक है कि कोई उत्पाद (product) बनाया जाता है और वह बिकता नही है? क्या यह मजाक नहीं कि एक मूवी (वीडियो फिल्म) बनाई गई और उसे कोई देखना नहीं चाहता? हम एक व्यवसायिक दुनिया में रहते हैं जहाँ हर चीज पैसों में तोली जाती है। यदि तुम 100 रुपये खर्च करते हो तो कम से कम 150 रुपये की वापिसी की उम्मीद रखते हो। इस आय के बिना व्यवसाय करने का कोई फायदा नहीं है। यह बिना अपेक्षा के किसी भी व्यवसाय में हो सकता है। यह एक व्यवसायिक प्रोडक्शन यूनिट या यहाँ तक कि एक छोटे पान वाले के लिए भी सत्य है। हर कोई धन कमाना चाहता है।

जैसा कि तुम देख रहे हो कि बाजार में आये दिन एक नया .com (dot com) तैरता रहता है, मैं बिल्कुल विश्वस्त हूँ कि तुम आश्चर्यचकित हो रहे होंगे कि वे कैसे धन कमाते हैं। विशेष रूप से जब तुम उन्हें अखबार में पूरे पेज का विज्ञापन देते हुए देखते हो। वे कहाँ से यह धन व्यर्थ करने के लिए प्राप्त कर रहे हैं और उन्हें कहाँ से आय प्राप्त हो रही है? यह प्रश्न बहुत मुश्किल है। वे यह सब धन कहाँ से ला रहे हैं इस प्रश्न का उत्तर मैं फाइनेंशियल सलाहकारों के लिए छोड़ता हूँ। मैं दूसरे प्रश्न का उत्तर दे सकता हूँ। केवल अपने बलबूते पर ही नहीं लेकिन इस प्रश्न के उत्तर में लाखों प्रश्न हैं : तुम अपनी वेबसाइट से लाभ कैसे कमाते हो? इस अध्याय में, जो साइट तुमने विकसित की है उस साइट से धन कमाने के विभिन्न पक्षों का वर्णन करता हूँ। विस्तार से ये निम्न प्रकार से आउटलाइन किए जा सकते हैं :

- तुम नेट पर सीधे ही ऑडर ले सकते हो और उत्पाद को डिलीवर कर सकते हो। इस केस में उपभोक्ता के द्वारा नेट पर पेमेंट क्रेडिट कार्ड के द्वारा की जाती है। यह इंडिया में ज्यादा चलन में नहीं है चूँकि सरकार के द्वारा इस पेमेंट के नियम नहीं स्वीकार किए जाते हैं। फिर भी, तुम इन उत्पादों को V.P.P. के द्वारा या COD (Cash on Delivery) के द्वारा भेजने के लिए फ्री हो।
- तुम अपनी साइट को, अपने उत्पादों, अपने रिटेल स्टोर, विभिन्न डिस्काउन्ट स्कीमों की घोषणा, डिस्काउन्ट का खांचा (structure), गिफ्ट स्कीमों आदि के प्रोमोशन के लिए प्रयोग कर सकते हो। यहाँ तुम अपने उपभोक्ताओं से खरीददारी के लिए कॉल करने या मिलने के लिए और चेक बनाने के लिए पूछ सकते हो।
- तुम अपनी साइट से ऐसे सॉफ्टवेयर जो डाउनलोड किये जा सकते हैं उन्हें ऑफर करसकते हो। यहाँ फिर से पेमेंट ऊपर दिये हुए किसी भी प्रकार से प्राप्त कर सकते हैं।
- तुम अपनी वेबसाइट के होम पेज की पूरी जगह को अपने लिए प्रयोग नहीं कर रहे हो तो, तुम बाजार में उपलब्ध अन्य विभिन्न स्कीमों के बारे में बात करके इस जगह का प्रयोग कर सकते हो और उनसे विज्ञापन के लिए यह जगह बेचने पर पैसा वसूल कर सकते हो।

⇨ यदि तुम्हारे पास कोई डॉक्यूमेंट या मैगजीन है और तुम यह जानते हो कि उपभोक्ता इसे पढ़ना चाहते हैं या यहाँ तक कि उसे डाउनलोड करना चाहते हैं, तब तुम अपनी साइट पर मेंबरशिप को स्वीकार करके इसे बेच सकते हो। एक बार मेंबरशिप स्वीकार हो जाने के बाद उपभोक्ता पासवर्ड देकर उपभोक्ता तुम्हारी साइट access कर सकता है। चलो सभी ऑप्शन एक-एक करके देखते हैं।

ऑर्डर स्वीकार करना

जैसा कि पहले कहा गया है कि ये सभी प्रकार के व्यवसाय क्रेडिट कार्ड की सहायता से चलते हैं। तुम्हें तो बस यह चुनना है कि मैटेरियल पोस्ट (डाक) के द्वारा भेजना है या कोरियर के द्वारा। इसके लिए तुम्हें ऑर्डर स्वीकार करने के लिए सॉफ्टवेयर तैयार करना है। यह तब आसान है जब तुम Adobe Acrobat जैसे सॉफ्टवेयरों का प्रयोग कर रहे हो। यह सॉफ्टवेयर तुम्हें इलैक्ट्रॉनिक डॉक्यूमेंट, पोर्टेबल डॉक्यूमेंट फॉरमेट (PDF) में बनाने की आज्ञा देता है। यह फॉरमेट, इलैक्ट्रॉनिक डॉक्यूमेंट के लिए खुला de facto स्टैण्डर्ड है, जो वर्ल्ड वाइड वितरण होता है, जो किसी भी प्रकार के कंप्यूटर के द्वारा प्राप्त किया जा सकता है। और प्रिन्ट भी कियाजा सकता है। या किसी भी प्रकार के वेब ब्राउजर के द्वारा प्राप्त किया जा सकता है, जब विशेष सॉफ्टवेयर प्रयोग करते हैं।

विज्ञापन के लिए जगह बेचना

मान लो, तुम्हारे पास एक साइट है जिसे जनरल साइट कहते हैं। इस प्रकार की साइट हमें यह सूचना देती है कि बाजार में क्या चल रहा है और कुछ खबरें भी होती हैं। इसलिए अपनी साइट की ओर ज्यादा ट्रैफिक आकर्षित करने के लिए, तुम ज्यादा लाभ देने वाली सूचनाऐं भर सकते हो, जिसे ब्राउजर प्रयोग कर सकते हैं। एक बार तुम्हारा ऑनलाइन पर आधारिक व्यवसाय स्थापित हो जायें और तुम्हारे नियमित दर्शक बन जायें, वे दर्शक जो विशेष बाजार में अपनी जड़े जमाएँ

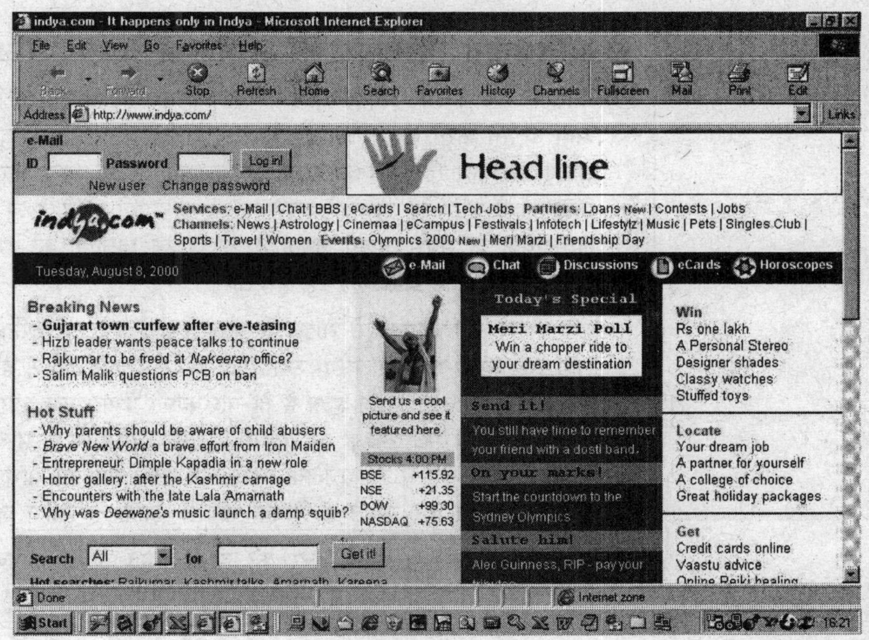

बैठें हैं तो तुम अपनी साइट पर बैनर और विज्ञान की जगह बेच सकते हो, उन कम्पनियों को जो तुम्हारी पहुँच तक के लोगों में या तुम्हारी साइट के दर्शकों तक पहुँचने में शौक रखते हैं।

एक तरीका है जो बाद में वर्णन होगा, जिसके द्वारा तुम अपनी साइट के लिए बड़ी संख्या में यूजर्स को खोज सकते हो। यह एक प्रकार का मीटर होता है जो तुम्हारी साइट के दर्शकों की संख्या के बारे में बताता है। इसलिए यदि तुम्हारी साइट पर सैकंडों या हजारों दर्शक हर सप्ताह सर्फ करते हैं, तो तुम शायद विज्ञापन की जगह बेचने से अमीर नहीं होगे। तुम्हें अपनी साइट को व्यवस्थित करने के लिए कुछ और कीमत लगानी होगी। यहाँ बहुत सी स्वतंत्र सेवाऐं हैं जो वेब-साइट के ट्रैफिक को मॉनीटर करने के लिए प्रयोग की जाती है। ये वे स्वतंत्र सेवाऐं हैं जिन्हें विज्ञापनकर्त्ता स्वयं ही, विज्ञापन के रेट निर्धारित करने में और वेब के ट्रैफिक जानने के लिए प्रयोग करते हैं। यदि तुम अपनी साइट पर विज्ञापन के लिए जगह बेचने की तैयारी कर रहे हो, तो तुम्हें उन विशेषताओं को विकसित करने की आवश्यकता होगी जो तुम्हारी साइट के दर्शकों की संख्या का ट्रैक रख सकें और विज्ञापन के रेट भी बता सकें। बहुत सी एजेन्सी ऑनलाइन विज्ञापन के लिए तुम्हारी सहायता कर सकती है। वे तुम्हारे पास उपलब्ध जगह को कमीशन के आधार पर बेचती है।

मेंबरशिप फीस

अपनी वेबसाइट से आय उत्पन्न करने का अन्य तरीका यह है कि वे साइट पर विशेष प्रकार की सूचना को प्राप्त करने के लिए समय पर आधारित मेंबरशिप फीस लेते हैं। यदि आप चाहते हैं लोग आपकी साइट को access करने के लिए फीस दें तो यह आवश्यक है कि आप उन्हें ऐसी सेवाऐं व सूचनाऐं प्रदान करें जो बहुत मुश्किल से प्राप्त हो और कहीं ओर उपलब्ध ना हो। बहुत सी साइट जिन्हें युवा-वर्ग के मैटेरियल को ऑनलाइन वितरित करने के लिए विशिष्टता प्राप्त है, वे access फीस को चॉर्ज करके भी बहुत ज्यादा सफल है। उदाहरण के लिए, Playboy मैगजीन।

ऑनलाइन विज्ञापन की जगह को बेचना और व्यापार करना

बैनर के रूप में और अपनी साइट पर या स्पॉन्सरशिप के रूप में विज्ञापन के लिए जगह बेचना, आय उत्पन्न करने का तरीका है। वे लोग जो तुम्हारी साइट पर तुम्हारे बिजनेस के प्रोडक्ट और सेवाएं प्राप्त कर रहे हैं, उनकी नजर इन विज्ञापनों पर भी जरूर जाएगी। तुम्हारी साइट पर उपलब्ध विज्ञापन के जरिये जो सूचनाऐं उपभोक्ताओं के सामने आती है, वे सूचनाऐं यदि उपभोक्ताओं को लाभदायक या सबसे अलग लगती है, तो वे उन विज्ञापन को देखने में ज्यादा रूचि दिखाते हैं जिनसे आप आय प्राप्त कर रहे हैं।

यदि आपने ये विज्ञापन पूरी साइट पर फैला रखे हैं और पूरे तरीके से व्यवस्थित कर रखे हैं तो लोग इन्हें ज्यादा स्वीकार करेंगे। उदाहरणप के लिए, यदि आपने बैनर को पेज के सबसे ऊपर या सबसे नीचे एडजस्ट किया हुआ है तो यह काफी प्रभावशाली होगा। यह हमेशा ही अच्छा होगा कि जो विज्ञापन तुमने रखे हैं वह तुम्हारे ऑनलाइन बिजनेस से सम्बन्धित हो ताकि आप लोगों को सूचनाओं के ज्यादा से ज्यादा लिंक प्रदान कर सकें। साथ ही साथ अपनी उत्पादों, या सेवाओं के लिंक भी प्रदान कर सकते हैं जिनके बारे में ज्यादा से ज्यादा जानना चाहते हैं।

यदि आप विज्ञान के लिए बैनर की जगह बेचते हैं तो आपको अपने विज्ञापनदाताओं को निम्नलिखित बातों के बारे में जानकारी देनी पड़ेगी :

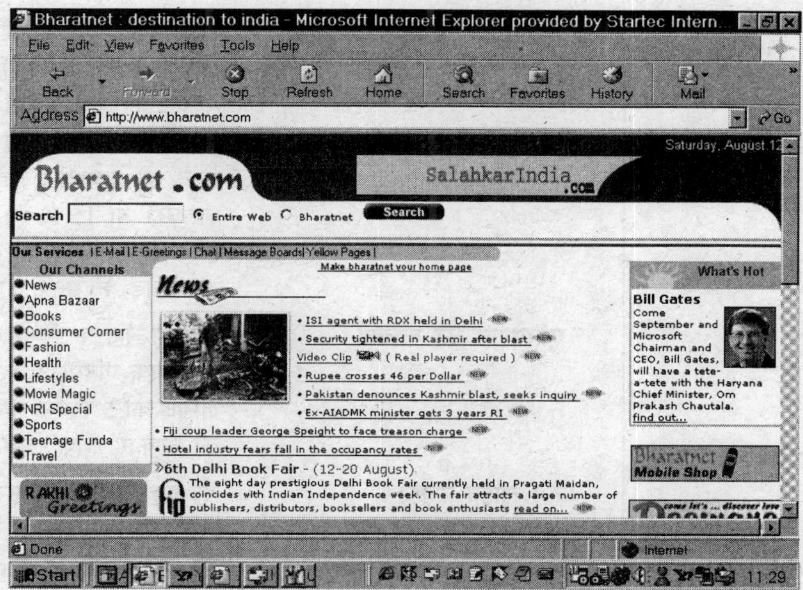

फाइल फॉरमेट	केवल GIF या JPEG आदि फॉरमेट की फाइल स्वीकार करेंगे।
बैनर की लम्बाई, चौड़ाई	बैनर के लिए 480 × 60 Pixels की जगह होगी। फिर भी आप लम्बाई वाले बैनपर या छोटे आकार के या बड़े आकार के बैनर भी ऑफर कर सकते हैं।
फाइल का आकार	जैसा कि आप जानते हैं कि टेक्स्ट की तुलना में ग्रॉफिक्स स्क्रीन पर आने में ज्यादा समय लेते हैं। यदि आपके

विज्ञापनदाता ज्यादा ग्रॉफिकस का प्रयोग करते हैं तो आपकी साइट खुलने में ज़्यादा समय लेगी और आपकी फाइल को ज्यादा भारी बना देगी। इसलिए तुम्हें अपने विज्ञापनदाताओं को यह बात अवश्य बता देनी चाहिए। बहुत सी वेबसाइट बड़े आकार के 32 K (32,000 बाइट्स) या 15 K (15,000 बाइट्स) बैनर चुनती है। इमेज के आकार को HTML कोड में चुनकर तुम डाउनलोड के समय को कम कर सकते हो।

एनिमेशन की लम्बाई — यह इस बात पर निर्भर करता है कि दोबारा शुरू होने से पहले एक एनिमेशन कितना लम्बा था। तुम एनिमेशन की लम्बाई को 5 सेकेन्ड के अन्दर रखना चाहोगे ताकि फाइल का आकार ज्यादा लम्बा न हो।

टैग लाइन टेक्स्ट — यह एक लाइन का टेक्स्ट होता है ज्यादा से ज्यादा 5 से 8 शब्द, जो कि बैनर के विज्ञापन के नीचे दिखाई देता है। इसे विज्ञापन के नारे (slogan) के रूप में भी प्रयोग किया जा सकता है। यह तुम्हारा निर्णय है कि तुम टैग लाइन को स्वीकार करना चाहते हो या नहीं। यदि हाँ तो उसकी लम्बाई, फोन्ट साइज आदि निश्चित करें।

टॉरगेट URLs — इस बात के लिए निश्चित करें कि पूरे नेट पर कहीं भी तुम्हारे यूजर्स इस विज्ञापन पर क्लिक करके देख सकें अर्थात् कहीं से भी लिंक हो सकें। यह भी याद रखें कि, यदि तुम्हारा बैनर एनिमेटेड है तो उसके हर फ्रेम ठीक तरह से लिंक हो रहे हैं या नहीं। क्योंकि इमेज के द्वारा तुम अपनी साइट पर अपने आप को पेश कर रहे हैं।

हस्ताक्षर किये हुए कॉन्ट्रेक्ट की आवश्यकता — यह दर्शाता है कि तुम्हें एक विज्ञापनदाता से लिखित रूप में हस्ताक्षर किये हुए ऑडर की आवश्यकता है। हस्ताक्षर कराने के लिए तुम्हारे विज्ञापनदाता से लिखा हुआ कॉन्ट्रेक्ट (written contract) बनवाने के लिए यह बहुत अच्छा विचार है।

जहाँ तक विज्ञापन के सम्बन्ध में कोई भी बात को स्वीकार करने की बात है, तुम्हें हमेशा अपनी बात ऊपर रखनी चाहिए। मूल्य तभी निर्धारित करें जब एक जगह के दो विज्ञापनदाता खरीददार हो। ताकि तुम प्रतियोगात्मक दर (मूल्य) निर्धारित (वसूल) कर सको। तुम्हें अपने मूल्यों को सूची भी बनानी होगी क्योंकि ऑनलाइन विज्ञापन की दरें, पहले से निर्धारित किये गये पेजों की संख्या पर निर्भर करती हैं। और यह भी कहा जाता है कि तुम्हारी साइट के दर्शकों की संख्या पर भी निर्भर करती हैं।

वास्तव में, विज्ञापन की दरें इन बातों पर निर्भर करनी चाहिए कि तुम्हारी साइट के कितने खास दर्शक हैं और कितने ज्यादा अलग-अलग प्रभाव (unique impressions) तुमने अपनी साइट पर डाल रखे हैं व कितने विज्ञापनदाता इस बात को स्वीकार करते हैं। उदाहरण के लिए, यदि एक विज्ञापनदाता 1,00,000 खास प्रभावों के लिए धन देता है, लेकिन आपके पास केवल 10,000

खास दर्शक हैं जो तुम्हारी साइट देखते हैं और हर दर्शक एक विज्ञापन को 10 बार देखता है। योग्य विज्ञापनदाता को विज्ञापन के ए जगह बेचने से पहले, कुछ मुख्य बातों पर ध्यान देना जरूरी है कि किस तरह से विज्ञापन इंडस्ट्री काम करती है। विज्ञापन की खरीद फरोख्त करने वाली एजेन्सियों से इन साइटों के बारे में सारी जानकारी लेना ही इस काम की मुख्य शर्त है।

किसी के अधीन काम करना

बेबसाइट्स के द्वारा कमाई करने का यह अन्य उपाय है। यह कमाई पर लाभ करने का कार्य करता है। ऊपर बताये हुए केस में, तुम केवल विज्ञापनदाता के उत्पादों का विज्ञापन ही नहीं करोगे बल्कि ऑर्डरों को स्वीकार भी करोगे, जिन्हें तुम आगे विज्ञापनदाताओं को पास कर दोगे और प्रत्येक ऑर्डर पर कमीशन वसूल कर सकते हो। लेकिन तुम्हें इस बात के लिए निश्चित हो जाना चाहिए,कि तुम इस प्रकार का ऑफर स्वीकार करने से पहले, इस प्रकार का व्यवसाय बना सकते हो। दूसरी बात यह है कि यह तुम्हारे लिए अधीन व्यवसाय होना चाहिए और किसी भी चरण पर यह तुम्हारे अपने व्यवसाय को निगल ना ले अर्थात् तुम्हारे व्यवसाय को overtake ना कर लें।

डाउनलोड होने वाले सॉफ्टवेयरों को बेचना

जब आप किसी बढ़िया ऑनलाइन व्यवसाय को आदर्श के रूप में देखते हो तो डाउनलोड होने वाले सॉफ्टवेयरों को बेचना उत्तम है। इसके लिए उत्पादों को इकट्ठा करने की आवश्यकता भी नहीं है और ना ही रिकॉर्डों को व्यवस्थित करने की आवश्यकता है।

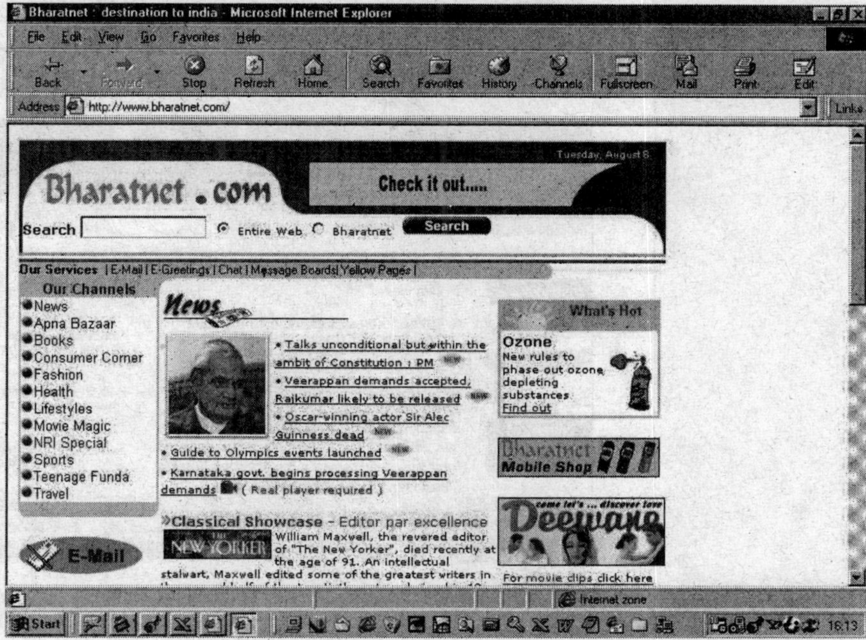

ऑनलाइन सॉफ्टवेयर को बेचने के लिए सॉफ्टवेयर पैकेज विकसित करने के बाद या इलैक्ट्रॉनिक डॉक्यूमेंट बनाने के बाद, तुम्हारी वेबसाइट इसको प्रोमोशन कर सकती है। फिर आप अपने उपभोक्ता को साइट के जरिये यह सूचना देन सकते हो कि वह साइट से किसी भी प्रकार सूचना को या किसी भी सॉफ्टवेयर को डाउनलोड कर सकता है। इसके लिए क्रेडिट कार्ड की पेमेंट की प्रक्रिया को स्वीकार किया जायेगा।

यदि तुम्हारे पास अनोखे सॉफ्टवेयर प्रोग्राम और सूचनाऐं होंगी तो इस प्रकार का ऑनलाइन व्यवसाय अच्छी प्रकार से कार्य करेगा और यह लोगों को ज्यादा आकर्षित करेगा। इन अनोखे सॉफ्टवेयर और सूचनाओं के लिए वे लोग तुरन्त ही इनकी मांग करेंगे और इच्छा से इसके लिए धन देंगे। फिर भी बहुत से लोग डाउनलोड होने वाली फाइलों को रखना नहीं चाहते क्यों कि वे इस प्रकार के व्यवसाय को उत्तम नहीं मानते।

सफल ऑनलाइन व्यवसाय के तीन उदाहरण हैं जो डाउनलोड होने योग्य सामानों को बेचकर की व्यवसाय करते हैं :

Bonzi.com

(www.bonzi.com) यह एक सॉफ्टवेयर विकसित करने वाला है जो प्रसिद्ध उपयोगी प्रोग्राम ऑनलाइन बेच रहा है, लोग क्रेडिट कार्ड के द्वारा पेमेंट करके कंपनी की वेबसाइट से सीधे ही डाउनलोड कर सकते हैं।

PetFish.com

(www.petfish.com) यह छोटा ऑनलाइन व्यवसाय है जो कुछ चुनिंदा सॉफ्टवेयरों को ही बेचना है। लोग क्रेडिट कार्ड का प्रयोग करके इन्हें अपने "अधीन" (adopt) कर सकते हैं और फिर अपने कंप्यूटर पर डाउनलोड कर सकते हैं।

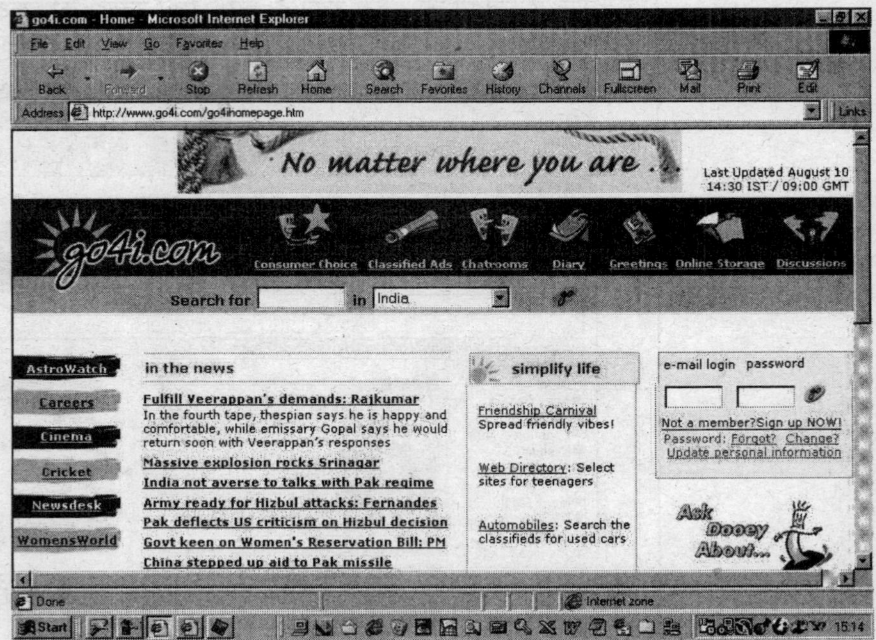

Beyond.com

(www.beyond.com) Beyond.com अपने आप को एक ऑनलाइन सॉफ्टवेयर और वीडियो ग्रम का खजाना कहता है। उपभोक्ता को हजारों सॉफ्टवेयर प्रोडक्ट ऑनलाइन खरीदने के हिसाब से, उन्हें स्टोर करने की जगह भी चाहिए ओर हजारों सॉफ्टवेयर टाइटल भी खरीदने होती हैं। इसके लिए वे इन्हें Beyond.com के वेब सर्वर से सीधे ही बिना किसी झंझट के डाउलोड कर लेते हैं।

तुम्हारनी साइट को खोलने (Access) के लिए दर्शकों से वसूली करना (Charging)

व्यवसाय की दृष्टि से यह ऑप्शन ज्यादा प्रसिद्ध है। ऑनलाइन व्यवसाय करने वाला एक मेंबरशिप बेचना है और साइट को एक्सेस करने के लिए एक पासवर्ड भी प्रदान करता है और मेंबरशिप की समयावधि के दौरान अनगिनत बार साइट को एक्सेस करने की आज्ञान देता है। इस प्रकार का व्यवसाय भली-भाँति तभी कार्य करता है, यदि तुम सूचनाओं को नियमित रूप से ताजा मामलों के आधार पर बदलते रहोगे। तभी लोग तुम्हारी साइट पर सूचनाओं को प्राप्त करने के लिए बार-बार वापिस आयेंगे। उदाहरण के लिए, wall street journal interactive edition (www.wsj.com) ऑनलाइन पर आधारित बिजनेस का अन्य उदाहरण है। वॉल स्ट्रीट जॉर्नल के इलैक्ट्रॉनिक एडिशन को एक्सेस करने के लिए उपभोक्ता सीधे ही वार्षिक फीस देते हैं क्योंकि यह साइट, लगातार नई-नई कहानियाँ और अन्य गुणों (features) के साथ अपने में बदलाव लाती रहती है।

उन्नति और प्रसिद्धि

हम उन्नति के युग में ही रहे हैं। तुम धूल को भी बेच सकते हो यदि वह अच्छी तरह से पैक की गई है और उसका विज्ञापन भी अच्छा बना है। हम उस स्टेज तक पहुँच चुके हैं जहाँ टी.वी. और प्रिन्ट मीडिया (अखबार आदि) घरेलु नाम बन गये हैं। लगभग सभी ग्रामीण घरों टी.वी. हैं और सुबह में अखबार भी आ जाता है। इसलिए तुम अपनी साइट का नाम इन दोनों में से कोई एक उपाय चुनकर फैला सकते हो या जन-जन तक पहुँचा सकते हो।

तुम्हें नेटवर्क टेलीविजन में विज्ञापन, राष्ट्रीय रेडियो में जगह, बिलबोर्ड में, राष्ट्रीय मैंगजीन में विज्ञापन और विस्तृत ऑनलाइन विज्ञापन और बैनर के साथ, विज्ञापन और मार्केटिंग चमक को लॉन्य करने के लिए फाइनेंशियल साधनों की भी जरूरत नहीं है। लेकिन तुम लगभग थोड़े से बजट में भी एक आक्रामक, जड़े फैलाने वाली मार्केटिंग का प्रयास कर सकते हो। यहाँ हजारों अन्य अलौकिक तरीके भी है, जो काम कीमतवाले और अति प्रभावी है।

संसार में अपने व्यवसाय के लिए ऑनलाइन उपस्थिति दर्ज कराने के लिए तुम्हारे पास बहुत से महान विचार है। अपने ऑनलाइन व्यवसाय को बहुत बढ़िया बनाने के लिए तुम संसार के सबसे अच्छे वेब पेज डिजायन कराने वालों और लिखने वालों से (कॉन्टेक्ट) सम्पर्क कर सकते हो। यदि योग्य उपभोक्ता तुम्हारी साइट को ऑनलाइन नहीं खोज पाते हैं या तुम्हारे व्यवसाय की उपस्थिति को नहीं जान पाते हैं तो तुम्हारे सभी प्रयास व्यर्थ जाऐंगे। एक ऑनलाइन व्यवसाय, एक पारंपरिक व्यवसाय से अभिन्न नहीं है। तुम्हारे साहस की सम्पूर्ण सफलता में मार्केटिंग, विज्ञापन और लोगों से सम्बन्ध, महत्वपूर्ण भूमिका निभाते हैं।

विज्ञापन करना और उन्नति

यदि आप अपने व्यवसाय में ठोस फाइनेंशियल बजट लगा रहे हैं और बहुत बड़ा विज्ञापन का और मार्केटिंग का बजट है, तो गम्भीरता से इस बात पर विचार करें और विज्ञापन एजेन्सी और लोगों से सम्पर्क करने वाली एजेन्सी को हायर (hire) करें या सम्पर्क करें, वे लोगों से सम्बन्ध बनाने में, विज्ञापन और मार्केटिंग के प्रचार में तुम्हारी सहायता कर सकती है।

लक्षित दर्शक (Target Audience)

तुम मार्केटिंग रणनीति से शुरूआत कर सकते हो। विशेष रूप से उन लोगों की फोकस कर सकते हो जो तुम्हारी साइट देख रहे हैं और भी बहुत से तरीकों से तुम दर्शकों तक पहुँच सकते हो। एक बार तुम्हारा व्यवसाय ऑनलाइन हो जाता है तो जितना संभव हो सके उतना दर्शकों का ट्रैफिक तुम्हें अपनी साइट पर डालना है। उसी समय तुम्हें यह बात भी ध्यान रखनी चाहिए कि तुम्हें उचित प्रकार का ट्रैफिक अर्थात् योग्य दर्शकों की ही आवश्यकता है। लक्षित दर्शक किसी भी ग्रुप के हो सकते हैं जो किसी विशेष सेवा या उत्पाद की इच्छा करते हो।

तुम्हारे दर्शक कोई भी हो सकते हैं :

⇨ आदमी, या तो घर के या ऑफिस के।

⇨ औरतें, ऑफिस से घरेलु ज्यादा।

⇨ एडल्ट (उम्र 18-49), इस उम्र के सभी व्यक्ति।

⇨ टीनेजर्स (उम्र 14-17), तुम्हारे पास कोई उत्पाद हो सकता है जो विशेषतया उन लोगों के लिए ही हो।

⇨ शादीशुदा लोग, कोई ऐसा उत्पाद जो अकेले व्यक्ति से ज्यादा उन्हें आकर्षित करें।

⇨ अकेला व्यक्ति, हो सकता है कि तुम्हारा उत्पाद उन्हें ज्यादा उपयुक्त लगें।

⇨ सीनियर्स, हो सकता है कि उत्पाद बड़ी उम्र के व्यक्तियों को ज्यादा उपयुक्त लगें।

⇨ वे लोग जो विशेष शौक या हॉबी रखते हों।

⇨ ऊँची आय वाले प्रोफेशनल व्यक्ति, यदि आपका प्रोडक्ट ऊँची आय वाले व्यक्तियों के लिए है।

⇨ घरेलु व्यक्ति, विशेष रूप से वे लोग जो घर बनाये रखना अच्छा समझते हैं।

⇨ घर में ऑफिस का कार्य करने वाले लोग।

⇨ विशेष कैरियर के अवसर प्राप्त करने वाले लोग।

⇨ वे लोग, जिन्हें कुछ प्रकार की शारीरिक अयोग्यता हो।

⇨ कोई अन्य ग्रुप के लोग भी हो सकते हैं जिन्हें तुम मार्केटिंग, विज्ञापन के प्रयासों के द्वारा लक्षित कर सकते हो।

तुम्हारी कोई अन्य प्रकार की लक्षित दर्शकों, की टीम भी हो सकती है। यदि ऐसा, तो तुम एक समय में मार्केटिंग प्रयास के द्वारा एक प्रकार के दर्शकों को लक्षित करने मूं कामयाब हो सकते हो। जैसा कि तुमने बताया कि तुम्हारे लक्षित दर्शक कोई भी हो सकते हैं, लेकिन वे लगातार इंटरनेट का प्रयोग करते होने चाहिए।

इन सबके बाद, यह कुछ वर्ष पहले की बात है कि इंटरनेट केवल मॉस मार्केट के उपभोक्ताओं के लिए ही था। लेकिन अब ताजा ऑनलाइन सदस्यों की भरमार है, जो स्वयं ही बहुत पढ़े-लिखे हैं, मध्यमवर्गीय प्रोफेशनलों से उच्चवर्गीय प्रोफेशनल भी हैं जिन्हें कंप्यूटर की जानकारी भी है।

एक बार जब आपने अपने दर्शकों को लक्षित कर लिया, तब आप अपने र्दाकों को क्या मैसेज देने वाले हैं यह निश्चित करें। कि आप अपनी मार्केटिंग, विज्ञापन और प्रोमोशनों से क्या पूरा करने की कोशिश कर रहे हैं? क्या आप सिर्फ अपनी कंपनी या ब्रांड से लोगों को अवगत कराना चाहते हैं? क्या आपका लक्ष्य योग्य उपभोक्ताओं से उतपादों के लिए ऑनलाइन ऑर्डर लेना है?

आप 1 प्रतिश्खत से 10 प्रतिशत के बीच में मार्केटिंग और विज्ञापन मैसेज कैसे पहुँचा सकते हैं? जो शब्द आप प्रयोग कर रहे हैं और जो दृश्य आप विज्ञापन के जरिये (रंग, फोन्ट और आकार के साथ) दिखा रहे हैं, वे तुम्हारे मैसेज के लिए लोगों का या योग्य उपभोक्ताओं के प्रतिउत्तर में महत्वपूर्ण भूमिका निभाऐंगे। यदि तुम्हारे पास अच्छी तरह से बताये जाने वाले योग्य दर्शक नहीं हैं तो वेब पर उन लोगों तक पहुँचना बहुत मुश्किल है, जो तुम्हारे ऑनलाइन बिजनेस के ऑफर में ज्यादा शौक रख रहे होंगे। अपने दर्शकों के बारे में जानना, ऑनलाइन व्यवसाय के प्रदार में प्रभावशाली पहला कदम है।

दर्शकों तक पहुँचना

अपनी दर्शकों की टीम तक पहुँचना दूसरा कदम है। ठीक उस बात का निश्चम करना कि तुम्हारे दर्शक तुम्हारे उत्पाद के किस भाग मे ज्यादा ध्यान दे रहे हैं और फिर उस मार्केटिंग मैसेज को विकसित करना जो उनका ध्यान पकड़ सकें। अगला चरण उन उपायों को खोजना है तुम्हारे मैसेज को उन तक पहुँचा सकें।

क्या तुम्हारे दर्शक किन्हीं विशेष वेबसाइट्स को देखने के आदि हैं। इसके लिए मैगजीन पढ़ें, विशेष फंक्शनों या कार्यक्रमों में उपस्थित रहें या अच्छा खरीदने की आदत डालें। साथ ही साथ तुम्हें यह समझने की भी आवश्यकता है कि किस तरह से मीडिया के आउटलेट कार्य करते हैं और किस तरह से उन पर विज्ञापन का ज्यादा असर होता है, जैसे टेलिविजनण, रेडियो, न्यूजपेपर, मैग्जीन, सीधे मेल मैसेज, ऑनलाइन विज्ञापन और बिल बोर्ड आदि से।

एक बार साइट के स्थापित होने पर उसके प्रोमोशन से पहले, सबसे पहला काम जो तुम्हें करना चाहिए कि इस बात को दृढ़ता से समझायें कि तुम्हारी साइट किस बारे में है। एक कागज की शीट पर अपनी साइट का टाइटिल लिखें, पता लिखें और तुम्हारी साइट की मार्केटिंग और विज्ञापन की व्यवस्था को संभालने वाले व्यक्ति की सम्पर्क सूचना लिखें। फिर कम से कम 25 कीवर्ड (Keyword) लिखें जो तुम्हारी साइट के बारे में बताने के लिए प्रयुक्त हो सकें।

अब 25 शब्द, 50 शब्द और 75 शब्दों में अपनी साइट का वर्णन लिखें। शब्दों का ध्यान से चुनाव करें, ताकि तुम्हारा वर्णन पढ़ने वाले का ध्यान आकर्षित कर सकें। पढ़ाने वाले के लिए तुम्हारा ऑनलाइन व्यवसाय क्या है यह वर्णन करें, और अपने ऑनलाइन व्यवसाय के बारे में सभी कुछ वर्णन करें और लोगों को अपनी साइट देखने के लिए उत्साहित करें।

ऑनलाइन उन्नति (Promotional) और विज्ञापन

जब ऑनलाइन व्यवसाय की प्रोमोटिंग की बारी आती है, तब तुम्हें योग्य उपभोक्ताओं तक पहुँचने के लिए इंटरनेट के सिवाय कहीं ओर जाने की जरूरत नहीं है। वास्तव में, यह सबसे अच्छा तरीका है जिससे अपने उत्पाद के लिए उपभोक्ता तक पहुँचा जा सकता है। यह इस बात पर भी निर्भर करता है कि आप किस तरह से अपने व्यवसाय को ऑपरेट कर रहे हैं। इंटरनेट विभिन्न प्रकार के उन्नति करने वाले अवसरों को प्रदान करता है, जो अपनी जरूयरत पर निर्भर रहते हुए एक विशेष जाति के दर्शकों को लक्षित करने के लिए प्रयुक्त होता है।

बड़े सर्च इंजनों पर बैनर के लिए विज्ञापन की जगह खदीना, बहुत ही प्रभावशाली और विस्तृत रूप से प्रयोग किया जाने वाला तरीका है, जिससे तुम्हारी साइट पर ट्रैफिक हो जाता है। बैनर विज्ञापन अत्याधिक प्रभावशाली तब हो सकता है, यदि तुम्हारा बैनर विज्ञापन उपयुक्त मैसेज हो, जल्दी समझ आने वाला हो और नेट सर्फिंग करते समय सामने ही स्थित हो।

यहाँ बहुत सी अन्य ऑनलाइन प्रोमोशनल और विज्ञापन के अवसर उपलब्ध है जिसमें निम्नलिखित ऑप्शन है :

⇨ इंटरनेट न्यूजग्रुप

⇨ इंटरनेट मेलिंग लिस्ट

⇨ स्पार्कलिस्ट इलैक्ट्रॉनिक मेलिंग लिस्ट

⇨ ई-मेल ब्रॉडकास्ट (spam)

⇨ इलैक्ट्रॉनिक प्रेस रीलित वितरण ऑनलाइन चैट (chat) में भाग लेना और स्पॉन्सर करना

इन्टरनेट न्यूजग्रुप और मेलिंग लिस्ट

इंटनरेट पर प्रयोग किये जाने वाले मुख्य गुणों में से एक है न्यूजग्रुप। इनका पूर्ण रूप से सही ढांचा ग्रुप पर बदलता है। अर्थात् पर ग्रुप के लिए इसका अलग ढांचा होता है। न्यूजग्रुप और इंटरनेट मेलिंग भी तुम्हारे ऑनलाइन व्यवसाय के लिए उन्नति के अवसर प्रदान करते हैं। एक इंटरनेट न्यूजग्रुप, पब्लिक बुलेटिन बोर्ड या वाद-विवाद ग्रुप के जैसा ही होता है जो किसी विशेष टॉपिक या विशेष जाति के दर्शकों को फोकस कर सकता है। जो भी "बातचीत" (conversation) वहाँ पर हो रही हो, उसमें कोई भी भाग` सकता है या अपना न्यूजग्रुप शुरू कर सकता है।

ऐसे न्यूजग्रुप की बातचीत में भाग लेकर, आप विशेष शौक वाले योग्य उपभोक्ताओं तक पहुँच सकते हैं। प्रभावशाली न्यूजग्रुप का प्रयोग करने के लिए, यह आवश्यक है कि आप उसके सभी नियमों का पालन करें और तुम्हारे उत्पाद या सेवाओं के लिए अवांछनीय तत्वों के द्वारा फैलाये गये मैसेजों (messages) से बचें।

लगभग हजारों न्यूजग्रुप आज अस्तित्व में है और प्रतिदिन नये न्यूजग्रुप बनाये भी जाते हैं। कुछ न्यूजग्रुप में हजारों की संख्या में लोग हिस्सा लेते हैं और शायद सैकड़ों मैसेज प्रतिदिन देते हैं जबकि अन्य कम व्यस्त है। यदि आप अपने क्लाइन्टों और उपभोक्ताओं से कम्यूनीकेट करने के लिए इंटरनेट मेलिंग लिस्ट बनाना पसन्द करते हैं, तो यहाँ बहुत सी मुफ्त ओर कम खर्च वाली सेवाऐं हैं जो तुम्हारी सहायता करती हैं।

LinkExchange's ListBot और ListBot Gold एक जैसे सी सेवाऐं डिजायन की गई है जिनसे कोई भी इंटरनेट मेलिंग लिस्ट स्थापित कर सकता है। उपभोक्ताओं से आपसी सम्पर्क बनाने के लिए (communicate), ऑनलाइन मेलिंग लिस्ट बनाना, अपना व्यवसाय को स्थापित करने में अत्याधिक शक्तिशाली रास्ता हो सकता है, जिसके द्वारा तुम लोगों तक सचनाऐं पहुँचा सकते हो और ये सूचनाऐं वे भी हो सकती हैं जिनकी उपभोक्ताओं की ज्यादा जरूरत हो।

यहाँ बहुत से विभिन्न तरीके हैं जिससे ऑनलाइन व्यवसाय, सेवा का प्रयोग कर सकता है और बहुत से ऑनलाइन लोगों कोसूचनाऐं वितरित कर सकता है। इस प्रकार है :

1. कम्पनी की न्यूज के पत्र उपभोक्ता को ई-मेल करना।
2. उपस्थित (ऑनलाइन) उपभोक्ताओं को नये उत्पादों की सूचना प्रदान करना।
3. महत्वपूर्ण मीडिया से सम्पर्क बनाने के लिए PressRelease का वितरण करना।
4. अपनी साइट के दर्शकों की मेलिंग लिस्ट तैयार करना।
5. अपने उपभोक्ताओं को ई-मेल के द्वारा अतिरिक्त सुविधायें प्रदान करना, विशेष ऑफर भी दिये जा सकते हैं।

बैनर विज्ञापन

शायद, बैनर द्वारा विज्ञापन करना, इंटरनेट पर विज्ञापन का बहुत प्रचलित फॉर्म हैं। ये दिखने वाले (display) विज्ञापन होते हैं ज्यादातर एनीमेटेड होते हैं, जो अन्य वेब पेजों पर स्थित होते हैं और तुम्हारी साइट से लिंक के तौर पर कार्य करते हैं।

बैनर के विज्ञापन उत्पाद के नाम को बढ़ाने के लिए या ब्रांड की पहचान के लिए और अपनी साइट पर योग्य उपभोक्ताओं की चमक बनाये रखने के लिए प्रयोग किये जा सकते हैं।

ऑनलाइन विज्ञापन किसी प्रकार के विज्ञापन के तरीके से अलग होते हैं जैसे साइनबोर्ड, टी.वी. पर विज्ञापन रेडियो पर या प्रिन्ट मीडिया पर विज्ञापन आदि। ऑनलाइन विज्ञापन का मुख्य लाभ यहि है कि लोग विज्ञापन देखते ही उत्तर देते हैं और उसके बारे में अधिक जानकारी प्राप्त करने के लिए, विज्ञापनदाता के द्वारा बनाये गई वेबसाइट से लिंक करने के लिए माउस से उस बैनर विज्ञापन पर क्लिक करता है।

ऑनलाइन विज्ञापन का एक अलग मुख्य लाभ यह भी है कि यह 24 घण्टे व प्रतिदिन कार्य करता है और विज्ञापन के प्रचार में आये हुए बदलाव को भी लगभग तुरन्त है बदल (modify) देता है। इस प्रकार विज्ञापनदाता तुम्हें पूरा कंट्रोल देता है कि कॉन, कब, कहाँ, कैसे, इस विज्ञापन को देखता है।

जैसे तुम एक बैनर का विज्ञापन विकसित करते हो तो यह याद रखें कि लोगों का एक छोटा समूह ही इन विज्ञापन को देखकर हाइपरलिंक का प्रयोग करता है। रिसर्च से पता चलता है कि औसतन, लगभग 2% से 3% लोगक हैं जो बैनर के विज्ञापन को देखकर माउस से उस पर क्लिक करके प्रतिउत्तर देता है। तुम अपने बैनर विज्ञापन में क्या कहना चाहते हो, तुम कैसे अपनी बात कहते हो, विज्ञापन कैसा दिखता है और यह विज्ञापन वेब पेज पर किस जगह स्थित है–ये बातें माउस क्लिकिंग की दर पर बहुत प्रभाव डालती है और निश्चित रूप से व्यवसाय की सफलता भी दर्शाती है।

बैनर का प्रयोग करके ऑनलाइन विज्ञापन का मुख्य गुण यह है कि तुम परिणाम (result) को तुरन्त ही ट्रैक कर सकते हो। जैसे ही विज्ञापन ऑनलाइन होता है, तुम यह गणना शुरू कर सकते हो कि कितने लोगों तक तुम्हारा विज्ञापन पहुँच गया है और तुम्हारे विज्ञापन पर कितने क्लिक हुए हैं।

इस सूचना के आधार पर तुम अपने विज्ञापन में कुछ बदलाव ला सकते हो या ज्यादा लोगों को लक्षित करने के लिए बैनर की जगह भी बदल सकते हो।

बार्टर (Barter) सिस्टम पर बैनर विज्ञापन

यह बात पूर्णत: सही है कि पहले से स्थापित साइट की अपेक्षा तुम्हारी साइट पर ट्रैफिक कम होगा। इसलिए तुम्हें बैनर के विज्ञापन की जगह का किराया निश्चित करने के लिए अन्य वेब साइट ऑपरेटरों से कम ज्यादा करने के लिए (negotiate) बात करनी चाहिए। उदाहरण के लिए, अपनी साइट पर चार हफ्ते के विज्ञापन की जगह के बदले में, एक साइट पर अपना एक हफ्ते का विज्ञापन देना तय करें।

वेब पर अन्य बैनर एक्सचेंज सेवाएं उपलब्ध है निम्नलिखित साइट्स पर :

www.123banners.com	Banner 123
www.1Fort.com	One for one

www.ad_exchange.com Ad-exchange

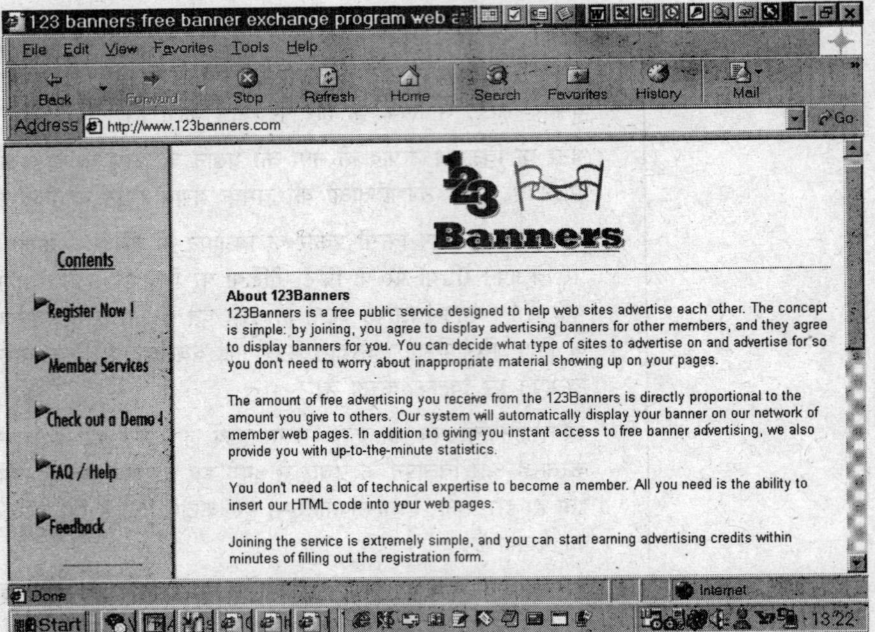

www.bannerswap.com	Banner swap
www.exchange-it.com	Exchange-it
www.i_stores.com/bannerX	I stores banner exchange
www.ms_links.com	Ms-links exchange

प्रेस रीलिज (Press Release)

प्रेस रीलिज (Press Release) एक डॉक्यूमेंट है (लगभग 500 से 1000 शब्दों के बीच का) जो मीडियाको तुम्हारी कम्पनी की न्यूज के योग्य घोषणाऐं देने के लिए डिजायन किया गया है। इस प्रकार के डॉक्यूमेंट में बहुत ऊँचे स्टाइल और फॉरमेट में वर्णन किया जाता है और रिपोर्टर के दिमाग के प्रश्नों का सूक्ष्म रूप में उत्तर होता है, जो तुम्हारी प्रेस रीलिज–कौन, कहाँ, क्या, कब और क्यों के विषयों पर रिपोर्टिंग करना पसन्द करता है।

प्रेस रीलिज मीडिया (जैसे, अखबार, मैग्जीन, रेडियो न्यूज, टेलिविजन न्यूज और ऑनलाइन पब्लिकेशन आदि) को ई-मेल और मेल के द्वारा वितरित की जा सकती है।

एक बार जब व्यवसाय की प्रेस रीलीज आपने मीडिया को दे दी, तब आपका लक्ष्य (उद्देश्य) एडिटर, जर्नलिस्ट ओर रिपोर्टरों के हाथों में चला जाता है जो तुम्हारे बिजनेस या इंन्डस्ट्री को कवर करते हैं। उपभोक्ताओं के द्वारा मीडिया की डायरेक्टरी खरीदने से या न्यूजपेपर और मग्जीन में लाइनों को पढ़कर या कॉन्टेक्ट लिस्ट से मीडिया को एकत्रित करके तुम्हारा उद्देश्य हल हो जाता है।

प्रेस रीलिज को भेजने के लिए जब आप मीडिया आउटलेट की लिस्ट को एकत्रित करो, तब इन्हें शामिल करना ना भूलें :

- ⇨ टेलीविजन शो (विशेष रूप से जो तुम्हारी इंडस्ट्री को कवर करें)
- ⇨ FM रेडियो ओर अन्य न्यूज स्टेशन
- ⇨ न्यूजपेपर
- ⇨ मैग्जीन
- ⇨ व्यापारिक समाचार-पत्र
- ⇨ न्यूजपत्र
- ⇨ ऑनलाइन पब्लिकेशन
- ⇨ विशेष शौक वाले ग्रुप या क्लब
- ⇨ तुम्हारे लक्षित बाजार को व्यवस्थित करने वाले वेब-मास्टर्स

यह ध्यान रखें कि तुम्हारी प्रेस रीलिज में केवल न्यूज के योग्य सूचनाऐं हों, जिसे मीडिया शौक से (interestingly) कवर करें।

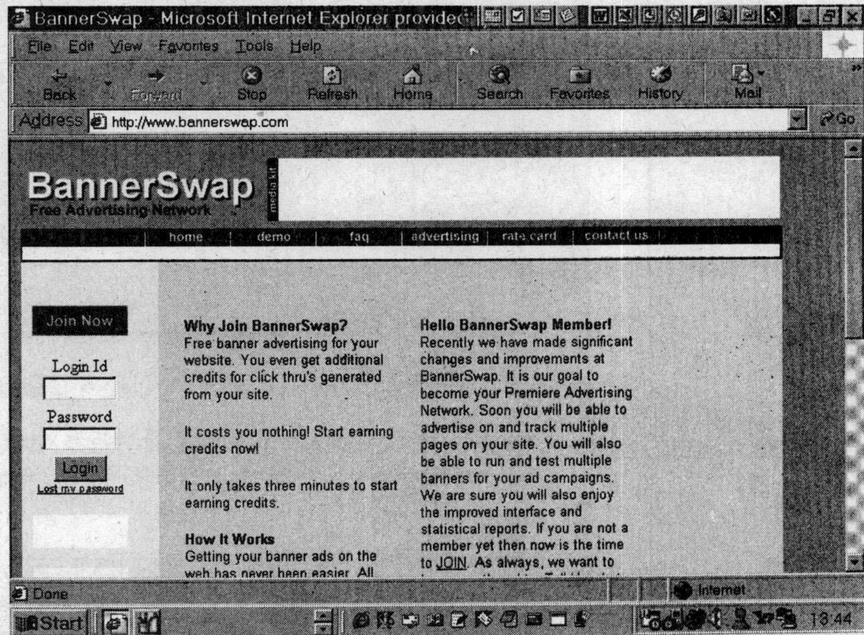

यदि आप नहीं जानते कि RR (प्रेस रीलिज) कैसे काम करता है तब, किसी PR फर्म की सलाह लें, जो तुम्हारे ऑनलाइन व्यवसाय के लिए मीडिया कवरेज बनाने में तुम्हें सहायता करें। किसी भी प्रेस रीलिज को भोजने से पहले, निश्चित हो जाये कि :

1. यह जान लें कि कौन किसे भेज रहा है यह जरूरी नही कि कहाँ। यह पता लगायें कि कौन एडिटर है या रिपोर्टर है जिसके सामने तुम्हारे प्रेस रीलिज आने वाली है।
2. किसी भी न्यूज आउटलेट पर किसी एक व्यक्ति को ही अपनी रीलिज भेजें। डुप्लीकेट कवरेज आदि कोई भी समस्या उत्पन्न हुई तो तुम ही उसके जिम्मेदार होंगे।

3. केवल प्रेस रीलिज ही ना भेजें-एडिटर या रिपोर्टर को सीधे (कॉल) बात भी करें। यदि तुम चाहते हो कि तुम्हारी रीलिज कवर हो तो रीलिज भेजने से पहले उस व्यक्ति से बात भी जरूर कर लें। व रीलिज भेजने के बाद भी उससे निश्ंचितता कर लें कि उसने रीलिज प्राप्त कर ली है या नहीं। लेकिन एक बीमारी ना बनें (अर्थात् बार-बार उसे याद ना दिलायें)।

4. अपनी समयसीमा (deadlines) को जानें। मैग्जीन, यहाँ तक कि हफ्ते वाली मैग्जीन भी एक महीना पहले ही तैयार हो जाती है। मौसमी त्यौहार जैसे दीवाली, नया साल इसके महान उदाहरण हैं।

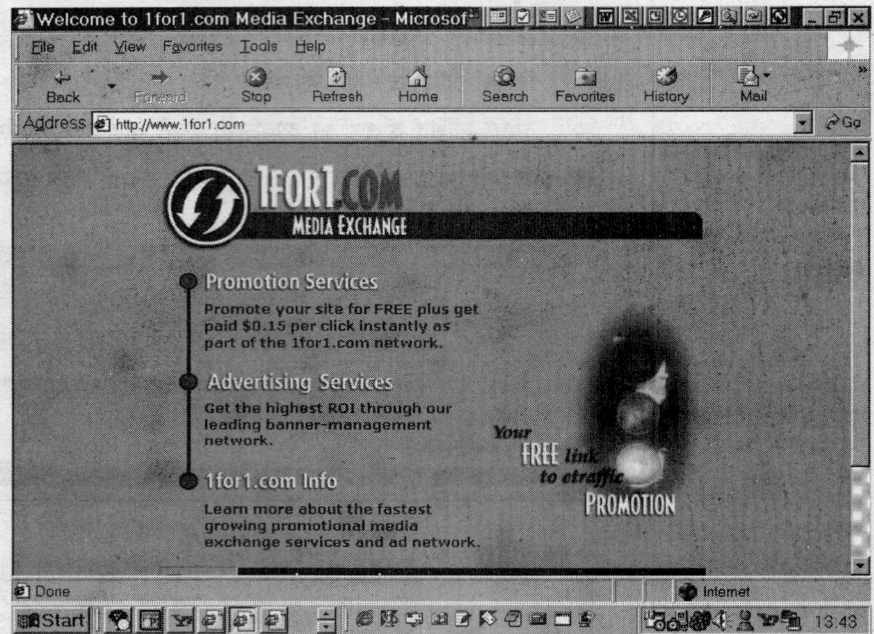

5. इसे छोटा और वर्णनात्मक रखें। रिपोटर्स और एडिटर व्यस्त रहते हैं। बहुत सी प्रेस रीलिज एक पेज की होती है, दो पेज भी स्वीकरणीय है। यदि वे ज्यादा जानकारी चाहते हैं तो वे पूछ लेंगे।

6. न्यूज के स्टाइल में लिखें। इसका अर्थ, मुख्य सूचना (कौन, कब, कहाँ, कैसे, क्या) पहले पैराग्राफ में दें। यह भी अर्थ हो सकता है कि सेल्स पिच (sales pitch) का भी ध्यान रखें। कोई विस्मयादिबोधक चिन्ह ना हो !!!! बहुत से पेपर, जिस भी प्रोफेशनल स्टाइल में और जितनी लम्बी रीलिज है उसे ऐसे ही प्रिन्ट कर देंगे।
छोटे शब्द और वाक्यों का प्रयोग करें। जो भी आप कहना चाहते हो वह एकदम साफ हो।

7. हर पेज के ऊपरी कॉर्नर का जरूर प्रयोग करें, इसमें स्टोरी का दो या तीन शब्दों में वर्णन करें, नाम, फोन नम्बर, पेज नम्बर (यदि एक से ज्यादा पेज हैं तो) और रीलिज की तारीख (ज्यादातर "तुरन्त रीलिज के लिए", वरना "कृपया xx/xx/xx तक")।

8. प्रेस रीलिज के अन्त में # # # (hash चिन्ह) लाइन के बीचोबीच यह चिन्ह टाइप करें। यदि रीलिज दूसरे प्रेज पर भी जारी है तो -more- यह टाइप करें, लाइन के बीचोबीच, पेज के अन्त में।

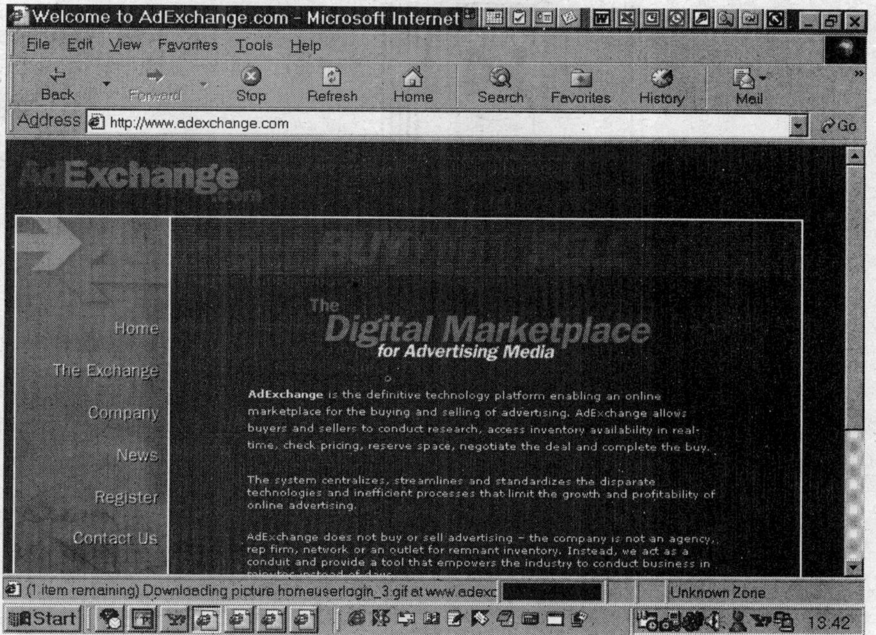

9. स्टैण्डर्ड A4 साइज का पेज केवल एक साइड से ही प्रयोग करें। एक पैराग्राफ को दो पेजों के बीच में ना रखें। एडिटर्स के लिए नोट लिखने के लिए एक इंच या चारों तरफ से $1\frac{1}{2}$ इंच का मार्जन (margin) जरूर छोड़ें।

मनोरंजक वेबसाइट्स
(Interesting Websites)

केवल यही साइट्स नहीं है बल्कि लाखों-करोड़ों और हैं। ये केवल तुम्हें आइडिया देने के लिए है।

परिचय

लगभग सैकड़ों वेबसाइट प्रतिदिन बनाई जाती हैं। इन सबका ट्रेक (track) रखना बहुत मुश्किल काम है। इसलिए इन वेबसाइट्स की डायरेक्टरी बनाना बहुत महत्वपूर्ण है जिसे आवश्यकता पड़ने पर तुम देख सकते हो। मैं सुझाव देता हूँ कि तुम, उन वेबसाइटों के नाम इस डायरेक्टरी में डालते रहो जिन्हें तुम प्रतिदिन सर्फिंग के दौरान देखते हो। इनमें से कुछ तुम नीचे देख भी सकते हो।

आर्ट गैलरी

आर्ट गैलरी	http://www.artciti.com
इँडियन आर्ट गैलरी	http://www.artsindia.com

ज्योतिष विज्ञान

ज्योतिष विज्ञान	http:///www.astrology.net
	http://www.cyberastro.com
	http://www.indianproduct.com/astrolog

खगोल विज्ञान

खगोल विज्ञान	http://www.spacestation.com

ऑटो

ऑटो इंडिया	http://www.autoindia.com

ब्यूटी और फैशन

खूबसूरत	http://www.khoob_surat.com
	http://www.fashionindia.com
	http://www.fashion.net

बॉलीवुड

बोम्बे फिल्म इंडस्ट्री	http://www.indiabollywood.com
हिन्दी फिल्में	http://www.hindimovies.com
इंडियन टॉकीज	http://www.indiantalkies.com
फिल्में	http://www.movies.com

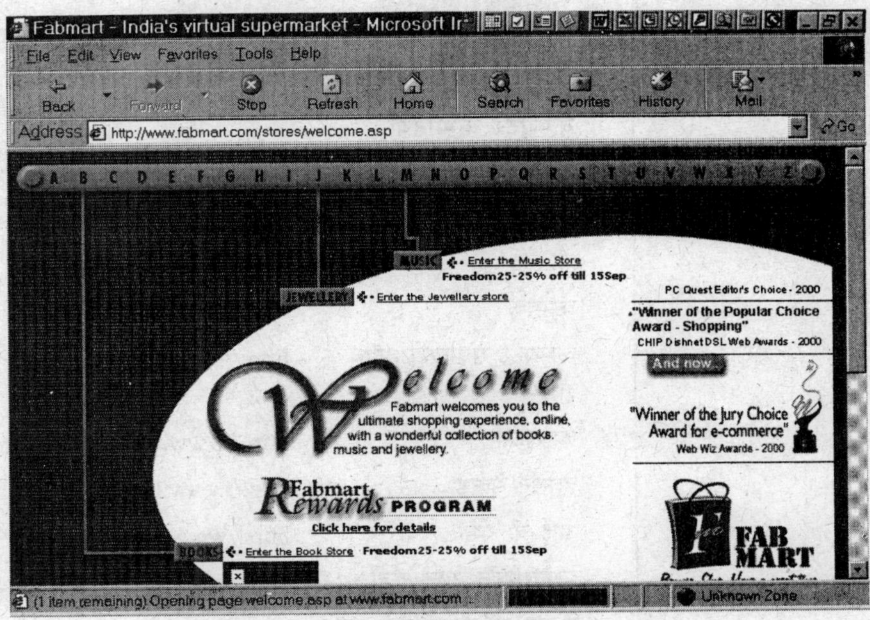

बुकस्टोर ऑनलाइन

होगन बुक http://www.hoganbooks.com

अमेजन बुक http://www.amazon.com

http://www.barnesandboble.com

बुक गॉर्डन http://www.bookgarden.com

http://www.books.com

केम्ब्रिज यूनीवर्सिटी प्रेस http://www.cup.cam.ac.uk

पहली और दूसरी http://www.firstandsecond.com

इंडिया बुक शॉप http://www.indiabookshop.com

http://www.lindaland.com

http://www.mhhe.com

पेंग्विन बुक http://www.penguin.com

शेक्सपीयर http://www.the-tech-mit-edu/shakespeare

बिजनेस बुकशॉप http://www.cityscape.co.uk/users

कार्टून

कार्टून नेटवर्क http://www.cartoonetwork.com

http://www.cartoonweb.com

डिजनी लैंड http://www.disney.com

सिनेमा टिकट ऑनलाइन

दिल्ली	http://www.delhitickets.com

कम्प्यूटर कम्पनियाँ

एडोब	http://www.adobe.com
बाइनरी सीमेन्टिक लिमिटेड	http://www.bslindia.com
सी-नेट	http://www.cnet.com
काम्पेक	http://www.compaq.com
कम्प्यूटर सोसायटी ऑफ इंडिया	http://www.csi-india.com
कम्प्यूटर्स	http://www.computers.com
हेवलेट पैकर्ड	http://www.hp.com
आई बी एम	http://www.ibm.com
इन्फॉरमेशन टेक्नोलॉजी	http://www.india-infotech.com
इंडिया की टेक्नोलॉजी पार्टल	http://www.ITspace.com
इंडिया की इन्फॉरमेशन टेक्नोलॉजी इंडस्ट्री	http://www.indiait.com
इंटरनेट सोर्स बुक	http://www.internetsourcebook.com
इंटरनेट टूल्स	http://www.itools.com
LG इलैक्ट्रॉनिक्स ऑफ इंडिया	http://www.lgeil.com
माइक्रोसॉफ्ट कॉरपोरेशन	http://www.microsoft.com
माइक्रोटेक मॉनीटर्स	http://www.monitersindia.com
नेटस्केप वर्ल्ड	http://www.netscapeworld.com
नोवेल सॉफ्टवेयर (I) लिमिटेड	http://www.novell.com
मूल्य गाइड	http://www.cdw.com
तोशिबा	http://www.toshiba.com
विप्रो	http://www.wipro.com
याहू कम्प्यूटर्स	http://www.computers.yahoo.com
ZD नेट	http://www.zdnet.com

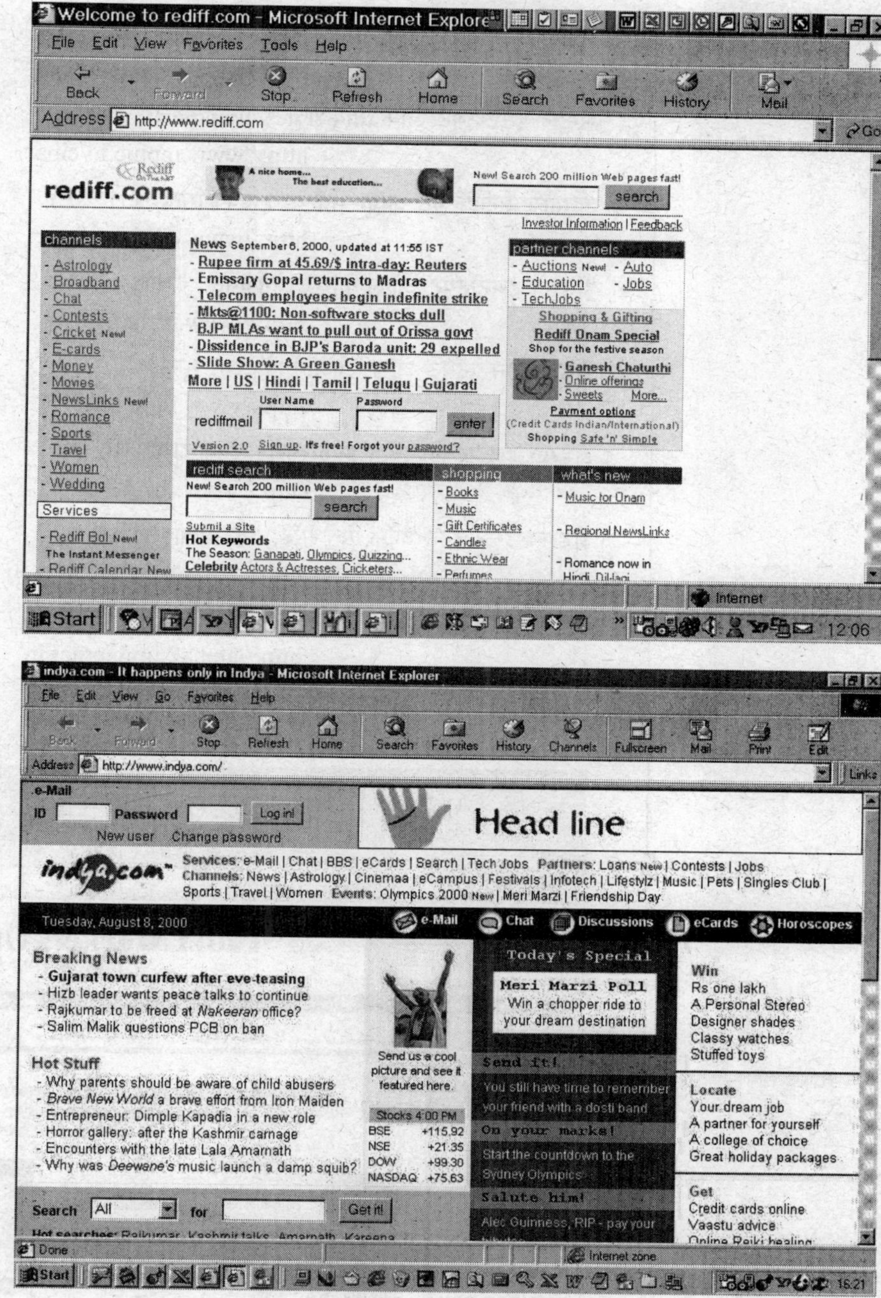

शिक्षण संस्थायें

सेन्ट्रल बोर्ड ऑफ सेकेण्डरी एजुकेशन

http://www.cbseindia.org

सेन्ट्रल इन्स्टीट्यूट ऑफ एग्रीकल्चर इंजीनियरिंग (MP)
http://www.mp.nic.in/ciae

सेन्ट्रल इन्स्टीट्यूट ऑफ ब्रेकिशवॉटर एक्वाकल्चर, MP
http://www.mpnic.in/ciba

भारतीय सर्टीफिकेट ऑफ सेकेण्डरी एक्जामिनेशन (ICSE)
http://www.cisce.org

इंडियन इन्स्टीट्यूट ऑफ फोरेस्ट मैनेजमेंट, भोपाल
http://www.iifm.org

इंडियन इन्स्टीट्यूट ऑफ जिओमेगनेटिस्म, मुम्बई
http://www.iigm.res.in

इंडियन इन्स्टीट्यूट ऑफ इन्फॉरमेशन टेक्नॉलोजी, बैंगलोर
http://www.iiit_b.org

इंडियन इन्स्टीट्यूट ऑफ मैनेजमेंट, अहमदाबाद (IIM)
http://www.iimahm.ernet.in

इंडियन इन्स्टीट्यूट ऑफ मैनेजमेंट, बैंगलोर
http://alpha2.iimb.ernet.in

इंडियन इन्स्टीट्यूट ऑफ मैनेजमेंट, लखनऊ
http://www.iiml.ac.in

इंडियन इन्स्टीट्यूट ऑफ टेक्नॉलोजी, मुम्बई (IIT)
http://www.iitb.ernet.in

इंडियन इन्स्टीट्यूट ऑफ टेक्नॉलोजी, दिल्ली (IIT)
http://www.iitd.ernet.in

इंडियन इन्स्टीट्यूट ऑफ टेक्नॉलोजी, कानपुर (IIT)
http://www.iitk.ernet.in

इंडियन इन्स्टीट्यूट ऑफ टेक्नॉलोजी, खडगपुर (IIT)
http://www.iitkgp.ernet.in

इंडियन इन्स्टीट्यूट ऑफ टेक्नॉलोजी, मद्रास (IIT)
http://www.iitn.ernet.in

इन्स्टीट्यूट ऑफ चार्टर्ड एकाउन्टेंट्स ऑफ इंडिया (ICAI)
http://www.icai.org

इन्स्टीट्यूट ऑफ कम्पनी सेक्रेटरीज ऑफ इंडिया (ICSI)
http://www.icsi_india.com

सामान्य शिक्षण संस्थाऐं

कैम्पस के बाद	http://www.aftercampus.com
एप्टेक कम्प्यूटर एजुकेशन	http://www.aptech-education.com
एजुकेशन इन्फॉरमेशन	http://www.eesee.com
परिक्षा की सूचना	http://www.egurucool.com
अधिक नम्बरों के लिए	http://www.getmoremarks.com

गवर्नमेंट लॉ कॉलिज	http://www.glc.edu

इंडियन प्लास्टिक इन्स्टीट्यूट http://ipi.zenexpress.com

इन्डस्ट्रीयल डेवलेपमेंट में स्टडीज के लिए, नई दिल्ली
http://isidev.nic.in

इन्स्टीट्यूट ऑफ टेक्नोलॉजी और साइंस
http://www.itsgzb.com

इन्टर यूनीवर्सिटी सेन्टर फॉर एस्ट्रॉनोमी और एस्ट्रॉफिजिनस
http://www.iips.edu

IQ टेस्ट http://www.iqtest.com

मैनेजमेंट स्टडीज इन इंडिया http://www.indiaedu.com/management

मुद्रा इन्स्टीट्यूट ऑफ अल्ट्रा-फॉस्ट प्रोसेस
http://www.ncufp.universityofmadras.edu

नेशनल इन्स्टीट्यूट ऑफ फैशनल टेक्नोलॉजी, दिल्ली
http://www.niftindia.com

नेशनल इंस्टीट्यूट ऑफ इन्फॉरमेशन टेक्नोलॉजी (NIIT)
http://www.niit.com

नेशनल इस्टीट्यूट ऑफ ओशियन टेक्नोलॉजी
http://www.niot.ernet.in

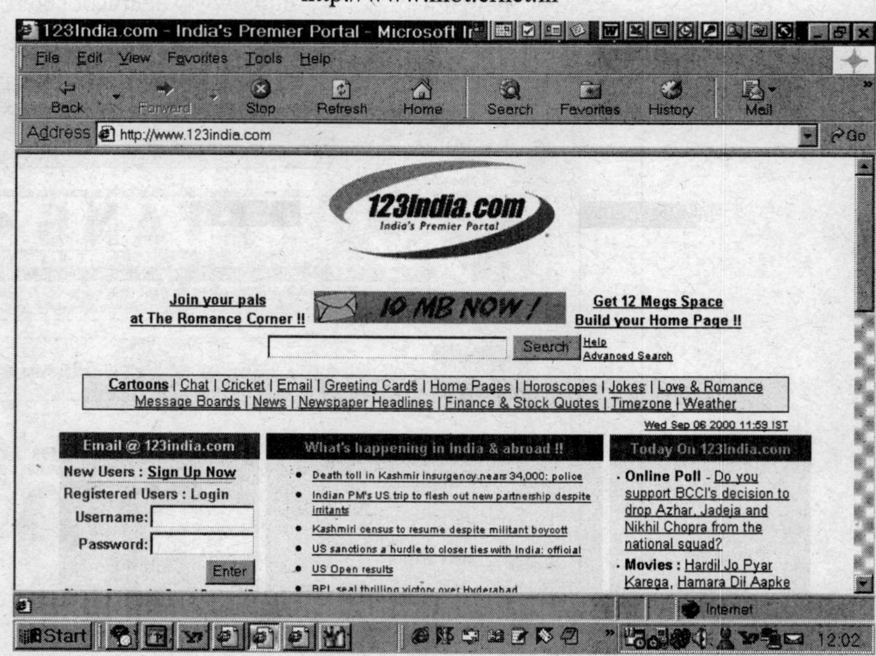

निट नेटवर्सिटी http://www.netvarsity.com

न्यूक्लीयर साइंस सेंटर http://www.educenter.com

अन्य लिंक	http://www.rediff.com/education
साइंस गैलरी	http://www.funsci.com
टेस्ट ऑफ इंग्लिश एज फोरन लैंग्वेमज (TOEFL)	http://www.aptech-education.com
इलैक्ट्रॉनिक ग्रीटिंग	http://www.bluemountain.com
इलैक्ट्रॉनिक पोस्टकार्ड	http://www.postcards.com

ई-मेल डायरेक्टरीज

बिग फुट	http://www.bigfoot.com
फोर ‖	http://www.four‖.com
स्विचबोर्ड	http://www.switchboard.com

ई-मेल सेवाऐं

होटमेल	http://www.hotmail.com
मेलसिटी	http://www.mailcity.com
यू एस से-नेट	http://www.usa.net
याहू मेल	http://www.yahoo.com

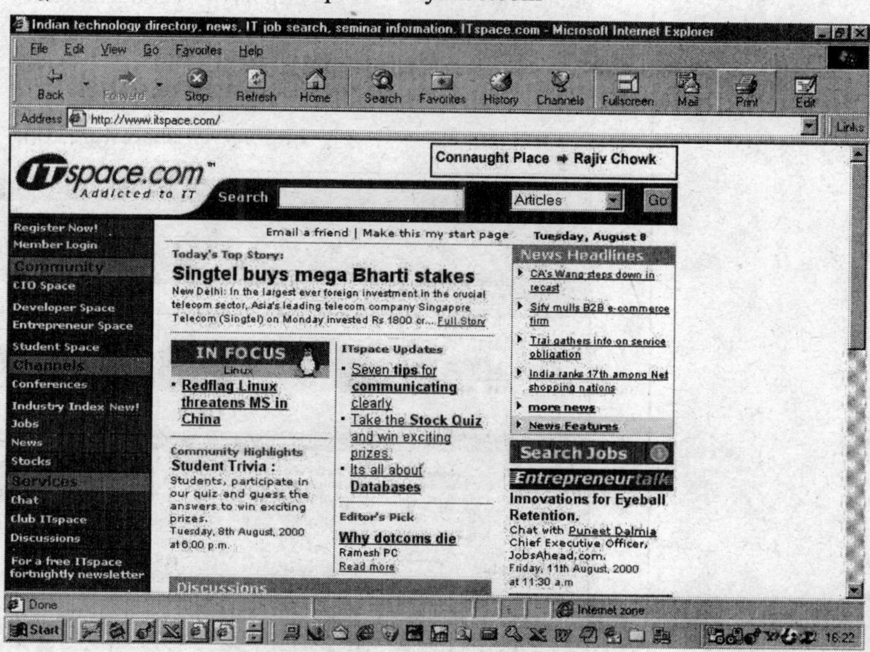

एंटरटेनमेंट (मनोरंजन)

आर्चीज गैलरी	http://www.archiesgreetings.com

फैशन

एल मैगजीन	http://www.ellemag.com
फैशन इंटरनेट	http://www.finy.com
फैशन नेट	http://www.fashion.net

फ्लोरिस्ट ऑनलाइन

वर्चुअल ऑनलाइन	http://www.virtualflorist.com

भोजन और रेसिपी

बावर्ची	http://www.bawarchi.com
दावत	http://www.daawat.com
गौरमेट	http://www.gaurmet.com
इंडियन फूड	http://www.indiafood.com
इंडियन रेसिपी	http://www.indianrecipies.com
नीता मेहता	http://www.nitamehta.com
संजीव कपूर	http://www.sanjeevkapoor.com
तरला दलाल	http://www.tarladalal.com

मुफ्त सॉफ्टवेयर

डाउनलोड	http://www.download.com
शेयरवेयर	http://www.shareware.com

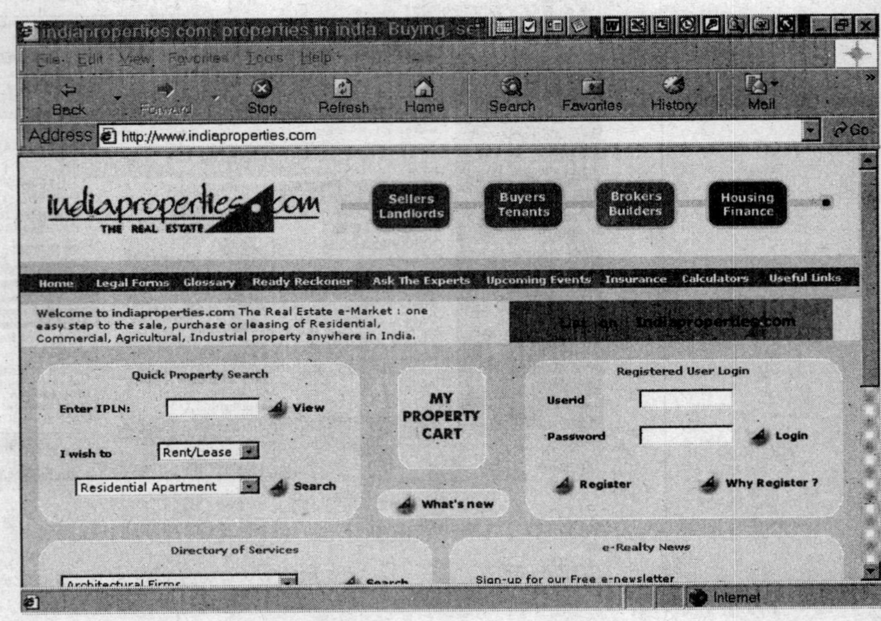

मुफ्त वेब पेज

जिओसिटीज — http://www.geocities.com

ट्राइपोड — http://www.tripod.com

गेम्स

बीजेक — http://www.bezerk.com

क्राइम सीन — http://www.quest.net/crime

गेम्स — http://www.games.2nd.net

थस्ट वर्ल्ड — http://www.thrustworld.co.uk

जिओग्रॉफिकल

नेशनल जिओग्रॉफिक — http://www.nationalgeographic.com

ग्रीटिंग कार्ड्स

आर्चीज गैलरी — http://www.archiesgreeting.com

हॉलमार्क — http://www.hallmark.com

कार्ड बनाने के लिए — http://www.buildcar.com

हॉलीवुड

हॉलीवुड रिपार्टर — http://www.hollywoodreporter.com
http://www.hollywood.com

इंडिया

इंडिया के बारे में — http://www.aboutindia.com

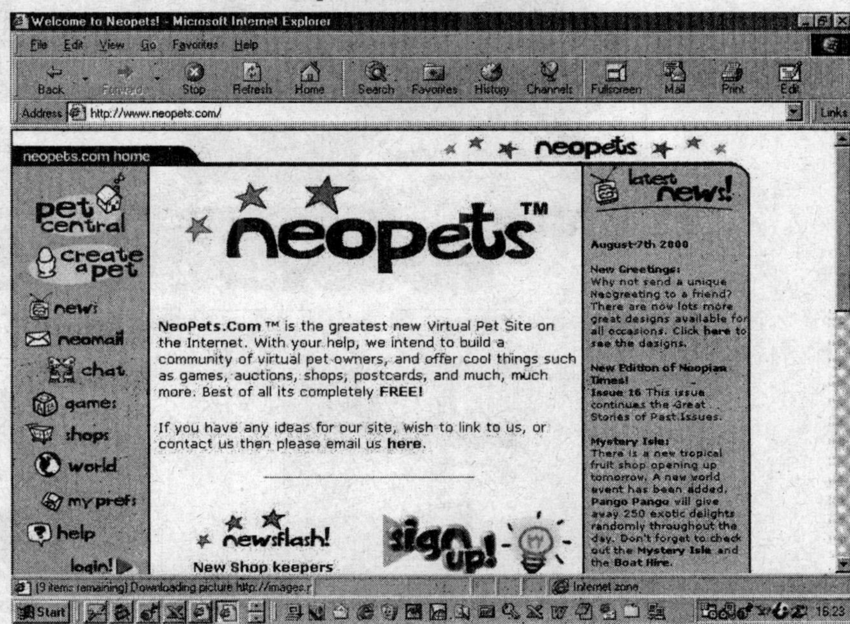

एक्सेस इंडिया http://www.indiaxs.com

ऑल इंडिया http://www.allindia.com

अच्छी इंडियन साइट्स http://www.bestindiansites.com

इंडिया में व्यवसाय http://www.webindia.com

साइबर इंडिया ऑनलाइन http://www.ciol.com

दिल्ली दर्शन http://www.delhiworld.com

फ्री इंडिया http://www.freeindia.org

इंडिया का इतिहास http://www.historyofindia.com

इंडिया बिजनेस नेट http://www.indiabusinessnet.com

इंडिया दर्शन http://www.indiadarshan.com

इंडिया इंफो http://www.indiainfo.com

इंडिया प्रोफाइल नेटवर्क http://www.indiaprofile.com

इंडियन बिजनेस http://www.indiamart.com

इंडियन फेस्टीवल http://www.geocities.com

इंडियासाइट कॉम http://www.indiasite.com

मैप ऑफ इंडिया http://www.mapsofindia.com

नई दिल्ली नेट http://www.newdelhi.com

न्यूज http://www.samachar.com

1947 हिस्ट्री	**http://www.harappa.com**
टाइम्स ऑफ इंडिया	**http://www.indiatimes.com**
याहू इंडिया लिस्ट	**http://www.yahoo.com**
वर्ल्डवाइड न्यूज	**http://www.prnewswire.com**
इंटरनेट सेवा देने वाले (ISPs)	
भारती BT	**http:///www.bhartibtinternet.com**
मंत्र ऑनलाइन	**http://www.mantraonline.com**
MTNL	**http://www.mtnl.net.in**
सत्यम	**http://www.satyamonline.com**
VSNL	**http://www.vsnl.net.in**
जॉब	
नौकरी	**http://www.naukri.com**
	http://www.indianbiodata.com
चुटकले और मुहावरे	
चुटकले	**http://www.info-india.com**
मुहावरे	**http://www.quoteland.com**
मजाक	**http://www.timepass.com**
मैग्जीन	
एशिया वीक	**http://www.asiaweek.com**
भारत समाचार	**http://www.asiaweek.com**
बिजनेस इंडिया	**http://www.business-india.com**
बिजनेस रिसर्च इंफो	**http://www.brint.co**
बिजनेस टुडे	**http://www.india-today.com/btoday**
बिजनेस वीक ऑनलाइन	**http://www.businessweek.com**
कैरियर मैग्जीन	**http://www.careermag.com**
चिप मैग्जीन	**http://www.chip-india.com**
कम्प्यूटर टुडे	**http://www.computers-today.com**
कम्प्यूटर वर्ल्ड	**http://www.iscomputerworld.com**
डाटाक्वेस्ट	**http://www.dataquest.com**
इलैक्ट्रॉनिक्स फॉर यू	**http://www.electronicforu.com**
इलैक्ट्रॉनिक्स मैग्जीन	**http://www.electronicshouse.com**
फेमिना	**http://www.feminindia.com**

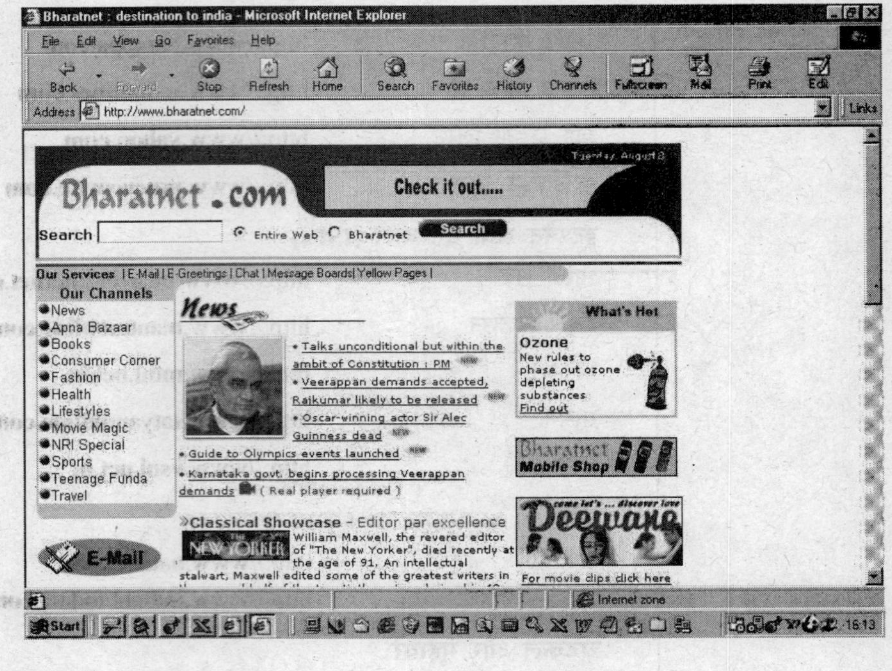

फॉरच्यून सिटी http://www.fortunecity.com

हिन्दू बिजनेस लाइन http://www.hindubusinessline.com

मनी-ऑनलाइन http://www.money.om

नेटगैमर मैग्जीन http://www.netgamer.net

आउटलुक http://www.outlookindia.com

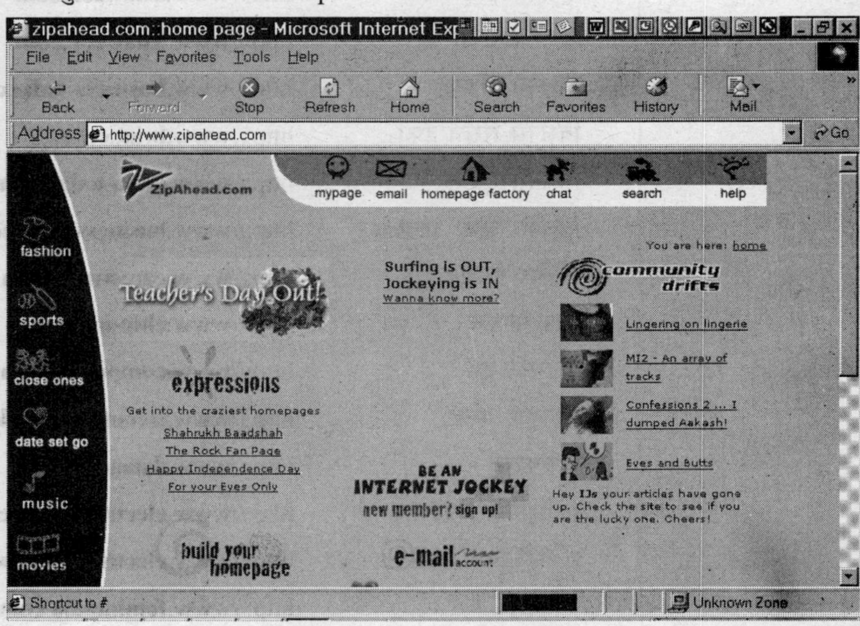

पीसी मैग्जीन	http://www.pcmagzine.com
पीसी क्वेस्ट	http://www.pcquest.com
स्पोर्ट्स वर्ल्ड	http://www.sportworld.com
द वॉल स्ट्रीट जोर्नल	http://www.wsj.com
वॉयस और डाटा	http://www.voicedata.com
याहू मैग्जीन	http://www.yahoo.com/news_and_media/magzines
मीडिया	
आज तक	http://www.aajtak.com
ऑल इंडिया इंटरनेट रेडियो	http://www.aiir.com
ऑल इंडिया रेडियो	http://www.airkode.net
बी बी सी	http://www.bnbc.co.uk
सी एन बी सी टी वी	http://www.cnbc.com
CNN फाइनेंशियल नेटवर्क	http://www.cnnfn.com
CNN टी वी	http://www.cnn.com
ताजा मामले	http://www.indiacurrentaffairs.com
डिस्कवरी टी वी	http://www.discovery.com
दूरदर्शन	http://www.ddindia.com
ESPN टी वी	http://www.espnstar.com

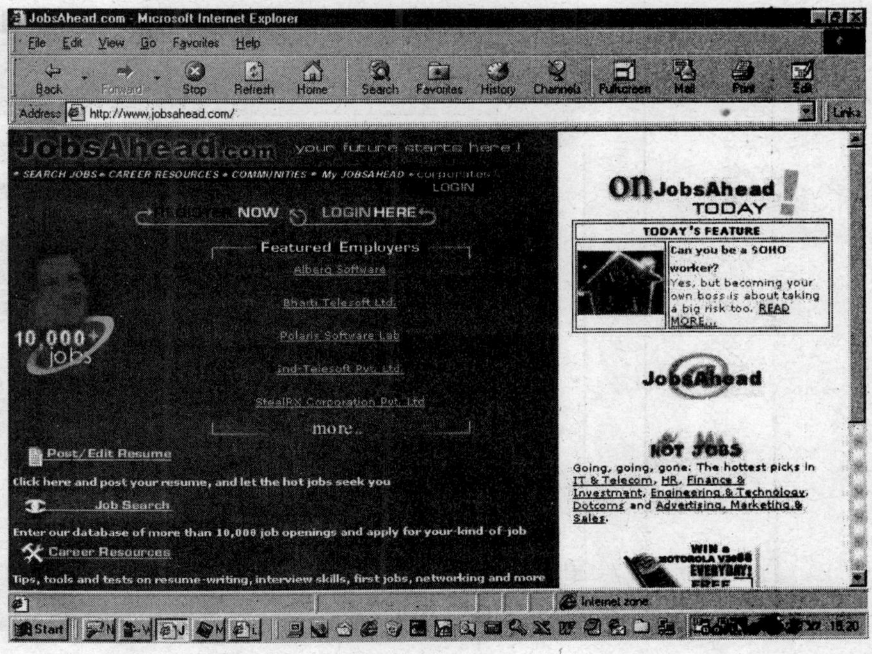

ग्लोबल न्यूज गाइड	http://www.globalnews.net
हिस्ट्री चैनल	http://www.historychannel.com
म्यूजिक टी वी	http://www.mtvasia.com
NBC टी वी	http://www.nbc.com
सोनी ऑनलाइन	http://www.sony.com
सोनी एंटरटेनमेंट टी वी	http://www.setindia.com
साथ एशिया न्यूज सर्विस	http://www.business.taaza.rvs.net
स्टार टी वी	http://www.startelevision.com
वी टेलीविजन	http://www.channelV.com
जी टी वी	http://www.zeetelevision.com

मेडिकल और स्वास्थ्य

आयुर्वेदिक	http://www.ayurveda-in-health.com http://www.ayurvedic.org
केमिस्ट ऑनलाइन	http://www.masinternational.co/chemisthop
डाइट और स्वास्थ्य	http://www.myvites.com
डॉक्टर्स, दिल्ली	http://www.doctorsdelhi.com
फर्स्ड एड ऑनलाइन	http://www.2vivid.net/~cicely/safety
हेल्थकेयर	http://www.indiamart.com

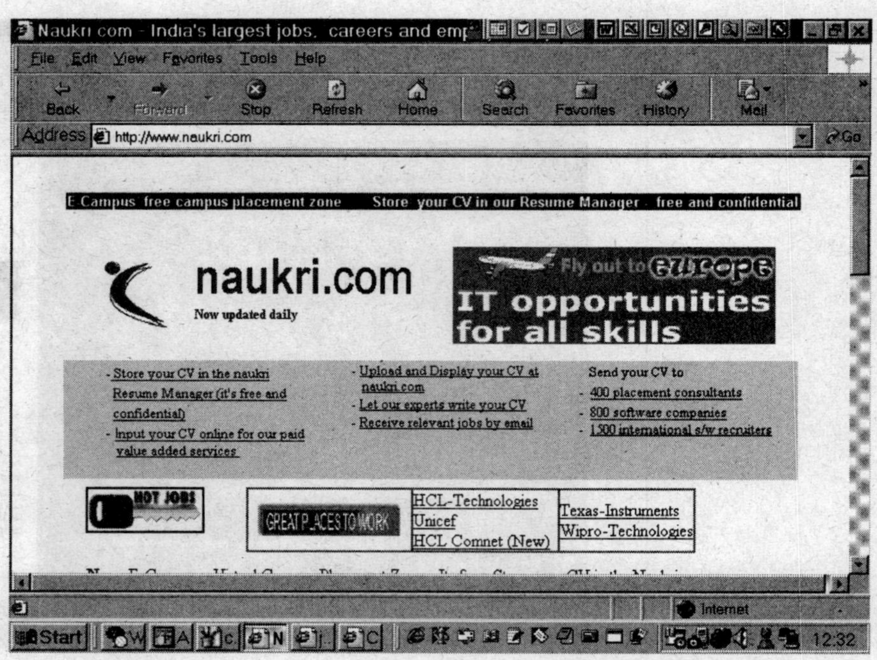

हेल्थकेयर ऑनलाइन न्यूजपेपर	http://www.health-india.com
होम्योपेथी क्लिनिक ऑनलाइन	http://www.articlinic.com
मेडिकल इन्फॉरमेशन	http://www.sick.com http://www.medicinenet.com
मेडस्केप	http://www.medscape.com
ऑन हेल्थ	http://www.onhealth.com
पॉयजन इंफॉरमेशन डाटाबेस	http://www.vhp.nus.sg/PID
म्यूजिक	
ऑल म्यूजिक	http://www.allmusic.com
इंडिया म्यूजिक	http://www.indiamusic.com http://www.indiafm.com
MP3	http://www.mp3.com
सोनी म्यूजिक	http://www.sonicnet.com
न्यूजपेपर्स	
आन्ध्र प्रदेश टाइम्स	http://www.optime.com
एशियन एज	http://www.asianage.com
बिजनेस लाइन	http://www.business-line.com
बिजनेस स्टैण्डर्ड	http://www.business-standard.com
दैनिक जागरण	http://www.jagran.com
फाइनेंशियल एक्सप्रेस	http://www.financialexpress.com
हिंदुस्तान टाइम्स	http://www.hindustantimes.com
इंडिया एब्रोड	http://www.indiaabroad.com
इंडिया डेली	http://www.indiadaily.com
इंडियन एक्सप्रेस	http://www.expressindia.com
टेलीग्रॉफ	http://www.telegraphindia.com
द इकोनॉमिक टाइम्स	http://www.economictimes.com
द इकोनॉमिस्ट	http://www.economist.com
द हिन्दू	http://www.hinduonline.com
द स्टेट्समैन	http://www.thestatesman.com
टाइम्स ऑफ इंडिया	http://www.timesofindia.com
ट्रीब्यून इंडिया	http://www.tribuneindia.com

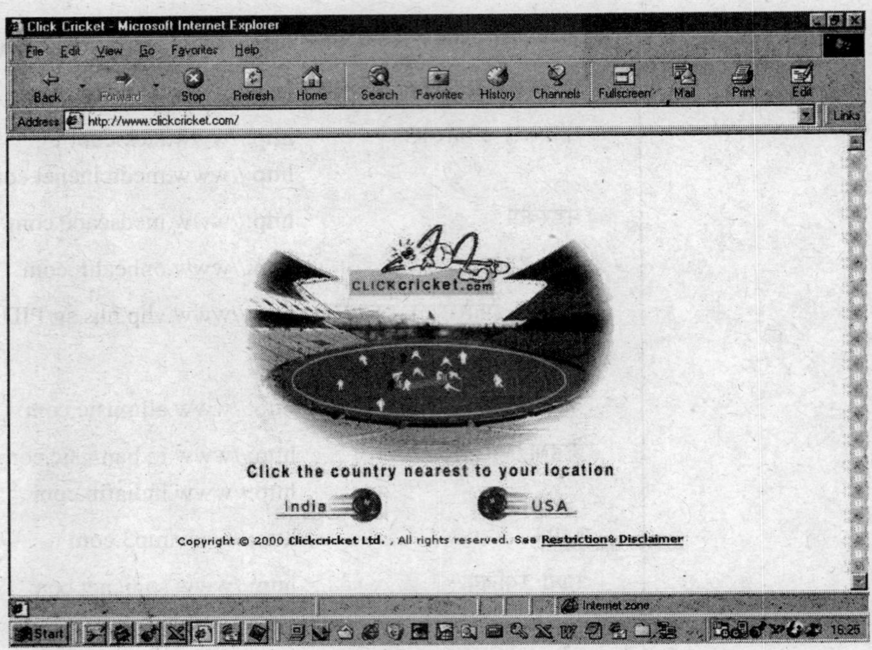

रेडियो

BBC	http://www.bbc.co.uk
द वॉयस ऑफ अमेरिका	http://www.ftp.voa.gov/1

क्षेत्रीय

द बाइबिल गेटवे	http://www.clvin.edu/cgi-bin/bible
हिन्दू नेट	http://www.hindunet.org
नेटवर्क फॉर यूथ	http://www.ort.org

सर्च इंजन

123 इंडिया	http://www.123india.com
123 वर्ल्ड	http://www.123world.com
अल्टाविस्टा	http://www.altavista.com
ऑस्क जीविस	http://www.askjeeves.com
बड़ी बुक	http://www.bigbook.com
उत्तेजना	http://www.excite.com
हॉटबोट	http://www.hotbot.com
इंडियन सोर्स ऑनलाइन	http://www.indiansources.com

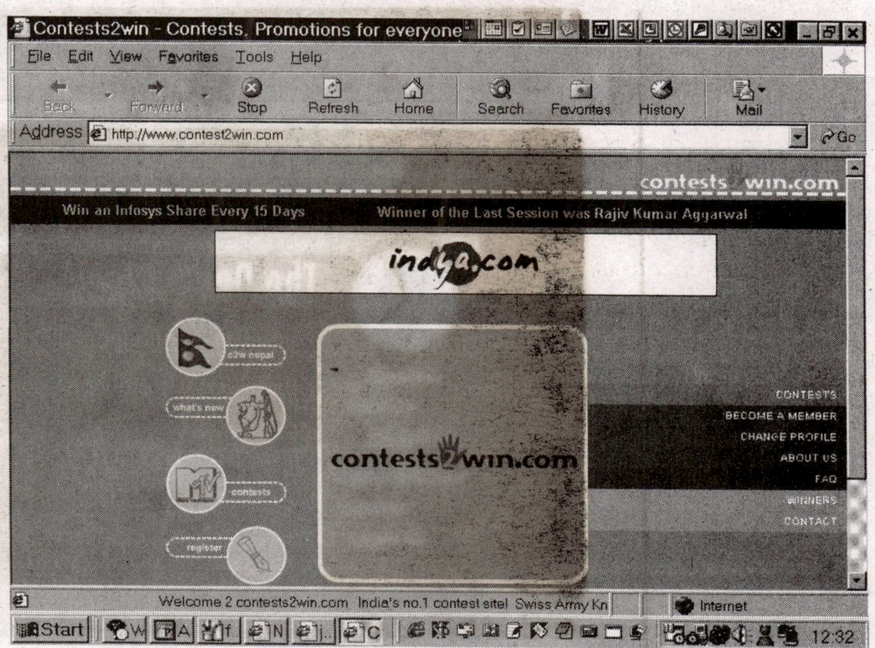

इंफोसीक	http://www.infoseek.com
इंफोस्पेस	http://www.infospace.com
इंटरनेट टूल्स	http://www.itools.com
जादू	http://www.jadoo.com
खोज	http://www.khoj.com
लुक स्मार्ट	http://www.looksmart.com
लॉइकोस	http://www.lycos.com
रेडिफ नेट	http://www.rediff.com
शुरूआती प्वाइंट	http://www.stpt.com
वेब क्रॉलर	http://www.webcrawler.com
याहू	http://www.yahoo.com
याहू लिगन	http://www.yahooligans.com

शॉपिंग नेट

कंप्यूसा	http://www.compusa.com
रिसेल शॉपिंग	http://www.secondhand.com
इंडिया गिफ्ट हाउस	http://www.indiagifthouse.com
नेट गाइड	http://techweb.cmp.com/net
नेट सर्फ सेन्ट्रल	http://www.netsurfcentral.com

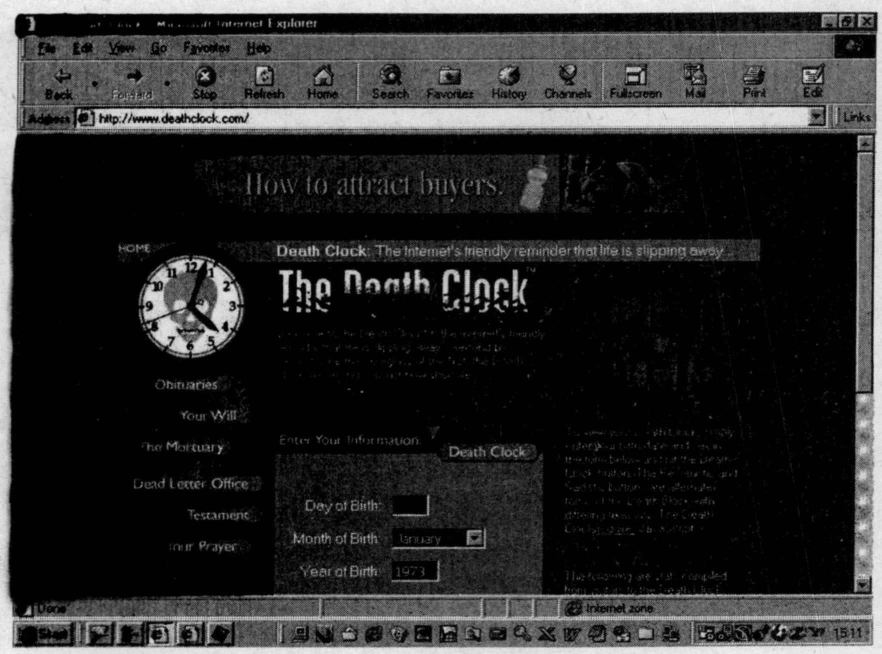

खजाना	http://www.winternet.com/~khazana
नेटसर्फर डाइजेस्ट	http://www.netsurf.com/nsd
घूमने वाला दरवाजा (revolving door)	
	http://asylum.cid.com/revidoor
शेयरवेयर टॉप 20	http://www.clicked.com/shareware
स्ट्राउड	http://www.stroud.com/net.html
स्पोर्ट्स	
ऑस्ट्रेलियन रग्बी	http://www.arl.org.au
बॉस्केट बॉल	http://www.nba.com
क्रिकेट	http://www.bol.net.com
	http://www.clickcricket.com
	http://www.cricket.org
	http://www.cricketnext.com
फुटबॉल	http://www.nft.com
गोल्फ	http://www.golf.com
गोल्फ गाइड	http://www.golfguide.com
गोल्फ यूनीवर्स	http://www.worldgolf.com
हॉकी	http://www.indianhockey.com
खेल	http://www.khel.com

नेशनल हॉकी http://www.nhl.com

लॉन टेनिस http://www.wimbledon.org

स्काई स्पोर्ट्स http://www.sky.co.uk/sports

स्पोर्ट्स लाइन http://www.sportsline.org

द बिग बुक http://www.thebigbook.com

याहू स्पोर्ट्स http://www.yahoo.com/recreation/sports

टीनस्

टीनस् पोर्टल http://www.teensfunda.com

मस्ती http://www.mast.com

टूर एण्ड ट्रेवल्स

एशिया ऑनलाइन http://www.asia-online.com/sg

एशिया वर्ल्ड http://www.asiaworld.co.uk

एअर इंडिया http://www.airindia.com

सांस्कृतिक विरासत और टूरिस्ट जगह
http://www.yatraindia.com

होटल गाइड http://www.fhraindia.com
http://www.hotelguide.com

होटल गाइड फॉर वर्ल्ड एक्जीक्यूटिव
http://www.worldexecutive.com

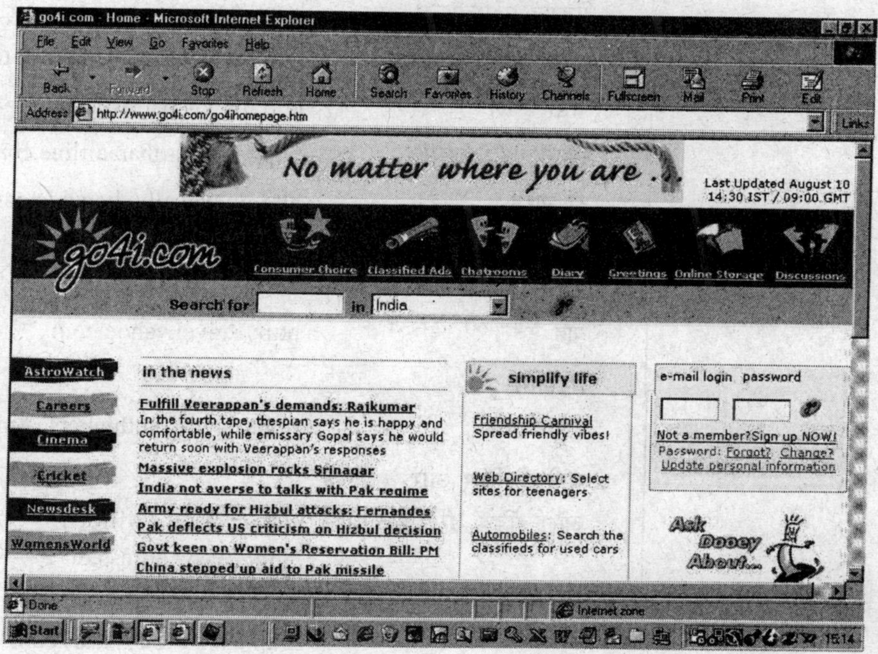

होटल्स इन इंडिया	http://www.hotels-india.com
होटल और रेस्टोरेन्ट गाइड, इंडिया	
	http://www.indianfobase.com/fhra/hrg
यह कितना दूर है?	http://www.indo.com/distance
इंडियन एअरलाइन्स	http://www.nic.in/indian-airlines
माइक्रोसॉफ्ट एक्पीडिया	http://www.expedia.msn.com
पीसी ट्रैवल	http://www.pctravel.com
सहारा एअरलाइन्स	http://www.saharaairline.com
टूर गाइड	http://www.allindiaguide.com
टूर्स एण्ड ट्रैवल्स	http://www.pctravel.com
	http://www.travelcity.com
याहू ट्रैवल	http://travel.yahoo.com

खिलौने

एजुकेशनल	http://www.funthinkers.com

यूनीवर्सिटिस् और कॉलिज

ऑल इंडिया इंस्टीट्यूट ऑफ मेडिकल साइंस (AIIMS)
http://www.aiims.edu

बी एम बिरला हार्ट रिसर्च सेन्टर
http://www.birlaheart.com

बिहार योगा भारती इंस्टीट्यूट http://www.indiawatch.org.in/yoga

फैकल्टी ऑफ मैनेजमेंट स्टडीज, दिल्ली
http://www.fons.edu

इन्दिरा गाँधी नेशनल ओपन यूनीवर्सिटी (IGNOU)
http://www.ignou.edu

जवाहरलाल नेहरू यूनीवर्सिटी http://www.jnu.ac.in

ऑल इंडिया इंस्टीट्यूट ऑफ मेडिकल साइंस (AIIMS)
http://www.aiims.edu

जे एस एस डेन्टल कॉलिज और हॉस्पिटल
http://www.plasma.ernet.in

मद्रास मेडिकल कॉलिज http://www.mmcindia.edu

महात्मा गाँधी मेमोरियल मेडिकल कॉलिज
http://members.tripod.com/mgmmcollege

नीलरत्न सिकार मेडिकल कॉलिज ऑफ कलकत्ता
http://members.tripod.com/nrsmc

राजीव गाँधी यूनीवर्सिटी ऑफ हेल्थ साइंस
http://jar2kar.nic.in/rguhs

श्री राम चन्द्र मेडिकल कॉलिज और रिसर्च इंस्टीट्यूट
http://www.hostindia.com/srmc

सेन्ट जॉन्स मेडिकल कॉलिज, हॉस्पिटल, बैंगलोर
http://www.stjohns-hospital.com

द आयुर्वेद होलिस्टिक सेन्टर http://www.ayurvedahc.com

द क्रिस्चियन मेडिकल कॉलिज और हॉस्पिटल, बैंगलोर
http://www.vellorecmc.org

यूनीवर्सिटी ऑफ अन्नामलाई http://www.aunet.org

यूनीवर्सिटी ऑफ भोपाल http://www.bubhopal.org

यूनीवर्सिटी ऑफ दिल्ली http://www.duhelp.faithweb.com

यूनीवर्सिटी ऑफ हैदराबाद http://www.uohyd.ernet.in

यूनीवर्सिटी ऑफ नागपुर http://www.nagpur-university.com

यूनीवर्सिटी ऑफ पुणे http://www.unipune.ernet.in

यूनीवर्सिटी ऑफ पंजाब http://www.puchd.ac.in

यूनीवर्सिटी ऑफ रूड़की http://www.rurkiu.ernet.in

यूनीवर्सिटी ऑफ ओसमानिया http://www.aswmania.ac.in

वर्चुअल किस

किस ऑनलाइन	http://www.thekiss.com

वेब डायरेक्टरी

आर्गस क्लीयरिंग हाउस	http://www.clearinghouse.com
इलैक्ट्रॉनिक लाइब्रेरी	http://www.elibrary.com
ग्लोबल ऑनलाइन डायरेक्टरी	http://www.god.co.uk
GNN'S इंटरनेट कैटालॉग	http://www.gnn.com/gnn/wic/index
IBM इंफो मार्केट	http://www.infomarket.ibm.com
इंटरनेट डायरेक्टरी	http://www.internet-directory.co.uk
और नया (What's new)	http://www.emap.com/whatnew

ग्लोसरी
(Glossary)

परिचय

तुलनात्मक रूप से इंटरनेट एक नई तकनीक है। इसके अपने सम्बन्धित शब्द हैं जो कि सामान्य अंग्रजी भाषा में प्रयुक्त नहीं होते हैं। और तुम इन शब्दों को ज्यादातर डिक्शनरियों (Dictionary) में भी नहीं खोज पाओगे। कुछ समझने योग्य इंटरनेट की लिस्ट और वेब से सम्बन्धित शब्द और उनके अर्थ यहाँ दिये गये हैं :

24 × 7 — जो दिन के 24 घण्टे और हफ्ते के सातों दिन खुला है।

Access provider — वह कम्पनी जो इंटरनेट कनेक्शन बेच रही है, वह इंटरनेट सर्विस प्रोवाइडर के नाम से भी जानी जाती है।

Activex — यह माइक्रोसॉफ्ट की टेक्नोलॉजी है जो अन्य एप्लीकेशन्स की बीच सूचनाओं को बांटती है। वेब कन्टेंट्स को विकसित करने के लिए इसका प्रयोग किया जाता है।

Address — यह नेटवर्क का एड्रेस होता है। इसमें दो फॉर्म होती है, नम्बर और एल्फान्यूमरिक।

Affiliate — औपचारिक और अनौपचारिक एग्रीमेंट के लिए बनाई गई एक संस्था है जो कि उत्पादों को, सेवाओं को, कन्टेंट्स और ट्रैफिक आदि को बेचते या प्राप्त करते हैं।

Animated GIF — ग्राफिकल इंटरचेंज फॉरमेट (GIF) जो मल्टीपल लेयर वाली इमेजेस् के परिणाम के रूप में बदलाव दिखाता है।

Annonymous FTP — एक फाइल ट्रॉन्सफर प्रोटोकॉल (FTP) सेशन है जिसमें यूजर नेम की जगह एनोनिमस का प्रयोग करके रिमोट होस्ट से कनेक्शन जुड़ता है। इस केस में यूजर की पहचान की कोई जरूरत नहीं होती।

ANSI — कम्प्यूटर के पास यह निश्चित करने के लिए विभिन्न तरीके हैं कि किस तरह से स्क्रीन पर सूचना देती है और किस तरह से कीबोर्ड स्क्रीन से सम्पर्क करता है।

Archive — ऐतिहासिक या पुरानी फाइलों को यह नाम दिया जाता है, जिन्हें कंप्रेशन तकनीक (compression technique) से साधारणतया कंप्रेस्ड की जाती है।

Applet यह जावा में लिखा गया एक कम्प्यूटर प्रोग्राम है। एप्लेट्स, एप्लीकेशन्स के जैसे ही होते हैं लेकिन वे अकेले नहीं चलाये जाते हैं। इसके अतिरिक्त एप्लेट्स जावा-कम्पेटिबल ब्राउजर में ही चलाये जाते हैं।

APRANet यह इंटरनेट के पीछे चलने वाला है जहाँ सॉफ्टवेयर, जो इंटरनेट पर आधारित होते हैं, टेस्ट किये जाते हैं। ये अस्तित्व में ज्यादा समय नहीं होते।

Article एक मैसेज या फाइल, जो कि यूजनेट न्यूजग्रुप का भाग है।

ASCII अमेरिकल स्टैण्डर्ड कोड फॉर इंफॉरमेशन इंटरचेंज। कम्प्यूटर के सभी बड़े और छोटे लैटर, नम्बर और चिन्हों आदि को दर्शाने के लिए संसार भर में प्रयोग किये जाने वाले स्टैण्डर्ड कोड नम्बर हैं।

Attachment ई-मेल मैसेज के साथ में भेजी गई फाइल।

Backbone बहुत तेज गति वाला नेटवर्क जो अन्य कुछ शक्तिशाली नेटवर्कों को जोड़ता है। यू एस में, इंटरनेट की रीढ़ की हड्डी (backbone) NSFNet को माना जाता है।

Backoffice एक कम्पनी के सभी कार्य जो जनता की दृष्टि से पीछे होते हैं जैसे एकाऊन्टिंग, सर्विस कार्य, वेयर हाउसिंग और मेनेजमेंट।

Bandwidth डाटा की मात्रा का मापक जो दिये गये समय में नेटवर्क चैनल पर जाता है।

Banner Ad लम्बे पतले विज्ञापन जो वेज पेज के ऊपर या नीचे स्थित होते हैं।

Baud वह गति जिस पर मोडेम डाटा ट्रॉन्सफर करते हैं। एक बोड (Baud) लगभग एक बिट पर सेकेन्ड (one bit per second) के बराबर होता है। यह एक कैरेक्टर बनाने में 8 बिट्स लेता है।

BBS बुलेटिन बोर्ड सिस्टम। कम्प्यूटराज्ड मीटिंग और घोषणा करने का सिस्टम जो लोगों को वाद-विवाद, घोषणा (announcements), फाइलें अपलोड और डाउनलोड करने के लिए आज्ञा देता है।

Binaryfile एक फाइल जिसमें प्रोग्राम, कंप्रेस्ड Archieve, इमेज या डॉक्यूमेंट आदि के बारे में सूचना होती है। इस फाइल के कंटेंट साधारण रूप से, बिना विशेष प्रोग्राम की सहायता के, ना दिखाई देते हैं और ना प्रिन्ट होते हैं।

Bit बाइनरी डिजीट। एक अकेला डिजीट नम्बर जो 0 या 1 की फॉरमेट में होता है।

Bookmark	वेब ब्राउजर में व्यवस्थित किये गये इंटरनेट पर URLs के लिंक की लिस्ट।
Bounce	जब ई-मेल डिलीवर नहीं होता है तो यह भेजने वाले के पास वापिस आ जाता है इसे है Bounced Back कहते हैं।
BPS	Bits Per Second बोड (baud) के तरह ही।
Browser	एक क्लाइन्ट प्रोग्राम (सॉफ्टवेयर) जो इंटरनेट पर साधनों को विशेषतया वेब पेजों को देखने के लिए प्रयोग होता है।
Byte	बिट्स (bits) का सेट जो एक कैरेक्टर को दर्शाता है। साधारणतया एक बाइट में 8 बिट्स होते हैं।
Buzz	यह एक टर्म है जो किसी कम्पनी या टेक्नोलॉजी के बारे में कुछ वर्णन करने के लिए होता है।
CERM	जेनेवा, स्वीट्जरलैंड में फिजिक्स के लिए यूरोपियन लेबोरेटरी है, जहाँ 1980 में टिम बर्नर्सली के नेतृत्व में कुछ इंजीनियरों की टीम ने वर्ल्ड वाइड वेब (WWW) टेक्नोलॉजी विकसित की थी।
CGI	विस्तृत रूप में कॉमन गेटवे इंटरफेस, एक सॉफ्टवेयर है जो वेब सर्वरों के बीच में कम्यूनिकेशन कराता है। उदाहरण के लिए, यूजर की प्रार्थना पर जानकारी प्राप्त करने के लिए सर्वर पर से डाटा को खोजता है।
Chat Room	लोगों के लिए, इलैक्ट्रॉनिक मैसेज भेजने व पढ़ने के लिए एक ऑनलाइन स्थान।
Client	एक सॉफ्टवेयर प्रोग्राम या इंटरनेट सेवा, जो तुम्हारी ओर से नेटवर्क पर स्थित सर्वर से सूचना प्राप्त करने का कार्य करता है।
Cookie	एक फाइल तुम्हारी हार्डडिस्क पर स्टोर है और तुम्हारे कम्प्यूटर को पहचानने के लिए प्रयुक्त होती है। Cookies ज्यादातर वेब साइट के दर्शकों को पहचानने के लिए प्रयुक्त होता है।
Command line	UNIX, DOS आदि कैरेक्टर पर आधारित कम्प्यूटर सिस्टम पर कमान्ड डालने के लिए जो Prompt होता है उसे ही कमान्ड लाइन कहते हैं।
Communication software	एक प्रोग्राम जो मोडेम को कंट्रोल करता है और दूसरे कम्प्यूटर से कनेक्टिविटी स्थापित करता है।
Compression	एक स्कीम जो फाइल को सिकोड़ती (shrink) है। कंप्रेस्ड फाइल को प्रयोग करने से पहले अनकंप्रेस्ड किया जाता है।

Content	वेबसाइट के द्वारा दिखाई गई सूचनाऐं जैसे-टेक्स्ट, पिक्चर्स, साउंड, डाटा आदि का सामूहिक नाम।
Crack	किसी प्रोग्राम की सिक्योरिटी को तोड़ना, एकता या रजिस्ट्रेशन सिस्टम खत्म करना या यूजर की नकली ID का प्रयोग करना।
Crash	जब एक प्रोग्राम या ऑपरेटिंग सिस्टम कार्य करने में फेल हो जाता है या अन्य प्रोग्रामों को ठीक से कार्य नहीं करने देता।
Cyberspace	कम्प्यूटर नेटवर्कों के द्वारा उपलब्ध सूचनाओं की पूरी रेंज के लिए यह शब्द प्रयोग किया जाता है।
Cybersquatting	एक वेबसाइट से उपभोक्ताओं को, एक जैसे से नाम वाली या दिखने में एक जैसी वेबसाइट का प्रयोग करके, हटाने की कोशिश करना।
DDN	Defence Data Network, इंटरनेट का एक भाग, यू-एस मिलीटरी पर आधारित कॉन्ट्रेक्टरों को कनेक्ट करना।
Dial-up access	टेलीफोन लाइन और मोडेम के द्वारा इंटरनेट एक्सेस करना।
Direct connection	एक कनेक्शन जैसे SLIP या PPP जिसके द्वारा हमारा कम्प्यूटर इंटरनेट का live पार्ट बन जाता है।
Data mining	ऑपरेट की जाने वाली सूचनाओं को खोजना, दोबारा से देखना, analyze करना जो निर्णय लेने में सहायता करती है।
Distributed computing	एक टेक्नीकल आर्कीटेक्चर जहाँ नेटवर्क क्लान्ट्स सभी application प्रोसेस का कार्य और सूचनाओं के भण्डारण का कार्य करते हैं।
DNS	डोमेन नेम सिस्टम, कम्प्यूटर्स के नामों को ट्रॉन्सलेट करने के लिए एक डिस्ट्रीब्यूटेड डाटाबेस सिस्टम।
DNS Server	एक सर्वर जो DNS सिस्टम के लिए डायरेक्टरी का कार्य करता है।
Domain	एक छोटा नेटवर्क जो इंटरनेट बनाता है, जिसमें कुछ कम्प्यूटर या छोटा नेटवर्क होता है, इसे डोमेन कहते हैं।
Domain name	एक एड्रेस करने वाली स्कीम जो नाम और नम्बर देती है, इंटरनेट पर कम्प्यूटरों को पहचानने के लिए।
Download	होस्ट सिस्टम से अपने कम्प्यूटर पर फाइल को कॉपी करना। दूसरे शब्दों में होस्ट कम्प्यूटर से रिमोट कम्प्यूटर पर फाइल को ट्रॉन्सफर करना।

e-bank	एक ऑनलाइन बैंक जो इंटरनेट पर नियमित बैंक सेवाऐं प्रदान करता है।
e-commerce	एक इलैक्ट्रॉनिक फॉरमेट के द्वारा अच्छी तरह से व्यवसाय करना।
E-mail	एक मुख्य इंटरनेट सेवा जो कम्प्यूटर नेटवर्क पर इलैक्ट्रॉनिकली मैसेज भेजता है और प्राप्त करता है।
EDI	(Electronic Data Interchange) इलैक्ट्रॉनिक डाटा का EDI फॉरमेट में ट्रान्समिशन।
EFT	(Electronic Fund Transfer) सूचनाओं का इलैक्ट्रॉनिक ट्रॉन्सफर जो एक फाइनेशियल संस्था से दूसरी में फन्ड्स को पहुँचाना।
Emoticans	कीबोर्ड के कुछ अक्षरों का समूह जो फेशियल एक्सप्रेशन देते हैं।
Encryption	गणितीय फंक्शन का प्रयोग करके डाटा को jumble करना। फिर से डाटा को प्रयोग करने के लिए decryption करना पड़ता है।
ERP	(Enterprise Resource Planning) सॉफ्टवेयर बनाने के लिए मॉडल जिसमें सभी ऑपरेशन प्रक्रियाऐं integrated सॉफ्टवेयर प्रयोग करती है।
FAQ	(Frequently Asked Questions) एक लिस्ट जिसमें प्रश्न होते हैं और उनके उत्तर भी होते हैं।
File	इसमें कम्प्यूटर पर कुछ भी स्टोर किया जा सकता है जैसे प्रोग्राम, इमेज या डॉक्यूमेंट।
Firewall	वे सॉफ्टवेयर जो कम्प्यूटर नेटवर्क पर अवांछनीय एक्सेस को रोकते हैं।
Followup	एक मैसेज जो पहले पोस्ट किए हुए को Respond करता है। जो न्यूजग्रुप में वास्तविक पोस्ट को अनुसरण करता है।
Freeware	वे सॉफ्टवेयर जो इंटरनेट पर फ्री में उपलब्ध है।
FTP	(File Transfer Protocol) कुछ विशेष प्रोटोकॉल्स का समूह जो इंटरनेट पर जुड़े कम्प्यूटरों में फाइल ट्रॉन्सफर के लिए होता है।
Gateway	एक हार्डवेयर या सॉफ्टवेयर का set-up जो दो अलग-अलग प्रोटोकॉल्स के बीच में ट्रॉन्सलेशन करता है।
GIF	(Graphic Interchange Format) यह फोटोग्रॉफिक इमेजेस् को स्टोर करने के लिए प्रयोग की जाती है।

GUI	(Graphic User Interface) सूचनाओं को दर्शाने के लिए टेक्स्ट में आॅइकनों और इमेजों का प्रयोग करना।
Hacker	एक व्यक्ति जो हार्डवेयर को खींचने में मजा लेता है और सॉफ्टवेयर को भी, केवल यह देखने के लिए वह कम्प्यूटर पर कहाँ तक जा सकता है।
Header	ई-मेल मैसेज का एक भाग जिसमें कुछ सूचना होती है जैसे कि भेजने वाले का एड्रेस, भेजे जाने वाले का एड्रेस।
History list	एक वेब ब्राउजर के द्वारा एक्सेस की गई इंटरनेट साइट्स, सेवाओं और साधनों की लिस्ट।
Hit	एक वेब सर्फ करने वाले के द्वारा एक वेब साइट् देखना।
Home Page	WWW पर साइट् की पहली स्क्रीन या पहला पेज।
Host	इंटरनेट पर कम्प्यूटर, जो विभिन्न सेवाओं और साधनों को एक्सेस करने देता है।
HTML	(Hyper Text Markup Language) एक कम्प्यूटर की भाषा जो वेब पेज बनाने में प्रयोग होती है।
HTTP	(Hyper Text Transport Protocol) WWW पर सूचनाओं को ट्रॉन्सफर करने वाला प्रोटोकॉल।
Hyperlink	एक लिंक जिस पर, जब क्लिक किया जाता है, वह अपने आप ही इंटरनेट पर किसी अन्य साइट या पेज पर चला जाता है।
Hypertext	फॉरमेट में दिया हुआ इलैक्ट्रॉनिक टेक्स्ट जो लिंक के द्वारा अन्य डॉक्यूमेंटों में या उसी डॉक्यूमेंट में फॉरमेट टेक्स्ट पर तुरन्त एक्सेस करने देता है।
IETF	(Internet Engineering Task Force) एक कमेटी जो इंटरनेट प्रोटोकॉल्स के प्रपोजल को सहारा देती है।
Integrated Systems	सॉफ्टवेयरों का कान्सेप्ट जो कम्यूनीकेट और ऑपरेट करता है।
Interest group	यह उन लोगों के ग्रुप को फोकस करता है जो इंटरनेट पर किसी एक विषय पर ग्रुप डिस्कशन या सूचनाऐं बाँटते हैं।
InterNIC	(Internet Network Information Center) एक कंट्रोल करने वाला जो डोमेन नेम और IP एड्रेस को रजिस्टर करता है।
Internet	साधारण रूप में, इंटरनेट एक बड़ा कम्प्यूटर नेटवर्क है जो बहुत से छोटे-छोटे नेटवर्कों से मिलकर बना है। ये नेटवर्क मिलकर वेब बनाते हैं और ग्लोबल ई-मेल संभव बनाते हैं।

IP	(Internet Protocol) यह इंटरनेट कम्प्यूटर का एड्रेस है जो इंटरनेट पर कम्प्यूटर या साइट्स के अस्तित्व को दर्शाते हैं।
IRC	(इंटरनेट रिले चैट) यह एक कम्यूनिकेशन का तरीका है जिससे संसार पर में लोग कहीं पर भी किसी से भी कम्यूनीकेट कर सकते हैं। IRC मल्टीचैनल, मल्टी-यूजर, कीबोर्ड पर आधारित कॉफ्रेन्सिग प्रदान करती है।
ISDN	(Integrated Services Digital Network) स्टैण्डर्ड फोन लाइनों पर डॉयल-अप डाटा तेजी से ट्रॉन्सफर करने का तरीका है।
ISP	(Internet Service Provider) एक कम्पनी और संस्था जो इंटरनेट एक्सेस कराती है।
JAVA	Sun Microsystems के द्वारा विकसित की गई ऑब्जेक्स ओरिन्टेड लैंग्वेज है। यह प्रोग्राम बनाने के लिए प्रयोग की जाती है जो वेब डॉक्यूमेंट से जुड़े हो सकते हैं।
JPG or JPEG	(Joint Photographic Experts Group) एक प्रकार की ग्रॉफिक फाइल फॉरमेट है जो वेब डॉक्यूमेंटों में प्रयोग की जाती है।
Keys	एल्फान्यूमरिक कोडद्व जिनकी सहायता से कम्प्यूटर पर सूचनाओं को टाइप किया जा सकता है।
Kilobyte	एक किलोबाइट जो बराबर है 1024 बाइट्स के।
LAN	(लोक एरिया नेटवर्क) निश्चित सीमा के साथ एक कम्प्यूटर नेटवर्क जैसे किसी एक बिल्डिंग या कैम्पस में नेटवर्किंग।
Leased line	एक समर्पित लाइन जो कम्प्यूटरों के बीच में हमेशा के लिए (permanent) कनेक्शन प्रदान करती है।
Link	इसे हाइपरलिंक भी कहते हैं, लिंक एक एड्रेस होता है, जिस पर क्लिक करने पर ब्राउजर उस एड्रेस पर पहुँचा देता है।
Linux	कम्प्यूटर के लिए Unix कै सा एक ऑपरेटिंग सिस्टम, जो Linus Torvalds ने निर्मित किया है।
Login	होस्ट कम्प्यूटर या पब्लिक को एक्सेस करने के लिए साइट से जुड़ने की प्रक्रिया।
Logistics	एक संस्था में शिपिंग और वितरण का कार्य। कभी-कभी कम्पनी के साधनों को व्यवस्थित करने की भूमिका भी निभाता है।
Log off	होस्ट सिस्टम से कनेक्शन खत्म करना।

Log on	Login के जैसा ही।
Linking	चलती हुई (on going) चैट में भागीदारी के बिना ही न्यूजग्रुप के डिस्कशन को सुनना और पढ़ना।
Message body	ई-मेल मैसेज का टेक्स्ट पार्ट।
Modem	एक कम्प्यूटर का उपकरण जो कम्प्यूटर को टेलीफोन लाइन से जोड़ता है। यह analog सिग्नलों को डिजीटल सिग्नलों में बदलता है।
MIME	(Multipurpose Internet Mail Extensions) स्टैण्डर्ड ई-मेल प्रोग्राम का विस्तारीकरण जो मैसेज को भेजना और प्राप्त करना आसान बनाता है।
Multimedia	टेक्स्ट, साउंड, ग्रॉफिक्स, वीडियो आदि का सामूहिक रूप में प्रयोग होना।
Network	एक कम्यूनीकेशन सॉफ्टवेयर जो दो और अधिक कम्प्यूटरों को जोड़ता है ताकि वे साधनों को बाँट (share) सकें।
News group	यूजनेट (Usenet) पर ग्रुप या फोरम जिससे यूजर्स किसी विशेष टॉपिक पर सूचनाऐं, आइडिया (विचार), टिप्स और राय बाँट सकें। न्यूजग्रुप में हजारों की संख्या में विषय मौजूद है।
Node	एक अकेला कम्प्यूटर जो नेटवर्क से जुड़ा है।
NSF	(National Science Foundation) एक तेज गति वाला नेटवर्क जो U.S. में इंटरनेट की backbone है।
Offline	जब तुम्हारा कम्प्यूटर इंटरनेट या होस्ट कम्प्यूटर से जुड़ा नहीं है तब वह ऑफलाइन है।
Online	जब कम्प्यूटर इंटरनेट से जुड़ा है तब वह ऑनलाइन है।
Packet	डाटा का बंडल (bundle)। इंटरनेट पर डाटा छोटे-छोटे टुकड़ों में बंट जाता है उसे पैकेट कहते हैं।
Packet switching	इंटरनेट पर डाटा का चारों ओर घूमना। पैकेट स्विचिंग में, जो डाटा कम्प्यूटर से भेजा जाना है वह छोटे-छोटे पैकेट में बंट जाता है और हर पैकेट के पास भेजने वाले का और जिसे भेजा जाना है उसका एड्रेस होता है।
Page	वर्ल्ड वाइड वेब पर एक अकेला फ्रेम जो एक HTML फाइल के द्वारा वर्णित है और एक अकेले URL को रेफर (refer) करता है।

Password एक कोड जो एक्सेस को lock कर देता है। एक अच्छे पासवर्ड में अक्षर और नम्बर दोनों होने चाहिए जिसका आसानी से अनुमान ना लगाया जा सके।

PC Personal Computer

Platform हार्डवेयर और सॉफ्टवेयर सिस्टम जो कम्प्यूटर सिस्टम का मुख्य फाउन्डेशन है।

Plug-in एक सॉफ्टवेयर कम्पोनेंट या मॉड्यूल जो वेब ब्राउजर की योग्यता को बढ़ाता है। प्लग-इन से ऑडियो, वीडियो और एनीमेशन का rich display आता है।

POP (Post Office Protocol) ई-मेल सॉफ्टवेयर जो मेल सर्वर से ई-मेल प्राप्त करता है।

Port वह स्थान जहाँ से कम्प्यूटर की सूचनाएें आती व जाती हैं जैसे Serial Port (सीरियल पोर्ट) जहाँ पर मोडेम कनेक्ट होता है।

Post एक मैसेज लिखकर भेजना इलैक्ट्रॉनिकली जैसे ई-मेल में या न्यूजग्रुप मैसेज जो अन्य लोगों के देखने के लिए है।

PPP (Point-to-Point Protocol) यह नियमित टेलीफोन लाइन और एक मोडेम का प्रयोग करके कम्प्यूटर का TCP/IP कनेक्शन कराता है।

Prompt Command line देखें।

Protocol कम्प्यूटर सिस्टम और नेटवर्क के बीच सूचनाओं को आदान-प्रदान करने के लिए कुछ नियमों का सेट या प्रोसिजर्स।

Real-time systems इन्फॉरमेशन सिस्टम जो किसी ट्रॉन्जेक्शन पर तुरन्त ही कार्य करते हैं।

Relational database डाटा की एक indexed टेबल जो अन्य टेबल के डाटा रिकॉर्डों से सम्बन्ध रखती है।

Router एक विशेष उद्देश्य वाला उपकरण (हार्डवेयर) जो दो और ज्यादा नेटवर्कों के बीच में कनेक्शन करता है। राउटर पैकेट्स के destination एड्रेस को देखते हैं और फिर निर्णय लेते हैं कि उन्हें किस रास्ते (route) पर भेजना है।

Script language एक प्रोग्रामिंग शॉर्ट-कट जो नॉन-टेक्नीकल यूजर्स को अपने कम्प्यूटर पर rich content बनाने के लिए रास्ता दिखाता है। और प्रोग्रामरों को साधारण application बनाने के लिए आसान और तेजी का रास्ता बताता है।

Search engine एक सॉफ्टवेयर application या सेवा जो वेब पर फाइलों और साइट्स को खोजने में प्रयोग होता है। कुछ मुख्य सर्च

	इंजन है Geogle, Yahoo!, Web crawler, infoseek और Lycos और भी नये सर्च इंजन भी लगातार बढ़ रहे हैं।
Server	एक कम्प्यूटर जो इंटरनेट access करने की सुविधा प्रदान करता है।
Service provider	एक संस्था जो इंटरनेट सुविधा उपलब्ध कराती है।
Shareware	वे सॉफ्टवेयर जो निश्चित समय सीमा के लिए उपलब्ध होते हैं।
Signature	ई-मेल मैसेज का एक इच्छित ऑप्शन जिसमें भेजने वाले के बारे में जानकारी जैसे पूरा नाम, एड्रेस, टेलीफोन नम्बर आदि होती है।
Site	वेब पेजों का समूह, जो एक ही सर्वर पर पड़े हैं और हॉटलिंक के द्वारा जो आपस जुड़े रहते हैं।
SLIP	(Serial Line Internet Protocol) TCP/IP एकाउन्ट के द्वारा इंटरनेट पर कम्प्यूटर्स को जोड़ने के लिए प्रयोग होता है।
SMTP	(Simple Mail Transfer Protocol) इंटरनेट का स्टैण्डर्ड प्रोटोकॉल, जो एक कम्प्यूटर सिस्टम से दूसरे पर ई-मेल के आदान-प्रदान के लिए प्रयोग होता है।
Spam	वे मैसेज जो दूसरों को परेशान करने के उद्देश्य से बहुत से न्यूजग्रुप को जबरदस्ती भेजा जाता है।
SSL	(Secure Socket Layer) एक सुरक्षा का मापक जिसमें सुरक्षित कनेक्शन बनाने के लिए डाटा को आढ़ा-तिरछा (encrypt) किया जाता है ताकि अन्य लोग इन्फॉरमेशन के ट्रॉन्सफर को ना देख सकें।
String	कैलकुलेशन और सर्च करने के लिए इन्पुट की तरह प्रयोग किये जाने वाले एल्फा-न्यूमरिक करैक्टर।
Subscribe	किसी विशेष न्यूजग्रुप को सेलेक्ट करना ताकि यह न्यूजग्रुप की पर्सनल लिस्ट में दिख सकें।
Supply chain	एक उपभोक्ता के ऑर्डर को स्वीकार करने की पूरी प्रक्रिया, उत्पादक के उत्पादन तक और उपभोक्ता को उत्पाद की सप्लाई तक की प्रक्रिया।
Surf	"इंटरनेट को ब्राउज (Browse) करना" चाहे किसी उद्देश्य से या बिना किसी उद्देश्य के।
Sysop	(System operator) होस्ट कम्प्यूटर या सर्वर का मैनेजर या प्रशासक।

Tags — HTML डॉक्यूमेंटों को बनाने के लिए प्रयोग किये जाने वाले फॉरमेटिंग कोड्स।

TCP — (Transmission Control Protocol)।

Technology template — स्टैण्डर्ड्स की एक श्रृंखला जिसमें संस्था यह निर्णय लेती है कि संस्था का टेक्नोलॉजीकल वातावरण कितने लम्बे समय तक कार्य करेगा।

Telecommuting — ऑफिस सह दूर रहकर PC का प्रयोग करते हुए संस्था से कंम्यूनीकेट करना।

Telnet — यह टर्मीनल एमुलेशन प्रोग्राम, विशेष तौर पर बड़े मेनफ्रेम कम्प्यूटर्स पर logging के लिए प्रयोग होता है जैसे वे, जो लाइब्रेरी की ऑनलाइन सूची रखते हैं। जब आप लाइब्रेरी की कम्प्यूटराइज्ड सूची को टेलनेट का प्रयोग करके log on करते हैं, तब आप उन फाइलों को एक्सेस कर सकते हैं। जिनमें लाइब्रेरी के रिकॉर्ड होते हैं।

Text file — मानव के द्वारा पढ़े जाने वाले फॉरमेट में जो फाइल टेक्स्ट स्टोर करती है।

Thin client — नेटवर्क पर एक क्लाइन्ट कम्प्यूटर जिसके पास कम उपकरण और कम स्टोरेज जगह है।

Thread — सभी आर्टिकल्स का कलेक्शन थ्रेड होता है जो एक उत्तर (Reply) में पोस्ट किये जाते हैं।

Time out — जब दो कम्प्यूटर आपस में बातचीत करते हैं और किसी कारण से एक फेल हो जाता है वह टाइम आउट होता है। जबकि अन्य कम्प्यूटर कुछ समय तक बातचीत जारी रखने के लिए कोशिश कर रहा होता है।

Traffic — वेब साइट को देखने वालों की भीड़।

UNIX — एक कम्प्यूटर ऑपरेटिंग सिस्टम। एक ही समय एक से ज्यादा लोगों के द्वारा प्रयोग करने के लिए UNIX डिजायन किया गया है। यह मल्टीयूजर है और TCP/IP इसमें अन्दर ही होता है।

Unsubscribe — किसी विशेष न्यूज ग्रुप को सेलेक्शन से हटाना।

Upload — अपने कम्प्यूटर से होस्ट सेलेक्शन से हटाना।

URL — (Uniform Resource Locater) वर्ल्ड वाइड वेब पर एक एड्रेस जैसे www.yahoo.com।

Username — login-name के जैसा ही। होस्ट कम्प्यूटर पर हर यूजर (व्यक्ति) को दिया हुआ एक अलग नाम (unique name)।

Usenet	इलैक्ट्रॉनिक बुलेटिन बोर्ड पर एक सिस्टम जिस पर पढ़ने वाले जानकारियों, विचारों, टिप्स ऑर राय को बांट सकते हैं। आजकल यह Newsgroup के नाम से जाना जाता है।
UUCP	(Unix to Unix Copy) UNIX सिस्टमों के बीच फाइलों को कॉपी करने की सुविधा।
UUencode	बाइनरी फाइलों को टेक्स्ट फाइलों में encode करने का तरीका ताकि वे मेल के साथ attach हो सकें या Usenet को पोस्ट हो सकें। उन्हें वापिस पाने के लिए UUdecode करना पड़ता है। अच्छे मेल प्रोग्रामों में यह स्वतः ही हो जाता है।
Virtual employee	वे employee जो संस्था से दूर रहकर या ऑफसाइट काम करते हैं।
VRML	(Virtual Reality Modelling Programs) कुछ कोड्स का सेट जो थ्री डाइमेन्शियल फाइलों को लिखने के लिए प्रयोग होता है।
VT100	एक टर्मीनल एमुलेखन प्रोटोकॉल। एक विशेष प्रकार का टर्मीनल जो ज्यादातर इंटरनेट सेवाओं के लिए प्रयोग होता है।
WAN	(Wide Area Network) एक नेटवर्क एरिया बड़ी जगहों पर नेटवर्कों को कनेक्ट करता है।
Web Authoring	HTML का प्रयोग करके वेब पेजों को डिजायन करना व पब्लिश करना।
Web Browser	वर्ल्ड वाइड वेब पर उपलब्ध साधनों को देखने के लिए प्रोग्राम।
Web Pages	HTML या XML फाइलों की श्रृंखला जो ब्राउजर का प्रयोग करके देखे जा सकते हैं।
Wizard	कम्प्यूटर पर आधारित सहायता जो किसी कार्य को पूरा करने के लिए जरूरी कदमों के द्वारा गाइड करता है।
WWW	World Wide Web या Web।
XML	(Extensible Markup Language) वर्ल्ड वाइड कन्सोर्टियम के द्वारा बनाई गई, इंटरनेट पर प्रदर्शन करने वाली अगली जेनरेशन की भाषा।
Zine	एक ऑनलाइन मैग्जीन।
Zip	Winzip सॉफ्टवेयर के द्वारा .zip एक्सटेंशन का प्रयोग करके बनाई गई compressed फाइल या फ्लॉपी डिस्क पर स्टोर करने के लिए, फाइल साइज को छोटी करके भेजना।

प्रश्न
(Questions)

निम्नलिखित प्रश्नों के उत्तर दो

अध्याय 1 – इंटरनेट का परिचय

1. नेटवर्किंग क्या है?
2. इंटरनेट क्या है?
3. इंटरनेट का प्रयोग करके क्या-क्या कर सकते हो?
4. इंटरनेट कैसे कार्य करता है? वर्णन करो?
5. ISPs क्या कार्य करते हैं?
6. डोमेन नेम क्या है?
7. विभिन्न डोमेन कोड का वर्णन करें?

अध्याय 2 – कम्प्यूटर को इंटरनेट के लिए सेट करना

1. डॉयल-अप नेटवर्किंग को स्थापित करने की प्रक्रिया का वर्णन करें?
2. नये कनेक्शन को सेट करने की प्रक्रिया का वर्णन करें?

अध्याय 3 – वर्ल्ड वाइड वेब का परिचय

1. वेब के इतिहास और विकास पर संक्षिप्त टिप्पणी दें?
2. विभिन्न प्रोटोकॉल्स का वर्णन करें?
3. वेब को कॉन चलाता है?
4. भारत में विभिन्न साइबर नियमों को वर्णन करें?
5. विभिन्न इंटरनेशनल साइबर नियमों का वर्णन करें?
6. तुम एक वेब साइट कैसे तैयार करोगे?
7. तुम अपनी वेब साइट को कैसे होस्ट करोगे?
8. तुम एक अच्छी ISP कैसे खोजोगे?
9. विभिन्न उपलब्ध प्रसिद्ध पब्लिशिंग टूल्स का वर्णन करें?

10. URL क्या है?
11. तुम अपनी वेब साइट को कैसे रजिस्टर करोगे?

अध्याय 4 – ईलैक्ट्रॉनिक मेल

1. ई-मेल के विभिन्न लाभों को बतायें?
2. तुम अपने ई-मेल एड्रेस को कैसे सेट करोगे?
3. ई-मेल के लाभ बताओ?
4. Attachment, BCC, Cc टर्म का वर्णन करो?

अध्याय 5 – ईलैक्ट्रॉनिक मेल (जारी है)

1. किसी मैसेज को दोबारा देखने के लिए क्या करोगे?
2. किसी मैसेज को फॉरवर्ड करने के लिए क्या करना होगा?
3. किसी मैसेज में किसी विशेष टेक्स्ट को खोजने के लिए क्या करोगे?
4. नया मैसेज बनाने की प्रक्रिया का वर्णन करो?
5. मैसेज को फ्लैग (flagging) करने की प्रक्रिया का वर्णन करें?
6. अपने मैसेज में हस्ताक्षर कैसे डालोगे?
7. किसी मैसेज में कोई वस्तु (object) डालने की प्रक्रिया का वर्णन करें।

अध्याय 6 – फाइल ट्रॉन्सफर प्रोटोकॉल

1. FTP क्या है?
2. Anonymous FTP क्या है?
3. तुम ब्राउजर Anonymous FTP कैसे प्रयोग कर सकते हो?
4. Anonymous FTP को एक्सेस करने के लिए क्या कदम लोगे?
5. FTP में फाइल्स और डॉयरेक्टरी कैसे स्टोर करोगे?
6. Path से आप क्या समझते हो?
7. आप FTP प्रोग्राम कैसे शुरू करोगे?
8. FTP प्रोग्राम शुरू करने के विभिन्न तरीकों को बताओ?
9. FTP की मुख्य कमान्ड्स कौन-कौन सी हैं?
10. FTP को कनेक्ट करने के लिए कौन-सी कमान्ड का प्रयोग होता है?
11. डायरेक्टरी कमान्ड के विभिन्न ऑप्शन्स क्या हैं?
12. FTP की विभिन्न सेटिंग कमान्ड्स का वर्णन करें?

अध्याय 7 – टेलनेट

1. टेलनेट क्या है?
2. टेलनेट का प्रयोजन (concept) क्या है?
3. तुम टेलनेट कैसे शुरू करोगे?
4. Ctrl +] कमान्ड का क्या प्रयोग हैं?
5. निम्नलिखित कमान्डों का वर्णन करें–
   Open, Close

अध्याय 8 – नेट सर्फ करना

1. वेब साइट के नाम के विभिन्न elements का वर्णन करो?
2. वेब साइट से कुछ डाउनलोड कैसे करोगे?
3. Refresh या Reload कमान्ड क्या करती है?

अध्याय 9 – फ्रंट पेज का प्रयोग करके वेब पेज बनाना

1. फ्रंट पेज का प्रयोग करके वेब साइट बनाने की प्रक्रिया का वर्णन करो?

अध्याय 10 – ड्रीमवीवर 2004 का प्रयोग करके वेब पेज बनाना

1. ड्रीमवीवर का प्रयोग करके वेब साइट कैसे बनाऐंगे?

अध्याय 11 – फॉर्म बनाना

1. फॉर्म क्या है?
2. फॉर्म बनाने की प्रक्रिया का वर्णन करें?

अध्याय 12 – अपनी वेबसाइट को रजिस्टर व पब्लिश करना

1. डोमेन नेम क्या है?
2. तुम नाम की उपलब्धता कैसे चेक करोगे?
3. तुम InterNIC पर नाम कैसे रजिस्टर करोगे?
4. वेब साइट की पब्लिशिंग से तुम क्या समझते हो?
5. तुम अपनी साइट पर सर्च इंजन कैसे डालोगे?

अध्याय 13 – वेब से धन कमाना

1. वेब पर धन कमाने के निम्नलिखित तरीकों पर नोट लिखिये–
   - ⇨ ऑर्डर स्वीकार करना (Accepting orders)
   - ⇨ विज्ञापन की जगह बेचना (Selling advertising space)
   - ⇨ मेम्बरशिप फीस (Membership fees)

⇨ ऑनलाइन विज्ञापन की जगह (Online advertising space)

⇨ सॉफ्टवेयर बेचना (Selling software)

⇨ दर्शकों से धन वसूलना (Charging visitors)

2. तुम अपनी साइट पर विज्ञापन कैसे दोगे?

इंटरनेट एक्सप्लोरर के लिए कीबोर्ड के शॉर्टकट (Keyboard Shortcuts of Internet Explorer)

वेब पेज को एक्सप्लोर करने और देखने के लिए, प्रिन्टिंग से पहले पेज देखने के लिए, एड्रेस बार का प्रयोग करने के लिए और अन्य फार्मों के लिए भी तुम शॉर्ट-कट की (key) प्रयोग कर सकते हो।

एक हैडिंग (heading) पर माउस क्लिक करो और अन्य हैडिंग पर टैब (tab) से जाओ और enter दबाओ।

यह करने के लिए	यह दबायें
इंटरनेट एक्सप्लोरर की help देखने के लिए	F1
फुल स्क्रीन और नियमित व्यू (view) के बीच में toggle करने के लिए	F11
वेब पेज, एड्रेस बार और लिंग बार पर items को आगे बढ़ाने के लिए	Tab
वेब पेज, एड्रेस बार और लिंग बार पर items को पीछे करने के लिए	Shift + Tab
होम पेज पर जाने के लिए	Alt + Home
अगले पेज पर जाने के लिए	Alt + →
पहले पेज पर आने के लिए	Alt + ←
लिंक के लिए shortcut मेन्यू देखने के लिए	Shift + F10
फ्रेम के बीच में move करने के लिए	Ctrl + Tab या F6
फ्रेम के बीच में back करने के लिए	Shift + Ctrl + Tab
डॉक्यूमेंट में ऊपर move करने के लिए	Up arrow
डॉक्यूमेंट में नीचे move करने के लिए	Down arrow
बड़े डॉक्यूमेंट की शुरूआत में पहुँचने के लिए	Page up
बड़े डॉक्यूमेंट के अन्तर में पहुँचने के लिए	Page down
पेज पर कुछ find करने के लिए	Ctrl + F
Current वेब पेज को refresh करने के लिए	F5 या Ctrl + R
पेज की डाउनलोडिंग को रोकने के लिए	Esc
नई लोकेशन पर जाने के लिए	Ctrl + O या Ctrl + L
नई विंडो खोलने के लिए	Ctrl + N
Current विंडो को बंद करने के लिए	Ctrl + W

Current पेज को save करने के लिए	Ctrl + S
Current पेज या फ्रेम को प्रिन्ट करने के लिए	Ctrl + P
सेलेक्टेड लिंक को activate करने के लिए	Enter
Search bar खोलने के लिए	Ctrl + E
Favourites bar को खोलने के लिए	Ctrl + I
History bar को खोने के लिए	Ctrl + H

Print Preview प्रयोग करने के लिए

यह करने के लिए	**यह दबायें**
पेज के प्रिन्ट ऑप्शन्स set करने के लिए	Alt + P
इस पेज के पेपर, Header और फुटर और मॉर्जन बदलने के लिए	Alt + U
प्रिन्ट करने के लिए सबसे पहले पेज को देखना	Alt + Home
प्रिन्ट करने के पहले पेज को देखना	Alt + ←
किसी विशेष नम्बर वाले पेज को देखना	Alt + A
प्रिन्ट होने वाले पेज के अगले पेज को देखना	Alt + →
प्रिन्ट के अन्तिम पेज को देखने के लिए	Alt + End
Zoom in (बड़ा करने के लिए)	Alt + +
Zoom out (छोटा करने के लिए)	Alt + –
Zoom percentage की लिस्ट देखना	Alt + Z
तुम किस फॉरमेट में पेज को प्रिन्ट करना चाहते हो	Alt + F
प्रिन्ट प्रीव्यू बन्द करने के लिए	Alt + C

Address Bar का प्रयोग करने के लिए

एड्रेस बार में टेक्स्ट को सेलेक्ट करना	Alt + D
टाइप किये हुए एड्रेसेस की लिस्ट देखना	F4
जब address bar पर हो तो कर्सर को left (बायें) move करने के लिए	Atrl + ←
Address बार पर cursor को दायें (right) में move करने के लिए	Ctrl + →
Address बार पर टाइप किये हुए टेक्स्ट के शुरू में "www." और अन्त में ".com" लिखने के लिए	Ctrl + Enter

Favourites के साथ काम करना

Favourites में current पेज को जोड़ने के लिए	Ctrl + D
Organic favourites डॉयलोग बॉक्स खोलने के लिए	Ctrl + B

Organize favourites डॉयलोग बॉक्स में सेलेक्टेड items को ऊपर move करने के लिए | Alt + ↑
इसी बॉक्स में items को नीचे move करने के लिए | Alt + ↓

एडिटिंग के लिए

सेलेक्ट किये हुए item को वहाँ से हटाकर clipboard पर कॉपी करने के लिए	Ctrl + X
सेलेक्टेड items को clipboard पर कॉपी करने के लिए	Ctrl + C
Clipboard से कॉपी किये हुए item को पेस्ट (insert) करने के लिए	Ctrl + V
Current वेब पेज के सभी items को सेलेक्ट करने के लिए	Ctrl + A

Information Bar का प्रयोग करना

यह करने के लिए	यह दबायें
इन्फॉरमेशन बार पर फोकस करने के लिए	Alt + N
इन्फॉरमेशन बार को click करने के लिए	Space-bar